D1683699

MÜNCHEN IM SPIEGEL DER ZEIT

000　1158　1280　1350　1450　1500　　Dr. Reinhard Bauer　Anke Wellner　1700　1918　1933　1945　1972　2015

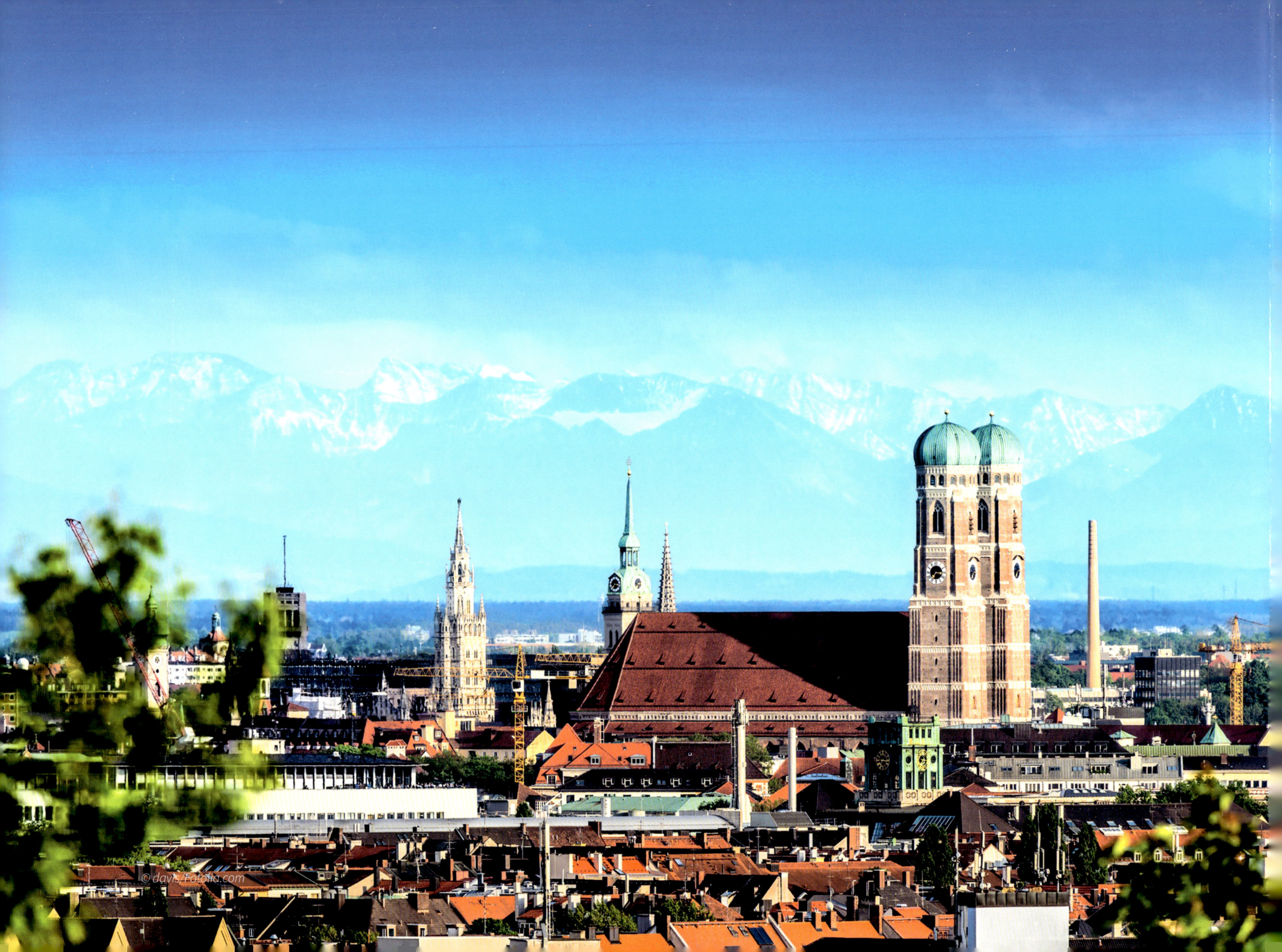
© davis/Fotolia.com

Vorwort

München ist – das bestätigt mit schöner Regelmäßigkeit jeder Städtevergleich – eine besonders begehrte und auch erfolgreiche Stadt. Die Grundlagen dafür sind die reizvolle Natur rundherum, die Wälder und Seen sowie die Nähe der Alpen, aber besonders auch eine florierende Wirtschaft mit vorzüglichem Jobangebot und ein reiches kulturelles Erbe, das durch eine vitale Gegenwart ergänzt wird.

Im vorliegenden Buch stellt der Historiker, Kommunalpolitiker und Münchenkenner Dr. Reinhard Bauer mit Unterstützung wichtiger Repräsentanten der Stadt und der bewährten mediaprint Unternehmensgruppe die Geschichte und Gegenwart von München anschaulich dar.

Ich bin sehr dankbar dafür, dass in der Amtszeit meiner Vorgänger als Oberbürgermeister entscheidende Weichenstellungen vorgenommen werden konnten und auch in meiner Amtszeit als Referent für Arbeit und Wirtschaft ein beachtlicher Aufschwung stattgefunden hat. In der Bautätigkeit gab es tatsächlich eine „neue Gründerzeit". So sind beispielsweise allein in den letzten 20 Jahren über 120.000 neue Wohnungen entstanden.

Außerdem haben sich in München die meisten DAX-Unternehmen angesiedelt. Die Wirtschaftsmetropole wird aber auch wegen hoher Lebensqualität geschätzt: Die Mehrheit der Deutschen würde am liebsten hier wohnen.

Der Ruhm der „Kunststadt München" gründet sich ganz wesentlich auf die Weltoffenheit und das Mäzenatentum von König Ludwig I. von Bayern. Der Name des Stadtteils Schwabing steht seit über 100 Jahren für eine avantgardistische Kultur und urbane Liberalität, die es in München nicht immer leicht hatten. In der „Hauptstadt der Bewegung" entfaltete sich auch der Nationalsozialismus, der Deutschland und die Welt zwischen 1933 und 1945 in Brand setzte. Die Landeshauptstadt München ist sich ihrer Verantwortung bewusst und bemüht, dieses Kapitel aufzuarbeiten und Wunden zu schließen. Deswegen ist es ein wichtiges Zeichen, dass am St.-Jakobs-Platz eine grandiose Synagoge mit jüdischem Zentrum und ein städtisches Jüdisches Museum entstehen konnten, sodass buchstäblich im Herzen der Stadt das Judentum wieder eine Zukunftsperspektive hat.

Heute ist es kaum zu glauben, dass die Altstadt 1945 zu über 90 Prozent zerstört war. Das Neue Rathaus war eines der wenigen Bauwerke, das noch größtenteils funktionsfähig blieb. Der Wiederaufbau der Stadt war eine gewaltige Leistung, für die der Name von Oberbürgermeister Thomas Wimmer steht, dem wir die weitgehende Erhaltung des historischen Erscheinungsbildes verdanken. Sein Nachfolger Dr. Hans-Jochen Vogel (1960–1972) holte die Olympischen Spiele 1972 nach München und nutzte dies zu einem großen „Sprung nach vorn" mit neuen Stadtteilen wie dem Olympiadorf, mit U- und S-Bahn, die erst die Fußgängerzone ermöglichten, sowie dem Mittleren Ring, der den Autoverkehr bündelte und damit Wohnquartiere entlastete. Dessen Nachfolger Georg Kronawitter war nach dieser dynamischen Entwicklung bemüht, die Lebensqualität zu steigern, vor allem durch neue Parks und Grünanlagen, und für sozialen Ausgleich zu sorgen, insbesondere auf dem Wohnungsmarkt. Seit 1993 hat Christian Ude als Oberbürgermeister diese Erfolgsgeschichte mit neuen Impulsen im Bereich der Kultur und der Wirtschaft krönen können.

Wirtschaft war der Anlass für die Gründung des Marktes München, der im Jahr 1158 erstmals urkundlich erwähnt wurde, und immer schon die Grundlage des örtlichen Lebens. Bis zur Industrialisierung waren Brauereien die wichtigsten Gewerbebetriebe und begründeten den Ruf Münchens als „Stadt des Bieres", der heute vor allem durch das Oktoberfest weltweit verbreitet wird. Dann entstand in der zweiten Hälfte des 19. Jahrhunderts mit den Eisenbahnlinien die größte

Dieter Reiter.

Industriestadt Bayerns. Nach dem Zweiten Weltkrieg entwickelte sich München zur Medien-, Dienstleistungs- und IT-Metropole, nach New York ist München sogar weltweit die Verlagsstadt Nummer 2.

Der wirtschaftliche Erfolg der Stadt hat aber auch eine Kehrseite in Gestalt des Wohnungsmangels, der Wohnungssuchende verzweifeln lässt und Mieten in die Höhe treibt. Die Bewältigung der wachsenden Aufgaben der Stadt bedarf eines engen Schulterschlusses auch mit der Wirtschaft. Dies hilft bei der Entwicklung neuer Wohnquartiere, der Schaffung von Wohnraum und von Kindertagesstätten oder der Bewältigung des stetig wachsenden Verkehrsgeschehens.

Ich begrüße die vorliegende Darstellung der Bedeutung und Geschichte wichtiger Münchner Betriebe, die zugleich Akteure der Stadtentwicklung sind.

Reinhard Kardinal Marx, Erzbischof von München und Freising

München ist eine Stadt, die begeistern kann. Von überallher kommen Menschen zu Besuch und lassen sich hineinnehmen in die heitere, manchmal auch etwas kantige Lebensart der Münchner. Sie tauchen ein in das reiche kulturelle Angebot von der Antike bis zur Moderne, genießen eine Brotzeit in einem Biergarten, staunen über das Zusammenspiel von modernem, urbanem Leben und bewahrter, lebendiger Tradition und nehmen ein klein wenig das oftmals als italienisch beschriebene Lebensgefühl des entspannten münchnerischen Miteinanders an.

Seit meinem Amtsantritt und Zuzug nach München darf ich diese helle Seite Münchens auch erleben und habe sie sehr schätzen gelernt. In Zeiten der Muße bietet München ein reichhaltiges Angebot der Erholung, der Inspiration und des kulturellen Austauschs.

Aber München ist mehr als eine fröhliche Insel genussvollen Lebens. Als Erzbischof bleiben mir auch die schweren und leidvollen Aspekte nicht verborgen. Menschen unterschiedlicher Kulturen, Herkunft und Glau-

Reinhard Kardinal Marx

bensüberzeugungen kommen hier zusammen. Sie suchen Wohnung und Arbeit und Teilhabe am gesellschaftlichen Austausch. Neben großem Reichtum findet sich bedrückende Armut. Alt und Jung, Familien und Singles, Einheimische und Zugezogene, alle müssen miteinander Formen friedlichen und gedeihlichen Zusammenlebens entwickeln, sodass München für alle ein lebenswerter Ort bleibt.

An all diesen Entwicklungen und Fragen nimmt die katholische Kirche Anteil und arbeitet mit, damit Lebensqualität für alle möglich wird und erhalten bleibt. In guter Kooperation mit den Behörden und Einrichtungen leistet die katholische Kirche mit ihren Sozialverbänden und anderen kirchlichen Trägern einen wichtigen Beitrag zum Gelingen des Lebens in dieser Stadt. Das Engagement reicht von Kindertagesstätten über Schulen, Hochschulen und die Erwachsenenbildung bis hin zu Altenheimen, Pflegediensten und Krankenhäusern. Sie finden Beratungseinrichtungen aller Art, Sozialdienste zur Unterstützung in verschiedenen Notsituationen, Betreuung von Asylsuchenden genauso wie ein ganz vielfältiges und anregendes Programm für alle Generationen in über 170 Pfarreien in der Stadt. Kirche in München ist lebendig und will nahe mit und bei den Menschen sein.

Nicht zuletzt durch Architektur und Kultur ist die katholische Kirche in München präsent. Aus allen Jahrhunderten seit der Gründung finden Sie sakrale Bauten. Weit lassen sich die größten Kirchentüren der Welt in der Pfarrkirche Herz Jesu in Neuhausen (gebaut im Jahr 2000) öffnen und zeigen so, dass uns Menschen willkommen sind. Dies gilt selbstverständlich auch für meine Bischofskirche, die Frauenkirche, das Wahrzeichen Münchens. Wenn Sie die vielen Kirchen besuchen, sind Sie herzlich eingeladen, nicht nur Architektur und Kunst zu bestaunen oder Kirchenmusik zu hören, sondern sich auch die Zeit zu nehmen, innezuhalten und still zu werden in der Hektik einer Großstadt. Kirchen sind auch heute keine Museen, sondern Orte gelebten Glaubens, an denen Menschen im Gebet und Gottesdienst Kraft und Orientierung finden. Jeder ist eingeladen, daran teilzunehmen, und wir freuen uns, wenn Sie kommen.

Als ich nach München berufen wurde als neuer Erzbischof, bin ich herzlich und freundlich aufgenommen worden. Inzwischen ist mir die Stadt auch Heimat geworden. Ich habe die Menschen und ihr Engagement schätzen gelernt. Ich wünsche Ihnen, dass auch Sie sich hier ebenso zu Hause fühlen, sei es als echter Münchner, als Besucher oder als Zugezogener wie ich. Die katholische Kirche begleitet Sie dabei gerne.

Grußwort

Susanne Breit-Keßler, Regionalbischöfin für München und Oberbayern, Evangelisch-Lutherische Kirche in Bayern

Susanne Breit-Keßler

An München liebe ich die liberalitas bavarica – die gesellschaftliche, vor allem aber die geistliche. Natürlich freue ich mich, dass wir Evangelische aus München nicht wegzudenken sind. Zu unserer tiefen Freude haben auch unsere Freunde jüdischen Glaubens mit ihrer wunderschönen Synagoge im Herzen von München Heimat gefunden. Die Muslime brauchen noch einen geeigneten Ort für ihr islamisches Zentrum, das Bildung und Dialog dienen soll, damit wir miteinander in unserer schönen Stadt dem internationalen Terror wehren.

München ist eine multireligiöse Stadt. Gemeinsam pochen wir auf das Menschenrecht der Religionsfreiheit – das Recht zur Ausübung der Religion – in der Öffentlichkeit, vor den Augen der Gesellschaft. In Zeiten der Flüchtlingsströme ist es wichtig, auch Menschen anderer Kulturen und Religionen willkommen zu heißen, Hindus, Buddhisten oder Anhänger der Sikh-Religion und Bahai.

Das Christentum war immer in der Stadt beheimatet. Die Sorge um die Stadt, das grundlegende Interesse an ihr, ist in Texten der Bibel greifbar.

„Suchet der Stadt Bestes" (Jesaja 29) ist die Mahnung zu sozialem Engagement. Was auf den ersten Seiten der Bibel in einem Garten beginnt, im Paradiesgarten, endet auf den letzten Seiten in der Vision einer gebauten Stadt als Ideal des sozialen Miteinanders. In Städten fanden sich die ersten Christen, die bereit waren, dem Evangelium zu folgen. Die Stadt als Ort des Zusammenlebens verschiedenster Menschen auf engem Raum ist immer auch Spannungsgebiet. „Kirche Jesu Christi", die ihren Namen verdient, gibt es nur dort, wo diese Spannungen ausgehalten und gelebt werden. Wir dürfen uns auch nicht nahtlos in die säkulare Stadt einfügen oder den Weg der inneren Emigration wählen, um die eigene Reinheit zu bewahren. Denn die eigenen vier Wände sind immer zugleich die Wände der Nachbarhäuser und -wohnungen. Das Wohl der Stadt ist für uns nicht weniger wichtig als für die anderen Stadtbürger. Nicht Distanz, Rückzug in eine reine Sonderkultur, sondern mutiges, der Realität des Lebens in die Augen schauendes Engagement für das Gemeinwesen ist biblischer Grundimpuls.

Natürlich sind die evangelischen Kirchen – etwa die wunderbar erneuerte Markuskirche, die faszinierende Lukaskirche und die Erlöserkirche mit ihrem filigranen Jugendstil – Anziehungspunkte. Wir achten allerdings darauf, dass sie nicht zum Museum werden. Wer heute in eine unserer Kirchen kommt, der merkt, dass sie mit Leben gefüllt sind und die Botschaft Jesu Christi hochaktuell ist.

Das evangelische München trägt zur konstruktiven Lebensgestaltung in einer Stadt voller Ambivalenzen bei. Kirche und ihre Mitarbeitenden helfen, vielfältige Erfahrungen der Großstadt zu verarbeiten. Dafür stehen die Beratungsstellen von Kirche und Diakonie, die Stunden der Seelsorgenden. Es gibt vielfältige Möglichkeiten, das Leben zu würdigen: in Gottesdiensten, Ausstellungen, Konzerten, Oratorien, Passionen … Zur Würdigung des Lebens gehört, es in schweren Phasen zu begleiten – etwa in Obdachlosenarbeit, in der Zuwendung zu misshandelten Frauen und Kindern, in der liebevollen Aufmerksamkeit für Kriegsflüchtlinge.

Damit und mit der Art, wie wir Krisen und gute Zeiten bewältigen, werden wir zum Segen für die Stadt.

Impressum

- **Herausgeber:**
  mediaprint infoverlag
  broschüren gmbh
  Lechstraße 2
  86415 Mering

- **Mediaberatung:**
  mediaprint infoverlag gmbh
  Peter F. Schneider

- **Redaktion:**
  Dr. Reinhard Bauer, München
  Anke Wellner-Kempf, Illmmünster

- **Gestaltung (Grafik/Satz) von Inhalt und Titel:**
  MUNDSCHENK Druck+Medien
  Franziska Miersch
  Mundschenkstraße 5
  06889 Lutherstadt Wittenberg

- **Fotos Titelseite:**
  © Mapics/Fotolia.com
  © fottoo/Fotolia.com
  © steschum/Fotolia.com

- **Projektmanagement:**
  mediaprint infoverlag gmbh
  Julia Winter
  Barbara Scheuer

- **Druck:**
  Media-Print
  Informationstechnologie GmbH
  Eggertstraße 28
  33100 Paderborn

- **Technische Daten:**
  Erscheinungsort: 86415 Mering
  1. Auflage © 2015
  ISBN: 978-3-9816036-7-5

Titel und Umschlaggestaltung sowie Art und Anordnung des Inhalts sind zugunsten des jeweiligen Inhabers dieser Rechte urheberrechtlich geschützt. Nachdruck und Übersetzung sind – auch auszugsweise – nicht gestattet. Nachdruck oder Reproduktion gleich welcher Art – ob Fotokopie, Mikrofilm, Datenerfassung, Datenträger oder online – nur mit schriftlicher Genehmigung des Verlages.

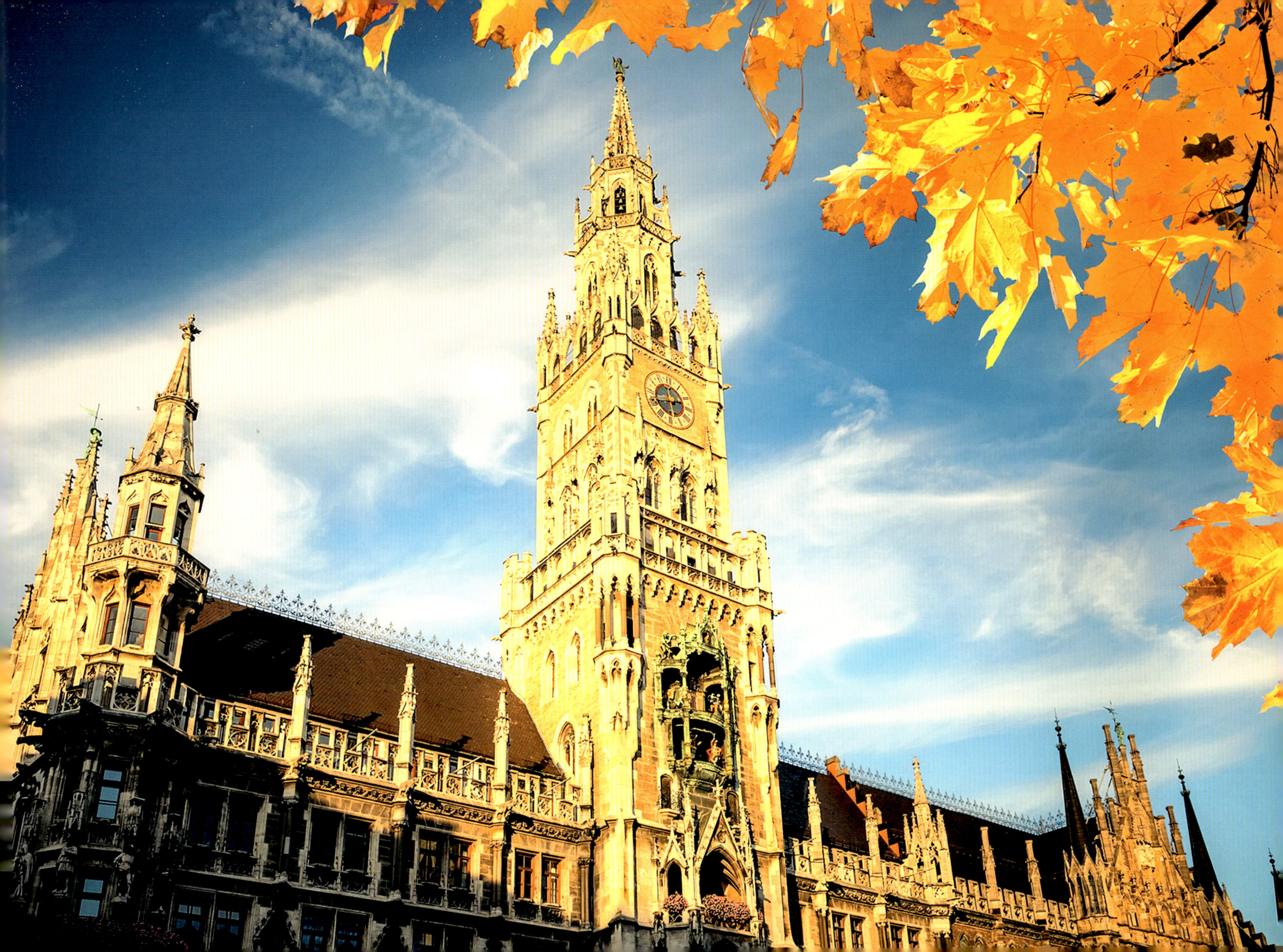

Inhaltsverzeichnis

Vorwort 3
  Oberbürgermeister Dieter Reiter

Grußwort 4
  Reinhard Kardinal Marx, Erzbischof von München und Freising 4

  Susanne Breit-Keßler, Regionalbischöfin für München und Oberbayern, Evangelisch-Lutherische Kirche in Bayern 5

Impressum 6

Geologie und Klima 15
  Lehm und Kies mit Hochwasser und Föhn

5700 v. Chr. Steinzeit 16
  Besiedlung seit der Steinzeit

1800 v. Chr. Bronzezeit 17
  Internationale Kultur der Bronzezeit

500 v. Chr. Keltenzeit 18
  Kelten kommen und gehen

15 v. Chr. Römerzeit 19
  Provinz in der Römerzeit

500

500 **Baiuvarenzeit** 20
  Wer waren die Baiuvaren?

500 **Ortsnamen** 21
  Ortsnamen als Zeugen der Siedlungsgeschichte

700

739 **Christianisierung** 23
  Bistum Freising, Christianisierung und Kirche

788 **Von den Agilolfingern zu den Welfen** 24
  Agilolfinger, Karolinger, Luitpoldinger und Welfen

1000

1158 **Erste Erwähnung Münchens** 26
  Erste Erwähnung Münchens und Gründung des Marktes

1180 **Wittelsbacher** 28
  Andechser und Wittelsbacher

1210 **Kirche und Aufstieg der Stadt durch Handel** 29

1240 **Marktplätze und Stadtbäche** 30
  Marktplätze, Handel und Stadtbäche

1255 **Stadterweiterung** 31
  Stadterweiterung und Stadtrecht

1314 **Hauptstadt** 32
  Hauptstadt des Heiligen Römischen Reiches unter Kaiser Ludwig

1326 **Geistiges Zentrum** 33
  Ketzer am Kaiserhof – geistiges Zentrum Europas

1370 **Handelsmetropole** 34
  Handelsmetropole und Brauereistandort

München im Spiegel der Zeit   9

1381	**Patrizier und Handwerker**	35
1385	**Unruhen** Erpresserische Steuern führen zu Unruhen und Gewalt	36
1392	**Wallfahrt nach München** Gnadenjahr mit den Andechser Heiltümern	37
1433	**Blütezeit** Kulturelle Blütezeit	38
1480	**Das Rathaus** Das Alte Rathaus	40

1500

1500	**Hochberühmte Stadt** Hochberühmte Stadt mit Kultur	41
1522	**Reformation und Gegenreformation** Die Reformation und ihre Bekämpfung	44
1569	**Renaissance** Renaissancebauten und Kunst	46
1587	**Rom des Nordens** Wirtschaftlicher Niedergang – kulturelle Impulse	48
1589	**Hofbräuhaus** Lebendige Geschichte	50

1600

1618	**Dreißigjähriger Krieg** Krieg, Inflation und Besatzung durch schwedische Ketzer	52
1642	**DR. SCHNELL Chemie** Erfolgsgeschichte echter Nachhaltigkeit	54
1651	**Nördlichste Stadt Italiens** Italienische Kultur prägt die Stadt	56
1679	**Der blaue Kurfürst** Max Emanuel, die Türken, Kanäle und Brüssel	57

1700

1705	**Krieg und Schlösser** Krieg, Bauernaufstand und Schlösser	58
1726	**Kaiser Karl Albrecht** Große Pläne eines verschuldeten und machtlosen Kaisers	60
1735	**Bayerische Staatslotterie** Lotterie – Glück und Gewinn	62
1745	**Aufklärung** Aufklärung und Illuminaten	64
1777	**Kurfürst Karl Theodor** Die Pfälzer kommen	66
1784	**Rumford** Ein protestantischer Engländer aus Amerika wird Staatsrat	67
1788	**Rumford** Reformen und Erfindungen	68
1789	**Englischer Garten** Gründung des Englischen Gartens	69
1791	**Beseitigung der Befestigungsanlagen** Stadterweiterung und Anstieg der Mietpreise	71

Inhaltsverzeichnis

1799	**Max Joseph – vom Kurfürsten zum König**	72
	Anbruch einer neuen Zeit	

1800

1801	**Erste Protestanten**	73
	Protestanten können Bürger werden	
1806	**Max Joseph – vom Kurfürsten zum König**	75
	Säkularisation und Königsresidenz von Napoleons Gnaden	
1808	**Kunststadt**	77
	Kunststadt von Weltformat	
1818	**Bürgerschaft**	78
	Erstarken der Bürgerschaft	
1821	**Erzbistum München und Freising**	80
	Weltoffene Hochburg des Katholizismus	
1825	**König Ludwig I.**	82
	König Ludwig I. – Dichter und Kunstliebhaber	
1826	**Juden**	83
	Juden errichten wieder eine Synagoge	
1828	**Ein neues München**	84
1834	**Klinikum rechts der Isar der TU München**	87
	Zentrum der Hochleistungsmedizin	
1835	**Denkmäler**	88
	Bavaria und Denkmäler	
1839	**Roeckl**	90
	Handschuhe und Accessoires erster Güte	
1840	**Industrialisierung**	92
	Beginn der Industrialisierung	
1848	**Die 48er-Revolution**	94
	Lola und die Revolution	
1848	**König Max II.**	96
	König Maximilian II. und sein Stil	
1850	**MEILLER**	99
	Von einer Schmiede zum weltweit führenden Kipperhersteller	
1856	**König Max II.**	100
	Die soziale Frage	
1856	**Heim für blinde Frauen**	102
	Geborgenheit für blinde Frauen	
1858	**Versicherungsgruppe die Bayerische**	104
	Versichert nach dem Reinheitsgebot	
1861	**Sitten**	106
	Soziale und sittliche Lage	
1864	**König Ludwig II.**	108
	König Ludwig II. und Richard Wagner	
1869	**Geschäftswelt**	110
	Banken, Versicherungen und Kaufhäuser	
1871	**Damenstift**	112
	Beste Adresse für Pflege und Betreuung	
1874	**Erstarken der Bürgerschaft**	114
	Das Neue Rathaus	
1875	**Straßennamen**	116
	Alte Straßennamen in der Altstadt	
1883	**Max Rischart's Backhaus**	119
	Duft, Geschmack und Frische	

München im Spiegel der Zeit   11

1884	**Bäckerinnung**	120
	Unser tägliches Brot – und anderes	
1884	**Innere Mission München**	121
	Die Stadt in christlichem Sinn menschlicher machen	
1884	**HELIOS Klinikum München West**	122
	Der Mensch im Mittelpunkt – seit 1884	
1886	**Prinzregentenzeit**	124
	Gründerzeit	
1889	**Sport Münzinger**	126
	Fußballkultstätte im Rathaus	
1892	**Deutsche Bank München**	127
	Globale Universalbank mit starker örtlicher Präsenz	
1895	**Geith und Niggl**	128
	Händler und Dienstleister für Baugewerbe, Industrie und Gartenbau	
1895	**Arbeiterbewegung**	130
	Arbeiterleben und soziale Infrastruktur	
1895	**Agentur für Arbeit München**	133
	Erfolgreicher Kampf gegen Arbeitslosigkeit	
1895	**Bildung**	134
	Schul- und Universitätsstadt	
1895	**Frauenbewegung**	136
1896	**Neue Zeitschriften**	138
	Neue Impulse: „Jugend" und „Simplicissimus"	
1896	**GLEASON-HURTH**	141
	Zahnräder, Werkzeuge und Maschinen für die Welt	

1896	**Münchener Hypothekenbank**	142
	Die Krone der Baufinanzierung	
1897	**Jugendstil**	144
1898	**NORDSEE**	146
	Seefisch im Alpenland	

1900

1900	**Schwabinger Bohème**	147
1905	**Knorr-Bremse**	151
	Bremsen für die Welt	
1908	**Hamberger**	153
	Frische Lebensmittel für die Stadt	
1911	**Hausbesitzer-Versicherung**	154
	Immobilienversicherer mit wechselvoller Geschichte	
1912	**Klinikum Dritter Orden**	156
	Kranke heilen im Geist christlicher Nächstenliebe	
1913	**Polizeipräsidium**	159
	Sicherheit für München	
1913	**Sporthaus Schuster**	160
	Innovationen für den Ski- und Klettersport	
1914	**Circus Krone**	162
	Der größte Zirkus Europas – in München zuhause	
1914	**Erster Weltkrieg**	164
	Krieg und Hunger	
1916	**Bayerische Motoren Werke Aktiengesellschaft**	166
	Erfolgreichster Premiumhersteller von Automobilen weltweit	

Inhaltsverzeichnis

Jahr	Titel	Seite
1918	**Revolution** — Revolution und Räterepublik	169
1918	**GWG München** — GWG München – gut zu wohnen	172
1919	**Rechter Terror** — Antisemitismus, Terror und der Aufstieg der NSDAP	174
1923	**Inflation** — Inflation und Hitlerputsch	176
1924	**Die Ära Scharnagl** — Konsolidierung und Straßenkämpfe	178
1925	**Sona BLW Präzisionsschmiede** — Vom Leichtmetallwerk zur Präzisionsschmiede	180
1933	**Machtergreifung** — Das Hakenkreuz über dem Rathaus	182
1933	**Preimesser** — Recycling und kompetente Entsorgung	183
1934	**MTU Aero Engines** — Schrittmacher für die Luftfahrt	184
1936	**NS-Herrschaft** — München baut auf	185
1938	**Judenverfolgung**	186
1939	**Zweiter Weltkrieg** — Im Zweiten Weltkrieg	187
1942	**Zweiter Weltkrieg** — Widerstand und Ende im Bombenkrieg	188
1940	**Sorin Group Deutschland** — Zwei von drei Herz-Lungen-Maschinen weltweit stammen aus München	190
1940	**Frauenklinik Dr. Geisenhofer** — Gesundheit am Englischen Garten	191
1945	**Nachkriegszeit** — Anfang in einer Trümmerwüste	192
1945	**Kreisjugendring München-Stadt** — Der Kreisjugendring München-Stadt	196
1945	**Süddeutsche Zeitung** — In München geboren – in der Welt zu Hause	198
1946	**München erhalten und gestalten seit 1946** — SÜD-HANSA – Bauten- und Eisenschutz am Puls der Zeit	200
1946	**Nachkriegszeit** — Hungersnot und Brennstoffmangel	202
1946	**Handelsverband Bayern** — Starke Stimme des Handels	204
1947	**Nachkriegszeit** — Wohnungsnot und Wiederaufbau	206
1947	**Privatbank mit Tradition** — Das Bankhaus DONNER & REUSCHEL	209
1948	**Die Ära Wimmer** — Ein Volksbürgermeister	210
1948	**Münchner Wochenanzeiger** — Stadtteilinfos für jedermann	213

München im Spiegel der Zeit 13

Jahr	Titel	Seite
1949	**Strumberger** — Steuerberatung nach dem Grundsatz „Mensch – Unternehmen – Werte"	214
1949	**Münchener Schlüsseldienst** — Sicherheit im Wandel	215
1950	**Schweißtechnische Lehr- und Versuchsanstalt** — Moderner Dienstleister auf dem Gebiet der Schweißtechnik	216
1950	**Katholischer Männerfürsorgeverein** — Erfolgreicher Kampf gegen Obdachlosigkeit	218
1954	**Bayerischer Fliesenhandel** — Größte Fliesenausstellung Bayerns	219
1955	**Münchner Schulstiftung** — Von der Krippe bis zum Abitur – individuelle, liebevolle Betreuung und Förderung	220
1956	**Flugzeug-Union Süd** — Sechs Jahrzehnte Luftfahrtunterstützung in der Bundesrepublik Deutschland	222
1957	**Die Ära Wimmer** — Millionendorf	224
1960	**Die Ära Vogel** — Von der Weltstadt mit Herz zur heimlichen Hauptstadt	226
1961	**Terrafinanz Wohnbau** — Über 50 Jahre Wohnbau mit Mut und Weitblick	228
1962	**Die Ära Vogel** — Schwabinger Krawalle und Demonstrationen	230
1964	**Karstadt Schwabing** — Das Warenhaus als Treffpunkt und guter Nachbar	232
1967	**Die Ära Vogel** — Stachus und Fußgängerzone	233
1967	**BSH Bosch und Siemens Hausgeräte** — Smarte Haushaltshelfer	235
1970	**Kulturstadt** — Theater- und Filmmetropole	236
	Wiedererstandene Kulturbauten — Das Münchner Künstlerhaus und das Palais Bernheimer	238
1971	**Schilcher** — Sauberkeit und Sicherheit rund um die Uhr	239
1972	**Olympiapark München** — 850.000 quicklebendige Quadratmeter	240
1972	**Olympiastadt**	242
1972	**Kronawitter kommt** — Machtkämpfe	244
1973	**Sassoon Salon** — Handwerkliche Präzision und modische Tradition	245
1974	**Das Klinikum der LMU** — Medizinischer Fortschritt aus Tradition	246
1974	**Haas Bacher Scheuer Wirtschaftsprüfer** — Beratung auf den Punkt gebracht	248
1977	**T+S** — Schöne digitale Welt: Data-Base- und Informationsmanagement im Dialog mit Text und Satz	250
1977	**Café Guglhupf** — Oase im Zentrum	251

Inhaltsverzeichnis

Jahr	Titel	Seite
1978	**Oberbürgermeister Erich Kiesl** — Wechsel im Rathaus	252
1978	**Steuerkanzlei Steinbach und Partner** — Steuerlich stets gut beraten	254
1979	**MGS** — Von der Klassik zur Moderne	255
1981	**Kulturstandort** — Neue Museen	256
1984	**Kronawitter kommt zurück** — Die Grünen kommen	257
1986	**Dr. Wieselhuber & Partner** — Familienunternehmen im Fokus	258
1989	**Gründung Wipper Buero-Design** — Büromöbel für München	261
1989	**Ingenieurgesellschaft für das Bauwesen** — BIP – Ihr zuverlässiger Projektpartner	262
1990	**BEITEN BURKHARDT** — Kompetenz zählt – Individualität gewinnt	265
1990	**Wohnungs- und Siedlungsbau Bayern** — Lebensqualität für Mieter	266
1992	**Flughafen München** — Eine Erfolgsgeschichte	268
1992	**Die neue Stellung Münchens** — Image und Toleranz	270
1993	**Die Ära Ude** — Überall Spitze	272
1994	**„Andechser am Dom" und Waldwirtschaft** — Verbindung von Tradition und Zeitgeist	273
1996	**München ist nicht nur München** — Stadtviertel, Bezirksausschüsse und Lokalbewusstsein	274

2000

Jahr	Titel	Seite
2002	**Ibis** — Gastfreundlich und nachhaltig	276
2004	**Bayern Facility Management** — Effizient und klimaneutral	277
2004	**Großprojekte** — Keine Hochhäuser, aber spektakuläre Bauten	278
2006	**München forscht** — Exzellenter Hochschul- und Wissenschaftsstandort	280
2008	**Wirtschaftsstandort** — Blühende Wirtschaft mit Weltunternehmen	282
2014	**Große Aufgaben** — Dieter Reiter wird Oberbürgermeister	284

Kulturreferent Dr. Hans-Georg Küppers: Kultur in München – Standbein Tradition, Spielbein Innovation — 285

Kämmerer Dr. Ernst Wolowicz: Stadtfinanzen – kein Grund zum Jammern! — 293

Literatur und Quellen — 296

Abbildungsnachweis — 302

Nachwort des Autors — 303
Dr. Reinhard Bauer

Lehm und Kies mit Hochwasser und Föhn

München liegt in einer durchschnittlichen Höhe von 530 m über dem Meeresspiegel. Das natürliche Gefälle der flach geneigten Schotterebene innerhalb des Stadtgebietes geht von 580 m im Süden bis 480 m im Norden. Drei von Südwesten nach Nordosten verlaufende Flusstäler gliedern den Raum, die Würm im Westen, die Isar und der Hachinger Bach, dessen Wasser streckenweise versickert und unterirdisch weiterläuft, im Osten.

Nach der Eiszeit entstanden durch Wassermassen ineinander übergehende Terrassen mit Eintiefungen und Abtragungen. Die „Grünwalder Terrasse" ist von Thalkirchen über Sendling, die Theresienhöhe und das Maßmanbergl bis zum Luitpoldpark erkennbar. Tiefer liegt die „Altstadtterrasse", die als schmaler Uferstreifen bei Thalkirchen beginnt und sich gegen Norden zu einer gut 2 km breiten Fläche ausdehnt. Auf ihr liegt der größte Teil der Münchner Altstadt mit dem Petersbergl. Die „Giesinger Terrasse" auf der östlichen Flussseite reicht von Harlaching bis zum Ostbahnhof. Diese Geländemerkmale bestimmten wesentlich den Verlauf der alten Straßen und somit auch das Leben bis heute.

Die natürlichen Bodenschätze des Münchner Untergrundes sind wichtig für die Stadt. Mit dem gesunden Tiefenwasser wird das Münchner Bier gebraut. Früher wurden aus dem hauptsächlich rechts der Isar abgebauten Lehm Ziegeln gebrannt. Auch Kies und Sand waren hier gewonnene Baustoffe.

Das Klima Münchens ist durch die zentrale Lage in der Mitte des Kontinents und die Nähe zu den Alpen geprägt. Die Alpen, die schon 50 km südlich der Stadt beginnen, bewirken gelegentlich schnelle Wetterumschwünge und eine Rauheit. Sie bewirken starke Temperaturstürze innerhalb von wenigen Stunden. Die Niederschläge sind, bedingt auch durch die Nähe zu den Alpen, mit durchschnittlich 1.000 mm pro Jahr relativ hoch.

Eine Besonderheit im bayerischen Alpenvorland ist der Föhn, ein trockener, warmer Südwind, der oft überraschend einsetzt und selbst im Winter milde Temperaturen verursachen kann. Normalerweise scheint die Sonne im Herbst lange.

Meist gibt es im Frühjahr oder Frühsommer Regenperioden, im Sommer öfters Gewitter und Hagel. Bei Dauerregen und besonders bei Schneeschmelze in den Alpen führt die Isar starkes Hochwasser. Vor der Begradigung und Eintiefung des Flussbettes im Stadtgebiet im 19. Jahrhundert kam es dabei oft zu großen Schäden. Ursprünglich änderte der Fluss bei Überschwemmungen vielfach sein Bett, wie man an unbegradigten Stellen noch beobachten kann. Nebel tritt häufig im Herbst und Winter, besonders in der Nähe von Gewässern und an den moornahen Bereichen im Norden und Westen, auf. In den letzten Jahrhunderten sind beträchtliche Klimaschwankungen zu beobachten. So gab es im 14. Jahrhundert Kälteeinbrüche, die jahrelang zu Missernten und Hungersnöten führten. Am Ende des Mittelalters war es dagegen im Münchner Raum wärmer, sodass man an der Isar und bis zum Ammersee Wein anbauen konnte, wie noch zahlreiche Flurnamen bezeugen.

Die Isar bei Haidhausen. Stahlstich von Samuel Lacay 1822.

Besiedlung seit der Steinzeit

Das Gebiet um München war durch die Gletscher und später wegen des dichten Waldbewuchses für menschliche Besiedlung nicht anziehend. Erst in der Jungsteinzeit wurden hier Viehzüchter und Ackerbauern ansässig. In der besonders fruchtbaren ursprünglichen Lehmzunge bei Unterföhring wurde Keramik aus dieser Epoche gefunden.

Einen auffälligen Kulturwandel in der Spätsteinzeit (2000 bis 1800 v. Chr.) brachten die „Glockenbecherleute". Sie bestatteten ihre Toten mit angezogenen Beinen in „Hockergräbern", wie sie im Münchner Raum mehrfach ausgegraben wurden (z. B. Berg am Laim, Moosach, Pasing, Sendling). Die Keramik, nach der sie benannt sind, ein glockenförmiger Becher, unterscheidet sich in der Form von den Formen anderer Gruppen. Offenbar sind die Träger dieser bereits hoch entwickelten Kultur aus dem Westen (Spanien) zugewandert. München ist der südlichste Punkt des Alpenvorlandes, von dem man Funde dieser Kultur kennt. Die Glockenbecherleute bearbeiteten schon Metall, wie dreieckige Kupferdolche beweisen. Die Begräbnissitte mit den Beigaben zeigt eine ausgeprägte Religion, die den Glauben an ein Weiterleben im Jenseits einschließt. Es ist die Zeit, in der bereits bedeutende Monumente wie Stonehenge entstanden und genaue astronomische Kenntnisse vorhanden waren.

Die zweite große Gruppe der Becherkulturen, die ursprünglich im Osten beheimatete „Schnurkeramikkultur", ist hier auch durch Gräber belegt. Einzelne sorgfältig bearbeitete Steinäxte, die wohl als Opfergaben der Erde anvertraut wurden, und stempelverzierte Becher gehören in diesen Umkreis.

Die Stein- und die Bronzezeit gehen hier teilweise ineinander über; man spricht für den Zeitraum von 2000 bis 1800 v. Chr. auch von der Kupferzeit.

Glockenbecher der Steinzeit aus Pasing.

München und Umgebung auf der Landkarte des Philip Apian 1563.

Internationale Kultur der Bronzezeit

Seit dem 18. Jahrhundert v. Chr. setzte sich Bronze, eine harte Legierung aus Kupfer und Zinn, als Werkstoff in Europa durch. Der Münchner Raum wurde in dieser Epoche von einer einheitlichen Bevölkerungsgruppe bewohnt (Funde in Geiselgasteig, Moosach, Sendling). Die Grabbeigaben, auch Metallgegenstände, stammten überwiegend aus heimischer Produktion. Bronzebarren in Ring- oder Spangenform, die in Depots gefunden wurden, sind außer Gräbern die wichtigste Hinterlassenschaft. Ein solcher Barrenfund wurde beispielsweise im Schwabinger Luitpoldpark gemacht, wo er wohl als Opfergabe der Erde anvertraut worden war.

Die Namen der meisten größeren Flüsse in Europa stammen aus der Zeit um 1500 v. Chr. Sie sind einer gemeinsamen indogermanischen Sprache zuzuordnen. So hat die Isar über 20 Verwandte (z. B. Eisack, Isen, Isère, Oise) und ihr Name, der 755 als *Isura* belegt ist, ist zur indogermanischen Wurzel *is-* „(sich) schnell bewegen" gebildet. Die Würm kommt aus dem Starnberger See (früher Würmsee) und mündet bei Dachau in die Amper. Der Name ist 722 als *Uuirma* belegt und enthält die indogermanische Wurzel *uer-* „Wasser".

Bei Bernstorf (Gemeinde Kranzberg, Landkreis Freising) im Ampertal nördlich von München wurde eine befestigte Höhensiedlung („bayerisches Troja") entdeckt. Sie wurde um 1350 v. Chr. durch einen Brand, wohl im Zuge kriegerischer Auseinandersetzungen, zerstört. Kostbare Funde aus Gold und Bernstein lassen Verbindungen mit bronzezeitlichen Kulturen von der Ostsee bis nach Kreta und Ägypten erkennen. Eine Befestigungsanlage dieser Zeit, aus der auch zahlreiche Grabhügel bekannt sind, stand auch auf dem Domberg in Freising.

Eine veränderte Bestattungsform markiert den Kulturwandel in der späten Bronzezeit. Tote wurden unter künstlichen Hügeln in meist ausgestreckter Lage beerdigt. Für das Jenseits wurden Männer mit Waffen, Frauen mit Schmuck und alle mit Verpflegung in Gefäßen aus Ton ausgestattet. Die Grabhügel haben etwa 8 bis 10 m Durchmesser, der Körper der Toten war mit einer Lage von Steinen bedeckt. Brandbestattung und Opfersitten zeigen einen Fortbestand religiöser Vorstellungen. Die meisten Urnenfelder (über 100 Gräber) wurden im Süden des Stadtgebietes gefunden. Neben dem Leichenbrand enthielten die meisten Urnen kleine Gefäße und künstlerisch gestaltete bronzene Nadeln als Beigaben. Anhänger mit Vogelköpfen deuten auf einen Sonnenkult hin. Neben seiner Funktion als Waffe besaß das Schwert offenbar mythische Bedeutung als Kultgegenstand und Herrschaftssymbol. Es hatte sich offenbar ein Adel herausgebildet, der mit dem Schwert herrschte. Die dörflichen Siedlungen bestanden aus schlichten Pfostenhäusern mit Fachwerk. Die größten bekannten Begräbnisplätze liegen bei Englschalking, Grünwald und Unterhaching.

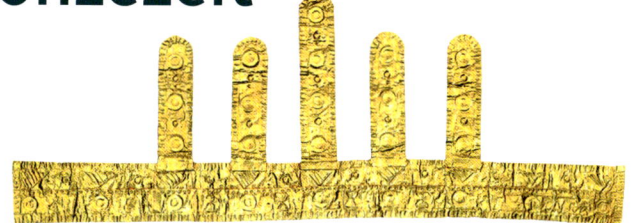

links: Diadem aus der Bronzezeit aus Bernsdorf.

Reste bronzezeitlicher Waffen, gefunden im Lehel. Zeichnung 1930.

links: Grabbeigaben eines Mädchens aus der Mittelbronzezeit in Kirchtrudering (Nadeln, Schmuck).

500 v. Chr. Keltenzeit

Kelten kommen und gehen

Das schon am Ende der Urnenfelderzeit als Zierde benutzte Eisen setzte sich wegen seiner Härte als Hauptwerkstoff, besonders für Waffen, durch. Die frühe Eisenzeit, die von 800 bis 500 v. Chr. angesetzt wird, ist nach dem Fundort im Salzkammergut, „Hallstattzeit", benannt. Diese Kultur ist auch im Münchner Raum nachzuweisen (z. B. Pullach, Riem); sie zeichnet sich durch Grabhügel mit kostbaren Beigaben aus. Bei den Formen zeigen sich Einflüsse aus dem Osten. Die Toten wurden nun mit Dolchen und Fibeln (Broschen als Schließnadeln) ausgestattet.

Nach 500 v. Chr. ist keltische Kultur, der „Latènezeit", benannt nach einem Fundplatz am Neuenburger See, bei uns verbreitet. Die Kelten waren ein indogermanisches Volk, das weite Teile Europas beherrschte. Der Stamm der Vindeliker gründete hier mächtige Städte, wie an der Paar bei Manching (südöstlich von Ingolstadt) oder die von der Mangfall umflossene „Fentbachschanze" im Landkreis Miesbach. Zeugen der Spätlatènezeit sind im Raum München zahlreiche „Keltenschanzen" bei Aubing, Feldmoching, Grünwald, Deisenhofen, Langwied, Neubiberg, Perlach, Holzhausen oder Buchendorf. Die einstigen rechteckigen Wälle und Gräben sind teilweise noch im Gelände zu erkennen. Gefunden wurden sonst hauptsächlich Gräber mit Schmuck und Waffen. Namen wie Andechs, Gars und Glonn gehen auf keltische Wurzeln zurück. Warum die Kelten um 50 v. Chr. größtenteils Südbayern verließen und wohl nach Südwesten zogen, ist nicht geklärt.

Keltischer Schmuck aus einem Frauengrab in Heimstetten.

Provinz in der Römerzeit

Im Jahr 15 v. Chr. besetzten Drusus und Tiberius, die Stiefsöhne des Kaisers Augustus, das Land von den Alpen bis zur Donau für das Imperium Romanum. Augsburg *(Augusta Vindelicum)* wurde Hauptstadt der Provinz *Raetia secunda*. Aus dem ganzen römischen Reich stammende Militäreinheiten waren hier fünf Jahrhunderte stationiert. Dafür wurde das Gebiet durch Heerstraßen erschlossen. Entlang dieser Straßen wurden dann Gutshöfe errichtet. Eine dieser Straßen führte auf der Höhe von Oberföhring (Augsburg-Wels in Oberösterreich), die andere bei Grünwald (Augsburg-Salzburg) über die Isar. Daneben gab es auch alte Nord-Süd-Verbindungen entlang den Flüssen. Für den Handelsplatz am Würmübergang bei Gauting ist aus dem 4. Jahrhundert der kelto-romanische Name *Bratananio* überliefert. Römische Siedlungen, meist aus der mittleren Kaiserzeit, wurden bei Aubing, Berg am Laim, Englschalking und Denning entdeckt.

Seit dem 3. Jahrhundert begann das Leben durch Alemanneneinfälle gefährlicher zu werden. Der Großteil

Römische Keramik aus Denning.

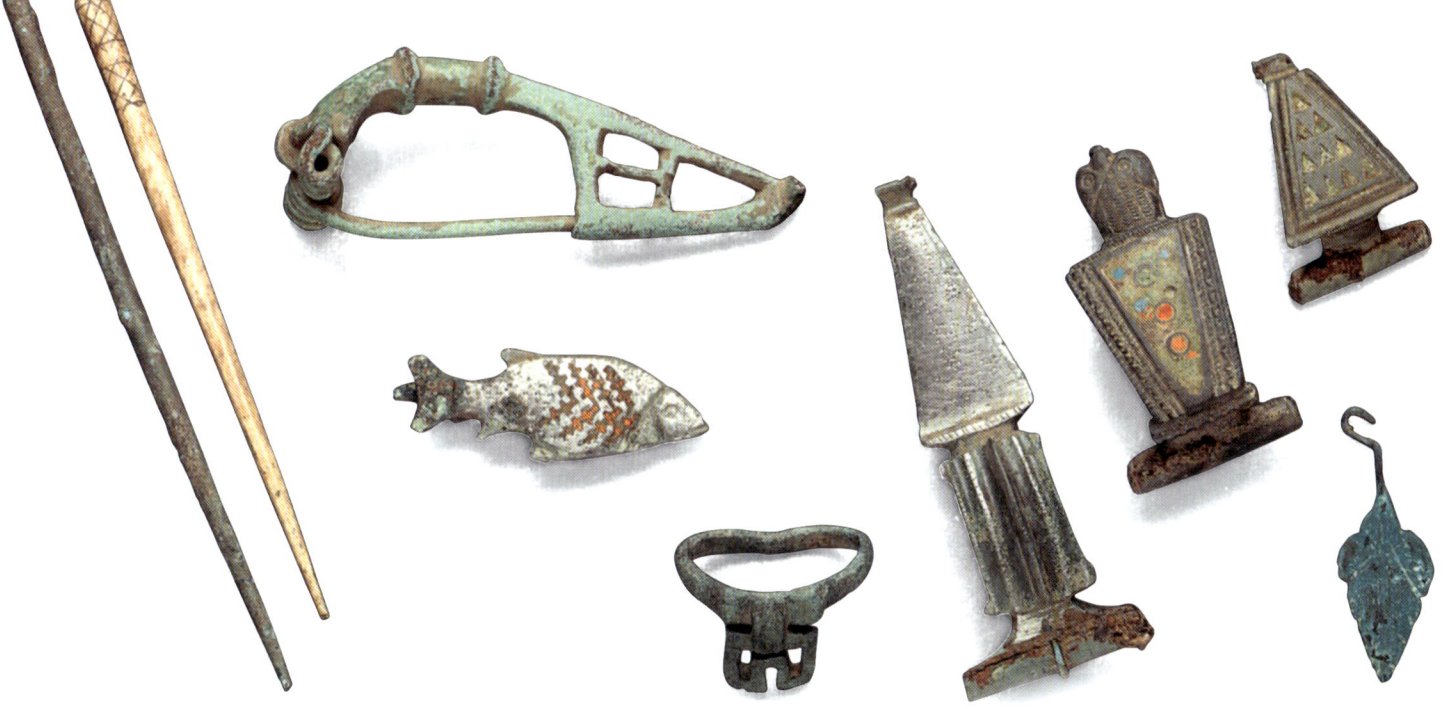

der Bevölkerung floh in sicherere Gebiete. Die letzten Amtsträger des Imperiums zogen sich auf Befehl von Kaiser Odowakar, der Führer des germanischen Stammes der Skiren war, um 480 nach Italien zurück. Romanische Bevölkerung (Walchen) hielt sich besonders um die großen Städte Augsburg, Regensburg und Salzburg und an einigen Stellen im Alpenraum (z. B. Walchensee, Wallgau). Der Name Peiß im Osten von München geht auf lateinisch *Bitianum* „Landgut des Bitius" zurück. Es gibt hier sonst nur wenige Hinweise auf ein Fortleben der romanischen Bevölkerung. Die Gegend um München war im 5. Jahrhundert wohl weitgehend entvölkert.

Römische Gegenstände aus dem 1. Jahrhundert n. Chr., die in Ganting gefunden wurden.

Wer waren die Baiuvaren?

Die kurze Herrschaft der Ostgoten unter Theoderich (Dietrich von Bern) als Nachfolger des Römischen Reiches ist durch einen Gräberfund in Unterhaching belegt. Hier saß um 500 eine reiche Familie, die aus Oberitalien stammte und Seidengewänder aus China und Edelsteine aus Indien besaß.

Seit dem Ende des 5. Jahrhunderts ließen sich Germanen südlich der Donau und auch im Münchner Gebiet nieder. Die Germanen hatten den Brauch, ihre Toten einzeln nebeneinander mit dem Kopf nach Osten gerichtet in die Erde zu legen und die Körper mit Beigaben auszustatten. Neben Kleidung erhielten Männer Waffen und Frauen Schmuck; man glaubte offenbar auch hier an ein Leben nach dem Tod, in dem irdische Güter benötigt werden. Wir kennen zahlreiche solcher baiuvarischer Reihengräber in unserem Raum; die größten und ältesten sind bei Aubing, Feldmoching und Sendling.

Die sachlichen Überreste der Baiuvaren, die Namen und die Sprache sind von denen der benachbarten Alemannen ursprünglich nicht zu unterscheiden. Die *Baioras* oder *Baiouari(i)*, die erstmals 551 genannt werden, bildeten einen Stamm unter fränkischer Oberhoheit und einem Herzog aus dem Hause der Agilolfinger. Neben Alemannen setzte dieser sich aus Angehörigen anderer germanischer Stämme und bereits hier heimischen Romanen zusammen. „Hauptstadt" war das noch von der römischen Steinmauer geschützte Regensburg. Das Gesetzbuch aus dem 7. Jahrhundert (Lex Baiuvariorum) gibt Aufschlüsse über Verfassung, Recht und Alltagsleben.

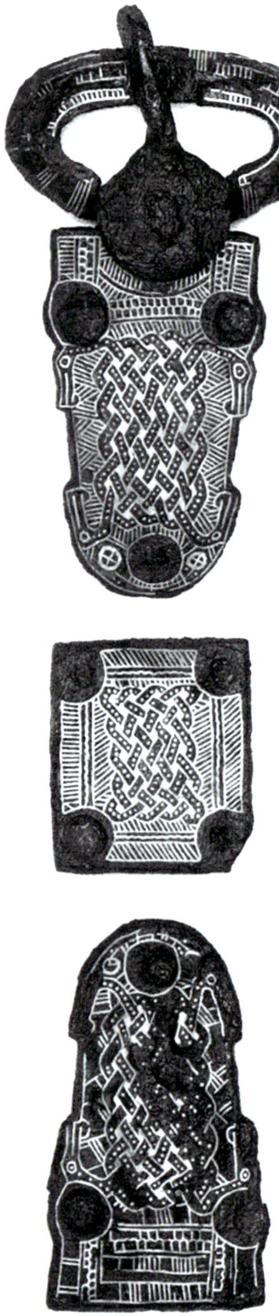

Gürtelgarnitur aus einem baiuvarischen Männergrab.

Goldene Körbchenohrringe mit Almandineinlagen aus dem 7. Jahrhundert.

Halskette mit Glasperlen und Goldanhängern aus einem baiuvarischen Grab in Aubing.

Ortsnamen als Zeugen der Siedlungsgeschichte

Namen auf -*ing(en)*, ursprünglich -*inga(s)*, bilden die älteste germanische Schicht und sind typisch für früheste baiuvarische Siedlungen. Namen mit diesem Zugehörigkeit ausdrückenden Wortbildungselement enthalten als vorderen Bestandteil in der Regel Personennamen. Sendling ist 782 als *Sentilingas* belegt, der Name bedeutet „bei *Sentilo und seinen Leuten". Auch andere wichtige Orte sind, wie die Funde von Reihengräbern zeigen, um 500 entstanden. Feldmoching (790/803 *Feldmohingas*), „bei *Mocho* und seinen Leuten am Feld (waldfreie Fläche)", war der Hauptort im Münchner Norden. Wie weit die Entstehung eines Ortes und die Überlieferung des ältesten Belegs auseinanderliegen können, zeigt Aubing, die Urpfarrei im Westen Münchens. In einer Königsurkunde wird es erst im Jahr 1010 als *Ubingen* erwähnt. Gegründet wurde es wohl schon um 500 mit dem Namen *Ubingas,* „bei *Ubo* und seinen Leuten". Die Güter im Ort waren im frühen Mittelalter überwiegend im Besitz des Landesherrn, der hier offenbar keine Schenkungen tätigte. Dies erklärt, warum der Name vor 1010 nicht in Aufzeichnungen des Hochstifts oder von Klöstern erwähnt ist.

Eine ursprüngliche Berufsbezeichnung, die zu einem Personennamen wurde, enthält der Name Ober- und Unterföhring (750: *ad Feringas*: „beim Fährmann und seinen Leuten"). Hier querte die Römer- und spätere Salzstraße die Isar. Im 6. Jahrhundert entstanden wohl u. a. Daglfing (839: *Tagolfingas: Tagolf*), Fröttmaning (815: *Freddimaringa: Freddumar*), Giesing (790: *Kyesinga: Kiso*), Ober- und Unterhaching (806 *Hachinga:*

Thalkirchen, die Urpfarrei von Sendling. Karl August Lebschée um 1860.

Hacho), Ober- und Untermenzing (859: *Menzinga: Manzo*), Pasing (763: *Pasingas: Paso*) und Trudering (772: *Truhteringa: Truhther*). Schwabing (782: Suuapinga: „bei den Leuten des *Swapo*") war offenbar die Siedlung eines Schwaben (Alemannen).

Ähnlich alt können auch Namen mit -heim (-ham) sein. Schleißheim (Ober-, Unterschleißheim, Landkreis München) ist bereits 775 als *Sliuuesheim* bezeugt. Die Bedeutung ist „Wohnstätte des Sliwo". Wie bei den meisten differenzierten Ortsnamen ist von einem ursprünglich gemeinsamen Siedlungs- und Gemarkungsgebiet der beidenOrte am Flusslauf der Moosach auszugehen.

Ins frühe Mittelalter reichen auch andere Ortsnamen zurück wie die auf -dorf. Es muss sich bei den entsprechenden Orten nicht um Dörfer in unserem Sinn handeln, viele bestanden nur aus einem Gehöft.

Andere wuchsen zu stattlichen Siedlungen wie Ramersdorf (1006–1022: *Rumoltesdorf,* „Siedlung des *Rumolt*").

Einen Flussnamen beinhaltet das wohl schon im 6. Jahrhundert entstandene Straßendorf Moosach (807: *Mosaha* „Fluss am Moor"). Die Moosach, die bei Freising in die Amper mündet und die die Moorlandschaft des Dachauer Mooses zur Münchner Schotterebene abgrenzte, entspringt hier. Auch Allach (774: *Ahaloh,* „lichter Wald am Fluss") enthält die althochdeutschen Wörter ach „Fluss" und dazu *loh* „lichter Wald". Der Ort erstreckt sich entlang der Würm und war von Lohwäldern umgeben, die teilweise noch heute bestehen. *Loh* „lichter Wald", in der Verkleinerungsform Löhel, Löchel oder Lechel ist häufig, z. B. in Perlach (790: Peraloh, „lichter Wald mit Bären"). Pullach (790: *Puochloch,* „lichter Wald mit Buchen") enthält den Hinweis auf die hier einst vorherrschende Baumart; auf Haselstauden lässt Großhesselohe (776: *Hesinloch*) schließen. Hart ist die alte Bezeichnung für den Weidewald, die auch viele Ortsnamen prägte. Auch Haar (1315: Harde) geht hierauf zurück, ebenso Groß- und Klein-Hadern (1075: *Harderun,* „bei den Leuten im Weidewald"). Schäftlarn (760: Sceftilari, „bei den Schaftmachern") ist ein Personengruppenname, der hier auf Waffenproduktion im frühen Mittelalter hindeutet. Etwas jünger sind die Namen auf -hausen, im deutschen Sprachraum der häufigste Ortsnamentyp. Bogenhausen (776/779: *Pubenhusen,* „bei den Häusern des *Pubo*"), Haidhausen (808: *Heidhusir,* „bei den Häusern auf der Heide") und Lochhausen (948/955: Lohhusa, „Häuser am lichten Wald") sind sicher älter als Neuhausen (1163: *Niwenhusen,* „bei den neuen Häusern"). Die Orte auf -hofen sind später und an ungünstigeren Stellen entstanden. Milbertshofen (1140/1152: *Ilmungeshouen,* „Hof des *Ilmung*"), ein ehemaliger Viehhof des Klosters Schäftlarn, wurde im späten Mittelalter dem Namen des auch zum Landgericht Dachau gehörenden Weilers Milbertshofen (Gemeinde Vierkirchen, Landkreis Dachau; 783/811: *Muniperhteshufun,* „Höfe des *Muniperht*") angeglichen.

Perlach aus der Vogelschau. Gemalte Postkarte um 1900.

Bistum Freising, Christianisierung und Kirche

Christliche Symbole auf Schmuck in baiuvarischen Reihengräbern um 600 in Aubing und Giesing.

Das Christentum, das hier bereits von Romanen praktiziert wurde und seit dem 6. Jahrhundert Staatsreligion war, wurde seit 700 im ganzen Land durchgesetzt. Die Toten wurden nun nicht mehr mit Beigaben in Reihengräbern außerhalb der Siedlungen bestattet; man legte sie in die Friedhöfe, die rings um die neu erbauten Holzkirchen entstanden. Der aus Westfranken stammende Wanderbischof Korbinian, den die Bayernherzöge 715 riefen, gründete 739 mit Bonifatius das Bistum Freising. Zu diesem Episkopat gehörte auch der Raum München.

Die Kirche mit ihren Bistümern, Klöstern und Pfarreien entwickelte sich von nun an zum wichtigen Macht- und Wirtschaftsfaktor. Um ihrer und der Familien Seelenheil willen waren Grundherren bemüht, Kirchen zu gründen und sie reich mit Gütern zu beschenken. Die meisten Orte im Raum München sind erstmals in den 744 einsetzenden „Freisinger Traditionen" bezeugt, in denen Schenkungen an das Bistum Freising verzeichnet sind.

Im Münchner Raum gab es auch ausgedehnten Herzogbesitz, so zum Beispiel. in Aubing, Feldmoching, Oberföhring und Aschheim. Herzöge und Hochadelige waren materiell in der Lage Klöster zu stiften und damit auch ihre Macht zu festigen. Hier waren im frühen Mittelalter besonders die Mönche von Benediktbeuern, Polling, Schäftlarn und Tegernsee wichtig. Sie folgten der Regel des hl. Benedikt: *ora et labora* (Bete und arbeite!).

Solche Goldblattkreuze sind seit dem 6. Jahrhundert Zeichen der Christianisierung.

Agilolfinger, Karolinger, Luitpoldinger und Welfen

Im frühen Mittelalter lag der Münchner Raum abseits der großen Entwicklungen. Der Frankenkönig Karl der Große soll der Sage nach in der Reismühle bei Gauting, wo die Karolinger einen Fronhof hatten, geboren sein. Er setzte 788 seinen Verwandten Tassilo III. als Herzog von Bayern ab, weil er sich wiederholt gegen ihn aufgelehnt hatte. Das Land stand nun direkt unter fränkischer Verwaltung und entwickelte sich im 9. Jahrhundert zu einem Kernland des entstehenden Deutschen Reiches. Der deutsche König Karlmann († 876) nannte sich *rex Bawariorum* („König der Bayern") und Regensburg war unter seinem Sohn König Arnulf (von Kärnten) († 896) erste feste Hauptstadt des Landes. Herzog Arnulf (der Böse) von Bayern († 937) erhielt dafür, dass er den Sachsen Heinrich I. als deutschen König anerkannte, von diesem Rechte wie die Gewalt über die Kirche zugestanden. Seinen Beinamen erhielt Arnulf von der Geistlichkeit, weil er nach Ungarneinfällen Klostergüter einzog und unter seine Gefolgsleute verteilte. Bayern wurde 895 ein Amtsherzogtum, verwaltet von den mit der Königsfamilie eng verbundenen Luitpoldingern (Luitpold † 907, Arnulf † 937 und Berthold † 947), bis 947 der Sachse Heinrich I. († 955), Bruder von König Otto I., als Herzog eingesetzt wurde.

Einschneidend war die Schlacht auf dem Lechfeld, wo 955 die Ungarn, die bis dahin das Land mit Raubzügen verwüstet hatten, vernichtend geschlagen wurden. Das Heer wurde von König Otto I. (dem Großen, † 973), Bischof Ulrich von Augsburg (dem Heiligen, † 973) und Herzog Heinrich I., der in der Schlacht starb, geführt.

In der Folgezeit kam es zu Auseinandersetzungen zwischen dem nachfolgenden Bayernherzog Heinrich II., dem Zänker († 995), der mit östlichen Nachbarn Bündnisse schloss, und den mit ihm eng verwandten Königen. Sein gleichnamiger Sohn wurde 995 Herzog von Bayern und schließlich 1002 als Heinrich II. (der Heilige, † 1024) deutscher König. Er richtete das Bistum Bamberg ein und ließ mit seiner Frau Kunigunde dort den Dom errichten.

Im Jahr 1070 erhielt mit Welf I. († 1101) das aus Ravensburg stammende Geschlecht der Welfen die Herzogswürde in Bayern. Dessen Urenkel Heinrich XII., der Löwe († 1195), Herzog von Sachsen, wurde 1156, nach dem Rücktritt von Heinrich XI. Jasomirgott, auf dem Reichstag in Regensburg auch Herzog von Bayern. Heinrich der Löwe residierte meist in Braunschweig, das er ausbaute, ließ aber auch Städte wie Lübeck (1157), Schwerin (1160) und Landsberg am Lech errichten.

Der Tassilokelch, den der letzte Bayernherzog Tassilo III. (bis 788) und seine Frau Luitpirga um 780 dem Stift Kremsmünster im heutigen Oberösterreich schenkten.

Krönungsbild Heinrichs II. aus dem Regensburger Sakramentar mit den hl. Bischöfen Ulrich und Emmeram.

Isar bei Oberföhring. Dieser Ort war seit der Steinzeit besiedelt und auch im frühen Mittelalter wegen des Isar-Überganges bis 1158 wichtig. Karl August Lebschée um 1860.

Erste Erwähnung Münchens und Gründung des Marktes

Der Münchner Raum hatte eine Bedeutung als Verkehrsknotenpunkt. Von Süden (Alpen) nach Norden (Freising, Regensburg, Passau) verlief die Isar, die mit Flößen schiffbar war. An ihrem Westufer befand sich ein wichtiger Fernhandelsweg, der Italien mit der Ostsee verband. Die Salzstraße überquerte bei Oberföhring, auf dem Herrschaftsgebiet des Freisinger Bischofs, die Isar. Sie war ein Haupttransportweg für das im Mittelalter bedeutsamste Handelsgut. Hier war eine Zolleinnahmestelle, die dem Bischof von Freising Einnahmen und Einfluss sicherte.

Zum Herzogsgut gehörte das Brachland weiter südlich an der Isar beim heutigen München. Daher ließ Heinrich der Löwe (um 1130–1195), der im Jahr zuvor Herzog von Bayern geworden war, offenbar im Jahr 1157, als er in der Gegend weilte, hier eine Brücke und neue Straßen bauen, um den Salzhandel hierher umzuleiten. Der auf diese gewaltsame Verkehrsänderung mit weitreichenden Folgen für die Beteiligten folgende Streit zwischen dem Bischof und dem Herzog wurde von Kaiser Friedrich I. Barbarossa auf dem Reichstag in Augsburg am 14. Juni 1158 entschieden. Der Bischof war ein Onkel und der Herzog ein Vetter des Kaisers.

In der Urkunde, die als „Augsburger Schied" in die Geschichte einging, wird München *(apud Munichen)* erstmals genannt. Im Text selbst wird die getroffene Regelung eine „gegenseitige Übereinkunft" genannt, durch die der Streit entschieden wurde. Fälschlich spricht man von einer „Gründungsurkunde" und bei deren Datum vom „Stadtgründungstag". Es handelt sich aber nur um die erste erhaltene schriftliche Erwähnung von München.

Die Verwendung des Namens *apud Munichen*, „bei (den) Mönchen", lässt auf eine ursprüngliche Niederlassung von Mönchen in der Nähe schließen. Eine Ansiedlung unter diesem Namen hat wohl schon bestanden, sonst wäre in der Urkunde erwähnt, dass sie neu gegründet wurde. Möglicherweise war hier das Kloster St. Jakob am Anger (Jakobsplatz) namensgebend, das als Pilgerherberge schon länger bestanden haben könnte.

Krönungsbild von Heinrich dem Löwen mit seiner Frau Mathilde und Kaiser Friedrich Barbarossa um 1180.

Es ist das älteste Kloster der Stadt und sein Gründungsdatum ist nicht bekannt. Eine Siedlung, die älter als der Markt München gewesen sein könnte, lag im Bereich des heutigen Altheimer Ecks, südwestlich vom Marienplatz, außerhalb der ältesten Stadtmauer. Der Name *Altheim* deutet darauf hin, dass hier vor der Gründung des Marktes München eine Siedlung lag, die dann „Alter Ort" genannt wurde.

Trotz der Schlichtung des Streites durch den Schiedsspruch Friedrich Barbarossas waren die Auseinandersetzungen zwischen Herzog und Bischof um die Rechte an den Markt-, Zoll- und Münzeinnahmen nicht beendet. Nachdem 1180 Heinrich der Löwe, da er dem Kaiser die Gefolgschaft nach Italien verweigert hatte, seine Herzogswürden verloren hatte, sah der Freisinger Bischof Adalbert eine Chance, den Fall wieder aufzurollen. Heinrich musste in die Normandie und nach England ins Exil, wo seine Frau Mathilde als Tochter von König Heinrich II. und Eleonore von Aquitanien herkam.

Der Bischof von Freising klagte 1180, dass der „Edelmann Heinrich von Braunschweig, einst Herzog von Bayern und Sachsen", den Markt in Föhring mit einer Brücke, den seine Kirche seit lange zurückliegenden Zeiten unangefochten besessen hatte, zerstört und gewaltsam in das „Dorf München" verlegt habe. Auf einem in Regensburg abgehaltenen Hoftag wurde nun entschieden, dass die Tat Heinrichs rechtswidrig gewesen sei. Friedrich Barbarossa widerrief die Verlegung des Föhringer Marktes nach München und gab das Marktrecht mit dem Brückenzoll dem Freisinger Bischof zurück. Diese Anordnungen blieben aber offenbar ohne Folgen. Wahrscheinlich wurde der Freisinger Bischof finanziell entschädigt und verzichtete auf eine Vollstreckung des Urteils.

Der „Augsburger Schied" von 1158, in dem München erstmals erwähnt wird.

Andechser und Wittelsbacher

Kaiser Friedrich Barbarossa ernannte 1180 nach der Absetzung Heinrichs des Löwen den Pfalzgrafen Otto von Wittelsbach († 1183) zum Herzog von Bayern. Die Wittelsbacher hatten ihren Stammsitz bei Unterwittelsbach (westlich von München) und dehnten ihren Machtbereich auf weite Teile Oberbayerns aus.

Das mächtigste Geschlecht in Bayern aber war am Ende des 12. Jahrhunderts das der Andechser, die seit dem 9. Jahrhundert im südwestlichen Oberbayern nachzuweisen sind und dann auch als Grafen den Raum Wolfratshausen und das Inntal beherrschten. Sie überließen 1157 ihren Stammsitz in Dießen am Ammersee dem von ihnen dort gegründeten Kloster und errichteten beim späteren Kloster Andechs über der anderen Seite des Sees eine neue Burg. 1173 wurden sie Markgrafen von Istrien, 1180 Herzöge von Kroatien, Dalmatien und Meranien sowie 1208 Herzöge von Burgund. Frauen aus ihrer Familie wurden Herzogin in Schlesien (Hedwig die Heilige), Königin von Frankreich (Agnes) und Königin von Ungarn (Gertrud). Deren Tochter, die heilige Elisabeth, war mit dem Landgrafen von Thüringen verheiratet. So wurden sie Vorfahren der europäischen Herrscherhäuser. Die Andechser besetzten auch die Bischofsstühle von Bamberg und Brixen sowie das Patriarchat Aquileia. Städte wie Bayreuth, Innsbruck und Kulmbach wurden von ihnen gegründet. Sie hatten als Vögte des Klosters Tegernsee großen Einfluss im Raum München. Aus einem zu München wahrscheinlich um 1190 vollzogenen Rechtsakt *coram duce Perhtoldo de Meran* („im Beisein des Herzogs Berthold von Andechs-Meranien") ist zu erkennen, dass sie hier Amtsgeschäften nachgingen.

Der Niedergang dieser Familie wurde eingeleitet, als Pfalzgraf Otto von Wittelsbach, ein Vetter von Herzog Ludwig I. († 1231), 1208 den deutschen König Philipp von Schwaben in Bamberg ermordete. Die Andechser Bischöfe Ekbert von Bamberg und Heinrich von Istrien wurden der Mithilfe bei der Tat bezichtigt und geächtet. Eine drei Jahre später erfolgte Rehabilitation half ihnen wenig. Zwar wurde als Strafe für den Mord die Stammburg der Wittelsbacher zerstört, es gelang diesen aber, die Herzogswürden zu behalten und von ihren Andechser Rivalen, die 1248 im Mannesstamm ausstarben, die Besitzungen in Oberbayern zu übernehmen. Die Macht der Wittelsbacher war dann der entscheidende Faktor für den Aufstieg Münchens. 1210 verlieh ihnen König Otto IV., ein Sohn von Heinrich dem Löwen, die Herzogswürde in Bayern erblich und sie herrschten hier bis 1918.

Die Grafen Heinrich II. von Wolfratshausen (links oben) und Berthold III. von Andechs (rechts oben) sowie die Bischöfe Otto II. von Bamberg und Heinrich I. von Regensburg aus dem Geschlecht der Andechser Grafen. Handschrift des von den Andechsern gestifteten Augustiner-Chorherrenstiftes Dießen um 1206.

Kirche und Aufstieg der Stadt durch Handel

Die Pfarrei St. Peter wurde schon bald nach 1158 errichtet. 1167/71 wird „Heribortus decanus de Munichen" erwähnt, der 1168 auch als „Priester und Dekan von Feldmoching" bezeugt ist. Die kirchlichen Rechte mussten von den bisherigen Pfarrsprengeln übertragen werden. Die Pfarrkirche St. Peter wurde bald zu klein für die Stadt, die „ins unermessliche" wuchs. Am 14. November 1271 teilte Bischof Konrad von Freising die Pfarrei und erhob die Frauenkapelle zur zweiten Pfarrkirche. Die Grenze zwischen den beiden Sprengeln bildete die Achse Tal/Neuhauser Straße.

Das älteste Kloster war St. Jakob (am Anger). Am Ende des 13. Jahrhunderts wurden auch Ordensniederlassungen der Franziskaner, Augustiner und Klarissen sowie zwei Nonnenhäuser, benannt nach ihren Stifterfamilien Püttrich und Ridler, gegründet. Dazu kamen dann im Laufe des Mittelalters zahlreiche weitere Klöster und Seelhäuser. Außerdem hatten die Klöster des Herzogtums oft noch Häuser in der Residenzstadt. Neben der Pflicht, für das Seelenheil zu beten und gottgefällig zu leben, arbeitete die Ordensmitglieder auch und sicherten damit die wirtschaftliche Basis ihrer Klöster. Aufgaben mancher Orden waren die Fürsorge für Arme, Kranke und Alte sowie die Beherbergung von Pilgern und anderen Reisenden. Dazu gehörten auch Brauerei und Ausschank.

Seit der Gründung erlebte der Markt München durch den Salzhandel einen rasanten Aufschwung. Bereits 1210 später wird es Stadt (civitas) statt Dorf (villa) genannt. Aus einem um 1340 abgefassten Verzeichnis geht hervor, dass die Einnahmen des Herzogs aus den Münchner Zöllen die riesige Summe von über 5.000 Pfund (Münchner Pfennige) betrugen. Hinzu kamen noch andere Erträge, wie zum Beispiel von der Stadtsteuer (600 Pfund), von den Mühlen (200 Pfund) oder von den Brauern (50 Pfund). Auch die Steuern, die von den Münchner Bürgern an ihren Stadtherrn zu zahlen waren, stellten eine wichtige Einnahme des Herzogs dar. Daher förderte der Herzog auch die Einkünfte der Stadt. So verfügte Ludwig II. 1265, dass kein Münchner Bürger außer den herzoglichen Beamten von Steuern und anderen Diensten

Kirche St. Peter von Süden um 1700.

Im Jahr 1268 wird erstmals dieses Wappen als Siegel der Stadt verwendet.

der Stadt ausgenommen war. Die Güter der geistlichen Institutionen blieben aber unbesteuert, und die Stadt München hatte durch Stiftungen ihrer Bürger an Klöster und Gotteshäuser erhebliche Steuerausfälle. Eine weitere sichere Einnahmequelle der Herzöge in München war die Münzstätte.

Das Siegel der Stadt zu einer Urkunde aus dem Jahr 1268 beinhaltet einen Mönchskopf unter dem Adler im Torbogen. Später entwickelt sich das Wahrzeichen zur Mönchsbüste im Stadttor, von zwei Türmen gekrönt.

Marktplätze, Handel und Stadtbäche

Der wichtigste Marktplatz war seit dem 12. Jahrhundert an der Stelle des heutigen Marienplatzes. Hier wurde mit Getreide, Brot, Fleisch, allen übrigen Lebensmitteln und Wein, aber auch mit Stoffen und Schuhen gehandelt. Daneben standen das Gerichtshaus und die Münzstätte. Die Schranne auf dem Hauptmarkt wurde der bedeutendste Getreidemarkt in Süddeutschland. An den Fischmarkt erinnert noch der Fischbrunnen vor dem Rathaus. Der wichtige Weinmarkt wurde wahrscheinlich ursprünglich in der in Süd-Nord-Richtung verlaufenden Weinstraße abgehalten. Am Beginn des 19. Jahrhunderts wurden all diese Lebensmittelmärkte auf den Viktualienmarkt verlegt, der im ehemaligen Hof des Heiliggeistspitals neu errichtet worden war.

Der Rindermarkt ist 1240 erstmals an der Stelle erwähnt, wo noch heute der Name an ihn erinnert. Er wurde wohl, wie auch der Rossmarkt, im 14. Jahrhundert zum Oberen Anger hin verlagert. Beim Altheimer Eck gab es einen eigenen Saumarkt, später wurden auch Geflügelmärkte eingerichtet. Seit dem Anfang des 14. Jahrhunderts bestand ein Dultmarkt bei St. Jakob am Anger, der anfangs nur drei Tage vom 24. bis 26. Juli währte, aber dann auf eine, zwei oder vier Wochen ausgedehnt wurde. Daraus entwickelte sich die Jakobidult, die lange Zeit der einzige Jahrmarkt Münchens blieb. Sie wuchs im Mittelalter zu einer Messe, die auch von auswärtigen Kaufleuten besucht wurde und auf der Fernhandelsgüter im Angebot waren. Der Dultplatz wurde erst seit dem Ende des 16. Jahrhunderts mehrfach gewechselt und 1905 endgültig die Münchner mit den Auer Dulten zusammengelegt. Am Mariahilfplatz findet das Fest bis heute in Form der Mai, Jakobi (oder Sommer) und Herbstdult statt.

Holz war wichtigster Bau-, Werk- und Brennstoff. Die Stämme wurden meist auf der Isar nach München geflößt und zum Beispiel an den schon 1310 genannten Isar- und Bachländen gestapelt. Der Holzbedarf in der Stadt war groß; im Jahr 1497 wurden beispielsweise 3.312 Flöße gezählt. Mit dem Holz wurde dann auf kleineren Märkten in den Straßen der Stadt gehandelt.

Die Stadtbäche waren ursprünglich natürliche Arme der Isar, die im alten Flussbett geblieben waren, während sich der Hauptstrom nach Osten verlagert hatte. Durch mehrere Kanalbauten unterstützt, hatten sie eine wichtige Bedeutung für die Entwicklung der Stadt. Der „große Stadtbach" floss unterhalb von Thalkirchen von der Isar ab. Die äußeren Bäche strömten zwischen Stadt und Isar entlang, die inneren Bäche wurden in die Gräben der Befestigungsanlage geleitet, flossen aber auch in mehreren kleinen Wasserläufen durch die Stadt. Sie wurden im Nordosten wieder zusammengeführt und ergossen sich durch die Auwälder im Bereich des späteren Englischen Gartens in die Isar.

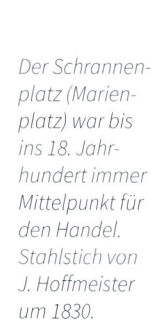

Vom Angerbach, Germbach, Kainzmühlbach, Katzenbach, Köglmühlbach, Kupferhammerbach, Lazarettbach, Malzmühlbach, Pesenbach oder Rossschwemmbach künden allenfalls noch Straßennamen. Die Gewässernamen zeigen die Hauptfunktionen an: Waschen und Tränken von Tieren sowie Antrieb von Mühlen. In den zahlreichen Mühlen in und vor der Stadt wurde Mehl gemahlen und sie dienten zum Sägen, Schleifen, Walken und Hämmern. Man brauchte Wasser als Rohstoff und Reinigungsmittel, aber auch zum Abtransport von Unrat und Fäkalien, sozusagen als Ersatz von Kanalisationssystem und Müllabfuhr. Schließlich wurde bei Strafe verboten, den Inhalt von Gruben hier ablaufen zu lassen.

Der Schrannenplatz (Marienplatz) war bis ins 18. Jahrhundert immer Mittelpunkt für den Handel. Stahlstich von J. Hoffmeister um 1830.

Stadterweiterung und Stadtrecht

1255 wurde das Herzogtum Bayern durch wittelsbachische Erbfolge in die Teilherzogtümer Ober- und Niederbayern geteilt. Oberbayern gelangte dabei an Herzog Ludwig II., der in München eine Residenz, den sogenannten „Alten Hof", nahe an der damaligen nordöstlichen Stadtmauer baute. München war damit Residenzstadt und die Bevölkerung nahm weiter zu. Die Stadt wurde räumlich erweitert und in der zweiten Hälfte des 13. und in der ersten Hälfte des 14. Jahrhunderts mit einem neuen, erheblich größeren Mauerring umgeben, der bis gegen Ende des 18. Jahrhunderts fortbestand. Noch heute sind drei Stadttore, allerdings in stark veränderter Form, erhalten: das Neuhauser Tor (Karlstor), das Sendlinger Tor und das Isartor.

Die althergebrachten Rechtssatzungen Münchens wurden zuerst in einer Urkunde Herzog Rudolfs im Jahr 1294 zusammengefasst und bestätigt. In den 23 Artikeln dieser „Rudolfinischen Handfeste" wurden wesentliche Fragen geregelt, die den Herzog und die Stadt betreffen. Unter anderem wurde festgesetzt, dass der Herzog einen Stadtrichter nur nach Rat und Bitte der Bürger einsetzen soll. Auch wurden den Bürgern Selbstverwaltung und eigene Gerichtsbarkeit mit Ausnahme der über den Tod zugestanden.

Nach der Verfassung wurden zwölf Mitglieder vom Patrizierstand in den „Inneren Rat" gewählt, der dann den „Äußeren Rat" berief. Die Gremien wurden schließlich durch eine Versammlung von 300 Geschworenen, der „Gemeinde", kontrolliert. Die Stadtobrigkeit musste dem Herzog als Stadtherrn jährlich Treue schwören und ihn bei Streitigkeiten einschalten. Probleme gab es häufig mit dem Haushalt, den der Rat zu verantworten hatte. Die Ehrenämter wie Stadtkämmerer und Stadthauptleute wurden jährlich von den Räten vergeben. Besoldet waren Stadtschreiber und Bürgerknecht, Stadtarzt und Apotheker, Turmwächter und Henker. Diese Ämter waren in der Hand weniger Familien. Der Stadtschreiber musste über Rechtskenntnisse verfügen und die Ratssitzungen protokollieren. Daneben war er auch politischer Berater und Gesandter. Das Stadtschreiberhaus aus dem Jahr 1552, der Weinstadel in der Burgstraße, zeugt noch heute von der Bedeutung dieses Amtes. Die Zahl der städtischen Bediensteten wuchs dann im Laufe des Mittelalters an. Grundsatz war, dass die Dienste, die die Stadt leistete, von den Verursachern bezahlt werden mussten und Ämter so sich selbst ernährten, ja möglichst noch Gewinn erwirtschafteten.

Der ehemalige Wilbrechtsturm in der Weinstraße, abgebrochen 1690. Nach Karl August Lebschée.

Der ehemalige Kaufingerturm, dann Schöner Turm (wegen der Bemalung) in der Kaufingergasse, abgebrochen 1807. Nach Karl August Lebschée.

Der sanierte Löwenturm am Rindermarkt ist wohl letzter vorhandener Rest der Stadtbefestigung des 12. Jahrhunderts. Foto 2013.

Hauptstadt des Heiligen Römischen Reiches unter Kaiser Ludwig

Am 20. Oktober 1314 wurde der Wittelsbacher Herzog Ludwig IV. von Bayern von der Mehrheit der Kurfürsten in Frankfurt am Main zum deutschen König gewählt und am 25. November 1314 vom Mainzer Erzbischof in Aachen gekrönt. Schon am 19. Oktober 1314 war aber Herzog Friedrich von Österreich von den anderen Kurfürsten gleichfalls zum deutschen König gewählt und am 25. November 1314 vom Kölner Erzbischof in Bonn gekrönt worden. Über die Königsherrschaft wurde nun ein Krieg zwischen den Vettern geführt. Auch die Münchner Bürger leisteten für König Ludwig Kriegsfolge. Mit dem Sieg bei Mühldorf am 28. September 1322 entschied Ludwig den Thronstreit zu seinen Gunsten. Der Legende nach half die Münchner Bäckerzunft zu diesem Sieg mit ihrem beherzten Eingreifen mit. München gelangte als Residenzstadt zu zentraler weltpolitischer Bedeutung. Es beherbergte auch von 1324 bis 1350 die vom Gegenkönig Friedrich ausgelieferten Reichskleinodien. Sie wurden in der Hofkapelle aufbewahrt und von Mönchen bewacht. Die Stadtfarben Münchens Schwarz/Gelb entstammen dem Reichswappen (schwarzer Adler auf goldenem Grund), das Ludwig im Schilde führte, und gehen auf diese Zeit zurück. In den fast 33 Jahren seiner Regierungszeit (1314–1347) hielt sich der im Jahr 1328 zum Kaiser gekrönte Ludwig nachweislich über 2.000 Tage in München auf.

Unter Ludwig dem Bayern wurde München bedeutend erweitert und verschönert. 1315 verfügte der König, dass der Marktplatz, der heutige Marienplatz, nicht durch weitere Bebauung verengt werden dürfe und die Fleischbänke zur Hofstatt beim Talburgtor verlegt werden sollen. Außerdem erlaubte er den Münchner Bürgern die Verlegung der Brotbänke und des Gerichtshauses vom Marienplatz an andere Stellen. 1327 brach in der Nähe des Angerklosters am heutigen Jakobsplatz ein Feuer aus, das ein Drittel der Stadt verwüstete. Stadtbrände veranlassten den Kaiser zu der Verordnung von 1342, dass in München alle Neubauten mit Ziegeln gedeckt werden sollten (nicht wie sonst üblich mit Holz oder Stroh).

Folgenreich für die wirtschaftliche Fortentwicklung Münchens war das 1332 von Ludwig gewährte Salzhandelsmonopol. Alles im Herzogtum Bayern zwischen Landshut und dem Gebirge über die Isar westwärts geführte Salz durfte nur bei München den Fluss überqueren und musste dort zum Verkauf angeboten werden. Zur Einfuhr des Salzes in die Stadt und zum Weiterverkauf waren nur die Bürger von München berechtigt. Außerdem stellte der Kaiser die nach München kommenden Kaufleute und deren Gut unter seinen Schutz.

Das Wappen Kaiser Ludwigs des Bayern, geschnitzt 1483 von Erasmus Grasser, zusammen mit Sonne und Mond als Symbolen der Macht, für den Saal des Alten Rathauses. Die Originale sind im Münchner Stadtmuseum. Foto 2012.

links: Urkunde von Kaiser Ludwig dem Bayern aus dem Jahr 1332.

unten: Das Oberbayerische Landrecht von Ludwig dem Bayern von 1346 mit Darstellung seiner Person, der gehuldigt wird.

Ketzer am Kaiserhof – geistiges Zentrum Europas

Der Hof war aber auch weltlichen Dingen zugewandt. Natürlich war hier in der Zeit der Minnelyrik und der Spielleute Bühne für Dichter und Musiker. So ist belegt, dass Hadamar von Laber aus der Oberpfalz hier um 1335 seine Minneallegorie „Die Jagd" vortrug. Um 1320 schrieb Heinrich von München seine gereimte „Weltchronik".

Der kaiserliche Hof wurde zudem im 14. Jahrhundert ein Zentrum, das Gelehrte und Künstler aus ganz Europa anzog. Hier entstanden „kirchenpolitische Streitschriften von geschichtlicher Bedeutung" und gingen in die christliche Welt.

Der in Avignon residierende Papst Johannes XXII. (1316–1334) wurde zwar als Friedensstörer und Häretiker 1328 vom Kaiser als vom Stuhl Petri abgesetzt erklärt. Er konnte aber den von Ludwig in Rom als seinen Nachfolger installierten Nikolaus (V.) gefangen nehmen lassen. Er verfluchte den Bayern als Ketzer und predigte den Kreuzzug.

Im Rahmen der deutschen Innenpolitik Ludwigs begann sich in dessen Kanzlei die deutsche Schriftsprache gegen die lateinische durchzusetzen. Hier waren die Protonotare Magister Ulrich Wild (1324–1328) und Ulrich Hofmaier von Augsburg (1331–1346) führend. Letzterer war Herausgeber staatstheoretischer Schriften gegen Papst Johannes XXII. Er lehnte sich dabei an die Anschauungen des Florentiners Dante Alighieri (1265–1321) an, der in seiner Abhandlung „De monarchia" die Ansicht vertrat, das Amt des Weltkaisers leite sich unmittelbar von Gott und nicht vom Papst als seinem Stellvertreter ab.

Ludwig holte 1326 Marsilius von Padua († 1342), den Verfasser der Schriften

Grabmal des William von Occam auf dem Franziskanerfriedhof. Angeblich nach einer Chronik.

Das Innere des Alten Hofes. Aquarell von Karl August Lebschée um 1860.

Hintergrund: Das Denkmal für Kaiser Ludwig den Bayern, geschaffen von August Drumm nach einem Entwurf von Emil Dittler. Der Bronzeguss wurde 1905 von Ferdinand von Miller dem Jüngeren angefertigt. Gestiftet wurde es vom Brauer Matthias Pschorr. Als Vorbild diente das Reiterstandbild von König Ludwig I. am Odeonsplatz. Foto 2013.

„Defensor Pacis" und Rektor der Universität Sorbonne in Paris, als Leibarzt nach München, wo dieser den „Defensor minor" und eine Abhandlung, die das Recht des Kaisers zur Ehescheidung begründet, schrieb. Marsilius war der erste große Theoretiker, der die Loslösung des weltlichen Staates von dem Einfluss der Kirche vertrat. Er war der Auffassung, dass das Gemeinwohl oberstes Prinzip sei und Recht und Gewalt vom Volk ausgehen müssten.

Der Mönch Wilhelm von Occam, den der Kaiser 1328 aus Italien mitgebracht hatte, lebte im Franziskanerkloster. Der Theologe war um 1290 in Ockham, südlich von London, geboren und lehrte später in Oxford. Im Jahr 1324 war der kritische und streitbare Geist am päpstlichen Hof in Avignon gewesen, um seine „Irrlehren" zu rechtfertigen.

Da Occam die Trennung von Kirche und Staat forderte, stellte er die Macht des Papstes infrage. Sein Hauptwerk hieß „Über die Macht von Kaisern und Päpsten". Mit seiner nominalistischen Erkenntnislehre gründete er einen eigenen Zweig der Philosophie. Seine Gedanken hatten später Einfluss auf die Reformatoren Luther und Wycliff. Occam starb hochgeehrt im Jahr 1347 und wurde am Hochaltar der bei der Säkularisation abgebrochenen Barfüßerkirche in München beigesetzt. Vor ihm waren seine Mitbrüder und Bonagratia von Pergamon († 1340) und der Ordensgeneral Michael von Cesena († 1342), die ihn auf seinem Weg begleitet hatten, dort beerdigt worden. Zum Gelehrtenkreis am Kaiserhof gehörten auch Jean de Jandun, ehemals Rektor der Universität Sorbonne, der Minorit Ubertino di Casale aus Genua und der Theologe Nikolaus de Autrécourt.

Handelsmetropole und Brauereistandort

Innerhalb der Mauern und um die Stadt wurden immer Gärten und Felder angelegt und Gelände zur Weide genutzt. Im Mittelalter gab es an sonnigen Isarhängen sogar Weinberge; man trank damals mehr Wein als Bier. Aber schon seit dem 14. Jahrhundert sind Bierbrauer in der Stadt bezeugt, und das Brauwesen entwickelte sich zum bedeutendsten Wirtschaftszweig. So gab es am Ende des 15. Jahrhunderts bereits 38 Brauereien in München, 100 Jahre später 74. Die Herzöge nutzten diese Möglichkeit, einfach und dauerhaft zu Geld zu kommen, und behielten sich das Recht vor, gegen gute Bezahlung Braulehen zu vergeben.

Am Beginn der Entwicklung Münchens war der Markt als Salzhandelsplatz von größter Bedeutung. Das Salz wurde besonders in den herzoglichen Salinen bei Reichenhall gewonnen. Es wurde auf der „Salzstraße" nach München transportiert und hier verkauft. Die Stadt hatte hier sogar eine verbriefte Monopolstellung. Salz war bis in die Neuzeit hinein wichtigster Konservierungsstoff und das hauptsächlich verwendete Gewürz. Es war unverzichtbar und kostbar. Daher ist die Menge von rund 100.000 Scheiben Salz von etwa einem halben Zentner, die im Jahr 1370 auf 6.250 Wagen in die Stadt rollte und hier zum Verkauf stand, zu erklären. Diese Menge steigerte sich bis zum Jahr 1610 auf 168.000 Salzscheiben. Bis zum Anfang des 15. Jahrhunderts wurde das Salz auf den Wochenmärkten am Hauptplatz gehandelt, dann wurden eigene Salzstädel an verschiedenen Stellen der Stadt errichtet.

Der ehemalige Ruffini-Turm in der Sendlinger Straße, abgebrochen 1808. Nach Karl August Lebschée.

Steuereid von 1377 (Stadtarchiv).

Am Salzhandel verdienten nicht nur die Salzsender, sondern auch viele andere, mit Transport, Lagerung und Aufbereitung beschäftigte Personen, ja letztlich die ganze Stadt. Daneben war München ein Fernhandelsplatz für Wein, Tuche und Gewürze, hauptsächlich hochwertige Produkte, die aus dem Süden importiert wurden. Im 13. und 14. Jahrhundert trieben viele Münchner mit kostbaren Textilien wie Samt, Seide, Goldbrokat und Tuchen aus Flandern Handel. Kaufleute aus der Stadt waren in diesem Zeitraum die größten Abnehmer von Weinen aus Südtirol. Man trieb aber auch Handel mit Metallwaren und anderen Artikeln.

Patrizier und Handwerker

Wappen wichtiger Patrizierfamilien.

Die die Stadt beherrschenden Patriziergeschlechter entstammten ursprünglich meist der Adelsschicht. Es waren hauptsächlich gut zwei Dutzend eng miteinander verwandte Familien, die „Geschlechter" genannt: *Astaler, Barth, Diener, Eisenmann, Eßwurm, Gaggenau, Guldein, Hundertpfund, Impler, Kaufinger, Kazmair, Ligsalz, Pötschner, Pütrich, Reitmor, Ridler, Rosenbusch, Rudolf, Schluder, Schrenk, Sendlinger, Stockhammer, Stupf, Tichtl, Tulbeck, Weißenfeld, Wilbrecht.* Sie besetzten die zwölf Sitze im Inneren Rat und waren meist sehr reich; so mussten im Jahr 1381 allein die 24 Mitglieder des Rats etwa ein Viertel der Steuersumme der Stadt aufbringen. Nur wer über genügend Geld verfügte, konnte es sich leisten, politische Ämter zu bekleiden. Da sich die Ausübung eines Handwerks oder Straßenhandels nicht mit der Würde der Geschlechter vertrug, handelten die Patrizier nur im großen Stil mit Salz oder Tuchen, machten Geldgeschäfte oder waren, besonders im 15. Jahrhundert, an Bergwerken beteiligt. Natürlich wurde Geld auch in Haus und Grundbesitz angelegt. Die Oberschicht der Stadt erwarb am Ende des Mittelalters viele Güter und Hofmarken in der Umgebung Münchens und wurde so zum Landadel.

Die Patrizier schufen in Zusammenarbeit mit den Fürsten eine neue Gemeindeverfassung, die in den Grundzügen bis zum Jahr 1803 Bestand hatte. Neben dem je aus zwölf Männern gebildeten Äußeren und Inneren Rat war die „Gemeinde" das wichtigste Organ. Sie bestand aus allen, die ein Haus in der Stadt hatten oder wenigstens ein halbes Pfund Münchner Pfennige Steuer zahlten. Zu wichtigen Fragen, wie Steuern, Kriegen, Haushaltsplänen und der Ausgabe größerer Summen, musste die Gemeinde einberufen werden. Die Verwaltung der Stadt lenkte der Rat, der dem Landesherrn jährlich Treue schwören musste und in seinen Entscheidungen von ihm abhängig war.

Die Handwerker waren seit dem 14. Jahrhundert in Zünften organisiert, die ihre Angelegenheiten selbst regelten, besaßen aber keine politischen Rechte. Man musste bei ihnen Mitglied sein, um das jeweilige Gewerbe ausüben zu können, und sie hatten Funktionen wie Innungen, Versicherungsvereine und religiöse Bruderschaften.

In späteren Jahrhunderten wurde das Salz in eigenen Hallen, den Salzstädeln, gelagert. Karl August Lebschée 1857.

Erpresserische Steuern führen zu Unruhen und Gewalt

Nach dem Tod von Ludwig dem Bayern war das Herzogtum 1347 wieder unter mehrere Erben, anfangs seine sechs Söhne, aufgeteilt worden, die sich gelegentlich gegenseitig befehdeten. Brandenburg und Tirol gingen so verloren. In München residierten teilweise gemeinsam, mit- oder gegeneinander die Herzöge Ludwig V., der Brandenburger (1349–1361), Ludwig VI., der Römer (1349–1365), Otto V., der Faule (1349–1379), Stephan II. (1353–1375), Meinhard (1361–1363), Stephan III., der Kneißl (1397–1413), Friedrich der Weise (1375–1392), Johann II. (1375–1397), Ernst (1397–1438), Wilhelm III. (1397–1435), Albrecht III., der Fromme (1438–1463), und Sigmund (1463–1467). Die Stadt mischte sich 1384 in Teilungsstreitigkeiten unter den Herzögen ein, was im folgenden Jahr zum offenen Konflikt führte. Grund war die „erpresserische Steuerpolitik der Landesherren". Ein wichtiger Vertrauter der Herzöge, der Ratsherr und Tuchgroßhändler Johann Impler, wurde 1385 des Verrats bezichtigt. Man ergriff ihn und schlug ihm auf der Richtstätte am Marktplatz den Kopf ab. Um der blutigen Rache der Herzöge zu entgehen, mussten die Bürger Buße tun und eine hohe Geldstrafe zahlen. Außerdem mussten sie den Bau der „Neuen Veste" am nordöstlichen Stadtrand als Zwingburg zulassen.

Die Streitigkeiten zwischen den vier Herzögen Ernst, Wilhelm, Stephan und Ludwig, die wegen der wittelsbachischen Erbrechtsregelung gemeinsam regieren mussten, trafen 1397 mit einem Protest der Handwerker im Rat der 300 zusammen. Die Rechnungsprüfung des städtischen Haushaltes war vom Rat hinausgezögert worden. Die Gemeindemitglieder schlossen daraufhin die Ratsherren in ein Zimmer ein und bedrohten sie. Die Gemeinde versammelte sich und schickte eine Abordnung ins Rathaus, der Bürgermeister Ligsalz ohne Widerstand die Macht in der Stadt, symbolisiert durch Banner, Sturmglocken und Schlüssel zu den Stadttoren, übergab. Die Verwaltung der Stadt war nun in Händen der Handwerker: Ulrich Tichtl wurde Bürgermeister, Jörg Kazmair Stadthauptmann.

Die drei Patrizier, denen die Verantwortung für die fragwürdige Rechnungsführung hauptsächlich zur Last gelegt wurde, flohen aus der Stadt. Andere der Misswirtschaft beschuldigte Mitglieder des alten Rates wurden zu hohen Geldstrafen verurteilt. Unter dem neuen Regiment, das gegen jede Opposition streng vorging, normalisierte sich die Lage in der Stadt bald wieder. Nun begannen aber wieder Auseinandersetzungen mit den Herzögen. Kazmair warnte vor den Folgen und musste aus der Stadt fliehen. Er verbündete sich mit Herzog Ernst und den geflüchteten Patriziern. Darauf schlossen die Münchner mit Herzog Ludwig ein Bündnis gegen Ernst und Wilhelm. Es begann ein Kleinkrieg mit gegenseitigen Überfällen auf Kaufleute bzw. Bauern der Gegner.

Die vier Herzöge vertrugen sich zeitweise untereinander und schlossen offenbar auch mit der Stadt wieder Frieden. Bald kam es aber erneut zu Streitigkeiten. Eine gegen das Stadtregiment geplante Verschwörung scheiterte und die Herzöge flohen aus der Stadt. Drei der Aufrührer wurden zum Tode durch das Schwert verurteilt.

Die verbannten Patrizier versuchten immer wieder, ihre Rechte einzufordern. Nun wurden Beratungen aufgenommen, bei denen man sich schließlich einigte. Die Münchner Stadtregierung widersetzte sich aber den gefassten Beschlüssen, an denen sie nicht beteiligt war. Der Rat verfügte nun, die Herzöge Ernst und Wilhelm nicht als Herren anzuerkennen und ihre Gefolgsleute nicht mehr in die Stadt zu lassen. Diese erklärten daraufhin der Stadt Fehde, und es drohte eine Belagerung. Die Herzöge Ernst und Wilhelm zogen mit je 1.000 Reitern nach Feldmoching und Moosach um dann mit Unterstützung von Heinrich von Landshut, der am Gasteig Position bezog, die Stadt einzuschließen. Es gelang zwar nicht, München zu erobern, aber die Umgebung wurde niedergebrannt.

1403 erkannten alle einen Schiedsspruch des Burggrafen Friedrich von Nürnberg an, der den alten Zustand wiederherstellte. Die Münchner Bürger spendeten den Herzögen Ernst und Wilhelm, die feierlich in die Stadt einzogen, ein Festmahl, huldigten ihnen und schworen ihnen Treue. Die verbannten Patrizier kehrten zurück und wurden wieder in den Rat oder auch als Bürgermeister gewählt. Um die Schulden, die die Stadt gemacht hatte, abzudecken, verurteilte man die Verantwortlichen zu hohen Geldbußen.

Hintergrund: Mittelalterliche Rüstungen aus dem Zeughaus im Stadtmuseum. Foto 2013.

Gnadenjahr mit den Andechser Heiltümern

1392 ließ Herzog Stephan III., der Kneißl, der zu den Feierlichkeiten des Jubeljahres 1390 beim Papst in Rom gewesen war, die auf der ehemaligen Burg Andechs 1388 wiederentdeckten Reliquien nach München bringen. Sie wurden hier in der Hofkapelle St. Laurentius von 17. März bis 1. August ausgestellt. Das „Andechser Heiltum" bestand u. a. aus Zweigen der Dornenkrone Christi, Stücken der Lanze des hl. Longinus, dem Siegeskreuz Karls des Großen im Kampf gegen die Sachsen und geweihten Hostien, auf denen das Bild des Gekreuzigten erschien.

Papst Bonifaz IX. gewährte den Pilgern einen vollständigen Ablass, eine Vergebung aller Sünden, wie sie sonst nur bei einem Besuch der heiligen Stadt Rom zuteilwurde. Sie mussten sich dafür in München eine Woche lang täglich folgender Übung unterziehen: Besuch der vier Kirchen St. Peter, Frauenkirche, St. Jakob am Anger und Heiliggeist mit jeweils angemessenem Almosen. Die Pilger sollten so viel spenden, wie eine Reise nach Rom gekostet hätte.

Die Chronisten berichten von einem ungeheuren Andrang zu diesem ersten „Gnadenjahr" nördlich der Alpen. Man soll in manchen Wochen 60.000 Pilger gezählt haben, also die fünffache Einwohnerzahl der Stadt. Für diese sowie den Herzog und den Papst brachte der unerwartet große Andrang gute Einnahmen. Allerdings weigerte sich die Stadt am Ende des Gnadenjahres, den Gewinn mit dem Papst, wie vereinbart, zu teilen. Dieser exkommunizierte im Jahr 1402 zwei Stadträte, bis man sich schließlich einigte.

Das Heiltum wurde nach Andechs zurückgeführt und das dort von den Herzögen errichtete Kloster wurde dadurch ein wichtiger Wallfahrtsort. 1438 richtete Herzog Ernst hier ein selbstständiges Kollegiatsstift ein. Herzog Albrecht III. siedelte dann 1455 Benediktiner aus Tegernsee an. In der Folgezeit wurde zur wirtschaftlichen Grundlage der geistlichen Arbeit ein großer Besitz in der Umgebung aufgebaut. 1499 schenkte der Herzog das „Grufthaus", die ehemalige Synagoge. Das Kloster Andechs besaß dort bis zur Säkularisation 1803 die „Gruftkirche".

Ein Grund für die Stiftung des Klosters war wohl die Sühne des Mordes an Agnes Bernauer, der Frau von Herzog Albrecht III.: Um 1424 ist die Baderstochter aus Augsburg erstmals schriftlich als „Pernawerin" unter dem Hofgesinde erwähnt. Der Herzog heiratete sie 1432 und sie lebte meist in der Alten Burg sowie in ihren Schlössern Laim und Blutenburg. 1435 ließ Herzog Ernst sie in Abwesenheit seines Sohnes Albrecht der Zauberei anklagen und bei Straubing in der Donau ertränken. Diese Bluttat diente der Möglichkeit einer standesgemäßen Heirat des Sohnes und damit des Weiterregierens dieser Linie der Wittelsbacher. Albrecht III. heiratete dann 1437 Anna von Braunschweig und hatte mit ihr fünf Söhne, die den Fortbestand der Dynastie sicherten, und drei Töchter.

rechts oben: Darstellung von „Andechser Heiltümern" auf Holzschnitten des „Chronicon Andecense". München 1594.

links: Kloster Andechs. Postkarte um 1900.

Kulturelle Blütezeit

In der ersten Beschreibung, die von der Stadt erhalten ist, wird München bereits 1433 von einem burgundischen Edelmann als die „hübscheste kleine Stadt, die ich jemals sah", gerühmt und ihr die „Palme der Schönheit" zuerkannt.

Unter den in München residierenden Herzögen Adolf (1438–1440), Albrecht III. (1440–1465) und Sigmund (1463–1467) verbesserte sich die Lage der Stadt, die hohe Einnahmen aus dem Fernhandel erzielen konnte. Herzog Albrecht IV. (Herzog 1477–1508) machte seine Residenz München zur dauernden Landeshauptstadt und stärkte das vereinigte Gesamtherzogtum durch Erbrecht für den Erstgeborenen. Bayern wurde dadurch eines der wichtigsten deutschen Territorien mit europäischer Bedeutung. Es gab nun kaum Kriege und Katastrophen. Dies war die Grundlage für die Blütezeit der Stadt.

Noch im 14. Jahrhundert wurde das Tafelbildpaar der Augustinerkirche (jetzt im Nationalmuseum) geschaffen. Aus der Zeit um 1406 stammt der Schrenck-Altar in St. Peter, der im „weichen Stil", farbig bemalt, das Weltgericht mit den Aposteln darstellt. Ein Meister der Tafelmalerei war Gabriel Angler († 1485), der 1437 den Hochaltar in der Frauenkirche schuf.

Ulrich Füetrer († 1500) stieg 1460 zum „Vierer" der Malerzunft auf. Von ihm stammen das Tafelbild „Kreuzigung Christi" (1457, Alte Pinakothek) und im Auftrag seines Herrn Albrecht IV., des Weisen (1465–1508), das Konzept für die Ausschmückung des großen Festsaales im Rathaus. Erhalten sind aus seiner Feder Nachahmungen mittelhochdeutscher Ritterepen, Romane wie das „Buch der Abenteuer" und die „Baierische Chronik" (1481). Er war befreundet mit dem Leibarzt Herzog Albrechts III., des Frommen (1401–1460), Hans Hartlieb († 1468), einem Naturwissenschaftler und Schriftsteller. Bekannt wurde besonders dessen Übersetzung „Historie von dem großen Alexander". Er war einer der bedeutendsten Köpfe des Spätmittelalters, der den Weg zum Humanismus wies. In der Mitte des 15. Jahrhunderts schrieb der aus einer alten Münchner Salzsenderfamilie stammende Albrecht Lesch Lieder. Er war ein Vertreter der Meistersinger, die eine Poeten- und Musikschule in der Stadt gründeten.

Die Frauenkirche von Nordosten. Karl August Lebschée um 1860.

München im Spiegel der Zeit 39

Hofball in der Neuen Veste. Kupferstich von Martin Zasinger um 1500.

Sichtbarste Zeugen dieser Blütezeit sind die wichtigen Bauten, die besonders Jörg (Gangkofer) von Halsbach (um 1410–1488) schuf, dessen Grabplatte in Rotmarmor in der Frauenkirche erhalten ist. Er errichtete von 1468 bis 1488 als Baumeister dieses Meisterwerk der Spätgotik, die größte Hallenkirche Süddeutschlands („mit Gottes Hilfe hat er den ersten, mittleren und letzten Stein vollführt"). Es entstanden unter seiner Leitung auch 1470/80 das (Alte) Rathaus und 1480/85 die Kreuzkirche für die Stadt sowie Erweiterungsbauten am Alten Hof und der neuen Veste für den Herzog.

In der zweiten Hälfte des 15. Jahrhunderts wirkten der Holzschnitzer Andre Wunhart und die Steinbildhauer Walter von München und Hans Haldner. Aus dessen Werkstatt stammt der in der Frauenkirche erhaltene Grabstein des 1473 verstorbenen Hofmusikers Konrad Paumann. Von seinem Sohn Marx Haldner stammen die Bauinschrift der Frauenkirche von 1468 sowie viele Grabplatten in dieser Kirche und in St. Peter. Auch das bedeutendste Kunstwerk aus dieser Zeit im Dom, das „Kaisergrabmal" von Ludwig dem Bayern aus den Jahren 1485 bis 1490 stammt von Marx und seinem Onkel Matthäus Haldner. Dieses Grabmal besteht aus einer Deckplatte aus rotem und einem Gehäuse aus schwarzem Marmor. Die überlebensgroßen Bronzestatuen wurden erst bei einer Umgestaltung 1622 hinzugefügt. Das Kunstwerk wurde von Herzog Albrecht IV. in Auftrag gegeben, um seine Vorfahren und sich selbst zu ehren.

Am Ende des Mittelalters wurde München auch ein Zentrum der Musik. Der herzogliche Hof, der Adel, die Bürgerschaft und der Klerus waren an Tonkunst interessiert. In den Kirchen wurde der gregorianische Choral gesungen und in der Peterskirche wurde 1384 eine Orgel errichtet, 1491 auch in der Frauenkirche. Der blind geborene Hofmusiker und berühmte Organist der Frauenkirche Konrad Paumann aus Nürnberg (1410–1473) wird auf seinem in der Kirche erhaltenen Grabstein „der kunstreichist aller instrument und der musica maister" genannt und ist mit Schoßorgel, Laute, Blockflöte, Harfe und Gambe dargestellt. Die Stadt hatte Musiker im Dienst, deren Aufgaben es waren, von den Türmen zu blasen, vor Feuer zu warnen, Veranstaltungen zu umrahmen und auf dem Markt aufzuspielen. Sie machten auch Tanzmusik oder begleiteten Umzüge.

Das Alte Rathaus

Das mittelalterliche „Alte Rathaus" in München war bereits um 1395 an der heutigen Stelle als Teil der alten Stadtbefestigung, des Talburgtores, errichtet worden. Nach Zerstörungen durch einen Blitzschlag 1460 wurde Jörg von Halsbach, der auch die gotische Frauenkirche schuf, beauftragt, das Rathaus im Stil der Zeit neu zu bauen. Hier sollten Reichtum, Macht und Kultur der Stadt zur Schau gestellt werden. Prunkstück des Hauses war der Festsaal im Obergeschoss. Er wurde von Hans Wendler 1476 mit einem Tonnengewölbe ausgestattet. Das Bildprogramm mit Wappenfries dafür war – mit dem Herzogshaus abgestimmt – vom Hofhistoriker und Dichter Ulrich Füetrer entworfen. Der Schnitzer Erasmus Grasser schuf dafür Bildwerke. Wappen, die das Haus Wittelsbach verherrlichen sollten, umgeben den doppelköpfigen Reichsadler mit Wittelsbacher Schild im Zentrum. Einen Strahlenkranz bilden Sonne und Mond an den Enden der Saaldecke. An der Süd- und Nordseite sind die Wappen der Kurfürsten sowie bayerischer und anderer deutscher Territorien aufgereiht; dazu kommen solche europäischer und asiatischer Herrschaften, teilweise von der Fantasie geprägt. Grasser schuf auch die Statuen der Moriskentänzer, die den Raum zieren. Diese stellten am Ende des 15. Jahrhunderts neue und spektakuläre Tanzszenen einer über Spanien aus Nordafrika für wenige Jahrzehnte eingedrungenen exotischen Mode dar. Die Originale der Bildwerke von Erasmus Grasser sind im Münchner Stadtmuseum ausgestellt, im Rathaussaal sind Duplikate. Der Raum diente dem Herzog und der Stadt neben Sitzungen für viele Anlässe.

1477 prägte Erasmus Grasser das „Münchner Kindl", das Wappen der Stadt, weiter aus. Dieser bedeutende Künstler der Spätgotik wurde um 1450 in der Oberpfalz geboren und starb 1513. Nach einer Wanderzeit wurde er Geselle beim Maler und Bildschnitzer Ulrich Neuhauser, genannt Kriechpaum († 1472). Grassers berühmteste Werke sind die 16 Moriskentänzer, die er 1480 für die Ausgestaltung des Rathaussaales schuf. Heute sind noch zehn von diesen Holzfiguren, die Tänzer in sarazenischen Trachten und verdrehten Posen darstellen, erhalten. Daneben schnitzte er vorwiegend religiöse Plastiken, wurde durch vielfältige Tätigkeiten reich und brachte es 1508 zum Mitglied des Äußeren Rats der Stadt.

Bedeutend war auch Jan Polack († 1519), der seit etwa 1480 in München arbeitete. Als Stadtmaler (seit 1488) schuf er Altäre für die Franziskanerkirche (1492) und die Peterskirche (1490). Zu seinem Amt gehörte es aber auch, Fensterstöcke, Türen oder Fahrgestelle der Stadt anzustreichen; außerdem verzierte er die Stadttore. Auch andere Künstler wie Wolfgang Mielich wurden hier zur Fassadenbemalung mit Fresken religiösen und heraldischen Inhalts eingesetzt. Es wurden auch viele Bürgerhäuser mit Lüftlmalereien geschmückt.

1482 wurde von Johann Schauer das erste Buch in München gedruckt. Dem aus Augsburg stammenden Buchdrucker und Verleger Hans Schobser verlieh die Stadt das Bürgerrecht.

Einer der Moriskentänzer, geschnitzt 1483 von Erasmus Grasser für den Saal des Alten Rathauses, um die Weltläufigkeit der Stadt zu zeigen.

Die Originale sind im Münchner Stadtmuseum. Foto 2013.

Das Alte Rathaus vom Tal aus um 1700. Glasmalerei im Neuen Rathaus. Karl de Bouche nach historischer Vorlage um 1900.

Jan Polack: „Selbstbildnis auf Altargemälde", um 1490.

Diese Ansicht von 1490 zeigt die Türme der Frauenkirche noch ohne Spitzen. Um deren Bedeckung wurde lange gerungen. Statt der Bekrönung mit den ursprünglich vorgesehenen gotischen Spitzhelmen entschloss sich der Rat zur neuen Form der „welschen" Hauben, die 1524 aufgesetzt und im Jahr darauf mit den 2 m hohen Goldknäufen geziert wurden.

Hochberühmte Stadt mit Kultur

In der 1493 erschienenen Weltchronik des Nürnberger Humanisten Hartmann Schedel finden wir neben der ersten Abbildung von München auch eine Beschreibung: *„München ist unter den Fürstenstädten in deutschen Landen hochberühmt und in Bayerland die namhafteste. Aber wiewohl diese Stadt für neu geachtet wird, so übertrifft sie doch die anderen Städte an edlen öffentlichen und privaten Bauten. Denn allda sind gar schöne Behausungen, weite Gassen und gar wohlgezierte Gotteshäuser. Diese Stadt ist an ein wohnsames Ort an der Isar gebaut. Daselbst haben die Kaufleute zu Zeiten ihren Durchgang aus welschen in deutsche Lande. Allda ist jetzt ein schönes wohlgeziertes Schloss und ein gar weiter fürstlicher Hof und Behausung mit vielen hübschen und wunderwürdigen Gemächern, Kammern, Gewölben."* Der Nürnberger Michael Wolgemut († 1519), der Lehrer Dürers, wirkte auch in München und zeichnete hier die Vorlage zur Ansicht von München in der schedelschen Chronik.

München hatte um 1500 eine Bevölkerung von etwa 13.500 Einwohnern. Davon waren etwa 700 Geistliche und Pfründner und etwa 600 Angehörige des herzoglichen Hofes. 1508 umfasste der Hof 162 Personen, er wuchs allerdings bis zur Regierungszeit Herzog Wilhelms V. (1548–1626) auf über 800 an. Gegen Ende des 16. Jahrhunderts

Der Legende nach wurde der Schäfflertanz in München erstmals 1517 nach einer Pestepidemie aufgeführt, um die Bevölkerung, die sich kaum mehr auf die Straße traute, zu beruhigen und das öffentliche Leben wieder in Gang zu bringen. Hier die Darstellung einer Vorführung zu Ehren von Kaiser Wilhelm II. und seiner Gattin 1906. Gemälde von Hermann Stockmann.

wuchs die Bevölkerung auf bis zu 20.000 Personen an.

Die Entwicklung der Stadt wurde immer stärker vom Hof bestimmt. Herzog Albrecht IV. (1477–1508) gewann die Auseinandersetzung um sein Erbe mithilfe des Kaisers, dafür musste Bayern die reichen Gebiete um Kufstein, Kitzbühel und Rattenberg an die Habsburger abgeben. Der Salzhandel spielte auch im 16. Jahrhundert noch eine große Rolle. An ihm verdienten die Stadt durch Abgaben sowie die Händler und Gewerbetreibenden, die mit Salz zu tun hatten, wie die Schäffler (Fassmacher). Angesehene und wichtige Münchner Familien hatten mit dem Salzhandel gute Geschäfte gemacht; wahrscheinlich leiten sich die Namen der Ratsfamilien Ligsalz, Pötschner und Pütrich davon ab.

Der von 1508 bis 1550 in München regierende Herzog Wilhelm IV. verband mittelalterliche Ritterideale mit Ideen des Humanismus und der Renaissance. So ist von ihm ein Turnierbuch überliefert, das alle von ihm besuchten Turniere verzeichnet. Am 19. Mai 1510 wurde in München zum ersten Mal Theater aufgeführt. Die Jedermann-Spiele vom Jüngsten Gericht und vom sterbenden Menschen fanden auf eigens aufgestellten Bühnen am Marktplatz großen Zulauf. Diese Vorführungen sollten hauptsächlich der sittlich-moralischen Belehrung und der Erziehung dienen. Von 1513 bis 1514 hielt sich der Nürnberger Schuhmacher und spätere Meistersinger Hans Sachs (1494–1576) bei seiner Gesellenwanderschaft in München auf. Nach seinen eigenen Aussagen muss er hier seine ersten dichterischen Versuche gemacht haben: *„Meines alters [...] im zwanzigsten jar fieng ich zu dichten an [...] zu Münnichen als man zelt zwar funfzehundert viertzehen jar / half auch daselb die schul verwalten."* Der Hinweis auf seine Tätigkeit in der städtischen Poetenschule, die 40 Jahre später mit Martin Balticus einen bekannten Dichter zum Leiter erhielt, weist allerdings auf eine schon bestehende Bekanntheit des dichtenden Handwerkers hin.

Zum Kreis der von Wilhelm V. geförderten Humanisten gehörte der Universalgelehrte Aventinus (Johannes Turmair aus Abensberg, 1477–1534), der als Prinzenerzieher sowie seit 1517 Landeshistoriograf diente und u. a. die „Bairische Chronik" verfasste. Um den Patrizier Bartholomäus Schrenck (1508–1576) entstand der humanistische Gelehrtenzirkel „sodalitas litteraria". Diesem gehörte auch der Stadtschreiber Simon Schaidenreisser (um 1500–1573) an, der sich mit Humanistennamen Minervius nannte. Er veröffentlichte 1537 die erste deutsche Übersetzung der Odyssee. Privatbibliotheken wurden angelegt und Familienchroniken wurden verfasst (Ligsalz, Reitmor, Ridler, Rosenbusch, Schrenck, Weiler). Zu diesem Umkreis ist auch Anna Reitmor zu zählen, eine gebildete Patrizierin, die der Hofbibliothek mehrere Bücher vermachte.

Das Lusthaus, ein zweigeschossiger Bau in der Mitte des Hofgartens, diente dem Fürsten zur Erholung und Repräsentation. Bei der Einbeziehung der Gartenanlage in die Stadtbefestigung wurde das Gebäude abgebrochen. Für dieses Haus ließ Wilhelm IV. von den bekanntesten Malern seiner Zeit – darunter Albrecht Altdorfer (1480–1538), Barthel Behaim (1502–1540), Hans Burgkmair (1473–1531) – Bilder malen, deren Themen die „hervorragende[n] Äußerungen männlicher Tugend und Tapferkeit" sowie „Taten berühmter Frauen" waren. Konzeption und Umsetzung der Arbeiten lassen auf den humanistischen Hintergrund sowohl des Auftraggebers als auch der Ausführenden schließen. Das bekannteste dieser Bilder ist Altdorfers „Alexanderschlacht".

Die Hofkapelle in München bildete den Mittelpunkt des Musiklebens. Ihre Aufgabe bestand darin, täglich in der Kirche zu spielen und bei Bedarf Tafel- oder Festmusik aufzuführen. Hier wirkten bedeutende Hofkapellmeister, die auch komponierten, wie Ludwig Senfl (1490–1543, aus der Schweiz) oder Ludwig Daser (1525–1589). Dieser wurde durch den in den Niederlanden geborenen Orlando di Lasso (1532–1594) 1556 abgelöst. Die Hofräte seines Gönners Albrecht V. nannten ihn erst einen „Hergelaufenen", aber er lebte sich bald ein und gründete 1558 mit der Münchner Bürgerstochter Regina Wekhinger eine Familie. Unter seiner Leitung gewann die Hofkapelle internationalen Ruhm. Er komponierte nicht nur für den Münchner Hof, sondern schuf auch für andere Fürsten über 2.000 Kompositionen, die erhalten sind.

Herzog Albrecht V. mit Frau Anna beim Schachspiel. Gemälde von Hans Miehlich im Kleinodienbuch 1552.

Die Reformation und ihre Bekämpfung

Die durch Martin Luther ausgelöste Reformation fand auch in München viele Anhänger, besonders in gebildeten Kreisen. Zeitweise stand wohl auch hier eine Mehrheit diesen Lehren nahe. Zu Verfolgungen von Kritikern der römisch-katholischen Kirche führte schon das erste Religionsmandat von 1522 (Verbot der Verbreitung der Lehren Luthers). Es kam in der Folge zu Hinrichtungen, so wurde im Juli 1523 ein Bäckerknecht enthauptet. Am 13. August 1523 wurde der Münchner Bürgersohn Arsacius Seehofer vor den Senat der Universität Ingolstadt geladen, verhört und verhaftet. Bei einer Hausdurchsuchung wurden dann evangelische Schriften, Briefe und Nachschriften von Vorlesungen Luthers gefunden. Am 7. September musste er vor der Universitätsversammlung seine „lutherischen Irrungen" bekennen und feierlich widerrufen. Dann kam er in Ettal in Klosterhaft.

Wiedertäufer und Lutherische wurden auch in der folgenden Zeit oft verhört, gefoltert und hingerichtet, teilweise sogar öffentlich verbrannt.

Zunächst war wohl eher die Furcht vor (politischen) Unruhen, vor „Aufruhr, Rumor und Überfall" ausschlaggebend für die harte Haltung der Herzöge, weniger der theologische Aspekt. Die Verfolgungen nahmen nach dem Täufermandat von 1527 zu, auf die Anzeige von Wiedertäufern und Lutheranern wurden nun Belohnungen ausgesetzt. Selbst der Gelehrte Aventinus (1477–1534) wurde der Zuneigung zum neuen Glauben verdächtigt und verhört. Aus der Haft wurde er aber durch Eingreifen des Kanzlers Dr. Johannes Eck bald wieder entlassen. Er flüchtete dann ins Exil in die Freie Reichsstadt Regensburg.

Maßnahmen gegen die Verbreitung der neuen Lehre waren die Durchsuchung von Druckereien und Privatbibliotheken nach Lutherschriften, Kirchenvisitationen sowie die Pflicht zur Vorlage von Beichtzetteln. Vom Herzog wurde der Stadt die Anstellung von Spitzeln, den „heimlichen Jüngern", befohlen, die den Wandel der Bürger beobachten sollten. So wurden am 18. Januar 1558 zwei Mitglieder des inneren Rats vor die herzogliche Regierung geladen, weil trotz Verboten fast alle Buchläden der Stadt ketzerische Bücher, Gemälde, Briefe und Figuren offen verkaufen würden, ohne dass der Rat dagegen einschreite. Der Herzog sei darüber

Erzengel Michael, der im Kampf um den wahren Glauben alles Böse dieser Welt mit der Lanze tötet. Fassade der Michaelskirche. Foto 2000.

sehr ungehalten und befehle, eine Visitationskommission aufzustellen und die Buchläden ohne Vorwarnung zu durchsuchen. Bereits zwei Tage später wurde dieser Befehl befolgt. Am selben Tag erließ der Herzog ein Zensurmandat. Trotzdem störten am Sonntag, den 19. Juni 1558, Handwerker organisiert die Messe in der Augustinerkirche mit einer „lutherischen Demonstration", indem sie lutherische Lieder (Psalmen in deutscher Sprache) sangen. Die Verhöre, die der Stadtrat auf Befehl des Herzogs vornahm, ergaben, dass es sich überwiegend um auswärtige Gesellen gehandelt habe, und man begnügte sich mit Verboten und Ermahnungen.

1559 trat Martin Balticus (1532–1600), der Leiter der Poetenschule, zum Protestantismus über, legte sein Amt nieder und ging nach Ulm, wo er weiterwirkte. Mit drei Religionsverhören in den Jahren zwischen 1567 und 1571, in deren Folge auch vermögende Personen und Mitglieder des Äußeren Rats mit ihren Familien der Stadt den Rücken kehrten und sich meist in den umliegenden Reichsstädten niederließen, endete die reformatorische Phase in München. Hunderte, besonders Gebildete und Wohlhabende, waren betroffen und der Stadtrat befürchtete daher eine Verödung und Verarmung.

1559 holte Herzog Albrecht V. die Jesuiten nach München, um ihnen den Kampf gegen die Reformation zu übertragen. Zunächst residierten sie im Augustinerkloster, wo sie sofort das Gymnasium eröffneten, das als Erziehungsanstalt ein wirksames Instrument der Glaubensvermittlung wurde. Bald überflügelte es die anderen Schulen in München: Die städtische Poetenschule musste schließen, und die beiden kirchlichen Schulen wurden Vorbereitungsschulen für das Jesuitengymnasium.

Durch öffentliche Spiele und oft mehrtägige Theateraufführungen wurden die religiösen Emotionen der Bevölkerung angesprochen. Auf dem Marktplatz wurden unter großem Aufwand mit bis zu 2.000 Beteiligten Dramen aufgeführt. Die Tragödie „Cenodoxus, Doktor von Paris" bewegte mehrere Zuschauer, ins Kloster einzutreten. Die wichtigsten Dichter der folgenden Zeit Jacob Bidermann (1578–1639), Jeremias Drexel (1581–1638) und Jacob Balde (1604–1668) waren Jesuiten.

Auch der alltägliche Kultus der Gläubigen wurde von den Jesuiten besetzt. In den Kongregationen konnten die Menschen, nach gesellschaftlicher Stellung unterteilt, sich aktiv der Religionsausübung auch außerhalb der Gottesdienste widmen.

Die Jesuiten regten auch das Prozessionswesen an und wurden dabei vom Hof unterstützt. Von Fronleichnam 1580 ist eine Ordnung überliefert, die bis ins Detail Vorbereitung und Ablauf der Prozession zeigt. Herzog Maximilian I. legte besonderen Wert auf die Teilnahme des Hofs und der Räte an der wöchentlichen Donnerstagsprozession. So belegte der Kurfürst 1624 den Inneren Rat wegen Vernachlässigung der Prozession mit einer Strafe von 50 Talern.

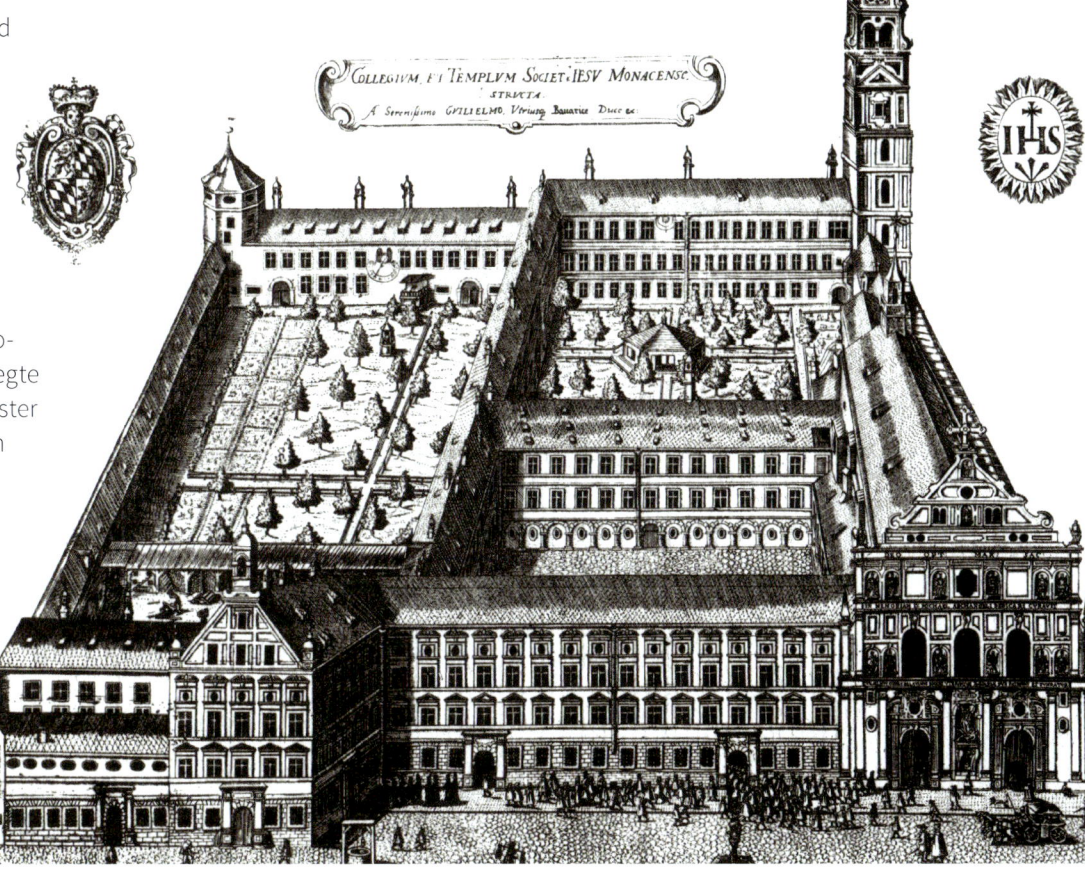

Jesuitenkolleg (Alte Akademie) mit Michaelskirche um 1650.

Renaissancebauten und Kunst

Unter Herzog Albrecht V. wurden vom Hofbaumeister Wilhelm Egkl (um 1520–1588) zwei bedeutsame Bauten errichtet: 1563 bis 1567 entstand das Marstallgebäude mit seinem Renaissancehof, das 1809 der staatlichen Münze (Münzhof) diente und das durch seine zusätzliche Funktion als Kunstkammer und Sitz der 1558 gegründeten Bibliothek eines der ersten Museen wurde. Heute sitzt hier das Bayerische Landesamt für Denkmalpflege.

1569 bis 1571 wurde das – später in den Residenzkomplex integrierte – Antiquarium gebaut, das für die herzogliche Bibliothek und die Antikensammlung gedacht war und als bedeutendster Renaissanceprofanbau nördlich der Alpen galt.

Der fürstliche Baumeister Friedrich Sustris errichtete auch den vierflügeligen Grottenhoftrakt um ein „geheimes Lust- und Residenzgärtlein" mit Grotesken und Muschelverkleidung im manieristischen Stil in der Residenz.

Die Bauten von Wilhelm V. brachten einschneidende Änderungen im Stadtbild. Für das Jesuitenkolleg mit

oben: Trauung von Herzog Wilhelm V. mit Prinzessin Renata von Lothringen in der Frauenkirche. Nach einem Stich von Nikolaus Solis 1586.

links: Turnier auf dem Schrannenplatz (Marienplatz) anlässlich der Hochzeit von Herzog Wilhelm V. mit Prinzessin Renata von Lothringen 1568.

München im Spiegel der Zeit   47

Die Arkaden im Münzhof, einst gebaut als Pferdestall, heute Sitz des Bayerischen Landesamtes für Denkmalpflege. Foto Josef Albert um 1890.

Herzogin Renata mit dem von ihr gestifteten Herzogspital in der Hand auf dem 1879 aufgestellten Kolossalgemälde des Historienmalers Karl von Piloty im Großen Sitzungssaal des Rathauses.

St. Michael an der Neuhauser Gasse wurden 35 Bürgerhäuser abgerissen. Die nördlich anschließende Wilhelminische Veste – beides zusammen sollte Wilhelms „Escorial" werden – beanspruchte Grund von 54 Häusern. In dem Kirchenbau von St. Michael, der von 1581 bis 1597 errichtet wurde, verbanden sich Glaubensdemonstration mit Herrscherlegitimation. So ließ Wilhelm V. an der Fassade unter dem Schutz einer in der obersten Nische aufgestellten Christusfigur seine Ahnengalerie mit 15 Herrscherstatuen anbringen. Darunter steht die mächtige Bronzestatue des Erzengels Michael von Hubert Gerhard, die den Kampf gegen die Ketzerei symbolisiert. Der Bau gilt trotz der Renaissanceelemente als Beginn des Barock in Bayern.

Durch aufwendige Baumaßnahmen häufte Herzog Wilhelm V. hohe Schulden an, die ihn bewogen, seinen Sohn Maximilian schon früh in die Regierungsaufgaben einzubeziehen und sie ihm schließlich 1597 ganz zu übergeben.

Er zog sich dann in seine Stadtresidenz und nach Schleißheim zurück. Dieser Landsitz im Norden der Stadt umfasste eine Landwirtschaft und geistliche Erbauung, für die im Umkreis des Herrenhauses neun Eremitenkapellen, benannt nach Heiligen, angelegt wurden. Nach Wilhelms Tod ließ Maximilian I. dort das heutige Alte Schloss errichten.

Wichtigster Maler dieser Zeit war Hans Muelich (1516–1573). Er hatte in der Werkstatt seines Vaters, des gleichnamigen Stadtmalers, gelernt und war Mitglied der Malerzunft. In der Alten Pinakothek sind seine Bildnisse des Bürgermeisters Andreas Ligsalz und seiner Frau sowie des Erbprinzen Albrecht ausgestellt. Im Auftrag dieses Albrecht V., des Sohns von Wilhelm IV., der 1550 Herzog wurde und mit dem er freundschaftlich verbunden war, schuf er viele Werke. So verfertigte er die Kleinodienbücher und die sich heute in der Staatsbibliothek befindlichen meisterlichen Illustrationen zu Orlando di Lassos Motetten und Bußpsalmen.

In der zweiten Hälfte des 16. Jahrhunderts gingen nur vom Hof bedeutende Bauaufträge aus, die Stadt ließ außer dem Stadtschreiberhaus in der Burgstraße, dem heutigen Weinstadel – die Fassadenmalereien stammten von Hans Muelich –, keinen Neubau erstellen.

Wirtschaftlicher Niedergang – kulturelle Impulse

1561 wurde der Stadt von Herzog Albrecht V. ein Vertrag vorgelegt, der u. a. die Besteuerung und Rechtsstellung von Hofangehörigen regelte und Formen der städtischen Gerichtsbarkeit neu bestimmte bzw. bestätigte, der sogenannte Albertinische Rezess. Diese Verordnung wird als der Höhepunkt bürgerlich-städtischer Autonomie angesehen, brachte sie doch der Stadt die Gerichtsbarkeit über vormals dem Herzog unterstehende Gruppen wie Brauer, Müller und Kupferschmiede. Bestätigt wurde der Stadt die Blutgerichtsbarkeit, also das Recht, auch in Gerichtsfällen auf Leben und Tod Recht zu sprechen.

Herzog Wilhelm V., der sich mit seiner Bautätigkeit finanziell übernommen hatte, verstaatlichte 1587 den Salzhandel. Dies brachte für die Stadt München sehr empfindliche Einbußen. Mit der Veränderung im Salzhandel wandelte sich auch am Salzmarkt in der Prannergasse (heute Promenadeplatz) die Bewohnerstruktur. Die alten Salzhändler zogen von hier fort, Hofangehörige drängten nach.

Führende reiche Familien zogen sich aus dem Erwerbsleben und von den politischen Ämtern der Stadt zurück, um auf Hofmarkssitzen das Leben von Adeligen zu führen oder in die Staatsverwaltung zu gehen.

Im Lauf des 16. Jahrhunderts verlegte sich das Schwergewicht des Münchner Wirtschafts- und Gewerbelebens auf Warenherstellung für den örtlichen Bedarf und Dienstleistungen. Viele Handwerker arbeiteten regelmäßig im Auftrag für den fürstlichen Hof. Das Kunsthandwerk mit Malern, Bildhauern, Seidenstickern und Bortenmachern blühte auf. Dazu kamen Sänftenträger, Kutscher, Wäscherinnen oder Dienstboten, deren Auskommen mit dem Vorhandensein des Hofs direkt verbunden war.

Das Antiquarium der Resindenz. Foto um 1920.

Relativ gut ging es dem Münchner Gastgewerbe, das auch durch den Hof profitierte.

Um 1560 kam es zu Versorgungsengpässen wegen des Bevölkerungswachstums und Missernten. Weil nicht genügend Getreide, das das Hauptnahrungsmittel für die Masse bildete, beschafft werden konnte, wandten sich die Bäcker an Stadtrat und Hof mit der Bitte um Hilfe. Später war die Situation auf dem Fleischmarkt ähnlich desolat. Die Metzger mussten ihren Einkauf schließlich bis Wien und Ungarn ausdehnen. Ihren Höhepunkt fand die allgemeine Krise in der „Kipper- und Wipperzeit" (durch Münzverschlechterung bewirkte Inflationszeit) um 1620.

Herzog Maximilian I. (1573–1651), der 1598 ins Amt kam, hatte hohe Ziele. Seiner Auffassung von Staatsführung entsprach es, Angelegenheiten seiner Hauptstadt in seine Kompetenz zu übernehmen. So häuften sich die Fälle von Nichtbestätigung von Mitgliedern in städtischen Gremien und die Durchsetzung eigener Kandidaten. 1598 und 1602 ernannte er selbst die Bürgermeister. Er ließ Privilegien und Ordnungen der Stadt überprüfen und nahm selbst Einfluss auf städtische Gerichtssachen.

Auch auf wirtschaftlichem Gebiet kam es zu Eingriffen. Nun wurden Bereiche des Brauwesens (Weißbier 1607, Bockbier 1613) verstaatlicht und herzogliche Brauhäuser (Hofbräuhaus) errichtet.

Maximilian förderte besonders die Marienverehrung. Mit der Anbringung der Marienstatue an der Residenzfassade im Jahr 1616 wurde Maria zur Beschützerin des Landes, zur „Patrona Bavariae", erhoben. Marienwallfahrten blühten auf und Marienkongregationen entstanden. Der Fürst vermachte als Zeichen seiner völligen Hingebung an die Gottesmutter sein Herz an die Gnadenkapelle in Altötting.

Höhepunkt war die Errichtung der Mariensäule am Marktplatz, dem Mittelpunkt der Landeshauptstadt. Anlass für die Aufstellung der Mariensäule war ein Gelübde Maximilians I. aus dem

München im Spiegel der Zeit   49

Jahr 1635, das er zur Errettung aus der Not des Dreißigjährigen Krieges abgelegt hatte. Er gelobte, „ein gottgefälliges Werk anzustellen, wenn die hiesige Hauptstadt München und auch die Stadt Landshut vor des Feinds endlichem Ruin und Zerstörung erhalten würden". 1637 wurde mit dem Bau der Mariensäule begonnen. Am 8. November des folgenden Jahres, dem Jahrestag der Schlacht am Weißen Berg, in der Maximilian den Winterkönig Friedrich V. von der Pfalz besiegt hatte, wurde die von Hubert Gerhard geschaffene Marienfigur geweiht und die Mariensäule enthüllt. Die vier kämpfenden Heldenputten am Fuß der Säule, die den Sieg Marias über die großen Plagen der Menschheit Hunger, Krieg, Pest und Ketzerei symbolisieren, sowie das Marmorgeländer wurden erst einige Zeit später hinzugefügt. In der Kunstgeschichte gilt die Mariensäule in ihrer Bedeutung als Weihemonument als „bayerische Initialleistung", sie diente als Vorbild für nachfolgende Säulen etwa in Wien und Prag oder später in Pasing und Feldmoching.

Unter Maximilian wurden auch weitere Orden nach München geholt und Kirchen erneuert. 1600 kamen die Kapuziner, die 1602 in ihr 1802 abgerissenes Kloster am heutigen Lenbachplatz zogen. Die Paulaner

Hintergrund: Kaisertreppe in der Residenz. Foto um 1920.

erhielten 1627 die zunächst als Votivkirche gestiftete, 1621/23 von Hans Krumper errichtete und 1902 abgebrochene Kirche St. Karl Borromäus in der Au. Die Englischen Fräulein bekamen 1627 das nach dem Vorbesitzer benannte und von diesem für fromme Zwecke bestimmte Paradeiserhaus an der Weinstraße übertragen. 1691/97 wurde an derselben Stelle nach den Plänen von Enrico Zuccalli ein Neubau errichtet. Nach der Säkularisation 1802/03 wurde in diesem Gebäude die Polizeidirektion eingerichtet. Nach deren Umzug in die Ettstraße kamen städtische Verwaltungseinrichtungen hierher.

1654 wurde das Karmelitenkloster (am heutigen Promenadeplatz) gebaut.

Die Stadtpfarrkirche St. Peter, deren gotische Turmspitzen 1607 durch einen Blitzschlag zerstört worden waren, erhielt eine neue Bekrönung und wurde im Innern bis 1650 durch Hofkünstler teilweise neu gestaltet.

In der Frauenkirche wurde anlässlich des Jubiläums des Landespatrons, des hl. Benno, 1603/05 der Bennobogen errichtet. Neu geschaffen wurde weiter der Hochaltar von Heinrich Schön († 1640) und Peter Candid (um 1548–1628) und schließlich 1619/22 das eindrucksvolle Grabmal Kaiser Ludwigs des Bayern von Hans Krumper. Außerdem wurden Hofkapelle und Reiche Kapelle in der Residenz erweitert und prächtig ausgestattet.

Maximilian sammelte auch Bilder, wie Werke des 1528 verstorbenen Albrecht Dürer. Auf Maximilians Betreiben wurden u. a. der Paumgartner-Altar, die „Beweinung Christi" und die „Vier Apostel" erworben.

Der Herrscher ließ die schon bestehenden Gebäude der Residenz miteinander verbinden und eindrucksvoll ausbauen. In seiner Regierungszeit wurden die Hofkapelle, die Reiche Kapelle, der Brunnenhoftrakt mit dem Residenzturm und schließlich 1612/18 die Vierflügelanlage um den Kaiserhof errichtet. Weiter entstand die „Maximilianeische Residenz" mit Kaisertreppe, Kaisersaal und Ruhmestaten, Vierschimmelsaal, Steinzimmer mit den nach Entwürfen von Peter Candid in der neu errichteten Teppichmanufaktur gefertigten Wandteppichen, Hofdamenstock, Altem Herkulessaal, Trierzimmer, Charlottengang und Großem Hirschgang. Auch der Hofgarten wurde damals angelegt. Schließlich wurde die Fassade an der Residenzstraße gestaltet. Dazu gehören als wichtige Stilelemente die beiden mit Figuren und Wappenreliefs geschmückten Portale, die jeweils von einem Paar Wache haltenden Löwen (von Carlo Pallago) beschützt werden. Dabei wirkten die bedeutendsten Künstler der Zeit mit. Friedrich Sustris (um 1540–1599), Hubert Gerhard (um 1550–1622/23) und besonders Hans Krumper (um 1570–1643) schufen hier bemerkenswerte Bronzekunstwerke, wie den Wittelsbacherbrunnen im Brunnenhof, den Perseusbrunnen im Grottenhof, die Madonna an der Fassade und die Figur auf dem Hofgartentempel.

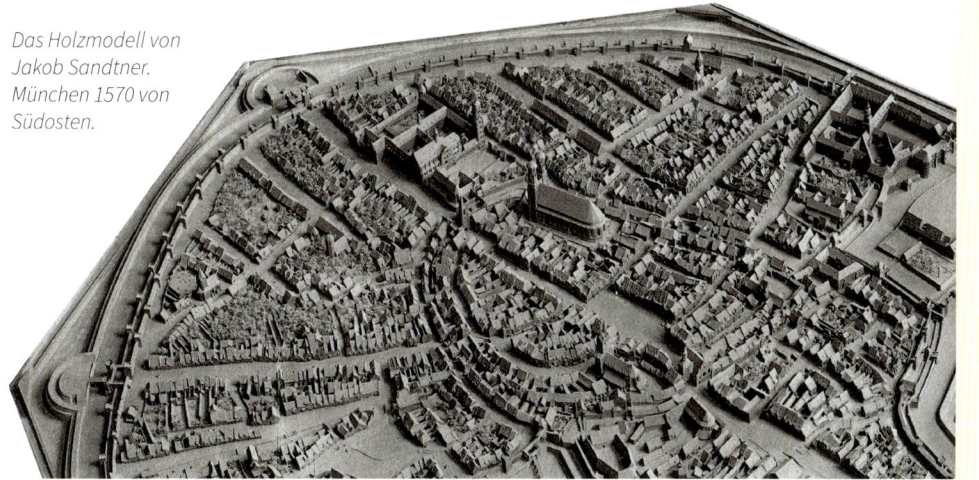

Das Holzmodell von Jakob Sandtner. München 1570 von Südosten.

425 Jahre lebendige Geschichte

Herzog Wilhelm V. gab 1589 den Auftrag, ein eigenes Brauhaus, das das braune Spezialbier für seinen Hof brauen sollte, zu bauen. Bis dahin war für die Hofhaltung „Ainpockisch Bier" (daher Bockbier) aus Einbeck bei Hannover bezogen worden.

Das „Hofbräuhaus" nahm 1591 den Braubetrieb auf. Ab 1604 wurde Hofbräubier an Hofleute außerhalb Münchens geliefert und ab 1610 auch an Wirte und Privatleute. 1808 wurde der Braubetrieb vom Alten Hof in die Räumlichkeiten am Platzl verlagert und 1828 hier mit dem öffentlichen Bierausschank begonnen. Hier entstand ein beliebter Treffpunkt für alle gesellschaftlichen Klassen. Auch Künstler, wie Richard Wagner, der einen Abend im Hofbräuhaus-Biergarten zum „schönsten seines Lebens" erklärte, hatten hier ihr Vergnügen. 1844 setzte eine königliche Verfügung den Preis im Hofbräuhaus unter den ortsüblichen Schankpreis, um „dem Militair und der arbeitenden Klasse einen gesunden und wohlfeilen Trunk zu bieten".

1896 wurde der Braubetrieb in die Innere Wiener Straße in Haidhausen verlagert und das Hofbräuhaus am Platzl umgebaut. Im Zweiten Weltkrieg wurde es zu großen Teilen zerstört. 1950 begann der Wiederaufbau mit umfangreichen Renovierungsarbeiten. Der Welt bekanntester Bierausschank und Münchens traditionsreichste Gaststätte, deren Besuch für Touristen zum Pflichtprogramm gehört und für viele Münchner noch immer gute Gewohnheit ist, verfügt über weitläufige Räumlichkeiten. Reger Betrieb ist meist in der „Schwemme" im Erdgeschoss. Hier herrscht das ganze Jahr Wirtshausatmosphäre mit Blasmusik. Über 3.500 Stammgäste treffen sich dort regelmäßig bei einer Maß Bier. Darüber hinaus steht eine Fülle von Sälen verschiedener Größen für alle Anlässe zur Verfügung. Stilvoll bayerisches Ambiente erwartet Sie im Bräustüberl. Besonders viele Münchner genießen das angenehme Flair der Jahrhundertwende im 1. Stock des Hofbräuhauses. Ob im berühmten Erker mit Blick auf das Platzl oder an den gemütlichen Tischen am Kachelofen. Bei schönem Wetter empfiehlt sich der Besuch des gemütlichen Biergartens.

Das Hofbräuhaus hat Klaus S. Richter zum Dichten eines weltberühmten Liedes inspiriert, das von Wiga Gabriel vertont wurde: „In München

Das Hofbräuhaus am Platzl.

München im Spiegel der Zeit 51

Genuss im Biergarten.

Bierfässer vor der Brauerei. Quellen: Hofbräu München.

steht ein Hofbräuhaus". Das Traditionslokal ist seit dem 19. Jahrhundert ein Ort großer kultureller, besonders musikalischer Darbietungen. Für den hier stattfindenden Musikantentreff erhielt das Hofbräuhaus 2013 den Volkskulturpreis der Landeshauptstadt München. Hier finden auch der Münchner Tanzboden, vorbereitende Tanzkurse zum Kocherlball und der traditionelle Kathreintanz statt.

Die Brauerei zog 1988 von Haidhausen, wo die beliebte Gaststätte „Hofbräukeller" mit Biergarten verblieb, nach Riem um. Dort entstand eine moderne Braustätte, die weiter ausgebaut wird.

„HB mit der Krone" ist weltweit ein Begriff. Eigentümer der Marke ist die Brauerei Hofbräu München. Das Unternehmen ist eine von zwei noch in bayerischer Hand verbliebenen Münchner Traditionsbrauereien. Heute vertreibt Hofbräu München national und international, schwerpunktmäßig in der Gastronomie sowie im Getränkefachhandel, ein überzeugendes Sortiment aus Traditionsbieren. Der international hohe Bekanntheitsgrad liegt neben dem Hofbräuhaus, das jährlich weit über eine Million Gäste aus der ganzen Welt besuchen, auch an der Franchisestrategie: Aktuell gibt es neun Hofbräuhäuser auf drei Kontinenten.

Über die Hälfte der Biermenge wird außerhalb Deutschlands abgesetzt: Die Biere der kleinsten Münchner Brauerei (320.000 hl/125 Mitarbeiter) sind in über 30 Ländern der Erde zu finden. Dabei steht Umweltschutz im laufenden Betrieb und bei Investitionen an oberster Stelle und eine Balance zwischen langfristigem wirtschaftlichem Erfolg und kontinuierlichem ökologischem Verbesserungsprozess wird angestrebt. Hofbräu München ist Mitglied im Umweltpakt Bayern und wurde nach der EG-Öko-Audit-Verordnung EMAS (Eco-Management and Audit Scheme) validiert. Das Markenzeichen „HB mit Krone" steht international für Münchner Bierkultur und Lebensart und kein Wirtshaus ist weltweit so bekannt wie das Hofbräuhaus.

Krieg, Inflation und Besatzung durch schwedische Ketzer

Die Bevölkerung stieg bis 1600 auf etwa 20.000 Personen. Gleichzeitig wurde die Zahl der Häuser innerhalb der Stadtmauern verringert: So mussten allein für die fürstlichen Baumaßnahmen, wie den Bau des Jesuitenkomplexes und der Wilhelminischen Veste, fast 100 der etwa 1.250 Wohnhäuser in der Stadt abgerissen werden. Zugleich waren durch die Befestigungsmaßnahmen Maximilians I. der Stadterweiterung Grenzen gesetzt worden.

Der Dreißigjährige Krieg brachte für die Münchner Bevölkerung zahlreiche Belastungen. Noch bevor die Kriegshandlungen München selbst erreichten, waren seine Auswirkungen zu spüren. Die „Kipper- und Wipperzeit" hieß für die Münchner Bevölkerung Inflation, Vernichtung von Vermögen, Versorgungsengpässe. Nachdem schon 1627 mit Schnee im Juni ein sehr kaltes Jahr gewesen war und auch 1628 aufgrund der ungünstigen Witterung Missernten brachte, konnten viele Menschen der im gleichen Jahr auftretenden Pest kaum Widerstand entgegensetzen.

Bedrückend war die Besetzung der Stadt durch die Schweden im Jahr 1632, die eine Brandschatzung von 300.000 Reichstalern (450.000 Gulden) gefordert hatten. Da nur 104.000 Gulden in barem Geld und 40.000 Gulden an Geschmeide aufgebracht werden konnten, nahmen die Schweden 42 Münchner Bürger als Geiseln mit. Diese blieben drei Jahre in schwedischer Gefangenschaft und konnten erst 1635 wieder nach München zurückkehren. Ein Votivbild in der Pfarrkirche von Ramersdorf erinnert an die Geiseln.

Der Rat hielt seine letzte Sitzung vor dem Einmarsch der Schweden am 2. April 1632 und begann erst am 16. Juli wieder zu tagen. Gustav Adolf zog am 17. Mai in München ein, schon Tage zuvor kamen Hunderte von Flüchtlingen und Soldaten in die Stadt, viele von ihnen waren verwundet. Die Menschen kamen aus den umliegenden Ortschaf-

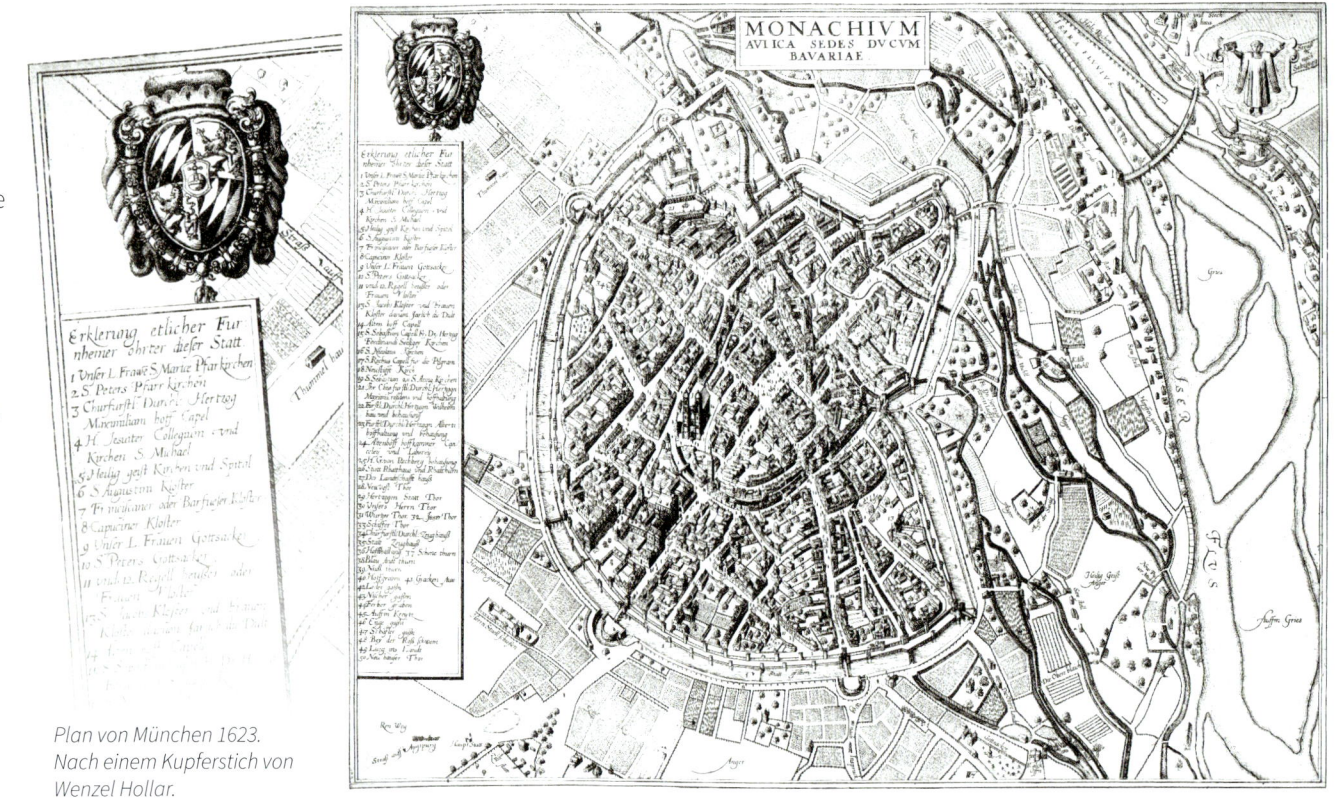

Plan von München 1623. Nach einem Kupferstich von Wenzel Hollar.

ten bis Freising, Dachau, Moosburg und Schrobenhausen. Die Soldaten lagerten auf dem Markt und in den Straßen, die Offiziere nahmen Quartier in Wohnhäusern, vor allem in den Häusern der aus der Stadt nach Süden Geflohenen und in Gasthäusern.

Die Schweden hielten die Stadt drei Wochen besetzt und zogen am 7. Juni wieder ab. Im Jahr 1632 wurde keine Jakobidult abgehalten, kein Weinungeld (eine Verbrauchssteuer auf Getränke) erhoben, das normalerweise einen nicht unerheblichen Einnahmeposten für die Stadt ausmachte, und es wurde keine städtische Steuer erhoben, da die verbliebenen Stadteinwohner durch Einquartierungen und vor allem durch die Erlegung der Brandschatzungssumme ausgeblutet waren. Ein Großteil der Bevölkerung, besonders die Reichen, war vor den Schweden geflohen. Die Stadt selbst musste Geld aufnehmen, um ihre laufenden und die Sonderausgaben bezahlen zu können, da auch sie ihr gesamtes verfügbares Bargeld in die Brandschatzung gegeben hatte.

Zu den Sonderausgaben der Stadt gehörten Extrakosten für Totengräber, die die 26 Toten, die auf den Wiesen um München gefunden worden waren, bestatten mussten. Zu diesen Toten kamen im Lauf von Herbst und Winter noch 124 Flüchtlinge („gar vil vertribne Paursleuth"), die im „Rauchhaus" vor dem Neuhauser Tor, einer Art

Der Schwedenkönig Gustav Adolph bei der Übergabe von München, 1632.

Quarantänestation, verstorben waren. Für die Beseitigung des toten Viehs, das nach dem Abzug der Schweden auf den Wiesen und Äckern lag, wurden eigene Tagwerker angestellt.

Nachdem es 1633 einigermaßen ruhig geblieben war, kam der Krieg 1634 noch einmal nach München. Die Schweden rückten erneut bis München vor. Zudem brachten die fremden Truppen die Pest mit. Nach Schätzungen starben etwa 7.000 Menschen, also etwa ein Viertel der Bevölkerung.

Während die Bewohner der Stadt größere Überlebenschancen hatten, wurde die Umgebung Münchens durch die Kriegswirren zum größten Teil entvölkert und verwüstet. In Moosach zum Beispiel wurden alle Häuser niedergebrannt. Nur die romanische Martinskirche, die ganz aus Stein gebaut war,

blieb stehen – sie diente den Schweden wohl als Pferdestall.

Schon vor dem Krieg hatte Maximilian I. begonnen, München zur Festung ausbauen zu lassen. Allerdings boten diese riesigen Befestigungsanlagen nie wirklich Schutz. Die stetig wachsende Stadt konnte sich aber bis zur Schleifung der Mauern um 1800 nicht über diese zunehmend als Beengung empfundene Befestigung ausdehnen.

Erfolgsgeschichte echter Nachhaltigkeit

Das traditionsreiche Familienunternehmen DR. SCHNELL Chemie GmbH hat seinen Ursprung in der im 17. Jahrhundert gegründeten Münchner Seifenfabrik.

Mitte des 19. Jahrhunderts gab es die „David Schnell Seifen-, Lichter- und Talgwarenfabrik", Sendlinger Straße 42 mit Laden Petersplatz 8, und die „Franz Schnell Seifen- und Lichterfabrik" im Tal 68. Dr. Joseph David Schnell, Chemiker (Firma Schnell), besaß dann bereits vor dem Ersten Weltkrieg das Haus Sendlinger Straße 42; dort wohnte er und betrieb im Rückgebäude die „Dr. Schnell & Dr. Würth Chemische Fabrik". Außerdem bestand die Firma „Dr. Schnell & Co. Handel mit chemischen Produkten", Augustenstraße 77 Rgb. Nach 1919 gab es dann nur noch die „Dr. Josef Schnell Seifen- und chemische Fabrik", die auch den Zweiten Weltkrieg überstand. Hier stieg dann Dr. Josef Schnell junior (Taunusstraße 19) mit ins Geschäft ein.

Eildienst-Fahrzeug der Seifenfabrik.

Ehemaliges Gebäude der Seifenfabrik in der Taunusstraße 19.

1963 übernimmt dessen Sohn Wolfgang Schnell als 20-jähriger Chemiestudent den Handwerksbetrieb seines Vaters und bereitet in Folge den Weg der DR. SCHNELL Chemie GmbH zum modernen, europaweit tätigen Unternehmen für professionelle Reinigungs-, Hygiene-, Desinfektions-, Hautschutz- und Hautpflegeprodukte. Einer seiner ersten Kunden ist die Bundesbahn, für die der zwischenzeitlich promovierte Dr. Wolfgang Schnell den ersten Lokomotiven-Kaltreiniger entwickelt. Bis heute ist die Deutsche Bahn AG einer der wichtigsten Auftraggeber in der Innen- und Außenreinigung, zum Beispiel der Graffitientfernung.

Nach der Olympiade 1972 entwickelt das Unternehmen im Olympiabad eine Innovation, die heute längst Standard in der Sanitärreinigung ist: den umwelt- und materialverträglichen Kalklöser MILIZID. Seit 1990 legt DR. SCHNELL zudem ei-

München im Spiegel der Zeit 55

nen Schwerpunkt auf Qualitätsprodukte für die Großküchenhygiene. Daneben werden seit 2002 Textilaufbereitungsmittel vertrieben. In enger Kooperation mit Procter & Gamble konzipiert DR. SCHNELL auch professionelle Waschsysteme für die automatische Dosierung bei der Textilhygiene in Krankenhäusern und Seniorenwohnheimen.

In der eigenen Forschungs- und Entwicklungsabteilung werden seit 2007 Produkte für Hautschutz und Hautpflege kreiert. Seit 2009 entwickelt und vertreibt DR. SCHNELL auch Desinfektionsmittel. Da einem tagesaktuellen Anwendungswissen in der professionellen Reinigung eine Schlüsselrolle zukommt, gründet DR. SCHNELL das Praxis-Schulungszentrum ALEGRIA für die Aus- und Weiterbildung. ALEGRIA trainiert in München und Wedel bei Hamburg pro Jahr über 3.000 Teilnehmer in professioneller Hygiene.

Die sechste Generation, Dr. Thomas Schnell, tritt 2006 in die Geschäftsführung mit ein und verantwortet inzwischen das gesamte operative Geschäft. Dr. Wolfgang Schnell widmet sich als leidenschaftlicher Chemiker der Forschung und Entwicklung sowie langfristigen strategischen Aufgaben.

DR. SCHNELL verfügt über modernste Produktionsanlagen, Forschungs- und Entwicklungslabors sowie eine internationale Vertriebsorganisation.

Produziert wird ausschließlich in Deutschland, am Standort München.

DR. SCHNELL bekennt sich bereits seit 1998 zum langfristigen Umweltschutz in allen Bereichen. 2013 wird die seit 1998 EMAS- und ISO-140001-zertifizierte DR. SCHNELL Chemie GmbH beim Deutschen Nachhaltigkeitspreis unter die drei nachhaltigsten Marken Deutschlands gewählt. 2014 folgt die Auszeichnung zu einem der besten Arbeitgeber Deutschlands („Great Place to Work").

oben: Stehen mit ihrem Namen für die Zuverlässigkeit der DR. SCHNELL Chemie GmbH: Dr. Thomas Schnell und Dr. Wolfgang Schnell.

links: Firmengebäude in der Taunusstraße 19. Quellen: Franz Felbermeir, DR. SCHNELL.

Italienische Kultur prägt die Stadt

Auf Kurfürst Maximilian I. folgte 1651 sein noch unmündiger Sohn Ferdinand Maria (1636–1679) als Regent in München. Um Bayern an Frankreich zu binden, wurde der Erbprinz mit Henriette Adelaide von Savoyen, der Enkelin Heinrichs IV. von Frankreich und Tochter von Herzog Victor Amadeus von Savoyen, vermählt. Bald wurde der Hof in München zu einem der glanzvollsten in Europa. Die Kurfürstin hatte aus ihrer Heimat Künstler nach Bayern mitgebracht. 1657 wurde das Opernhaus am Salvatorplatz eröffnet, das älteste freistehende Theatergebäude Deutschlands. Die italienische Musik, besonders die Oper, trug dazu bei, München zum kulturellen Mittelpunkt nördlich der Alpen zu machen. In seinen politischen Ambitionen hielt sich der Kurfürst zurück, so verzichtete er auf einen Kampf mit Habsburg um die Kaiserkrone. Als 1662 der Kronprinz Max II. Emanuel geboren wurde, erfüllte der glückliche Vater ein Gelübde und stiftete die Theatinerkirche St. Kajetan gegenüber der Residenz. Agostino Barelli (1627–1687) und ab 1669 Enrico Zuccalli (1642–1724) schufen bis 1688 nach dem Vorbild der Theatinermutterkirche Sant'Andrea della Valle in Rom eine Kreuzkuppelkirche.

Der Theatinerpropst Spinelli, der die Bauleitung hatte, ließ die Helme der Türme bis 1690 nach dem Vorbild von Santa Maria della Salute in Venedig gestalten.

Der Kurfürst nahm direkten Einfluss auf die Entscheidungen der Stadt. So ernannte er 1673 Mathias Barbier anstelle des von Bürgern gewählten Ferdinand Bart zum Bürgermeister und erhob ihn zum Patrizier. Durch den Einfluss des Kurfürsten wurden die Bürgermeister, die den Herrschern genehm waren, zu den wichtigsten Leuten in der Stadt und schließlich wurde auch die Ratswahl von diesen beherrscht.

Der Kurfürst Ferdinand Maria kaufte 1663 für 10.000 Gulden die Hofmark Kemnaten und 1664 drei Höfe in Unterkemnaten, nordwestlich der Stadt, vom Kloster Beuerberg. Er schenkte sie seiner Gattin nach der Geburt des Sohnes zur Anlage eines Landhauses. Sogleich begann man dann zum *churfürstlichen Neupau nachher Nymphenburg* das Fundament auszuheben und 1675 stand der Mitteltrakt des *Burgo delle Nimpfe*, der dem Schloss der Mutter der Kurfürstin in Aglie bei Turin nachgebildet war. Auch hier lagen Pläne von Barelli zugrunde, der 1674 durch Zuccalli abgelöst wurde. Stilistisch war das Gebäude eine Mischung von Renaissance und Barock. Die italienische Blütezeit in Bayern fand mit dem Tode von Kurfürstin Adelheid 1677 ein Ende. Nach einer Rückkehr von seinem geliebten Schloss Schleißheim folgte Ferdinand Maria 1679 im 43. Lebensjahr seiner geliebten Frau nach.

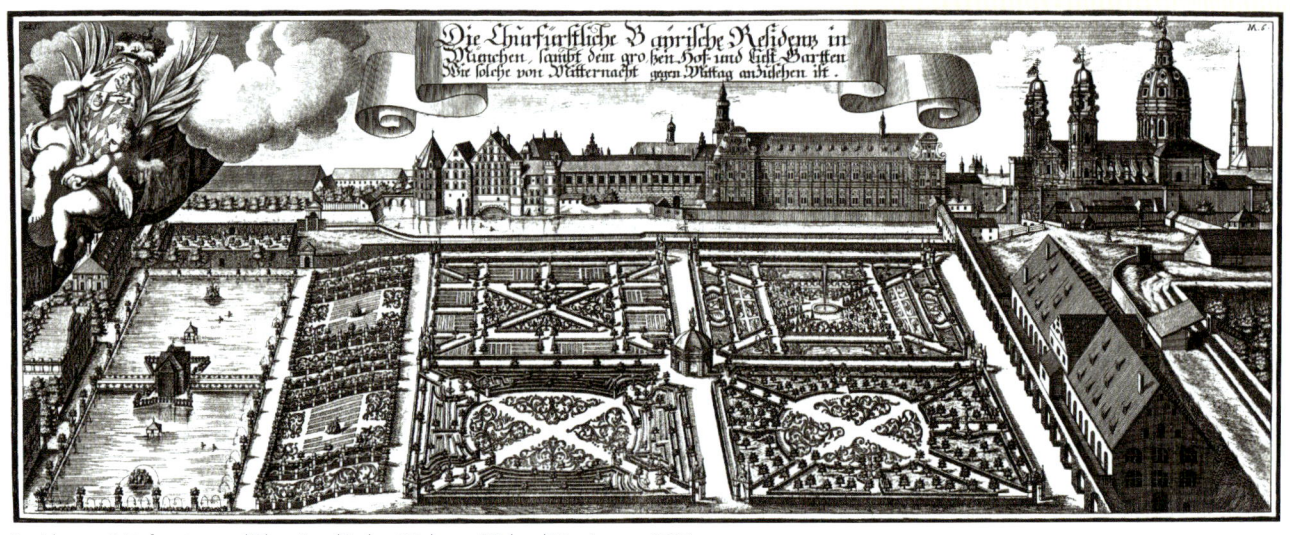

Hintergrund: München 1670. Stich von Michael Wening.

Residenz mit Hofgarten und Theatinerkirche. Stich von Michael Wening um 1700.

Max Emanuel, die Türken, Kanäle und Brüssel

Nun wurde der erst 17-jährige Sohn Max Emanuel Kurfürst. Er stand noch ein Jahr unter der Vormundschaft seines Onkels Maximilian Philipp, Landgraf von Leuchtenberg. Die Regierung wurde umgebildet, das Amt des Premierministers abgeschafft und man orientierte sich politisch, statt wie bisher an Frankreich, nun am Hause Habsburg.

Das Territorium des Kurfürstentums Bayern umfasste im 17. Jahrhundert die größten Teile von Ober- und Niederbayern, der Oberpfalz sowie noch das Innviertel, insgesamt ein Gebiet von rund 40.600 qkm. Das Land war, verglichen mit dem der Nachbarn, arm. Von den Abgaben und Steuern lebte der Landesherr in München mit seinem Hofstaat, der zum Beispiel 1705 über 1.000 Dienstkräfte bezahlte. Die luxuriösen Aufwendungen konnten nie durch diese Einnahmen gedeckt werden. Die Hauptstadt war ganz vom Hof des Kurfürsten abhängig, von dem sie größtenteils lebte.

Diese Situation fand Max Emanuel bei seinem Regierungsantritt 1680 vor. Sein erstes Anliegen war eine Stärkung des bayerischen Heeres, um gegen die Türkengefahr gerüstet zu sein. Man führte dazu eine Sondersteuer ein. Im Jahr 1682 hielt der Kurfürst auf der Heide zwischen München und Freimann Heerschau und marschierte im Jahr darauf mit 11.300 Mann nach Österreich, um gegen die Türken zu Hilfe zu kommen, die unter dem Großwesir Kara Mustafa Wien belagerten. Zusammen mit den kaiserlichen Truppen sowie Polen und Sachsen gelang es, die zahlenmäßig weit überlegenen Türken und Magyaren in die Flucht zu schlagen. Um die Waffenbruderschaft zu festigen und höher aufzusteigen, heiratete Max Emanuel 1685 in Wien die Kaisertochter Maria Antonie, die aber bereits sieben Jahre später, erst 23-jährig, starb.

Der Kurfürst zog mit seinem Heer nach Ungarn und nahm hier zwischen 1683 und 1690 viele Türken gefangen. Diese schickte er dann teilweise nach München, um sie bei der Anlage des Kanalnetzes für seine Schlösser, beim Bau des 1684 zur Hochzeit errichteten Schlösschens Lustheim östlich von Schleißheim oder als Diener einzusetzen. Es wurde Mode bei Adeligen und Bürgern, sich von Türken bedienen zu lassen, die 1688 in München eine eigene Sesselträgerzunft gründeten. Man betrieb auch mithilfe von Dolmetschern ihre Missionierung und taufte einige. Einer der christlichen Rufnamen, wie zum Beispiel *Joseph*, wurde dann zum Familiennamen.

Nach dem Frieden zwischen Kaiser und Sultan im Jahr 1699 konnten die Gefangenen wieder nach Hause gehen, aber einige blieben freiwillig: 1700 sind noch 36 „türkische Sklaven" in München nachweisbar. Der „Neue Kanal", der von der Residenz zum Schloss Schleißheim führen sollte, wurde erst begonnen, als keine türkischen Kanalarbeiter mehr zur Verfügung standen. Doch nannte der Volksmund diese bald trockengefallene Wasserstraße „Türkengraben" und der Weg, der zum verfüllten Bett führte, hieß später „Türkenstraße". Die am Kanalbett entstandene Straße, ab der Gaststätte *„Max Emanuel"*, heißt *Kurfürstenstraße* und *Belgradstraße*. So wurde der ruhmreiche Kurfürst, der 1688 Belgrad erobert hatte, auf Dauer geehrt.

Im Jahr 1691 gelang es Max Emanuel, von Spaniens König zum Generalstatthalter und Generalkapitän der Spanischen Niederlande ernannt zu werden. Im Jahr darauf verlegte er seine Residenz nach Brüssel und nahm seinen Hofstaat mit. Auch Geld wurde aus Bayern abgezogen und die Steuerschraube weiter angezogen.

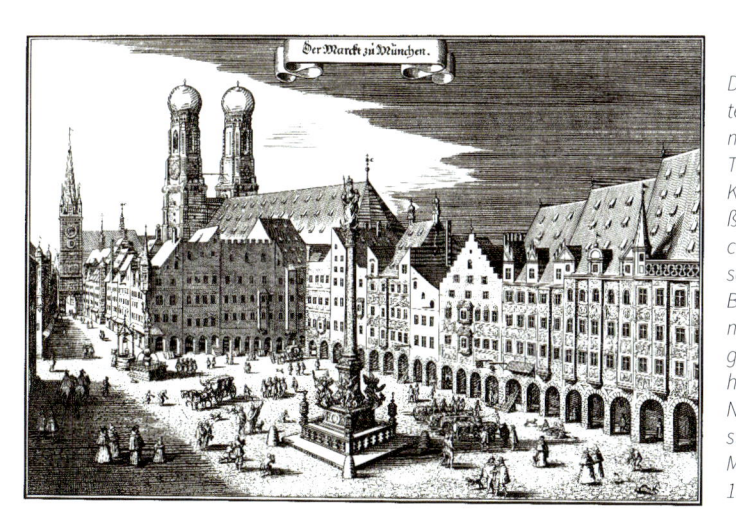

Der Markt (heute Marienplatz) mit Schönem Turm in der Kaufingerstraße, Frauenkirche, Mariensäule und den Bürgerhäusern mit Laubengängen (wo heute das Neue Rathaus steht). Stich von Michael Wening 1701.

Schloss Nymphenburg von Osten. Gemälde von Bernardo Belotto, gen. Canaletto, 1761.

Sendlinger Bauernschlacht (Mordweihnacht). Zeichnung 1705.

Krieg, Bauernaufstand und Schlösser

Joseph Ferdinand, der älteste Sohn Max Emanuels, wurde 1692 geboren. Durch seine Mutter, die bei der Geburt starb, hatte er, da sie Enkelin von Philipp IV. von Spanien war, den Anspruch auf den Thron dieses Imperiums, denn Karl II. von Spanien bestimmte seinen kleinen Neffen Joseph Ferdinand, den wittelsbachischen Kronprinzen, 1698 testamentarisch zu seinem Universalerben. Unglücklicherweise starb der Knabe, erst sechs Jahre alt, bald darauf. Als Karl II. am 1. November 1700 schließlich das Zeitliche segnete, begann ein Streit zwischen Frankreich und Österreich um das Erbe. Max Emanuel verbündete sich dabei mit Ludwig XIV., da ihm dieser mehr Geld und Länder sowie die Königskrone versprach. Mit Tirol und Mailand, was ihm der Kaiser bot, war er nicht zufrieden. Den Spanischen Erbfolgekrieg begann Max Emanuel 1702 mit dem Überfall auf die kaiserliche Festung Ulm. Nach wechselseitigen Scharmützeln und Überfällen kam im Jahr darauf die blutige Entscheidung bei Höchstädt an der Donau.

Die von den Franzosen unterstützten Bayern wurden von den alliierten Österreichern, Preußen und Engländern vernichtend geschlagen; 13.000 Mann wurden dabei getötet. Max Emanuel floh nun über den Rhein, Bayern war den Österreichern schutzlos ausgeliefert. Das Land mit der Residenzstadt München musste eine Besatzungsarmee aufnehmen. Die Familie des Kurfürsten wurde gefangen genommen, die Bevölkerung ausgebeutet. Die jungen Männer wurden in die kaiserliche Armee gepresst. Unter der Devise

„Lieber bayerisch sterben als in des Kaisers Unfug verderben" erhob sich die Landbevölkerung gegen diese Unterdrückung. Einer der Organisatoren war ein Schreiber vom Pfleggericht Pfarrkirchen, Sebastian Plinganser. Aus dem bayerischen Oberland um Bad Tölz brachen, unter Führung des legendären Schmiedes von Kochel, etwa 3.000 Männer auf, um die Residenzstadt zu befreien. Die nicht kriegserfahrenen und schlecht bewaffneten Haufen mussten sich bei Sendling, dem südlichen Vorort von München,

München im Spiegel der Zeit   59

in der Weihnachtsnacht 1705 ergeben, doch über 1.000 der wehrlosen Aufständischen wurden von den Österreichern niedergemetzelt. Dieses Geschehnis ging als „Sendlinger Mordweihnacht" in die Geschichte ein und ist bis heute ein Anlass für patriotische Gedenkfeiern. Anschließend wurden am 8. Januar 1706 auch die Bauern aus Niederbayern vom kaiserlichen General Kriechbaum vor Aidenbach bei Vilshofen geschlagen. Das Innviertel wurde von Österreich einverleibt und Kaiser Joseph I. wollte ganz Bayern mit Österreich vereinigen; er starb aber 1711. Versuche von Max Emanuel, für Bayern die Niederlande oder Sardinien und Sizilien zu erhalten und damit König zu werden, scheiterten. Nun wandte sich der Kurfürst, nachdem die über ihn verhängte Reichsacht aufgehoben war und er 1715 wieder nach München zurückkehren konnte, erneut freundschaftlich nach Wien. Die alte Partnerschaft wurde 1722 durch die Heirat des Erbprinzen Karl Albrecht mit Maria Amalie, einer Tochter Josephs I., erneuert. Bevor Max Emanuel aber die Früchte seiner langjährigen Intrigen ernten konnte, starb er am 26. Februar 1726 im Alter von 63 Jahren.

Der Dachauer Hofgärtnerssohn Joseph Effner (1687–1745) und der Wallone François de Cuvilliés, der 1706 als Kammerzwerg in den niederländischen Hofstaat des Kurfürsten aufgenommen worden war, wurden auf Kosten von Max Emanuel zu Architekten ausgebildet. Sie vollendeten mit anderen Künstlern bis 1728 Neues Schloss und Park Schleißheim sowie die Schlösser Dachau (1715/17) und Fürstenried (1715/17). In Nymphenburg, dem Schloss seiner Mutter, wurden die Pagodenburg (1719), die Badenburg (1721), das erste heizbare Hallenbad seit der Antike, und andere Anlagen errichtet. Die Landsitze waren für Vergnügungen, besonders Jagden, bestimmt. Auch Adelige und Hofleute ließen sich in der Umgebung der Stadt Schlösser errichten, wie der Geheime Kabinettssekretär des Kurfürsten Franz Xaver Ignaz von Wilhelm. Dieser nannte sein barockes Rittergut in Schwabing, das 1718 vom Hofbaumeister Gunetzrhainer errichtet wurde, nach einem Schloss, in dem er im Exil Max Emanuels bei Paris gerne weilte – Suresnes. Es ist heute Sitz der Katholischen Akademie in Bayern. Bei der Hochzeitsreise des Kaisers trat 1722 die erste bekannte Sängerin auf, Anna Rosina Schwarzmann aus München. Rosa Bavarese löste die bis dahin noch ausschließlich in Frauenrollen singenden Kastraten ab.

Schloss Schleißheim. Karl August Lebschée um 1860.

Das Schloss Suresnes in Schwabing, geplant 1718 von Johann Baptist Gunetzrhainer. Foto um 1910.

Die Dreifaltigkeitskirche in der Pacellistraße wurde 1718 als Votivkirche der Münchner Stände von Giovanni Antonio Viscardi erbaut und ist Klosterkirche der Karmelitinnen. Foto 2013.

Große Pläne eines verschuldeten und machtlosen Kaisers

„Die Residenz und andere kurfürstliche Gebäude, nebst den Brauereien, sechzehn Klöstern, Kirchen und den übrigen geistlichen Gebäuden, machen fast die Hälfte der Stadt aus. Die Augustiner allein ziehen aus ihrem Besitze von etlichen Straßen jährlich bis 3.000 Gulden Mietgeld", charakterisiert Johann Georg Keyßler 1739 die Hauptstadt des Kurfürsten in „Reisen in Deutschland". Diese Residenzstadt eines Landes mit 20 Millionen Gulden Schulden und 6 Millionen Gulden Einkünften im Jahr hatte Kurfürst Karl Albrecht 1726 von seinem Vater übernommen. Auch er fühlte sich durch seine kaiserliche Abstammung zu Höherem berufen und plante, seine Hauptstadt entsprechend seiner Bedeutung auszubauen. Daher ließ er neue Paläste in der Stadt errichten. Die „Reichen Zimmer" mit der „Grünen Galerie" in der Residenz wurden von François de Cuvilliés dem Älteren (1695–1768) in seinem Auftrag eingerichtet. Für seine Gattin, die jagdbegeisterte Kurfürstin Maria Amalia (von Österreich, 1701–1756), ließ Karl von diesem Meister, mithilfe des Stukkateurs Johann Baptist Zimmermann, auch die Amalienburg bauen. Die An-

Kurfürst Karl Albrecht (Kaiser Karl VII.) mit Gemahlin und Jagdgesellschaft beim Aufbruch zur Falkenbeize am „Vogelhaus" am 29. Juni 1741. Ölbild von Peter Jakob Horemans im Jagdzimmer der Amalienburg von Schloss Nymphenburg.

lage der zwischen Nymphenburg und München geplanten „Karlstadt", einer neuen, ideal eingerichteten Vorstadt, für die 1728 der Grundstein gelegt wurde, gedieh über Anfänge nicht hinaus. Nur einige Handwerker waren dazu zu bewegen, sich beim neu angelegten Nymphenburger Schlosskanal anzusiedeln. Der weite Weg in die Stadt und die architektonischen Auflagen für die Häuser schreckten ab.

Mit Billigung des Kurfürsten errichtete ein Bürgerlicher, der Künstler Egid Quirin Asam, in der Sendlinger Straße eine eigene Kirche neben seinem reich geschmückten Wohnhaus. Erst machten die Anlieger Schwierigkeiten, da sie am liebsten selbst ein Gotteshaus erbaut hätten; aber eine Reliquie des 1729 heiliggesprochenen und zum Beschützer Bayerns bestimmten Johann Nepomuk half dem gottgefälligen Werk.

Am 20. Oktober 1740 starb Kaiser Karl VI. in Wien und setzte seine älteste Tochter Maria Theresia (1717–1780) als Erbin ein. Die durch einen Erbvertrag geregelte Übergabe der Herrschaft an eine Frau war neu und ungewohnt. Kurfürst Karl Albrecht, der mit einer Schwester des verstorbenen Kaisers verheiratet war, machte nun Ansprüche auf diesen Thron geltend. Die juristische Lage war nicht ungünstig, wenigstens einen Teil des Erbes zu erhalten. Karl überfiel 1741 Passau, die Bischofsstadt Österreichs, und ließ sich in Linz als Erzherzog huldigen. Das Angebot von Maria Theresia, die Niederlande und Oberösterreich zu beherrschen, lehnte er siegesgewiss ab. Im gleichen Jahr ließ sich Albrecht zum König von Böhmen krönen und kurz darauf (Januar 1742) einstimmig zum Kaiser wählen.

Diese Wahl wurde aber vom Haus Habsburg nicht anerkannt, die Österreicher besetzten deswegen München. Die Diplomatie und das Kriegsglück wandten sich nun gegen Karl; er verlor Land und Armee. Maria Theresia wollte Bayern dem Habsburger Besitz einverleiben, dies störte jedoch die Nachbarn. Der Preußenkönig Friedrich der Große, der wegen Schlesien mit den Österreichern in Fehde lag, die Pfalz und Hessen-Kassel verbündeten sich 1744 mit Karl, um ihn wieder in seine Rechte einzusetzen. Ende Oktober 1744 konnte der Kurfürst und Kaiser wieder nach München zurückkehren, doch starb er bereits am 20. Januar 1745. Franz Stephan von Lothringen, der Gemahl von Maria Theresia, wurde nun ohne Gegenkandidat zum Kaiser gekürt.

Prunkwagen von Kaiser Karl Albrecht. Foto um 1920.

Die von François de Cuvilliés 1733 in der Residenz im Stil des Barock geschaffene „Grüne Galerie". Foto um 1920.

Lotterie – Glück und Gewinn

Firmengebäude von LOTTO Bayern auf der Theresienhöhe. Quelle: LOTTO Bayern.

Glücksspiel ist den Menschen in vielen Kulturen ein Zeitvertreib und Hoffnung auf Verbesserung der Lebensverhältnisse gewesen.

Bereits am 18. Mai 1735 wurde die erste „klassische" Lotterie in Bayern gegründet. Erfinder des Lottoplans war der aus Italien kommende Engländer Georg Suttöun. Mit Generalmandat von Kurfürst Karl Albrecht wurden die Tariffa erklärt. Neben armen Mädchen, die 20 Gulden Unterstützung bekommen konnten, und glücklichen Gewinnern sollte der bankrotte Staat profitieren. Bayern hatte hier eine Vorreiterrolle. Karl Albrecht, der 1742 zum Kaiser gewählt wurde, musste die Lotterie vom Exil in Frankfurt aus 1743 nach ungünstigen Entwicklungen wieder einstellen.

Erst 1757 konnte der Abenteurer Giacomo Casanova, der Lotterien in Genua kennengelernt hatte, den französischen König überzeugen, eine Staatslotterie einzuführen, und 1763 König Friedrich den Großen von Preußen. Alle verdienten an den Projekten gut.

Unter Kurfürst Max III., der das Projekt 1761 wieder aufnahm und 1773 verstaatlichte, war es dann sehr erfolgreich. Ebenso unter seinen Nachfolgern bis zur Aufhebung der Lottoanstalt unter König Max II. durch den Landtag im Jahr 1861.

Teilweise wurden mit den Überschüssen Bauten finanziert, wie unter König Ludwig I., oder der Staatshaushalt ausgeglichen. Allein in der Zeit von 1818 bis 1861 wurde ein Umsatz von rund 291 Millionen Gulden erzielt, wovon der Staat einen Anteil von 76 Millionen Gulden für öffentliche Zwecke verwenden konnte.

Nach dem Zusammenbruch des Staates und der Wirtschaft im Zweiten Weltkrieg wurde am 12. März 1946 mit Zustimmung der amerikanischen Militärregierung die „Bayerische Staatslotterie" als staatliche Einrichtung im Geschäftsbereich des Finanzministeriums neu errichtet. Nach der Zerstörung der Städte und der ungeheuren Armut sollte sie dazu dienen, öffentliche Gelder zur Beschaffung von Wohnraum zu erwirtschaften. Der Reinertrag der Bayerischen Städtelotterie war für den Wiederaufbau von öffentlichen und kulturellen Einrichtungen bestimmt. Die Ziehung fand im September 1946 im Kleinen Sitzungssaal des Münchner Rathauses statt. Die Bayerische Wiederaufbau-Lotterie wurde ab 1950 weitergeführt und die Erlöse für den sozialen Wohnungsbau verwendet.

Daneben wurden Losbrieflotterien eingeführt und von 1948 bis 1992 die Süddeutsche Klassenlotterie. 1948 kam auch der Bayerische Fußball-Toto hinzu. Er war sehr erfolgreich und brachte viele Millionen für den Wiederaufbau von Sportstätten ein.

Ab 1953 gab es außerdem Städte-Tombolen, so konnten zum Beispiel 4.280.754 DM für den Wiederaufbau des Nationaltheaters erzielt werden.

Seit 1953 gibt es das Zahlenlotto auch in Berlin. Es wurde zwei Jahre später auch von Bayern übernommen und entwickelte sich zur erfolgreichsten Lotterie Deutschlands. Eine Ziehung im Jahr 1994 brachte es auf eine Rekordeinschaltquote von 24 Millionen Zuschauern im ARD-Fernsehen.

Außerdem gab es viele Zusatzveranstaltungen zum Lotto und Toto wie „Spiel 77" oder „Super 6". Durch die 1967 beschlossene Olympia-Lotterie und die 1970 gestartete Glücksspirale konnte die Finanzierung der Olympischen Spiele 1972 in München unterstützt werden. Ähnlich wurde die Fußball-WM 1974 gefördert. Weitere GlücksSpiralen gab es in den folgenden Jahren zugunsten von Gesundheit und Sport und ab 1991 auch für die Denkmalpflege.

Ein weiterer Zweig der Bayerischen Staatslotterie sind seit 1955 die Spielbanken.

Die Staatliche Lotterieverwaltung hatte von 1946 bis 1955 in einer Behelfsunterkunft in der Schwere-Reiter-Kaserne in der Winzererstraße 43 ihren Sitz. Dann konnte sie in den dem ursprünglichen, im Krieg zerstörten Palais Törring-Seefeld nachempfundenen Neubau von Karl Kergl am Karolinenplatz 4 („Haus des Glücks") umziehen. Seit 2014 ist die neue Zentrale auf der Theresienhöhe.

Ziel der Bayerischen Staatslotterie mit ihren fast 300 Mitarbeitenden ist es, dass die Teilnahme auch künftig in der persönlichen Atmosphäre von Annahmestellen erfolgen kann. Im Mittelpunkt steht dabei die absolute Seriosität, damit sich der homo ludens weiter am Spiel erfreuen kann.

Ziehung der Bayerischen Städtelotterie im Münchner Rathaus 1946.

Aufklärung und Illuminaten

Das Zentrum der Stadt von Osten. Gemälde von Bernardo Belotto, gen. Canaletto, um 1760.

Max III. Joseph (1727–1777) übernahm von seinem Vater 1745 ein ausgebeutetes Land und musste mit einem Friedensschluss den Erbfolgekrieg beenden. Dann bemühte er sich um die Hebung der Wirtschaft. So wurde in München die für den Handel wichtige Isarbrücke von Grund auf erneuert und die Kaufleute erhielten neue Lagerhallen. 1747 wurde im Paulanergarten in der Vorstadt Au eine Porzellanmanufaktur eingerichtet, die 1761 zum Schloss Nymphenburg verlegt wurde. Schließlich wurden die Gassen der Stadt gepflastert. 1752 bauten die Barmherzigen Brüder außerhalb der Stadtmauern „links der Isar" ein Krankenhaus, ebenso die Elisabethinerinnen fünf Jahre später an der heutigen Mathildenstraße.

Seine Erziehung durch Johann Adam Frhr. von Ickstatt (1702–1776), einen vom Geist der Aufklärung beseelten Wissenschaftler und Staatsmann, beeinflusste den Kurfürsten stark. Er gründete 1759 mit der Hilfe des Universalgelehrten Johann Georg (von) Lori (1723–1786) gegen den Widerstand der Jesuiten die Bayerische Akademie der Wissenschaften. Um die Armut seiner Untertanen durch Bildung zu bekämpfen, führte er 1771 die allgemeine Schulpflicht ein und organisierte 1775 einen Armenfonds. Gegen die Prunksucht und Verarmung wurde bereits 1750 eine Kleiderordnung erlassen. Mit Verordnungen versuchte man auch gegen das Bettlerwesen vorzugehen (1748). Im Auftrag des Kurfürsten wurde 1751 von Wiguläus Kreittmayr (1706–1790) das erste einheitliche Strafrecht und Strafprozessgesetz (Codex Juris Bavarici Criminalis) erarbeitet. Hier ist noch die Folter zur Wahrheitsfindung vorgesehen, aber auch erklärt, dass der Zweck des Staates „lediglich in gemeiner Wohlfahrt besteht".

Auch die Kunst nahm in dieser Friedenszeit einen Aufschwung. 1754 ließ sich Ignaz Günther (1725–1775) in München nieder, der zwei Jahre später bereits Hofbildhauer beim Kurfürsten wurde und 1761 das heute nach ihm benannte Haus am Unteranger (heute St.-Jakobs-Platz 15) erwarb. Im Jahr 1763 wurde als Nachfolger von Ignaz Gunetzrhainer (1698–1764), der das Schloss Suresnes in Schwabing erbaute, François de Cuvilliés der Ältere Oberhofbaumeister, der Hauptvertreter des bayerischen Rokoko. Er baute im Auftrag des Kurfürsten 1750/53 das Alte Residenztheater (Cuvilliéstheater).

Sein Sohn und Nachfolger (ab 1768) François de Cuvilliés der Jüngere (1731–1777) arbeitete im barocken und klassizistischen Stil und schuf das Ständehaus (heute Meisterschule für Mode, Rossmarkt 15).

Wolfgang Amadeus Mozart kam mehrmals an den Hof des Musik liebenden Fürsten, der ihn u. a. 1762 als Wunderkind erlebte und 1775 der Uraufführung seiner Oper „La finta giardiniera" beiwohnte, der aber 1777 seine Bitte, ihn anzustellen, ablehnte.

Illuminaten

Am Beginn des 16. Jahrhunderts sind an der Universität Ingolstadt Versuche zu beobachten, sich einem von den Naturwissenschaften geprägten Weltbild zu nähern. Die erste wissenschaftliche Zeitschrift Bayerns, der „Parnassus Boicus", sollte von 1722 bis 1740 durch Artikel in deutscher Sprache der Verbreitung von Erkenntnissen im Volk dienen. Herausgeber waren die Augustinermönche Eusebius Amort (1692–1775) aus Polling bei Weilheim, Agnellus Kandler und Gelasius Hieber (1671–1731) aus München. 1741 wurde der Staatsrechtslehrer Christian Wolff von der Universität Würzburg in die Residenz berufen, um den Prinzen Max Joseph zu unterrichten. Auf diesen Lehrer und den Jesuiten Daniel Stadler (1705–1764), der auch Beichtvater war, ging die Erziehung des jungen Herrschers zu einem aufgeklärten Absolutismus zurück. In der Theorie war man tolerant, human und auf das Gemeinwohl hin orientiert, in der Praxis wurde mithilfe der Zensur eine absolutistische Politik betrieben. Man begann aber die Rechte der Kirche einzuschränken, indem man ein staatliches Schulsystem einführte und Spenden an die Kirche begrenzte. Auch die als zu zahlreich empfundenen kirchlichen Feiertage und die ausgedehnten Wallfahrten wurden bekämpft.

In München wirkten bedeutende Köpfe der Aufklärung. Johann Franz Seraph von Kohlbrenner (1728–1783) war ursprünglich im Bereich des Salz- und Forstwesens tätig und schuf eine Bollkarte für Bayern. Nach seinem Aufstieg zum „Wirklichen Hofkammer- und Kommerzienrat" 1773 wurde er auch noch 1778 in den Reichsritterstand erhoben. Besonderes Ansehen erwarb der vielseitige Kohlbrenner sich seit 1776 durch die Herausgabe des „Churbayerischen Intelligenzblattes". Dies war die wichtigste aufklärerische Zeitschrift, die viele Bereiche behandelte. Der Publizist war seiner Zeit voraus, so kämpfte er für die Einrichtung einer öffentlichen Bibliothek für München und machte bereits 1768 den umstrittenen Vorschlag, eine Hundesteuer einzuführen, was dann erst Ludwig I. 1830 durchsetzte. Sonst kämpfte Kohlbrenner besonders gegen jeglichen Aberglauben und für das Vaterland, womit er im Gegensatz zum Kurfürsten geriet. Der Münchner Jurist Andreas Dominikus Zaupser (1748–1795) wurde 1773 Sekretär des Hofkriegsrats und 1784 Professor für Philosophie an der späteren Militärakademie. Seine kritischen theologischen Veröffentlichungen fanden große Beachtung, besonders seine 1777 erschienene „Ode auf die Inquisition", die 1780 unter Kurfürst Karl Theodor der Zensur zum Opfer fiel. Er schrieb auch 1784 ein Wörterbuch mit dem Titel „Versuch eines bayerischen und oberpfälzischen Idiothons" und war Mitglied der Akademie der Wissenschaften. Kajetan Weiller (1761–1826), ein Geistlicher und Philosoph, beeinflusste als Direktor des Wilhelmsgymnasiums viele Schüler.

In der Universität Ingolstadt wurde 1776 von dem Juraprofessor Adam Weishaupt (1748–1830) der Geheimbund der Illuminaten (Erleuchteten) gegründet. Er verbreitete sich bald nach München und von hier aus durch Bayern ins ganze Reich und darüber hinaus. Es wurden politische und bildungsfördernde Utopien entwickelt, die viele der besten Geister in einflussreichen Kreisen bewegten. Die Ideale der Unabhängigkeitsbewegung in Nordamerika und der Revolutionäre in Frankreich hatten eine Vorbildfunktion. Bald hatten die

Das Innere der 1749 fertiggestellten Kirche St. Nepomuk (Asamkirche) in der Sendlinger Straße. Foto 2013.

Anhänger der Bruderschaft wichtige Funktionen am Hof und in der Verwaltung des Kurfürstentums inne. Diese Unterwanderung flog aber auf und Karl Theodor veranlasste 1783 in München erste Gerichtsverfahren, denen 1785 Verbote gegen Illuminaten und Freimaurer folgten. Bis 1787 wurde der Orden aufgelöst, er wirkte aber durch seine Anhänger fort, die ihre Ideale weitertrugen. Sie wurden zwar teilweise verfolgt, wurden verhaftet oder flohen außer Landes, waren aber nach 1799 wieder ungestört.

Die Pfälzer kommen

Staatsbeamter, Illuminat, Fabrikant und später Bürgermeister Joseph von Utzschneider verhinderte mit seiner Förderin, der Kurfürstinwitwe Maria Anna, 1788, dass Kurfürst Karl Theodor Bayern gegen die Niederlande an die österreichischen Habsburger tauschte. Man wollte ihnen dafür ein Denkmal setzen. Hier sind die beiden als Verschwörerduo dargestellt auf dem Kolossalgemälde des Historienmalers Karl von Piloty von 1879 im Großen Sitzungssaal des Rathauses. Foto 2013.

Da die altbayerischen Wittelsbacher mit Max III. Joseph, der keinen legitimen männlichen Nachkommen hinterließ, 1777 ausgestorben waren, war die Thronfolge umstritten. Der Kurfürst hatte, um einen erneuten Erbfolgekrieg mit Bayern als Schauplatz zu verhindern, 1771 einen Vertrag mit den pfälzischen Wittelsbachern, unter Einschluss der Linie Zweibrücken, geschlossen, der auch die Erbfolge regelte.

Karl Theodor, der neue Kurfürst, wäre lieber in seiner Residenzstadt Mannheim geblieben und hatte an München kaum Interesse. Er versuchte daher, wie schon Max Emanuel, das Kurfürstentum Bayern an Österreich zu tauschen und die Niederlande dafür einzuhandeln, die jährlichen Einnahmen wären fast doppelt so hoch (2 Millionen Gulden mehr) gewesen. Friedrich II. (der Große) von Preußen wusste aber diesen Handel, den auch viele Bayern ablehnten, zu verhindern. Beim Friedensschluss, der den bayerischen Erbfolgekrieg beendete, kam 1779 das Innviertel endgültig zu Österreich. Zeitgenossen urteilten über Karl Theodor, er trieb „sein Regierungswesen […] für Bayern eine Ewigkeit von 22 Jahren – wie ein asiatischer Despot, der seine Länder als einen von Gottes Gnaden ihm überlassenen Tummelplatz ansah".

Karl Theodor hatte 1777 beim Umzug seines Hofstaates aus Mannheim auch Künstler aus seiner Pfalz mit nach München gebracht. Einige sollten Stammväter von nachmals bayerischen Künstlerfamilien werden, wie Franz Kobell (1749–1822), Lorenzo Quaglio (1730–1804) und Giuseppe Quaglio (1747–1828).

Vom Kurfürsten wurde auch der Zeichner Johann Georg Dillis (1759–1841), ein Förstersohn aus Oberbayern, gefördert. Er wurde einer der bedeutendsten Künstler Bayerns. 1790 wurde er als Inspektor der neu erbauten Galerie im Hofgarten angestellt. Für die fürstliche Förderung bedankte er sich, indem er 1796/97 unter großen Gefahren 615 der bedeutendsten Gemälde vor den Franzosen rettete. Dillis wurde 1803 mit der Auswahl von Bildern aus aufgehobenen Klöstern für die Galerie betraut, die heute noch in den Münchner Museen zu sehen sind. Er wurde Professor für Landschaftsmalerei und war noch für König Ludwig I. beim Aufbau der Pinakothek tätig.

Einer der Musiker, die mit dem Kurfürsten nach München kamen, war der beliebte Komponist Christian Cannabich (1731–1798). Er wurde hier 1778 Musikdirektor und hatte großen Einfluss auf Mozart, den er noch von Mannheim her kannte. Karl Theodor lud Wolfgang Amadeus Mozart ein, für ihn eine Oper zu komponieren. Im Januar 1781 fand im Hoftheater die Uraufführung der Oper „Idomeneo" statt, die aber keinen großen Erfolg brachte. Auch Karl Theodor zeigte sich wenig interessiert an Mozart und ließ den Genius ziehen.

Bei der Volkszählung von 1781 wurden in der Stadt München 37.840 Einwohner registriert; von diesen waren aber nur 1.479 Personen rechtlich Vollbürger und Steuerzahler. Der Hofstaat war größer und dessen Angehörige mussten, ebenso wie die der Klöster, in der Regel keine Steuern zahlen. Diese schwache Basis wohlhabender Steuerzahler machte sich auch in der Wirtschaftskraft bemerkbar. Im Jahr 1789 hatte die Stadt 313.000 Gulden Schulden, die kaum noch verzinst werden konnten. Man war bei der Steuererhebung von der Regierung abhängig, die etwa 1777 beschloss, den städtischen Bierpfennig abzuschaffen und diese Abgabe künftig an die Landschaft (Ständeparlament) zahlen zu lassen. Die Stadt und das Fürstentum waren in allen Bereichen in einem desolaten Zustand, der auch immer wieder zu Unruhen führte. Hilfe kam von einem Fremden.

Ein protestantischer Engländer aus Amerika wird Staatsrat

Einer der Männer, die München am meisten geprägt haben, wurde am 26. März 1753 bei Boston in den USA als Benjamin Thompson geboren. Der begabte junge Mann besuchte schon als Schüler die Harvard-Universität, studierte nach einer Kaufmannsausbildung Medizin und war als Lehrer tätig, bevor er Major der britischen Krone wurde. Nach dem Unabhängigkeitskampf zog er 1776 nach England. In London war er bereits 1778 Staatssekretär für Nordamerika und wurde als Erfinder zu einem reichen Mann. Ein Jahr später wurde er als Naturphilosoph und -forscher zum Mitglied der Königlichen Britischen Akademie der Wissenschaften gewählt. Nach dem Friedensschluss mit den Vereinigten Staaten von Amerika wurde er, erst 30 Jahre alt, 1783 mit halbem Offiziersgehalt auf Lebenszeit pensioniert.

Benjamin Thompson entschied sich nun, seine Fähigkeiten in den Dienst des Kaisers in Wien zu stellen, und reiste auf den Kontinent. In Straßburg wurde der französische Garnisonskommandant Herzog Maximilian Joseph von Zweibrücken, der 1799 Kurfürst von Bayern werden sollte, schon am Tag von Thompsons Ankunft bei einer Parade auf ihn aufmerksam. Er schickte Thompson mit einer Empfehlung zu seinem Verwandten Kurfürst Karl Theodor nach München. Thompson fand rasch Gefallen an der Stadt und war angenehm berührt durch das freundliche Entgegenkommen des Landesherrn. Dieser bot dem Amerikaner an, in seine Dienste zu treten, um im Land Reformen durchzuführen. Nach fünf Tagen reiste Thompson aber doch nach Wien weiter, in der Hoffnung, sich im Krieg gegen die Türken militärisch auszeichnen zu können. Der in Österreich herrschende Friede heilte ihn nach eigenen Worten rechtzeitig von seinem „kriegerischen Wahnsinn". Er beschloss, künftig dem Fortschritt und nicht mehr der Vernichtung von Menschen zu dienen, und schrieb daher umgehend nach München, dass er das Angebot des Kurfürsten annehmen werde. Der englische König Georg III. gewährte ihm 1784 die Bitte, in die Dienste Bayerns treten zu dürfen, und schlug ihn zum Ritter.

Im Frühjahr 1784 kam Sir Benjamin Thompson in das Kurfürstentum Bayern, ein durch Kriege völlig verarmtes Land, und wurde zunächst Oberst eines Kavallerieregiments. Vier Jahre hatte er nun Gelegenheit, die Sprache perfekt zu lernen und sich umfassend über Land und Leute zu informieren. Er wohnte in der Hinteren Schwabinger Gasse (heute Theatinerstraße) und behielt Kontakt zum Kurfürsten. Der katastrophale Zustand in vielen Bereichen, besonders in der Armee, inspirierte den 1785 zum Kammerherrn und 1787 zum Geheimen Rat aufgerückten Thompson im Jahr 1788 zu einem umfangreichen Gutachten mit ungewöhnlichen Lösungsvorschlägen. Dem Kurfürsten gefiel das Memorandum und so ernannte er den Engländer, unter Zurücksetzung bisheriger Amtsträger, zum Kriegs- und Polizeiminister, Generalmajor und Staatsrat. Dass Neuerungen kaum schaden könnten, war damals allgemeine Ansicht, und da sowohl der Beamtenapparat als auch die Geistlichkeit annahmen, der neue Mann, der noch dazu landfremd und Protestant war, würde ohnehin bald scheitern, wurde er anfangs kaum befehdet.

Sir Benjamin Thompson Graf Rumford. Gemälde von Thomas Gainsborough. London 1783.

Reformen und Erfindungen

Die Bekämpfung der Armut und Unwissenheit der Bevölkerung sollte zunächst über die Armee erfolgen, die viele Bettler und Vagabunden hervorgebracht hatte. Militärgemüsegärten wurden angelegt, aus denen sich die Soldaten selbst mit frischer, gesunder Nahrung versorgen sollten. Kohlrüben, Klee und besonders die bisher vielfach noch für giftig gehaltene Kartoffel wurden nun von München aus über das Militär in Bayern flächendeckend propagiert. Eine Militärakademie wurde in der Stadt errichtet, die begabten Knaben aus allen Bevölkerungskreisen eine Ausbildung ermöglichen sollte. Besonders betroffen war Sir Benjamin von der Not der Bettler, die München in großer Zahl bevölkerten. Um die Stadt von innen zu befreien und gleichzeitig den armen Menschen zu helfen, richtete er im ehemaligen Kloster der Paulaner in der Au (Neudeck) eine Fabrik mit Wohnungen ein. Am 1. Januar 1790, dem Tag des alljährlichen Almosengebens, wurden die Bettler Münchens genau registriert und ins Arbeitshaus gebracht. Alle wurden nun nach ihren Möglichkeiten beschäftigt, zum Beispiel damit, Uniformen für die Armee anzufertigen. Obwohl die Arbeiter, unter ihnen auch Behinderte und Kinder, nicht nur beherbergt und beköstigt wurden, sondern auch Lohn erhielten, warf das gut organisierte Unternehmen bald Gewinne ab. Als Thompson, angegriffen durch die großen Anstrengungen seiner Arbeit, schwer erkrankte, zogen seine Arbeitshausinsassen täglich in einer Prozession an seinem Fenster vorbei zur Frauenkirche, um dort für ihn eine Stunde zu beten. Erst nach dem Weggang des Stifters wurde das „Arbeitshaus in der Au" immer mehr zur Zwangsarbeitsanstalt. Um die Erziehung begabter, aber unbemittelter Mädchen und Knaben zu ermöglichen, gründete der Minister auch eine Bildungseinrichtung, die er „Haus der Industrie" nannte.

Eines der Interessengebiete des Forschers Thompson war stets die Frage nach der richtigen Ernährung. Hunger und Fehlernährung waren Hauptprobleme dieser Zeiten. Für das Arbeitshaus erfand er neue Speisen, so die „Rumfordsuppe", einen Eintopf aus Wasser, Sauerbier, geriebenen Kartoffeln, Brot, Perlgraupen und Erbsen. Mit der aus den Münchner Erfahrungen geschöpften, in London erschienenen Arbeit „Über die Auswahl und Zubereitung von Speisen, insbesondere für die Armen" half Thompson später in England eine Hungerkatastrophe abzuwenden.

Wichtig für die Ernährung war auch die Erfindung eines neuartigen Kochherdes, den Thompson im „Arbeitshaus" einführte. Dieser Herd verbrauchte wesentlich weniger Brennstoff und war schneller betriebsbereit als herkömmliche Öfen. Daneben erfand er noch Kochgeschirr und Lampen, mit denen Energie gespart werden konnte. Der Polizeiminister kümmerte sich auch um andere Dinge des Alltags. Um die Opferbüchsen in den Kirchen vor Diebstahl zu schützen, erdachte er ein wirksames System. Beim Bohren eines Kanonenrohres 1797 machte er grundlegende Experimente zum Problem der Wärme. Im Januar 1898 wurde seine „Abhandlung über die Wärme", die als seine größte wissenschaftliche Leistung gilt, bei der Londoner „Royal Society" zum Vortrag gebracht. Thompson beschrieb darin, dass Wärme keine Substanz ist, sondern durch die Bewegung von Molekülen entsteht.

Englischer Garten mit Chinesischem Turm und Chinesischem Wirtshaus. Aquarell 1790.

Gründung des Englischen Gartens

Ein weiteres Anliegen war Thompson die Landeskultivierung und -pflege. Die von ihm propagierten und angelegten Militärgärten dienten neben der Versorgung der Soldaten auch diesem Ziel. Am 21. Februar 1798 veröffentlichte er Richtlinien zu einem neu anzulegenden militärischen Garten. Bereits am 24. März 1789 forderte Karl Theodor den Stadtmagistrat von München auf, für die Verwirklichung eines Militärgartens einen geschützten Platz ausfindig zu machen.

Karl Theodor residierte zu dieser Zeit in Mannheim, weil er mit dem Münchner Magistrat im Streit lag. Da es der Stadtverwaltung mit der Durchführung des Planes, den Thompson entworfen hatte, nicht eilig war, schritt der Minister selbst zur Tat. Er hielt die Gegend um den Hirschanger vor dem Schwabinger Tor, bisher ein nur zur Jagd genutztes Stück Land, für am besten geeignet und begann daraufhin bereits im Juli 1789, die für die Anlage des Gartens nötigen Grundstücke, die nassen Wiesen zwischen der heutigen Königinstraße und dem Eisbach, zu erwerben. Auf diesem Areal wurden 18 Morgen einer Beetfläche geplant. Noch vor den ersten Spatenstichen brach am 14. Juli die Französische Revolution aus. Dies förderte wohl den Gedanken, den ursprünglich projektierten Militärgarten zu einem großen Volkspark auszuweiten.

Thompson begann mit aller Macht und größter Eile den Plan zu verwirklichen; ein Armeekorps stand hierfür zur Verfügung. Bereits am 7. August 1789 wurde der in England ausgebildete Gartenbaumeister Friedrich Ludwig von Sckell (1750–1823) nach München berufen, um unter der Leitung des Ministers „Entwürfe zur Anlage des Gartens" zu machen. Sckell brachte sogleich seine „Vorschläge zu einem englischen Garten bei dieser Residenzstadt" zu Papier; die ersten Pflanzungen wurden ausgesteckt. Am 13. August 1789 gab der Kurfürst dann per Dekret bekannt, dass er „den hiesigen Hirsch-Anger zur allgemeinen Ergötzung für dero Residenz-Stadt München herstellen zu lassen und diese schönste Anlage der Natur dem Publikum in ihren Erholungs-Stunden nicht länger vorzuenthalten gnädigst gesonnen" sei. Karl Theodor war von Thompsons Projekt so begeistert, dass er keine Kosten scheute und diese aus der Kasse des Hofkriegsrats vorschießen ließ. Das Gelände wurde entwässert, Brücken, Straßen und Wege wurden angelegt, dazu Grotten und Tempel. Pflanzungen verschiedenster Art, ein See und allerlei Vergnügungsstätten wurden gebaut: Glanzpunkt war der „Chinesische Turm". Bei diesem entstand ein Bauernhof mit Schwaige als Muster für Zuchtviehhaltung. Die „Vieharznayschule" (heute Tierärztliche Fakultät der Universität in der Veterinärstraße) war bereits am 1. Mai 1790 eröffnet worden. Am 25. Mai inspizierte dann der Kurfürst erstmals in Begleitung Thompsons die gesamte Anlage. Noch war der Garten für die Öffentlichkeit gesperrt; erst im Frühling 1792 durfte sie ihn betreten.

Die Stadtväter dankten Thompson seinen Englischen Garten anfangs nicht. Sie warfen ihm Eigenpropaganda „hinter dem Rücken der bürgerlichen Obrigkeit" vor und wollten sogar Bürger bestrafen, die dem Kurfürsten eine Dankschrift für dessen Reformen schrieben. Der Magistrat sah sich

Das Rumford-Denkmal im Englischen Garten.

in seinen Rechten verletzt und begehrte gegen den Kurfürsten auf. Karl Theodor entfernte daraufhin die Magistratsherren aus ihren Ämtern und ließ sie am 21. Mai 1791 kniend vor seinem Bild um Verzeihung bitten, was als ungeheure Schmach galt und einen Tiefpunkt in der Geschichte des städtischen Ratsgremiums darstellte. Nachdem weiter gegen den „Fremdling" opponiert worden war, widerrief der Kurfürst die Absetzung nicht, sondern er sprach den Stadtvätern 1791 auf Lebenszeit die bürgerlichen Ehrenrechte ab – eine Entscheidung, die auch vor dem politischen Hintergrund der Französischen Revolution gesehen werden muss. Als Karl Theodor dann 1792, nach dem Tod Kaiser Leopolds, kurzzeitig das Reichsvikariat innehatte, nutzte er diese Macht, um Sir Benjamin Thompson seine besondere Gunst zu zeigen und ihn zum Grafen des Heiligen Römischen Reiches Deutscher Nation zu erheben. Nach dem ehemaligen Namen der Stadt in Amerika, in der er seine Karriere begonnen hatte, nannte Thompson sich nun „Graf Rumford". Nach einem Erholungsaufenthalt in Italien fand bei seiner Rückkehr ein Volksfest für 30.000 Menschen im Englischen Garten statt, auch 1.800 Insassen des „Arbeitshauses" waren unter den Gästen. Anschließend fuhr Rumford nach England und Irland, um zu forschen und auch dort die Armut zu bekämpfen.

Doch schon Ende Juli 1796 wurde Graf Rumford plötzlich von Karl Theodor aus London nach München zurückgerufen; er fuhr umgehend ab und erreichte über Hamburg und Leipzig unter vielen Mühen die bayerische Hauptstadt. Das Kurfürstentum bemühte sich verzweifelt, seine Neutralität im Krieg zwischen Österreich und Frankreich zu wahren. München lag zwischen den Heeren und drohte zum Schlachtfeld zu werden. Rund 14.000 bayerische Soldaten waren in der Stadt zusammengezogen. Die „Interimsregierung" mit dem Geheimen Ratskanzler Friedrich von Hertling (1729–1808) an der Spitze war hilflos. Karl Theodor, inzwischen 77 Jahre alt, stattete Rumford mit umfassenden Vollmachten aus, ernannte ihn zum Oberbefehlshaber der Armee und zum Führer des Regentschaftsrates, dann floh er mit seiner jungen Frau Maria Leopoldina nach Sachsen.

Rumford übernahm das Kommando und ließ die Stadttore schließen. Er verwehrte sowohl der am 24. August 1796 bei Friedberg geschlagenen österreichischen Armee als auch den sie verfolgenden Franzosen erfolgreich den Zugang nach München. Er konnte beide davon überzeugen, dass es besser sei, wenn Bayern neutral bleibe. Beide Armeen zogen ab, ohne dass der Stadt etwas geschehen war. Die Bürger feierten Rumford jubelnd als Retter Münchens und der Kurfürst konnte zurückkehren. Er ernannte seinen erfolgreichen Sachwalter nun abermals zum Polizeiminister. In dieser Funktion veranlasste Rumford die Beseitigung von Befestigungsanlagen, die der sich ausbreitenden Stadtentwicklung im Wege waren.

Doch die Stadtregierung, die sich zurückgesetzt fühlte, erreichte 1798 beim Kurfürsten, dass Rumford München wieder verließ. Er wurde als bayerischer Gesandter nach London geschickt. 1810 kam Rumford, der nun bei Paris wohnte, auf Einladung von König Max I. Joseph noch einmal besuchsweise nach München. Er kassierte seine Pension ein, denn wegen des Krieges bekam er in Frankreich weder sein ihm zustehendes Geld aus England noch aus Bayern, und freute sich an der Pracht des Englischen Gartens, zu dessen Verschönerung keine Ausgaben gescheut wurden. Trotz des offenkundigen Interesses, das Kronprinz Ludwig an ihm bekundete, kehrte er wieder nach Frankreich zurück. Rumford starb am 21. August 1814 in Auteuil bei Paris.

Das sogenannte Rumford-Schlössl, das Graf Rumford 1790 im Englischen Garten als Offizierskasino errichten ließ. Foto 2013.

1791   Beseitigung der Befestigungsanlagen

Das Karlstor von Osten. Nach Karl August Lebschée 1857.

Stadterweiterung und Anstieg der Mietpreise

Die Bevölkerung von München, die innerhalb des alten Mauerringes lebte, war von 1650 von rund 15.000 bis 1781 auf 37.840 Personen angewachsen. War die Stadt noch bis in das 17. Jahrhundert hinein teilweise mit Gärten zwischen den Häusern locker bebaut, so wurden diese zunehmend überbaut. Vorhandene Gebäude wurden aufgestockt und Hinterhäuser errichtet. Besonders groß war der Anstieg der Zahl der Haushalte im 18. Jahrhundert von 2.266 im Jahr 1704 auf 8.829 im Jahr 1781. Man war gezwungen, auf immer enger werdendem Raum zusammenzuleben. Bereits im 18. Jahrhundert begann eine rege Bautätigkeit vor den Toren der Stadt. Patrizier und Adelige ließen sich hier Schlösschen und Gärten errichten. Auch der Bereich der Befestigungsanlagen wurde zunehmend verbaut. Der Isar zu entstanden Floßlanden, Wirtschaftsbetriebe und Gasthäuser, an den Hängen rings um die Stadt die Kühlkeller der Brauereien. Auch Klöster begannen ihre Niederlassungen außerhalb der Mauern anzulegen. Aus dem Lehen des Grafen Tattenbach entstand im Nordosten eine Vorstadt, die Lehel genannt wurde. Hier bestand eine Ansiedlungsmöglichkeit für ärmere Personenkreise. 1791 lebten schon über 10 Prozent der Stadtbevölkerung außerhalb der Mauern Münchens.

Mit der von Graf Rumford begonnenen, von Kurfürst Karl Theodor am 18. März 1791 angeordneten Niederlegung der Bastion vor dem Neuhauser Tor setzte eine Stadterweiterung ein, die München grundlegend umgestalten sollte. Die alten Befestigungsanlagen, die von Fuhrwerken nur auf verschlungenen Pfaden durchfahren werden konnten, waren militärisch nutzlos geworden. Ihr Unterhalt war teuer und sie wurden als Verkehrs- und Bauhindernis empfunden. Während die stolze Reichsstadt Nürnberg ihren Mauerring behielt und pflegte, brach man in München die Torbauten größtenteils ab. Der Protest von Geschichtsschreibern und romantischen Künstlern gegen solche Maßnahmen verhallte weitgehend ungehört. Die „Denkmalpflege", unterstützt durch Kronprinz Ludwig, setzte wenigstens durch, dass drei der Haupttore, wenn auch teilweise in veränderter Form, erhalten oder wiedererrichtet wurden. Das Isartor, das noch die mittelalterliche Stadtbefestigung in ihren Ausmaßen erahnen lässt, wurde gegen den Willen des städtischen Magistrats von König Ludwig durch Friedrich von Gärtner restauriert. Der von Rumford beauftragte Architekt Franz Thurn schuf bereits 1791 die Pläne für das Karlstor und den neuen Karlsplatz, wie die Stelle bei der 1755 eröffneten Wirtschaft des Eustachius Föderl nun heißen sollte. Der Name nach dem wenig beliebten Kurfürsten Karl Theodor konnte sich in den letzten 200 Jahren nur teilweise durchsetzen; die Münchner Bevölkerung nennt den Platz vor dem Karlstor noch immer Stachus. Ein Ring von Wohnhäusern sollte die Stadt umschließen, da mittelalterliche Stadtmauern angesichts neuer Belagerungstechnik keinen militärischen Schutz mehr bieten konnten. Diese Pläne wurden nur teilweise in die Tat umgesetzt. Neben Thurn legten auch Ludwig von Sckell, Leo von Klenze, François de Cuvilliés der Jüngere, Nikolaus Schedel von Greifenstein und Ulrich Himbsel Erweiterungspläne für die Stadt vor. Die großen Planungen der Vorstädte (Max- und Ludwigsvorstadt) und ihre Umsetzung in die Realität wurden jedoch erst im 19. Jahrhundert durchgeführt. Die Bautätigkeit und die Erhöhung der kulturellen Attraktivität unter Karl Theodor wurden in Stadtbeschreibungen, wie bei Westenrieder, positiv gewürdigt. Allerdings verdoppelten sich in dieser Zeit auch die Mietpreise.

Anbruch einer neuen Zeit

Als Kurfürst Karl Theodor am 16. Februar 1799 starb, trat Maximilian Joseph IV. von Pfalz-Zweibrücken-Birkenfeld auf der Grundlage der Hausverträge der Wittelsbacher das Erbe seines Onkels an. Der neue Kurfürst bestellte seinen Berater Maximilian von Montgelas (1759–1838) zum Minister. Dieser Mann aus savoyardischer Familie, dessen Vater bayerischer General gewesen war, hatte seine Erziehung in Freising, Nancy, Straßburg und Ingolstadt genossen und musste 1785 wegen der Illuminatenverfolgung aus Bayern nach Zweibrücken fliehen. Er sollte der „Vater des modernen bayerischen Staates" werden, der die Verwaltung des Landes nach französischem Vorbild neu und zentralistisch organisierte.

Denkmal für Maximilian Joseph Graf von Montgelas von Karin Sander, das 2005 am Promenadeplatz errichtet wurde. Foto 2013

Bei Regierungsantritt waren über 100.000 Soldaten des österreichischen Bundesgenossen im Kurfürstentum stationiert, denn Bayern befand sich im „Zweiten Koalitionskrieg" gegen Napoleon. Bayern stand durch die vernichtende Niederlage der Österreicher gegen die Franzosen am 3. Dezember 1800 bei Hohenlinden, östlich von München, auf der Verliererseite, erlitt hohe Verluste und sollte nun an Frankreich Kriegskontributionen zahlen, die höher als die jährlichen Staatseinnahmen waren. Man schloss einen Frieden mit Frankreich und erhielt die Zusage für eine Entschädigung für die auf der linken Rheinseite von den Franzosen annektierten kurpfälzischen Gebiete.

Der „Harmlos", eine 1803 von Franz Anton Schwanthaler geschaffene Jünglingsstatue, die Antinoos, den vergöttlichten Geliebten von Kaiser Hadrian, darstellt. Sie steht am Übergang der Galeriestraße zum Englischen Garten, zu dessen zehnjährigem Bestehen er vom bayerischen Justiz- und Kultusminister Theodor Heinrich Graf von Topor Morawitzky gestiftet wurde. Sie wurde 1830 erstmalig nach dem ersten Wort der Inschrift „Harmlos wandelt hier, dann kehret neu gestärkt zu jeder Pflicht zurück" benannt.

Das Ziel Napoleons war eine Oberhoheit über überschaubare, leistungsfähige, mittelgroße Staaten in Deutschland, die sich an Paris orientieren sollten. Diesem Zweck diente die Mediationsakte, die 1802 zwischen Frankreich und Russland verabschiedet und 1803 dem deutschen Reichstag vorgelegt wurde.

Protestanten können Bürger werden

München war seit der Gegenreformation rein katholisch und „Ketzerei" streng verpönt. Der Geist der Aufklärung förderte Toleranz. Bereits im 18. Jahrhundert wich man daher, wenn es opportun war, von diesen Grundsätzen ab. Neben Soldaten, Handwerkern und Reisenden anderer Bekenntnisse hielten sich auch Gesandte von evangelischen Staaten wie Preußen und Sachsen in der Residenzstadt auf, denen man nicht die Religion vorschreiben konnte. Verstorbene Protestanten wurden bis 1782 auf einem eigenen lutherischen Friedhof an der „oberen Länd" bestattet.

Max IV. Joseph war zwar katholisch – sein Vater war aus politischen Gründen vom Calvinismus konvertiert –, aber seine Frau, Karoline von Baden, nach der der Karolinenplatz benannt ist, war evangelisch. Sie hatte bei ihrer Heirat für sich und ihren Hofstaat freie Ausübung des Glaubens vereinbart. Die evangelische Hofgemeinde umfasste 150 Seelen, darunter der eigene Pfarrer. So konnte am 12. Mai 1799 im Schloss Nymphenburg der erste offizielle protestantische Gottesdienst seit der Reformationszeit abgehalten werden.

Erst 1801 durfte mit Johann Balthasar Michel aus Mannheim, gegen den Widerstand des Stadtmagistrats, der erste Protestant Bürger von München werden. Es war ein Befehl des Kurfürsten mit Hinweis auf die Verfassung nötig, um dem Weinhändler den Kauf einer Wirtschaft (Rosengasse 64) zu ermöglichen. Am 10. Januar 1803 wurde im Religionsedikt die Gleichberechtigung der Konfessionen verankert.

Durch die Erweiterung Bayerns um zahlreiche evangelische Gebiete nahm der Anteil der Protestanten in der Haupt- und Residenzstadt seit 1803 sprunghaft zu. So wurde die Hofkapelle in der Residenz bald für die Gottesdienste zu klein und die der neuen protestantischen „Stadtpfarrei" am 11. Dezember 1806 überlassene Salvatorkirche reichte bald nicht mehr aus. Die Stimmung gegenüber Protestanten in der Stadt war nicht gut und es kam sogar zu Morddrohungen.

Die protestantische Matthäuskirche in München (in der Sonnenstraße/Schwanthalerstraße), die die Nazis 1938 abreißen ließen. Stich von J. Poppel um 1840.

Schwanthalerstraße mit der protestantischen Matthäuskirche. Gemalte Postkarte um 1880.

1826 machten die 6.000 Gemeindemitglieder immerhin bereits fast 10 Prozent der Bevölkerung aus.

Obwohl Ludwig I. eine evangelische Mutter, Stiefmutter und Frau hatte, war er ein Gegner des Protestantismus. Daher hatte er für den Bau evangelischer Kirchen wenig übrig und erfüllte hier nur seine verfassungs-

1801 Erste Protestanten

mäßige Pflicht. Für die Kirche in der heutigen Sonnenstraße (bei der Schwanthalerstraße) wurde bereis 1827 der Grundstein gelegt, sie konnte aber erst am 25. August 1833 eingeweiht werden. Das Gebäude, im klassizistischen Stil von Johann Nepomuk Pertsch entworfen, fiel dann 1938 Hitlers Stadtausbauplänen zum Opfer und wurde abgerissen.

Als Ludwigs Stiefmutter, die protestantische Königswitwe Karoline, am 13. November 1841 starb, wurde bei der Beisetzung in der Theatinerkirche auf Betreiben des ultrakatholischen Ministers von Abel ihrem Pfarrer der Zutritt verwehrt. Dies war eine Brüskierung der Trauergemeinde und des Königs. Den Streit gegen Abel musste der Pfarrer und Dekan von München (1830–1849) Dr. Christian Friedrich von Boeckh führen, der auf den Wunsch des Königs auf diesen Posten berufen worden war. 1838 hatte Ludwig den Befehl erlassen, dass alle Staatsdiener, also auch Protestanten, bei Prozessionen mitzugehen und dabei vor dem Allerheiligsten (geweihte Hostie) niederzuknien hätten. Dieser „Kniebeugeerlass" musste 1845 aufgehoben werden.

oben: Preysingplatz mit erster protestantischer Johanneskirche in Haidhausen. Gezeichnete Postkarte um 1900.

links: Die Ludwigstraße von Norden beim Einzug der evangelischen Prinzessin Marie von Preußen. G. W. Kraus 1842.

Säkularisation und Königsresidenz von Napoleons Gnaden

Im Jahr 1781 lebten in den 20 klösterlichen Gemeinschaften in der Stadt München 686 Mönche und Nonnen, dies entsprach 1,8 Prozent der Bevölkerung. Im Kurfürstentum Bayern waren mehr als 60 Prozent der Ländereien im Kirchenbesitz. Die Stimmung im Zeitalter der Aufklärung war gegen den Klerus gerichtet. Mönche wurden wegen ihres Aufwandes, ihrer Unproduktivität oder ihres Sittenverfalls herb kritisiert. Man sah besonders in den Bettelorden Verbreiter von Aberglauben und Unwissenheit. Andererseits leisteten Klöster in Seelsorge, Schulwesen und Fürsorge wertvolle Arbeit. Da einige Klöster in Bayern sehr reich waren, hatte der Staat bei deren Enteignung Hoffnung auf großen finanziellen Gewinn.

Der 1803 verabschiedete Reichsdeputationshauptschluss sollte deutsche Fürsten für Gebietsabtretungen an die Franzosen auf dem linken Rheinufer entschädigen. Er verfügte die Verstaatlichung der Besitzungen von Klöstern und Bistümern. Für München war diese Aufhebung der Klöster ein wesentlicher Einschnitt, der den Charakter der Stadt veränderte. Bereits am 25. Januar 1802 wurden in München die Bettelorden aufgelöst und die Verwendung ihres Eigentums für die Versorgung der Angehörigen und Finanzierung von Schulen angeordnet. Die Aufhebung der Klöster, die 1803 abgeschlossen wurde, stieß weder bei den Geistlichen noch in der Bevölkerung der Stadt auf aktiven Widerstand, obwohl viele Menschen dadurch Arbeitsplatz und materielle Versorgung einbüßten. Auch die von den Mönchen betriebenen bzw. unterhaltenen Brauereien, Apotheken, Schulen und Bibliotheken waren ja betroffen.

Einige Klostergebäude wurden abgerissen, wie das bedeutende *Franziskanerkloster*, das den Ausbauten der Residenz mit dem Nationaltheater weichen musste. Andere Bauten wurden weltlichen Zwecken zugeführt, wie das *Augustinerkloster*, in dessen Gebäude heute das Jagdmuseum untergebracht ist. Beide Namen sind noch durch Biersorten und Gastwirtschaften bekannt. Das schon 1799 aufgelöste Paulanerkloster im ehemaligen Herzogsschloss Neudeck unterhalb des Nockherbergs, in dem einst das Starkbier Salvator

Abbruch des alten Franziskanerklosters. Zeichnung 1803.

gebraut wurde, lebt im Namen *Paulanerplatz* in der Au weiter.

Mit einem Vertrag, der am 25. August 1805 im Schloss des Ministers Graf Montgelas in Bogenhausen geschlossen wurde, gingen Bayern und Frankreich ein militärisches Bündnis ein. Beim Frieden von Pressburg am 26. Dezember 1805, der nach der Niederlage Österreichs geschlossen wurde, erhielt Bayern Tirol sowie weite Teile Frankens und Schwabens mit 1,2 Millionen Einwohnern zugesprochen.

Napoleon wollte verbündete Königreiche in Süddeutschland schaffen, um Unterstützung gegen Österreich und Russland zu haben. Am 1. Januar 1806, 10.00 Uhr, wurde daher vom Landesherold, begleitet von Kavallerie und Hoftrompetern, auf den Hauptplätzen Münchens Maximilian Joseph zum König des nunmehrigen Königreiches Bayern ausgerufen. Zur Besiegelung der Freundschaft mit Frankreich wurde Amalie Auguste Ludovica (1788–1851), die älteste Tochter des Königs, am 14. Januar 1806 Eugène de Beauharnais, dem Stiefsohn Napoleons und Vizekönig Italiens, im Beisein des Kaisers mit Familien und Hofstaat feierlich angetraut.

Kriege und Einquartierungen gingen weiter. Bayern musste dem französischen Bundesgenossen auch bei seinem Russlandfeldzug 1811/12 Beistand leisten. Von den rund 35.000 Soldaten, die gegen Osten marschiert waren, kehrten nur rund 5.000 zurück. Max Joseph wechselte vor der Völkerschlacht von Leipzig 1812 die Fronten und stand nun wieder auf der Siegerseite. Er konnte das neue Königreich dadurch nicht nur in seinem Besitzstand fast erhalten, sondern auch die vorher an Frankreich abgetretenen linksrheinischen Gebiete (Pfalz) zurückerhalten.

1818 wurde eine Verfassung für das Königreich verabschiedet, die Grundrechte und eine parlamentarische Vertretung der Bevölkerung gewährleistete.

Die Ziviltrauung des Stiefsohns Kaiser Napoleons bei dessen Anwesenheit mit Prinzessin Auguste Amalie in der „Grünen Galerie" der Residenz am 13. Januar 1806. Ölbild von François Guillaume Menageot, Versailles.

Kunststadt von Weltformat

Die 1808 in München gegründete Kunstakademie lockte viele Maler in die Stadt. Das Interesse an den Künstlern dokumentierte sich im Münchner Kunstverein, der 1844 bereits über 3.000 Mitglieder hatte. Durch die Förderung Ludwigs wurde München besonders zu einem Zentrum der romantischen Malerei. Karl Rottmann (1797–1850) kam 1820 nach München und reiste von hier nach Italien. Seine Ansichten von Italien, Griechenland und den oberbayerischen Alpen, die der König bewunderte, sind in der Neuen Pinakothek ausgestellt. Nach dem Maler wurde sogar ein Ort benannt, die Rottmannshöhe am Starnberger See, wo er sich besonders gerne aufhielt. In der Schackgalerie findet man wichtige Gemälde des aus Wien stammenden Moritz von Schwind (1804–1871), der 1827 nach München zog. Er malte nicht nur Fresken in der Münchner Residenz (1832/34) und in der Burg Hohenschwangau (1835), sondern auch in der Wartburg (1853) und im Wiener Opernhaus. Ein Freund von Schwind war der gebürtige Münchner Carl Spitzweg (1808–1885), von Beruf eigentlich Apotheker. Der Autodidakt entdeckte 1833 zufällig sein künstlerisches Talent und wurde einer der am meisten geschätzten Maler Münchens. Auf Ablehnung stieß 1839 die Ausstellung seines Gemäldes „Der arme Poet" beim Münchner Kunstverein. Man vermutete wohl, die Dichtkunst, der auch der König, der sich für einen bedeutenden Dichter hielt, huldigte, solle lächerlich gemacht werden. Die scheinbaren Idyllen des Malers deckten schonungslos die Spießigkeit der Biedermeierzeit auf. Die Gesellschaftskritik wurde hier in eine skurrile und nach außen heile Form gegossen.

Das Königliche Hoftheater (Nationaltheater), König Max I. begann als Musikfreund 1811 mit dem Bau des Opernhauses nach Plänen von Karl von Fischer. Nach Finanzierungsproblemen und einem Brand konnte es 1818 eröffnet werden. Nachdem es 1823 nochmals bis auf die Grundmauern abgebrannt war, ließ es die Stadt 1825 wiedererrichten. Zeichnung Karl August Lebschée um 1828.

links: Am Kräutlmarkt (Marienplatz). Lithographie von Samuel Prout um 1830.

unten: Die Bürgermeister Kaspar von Steinsdorf (1837–1854) und Anton von Widder (1855–1870). Glasmalerei im Rathaus 1905. Foto 2014.

Erstarken der Bürgerschaft

Am 9. November 1818 erhielt die Stadt München durch das Gemeindeedikt eine neue Ordnung. Statt des 1819 eingerichteten Munizipalrates residierte nun wieder ein Magistrat. Erster Bürgermeister blieb Franz Paul (von) Mittermayr (1766–1836). Die Stadt war nun offiziell befugt, ihre inneren Angelegenheiten selbst zu regeln. Die Polizeiaufgaben behielt sich aber der König vor, der auch in allen anderen Fragen, die ihn interessierten, in die Stadt hineinregierte. Eigentliches Zentrum der Macht blieb die Residenz.

An den innerstädtischen Wahlen konnte nur teilnehmen, wer das Bürgerrecht besaß. Dieses erhielt nur, wer über Grundbesitz oder Vermögen verfügte oder Gewerbesteuern zahlen musste. Dies traf nur auf 5 Prozent der Bevölkerung zu – natürlich nur Männer. Diese Bürger durften dann demokratisch bei den Wahlen der Gemeindebevollmächtigten mitbestimmen. Passives Wahlrecht hatte allerdings nur das reichste Drittel der Steuerzahler. Auch die Angehörigen des Hofstaates und die Geistlichkeit hatten in München kein Bürgerrecht und konnten an der innerstädtischen Demokratie nicht mitwirken, mussten aber auch an die Stadt keine Steuern zahlen.

Als Nachfolger von Bürgermeister Mittermayr wurde 1836 Joseph (von) Teng (1786–1837) gewählt. Ihm folgte 1838 Dr. Jacob Bauer (1787–1854), der sich nicht scheute, im Interesse der Stadt Konflikte mit dem König auszutragen. Er legte mit dem Magistrat wert auf das Nützliche und Notwendige und war bemüht, die Verschönerung und Vergrößerung der Stadt in Grenzen zu halten. Sein 1854 gewählter Nachfolger Kaspar (von) Steinsdorf (1797–1879) hatte sich bereits mit dem rasanten Wachstum der Stadt abgefunden. Diese erlebte einen wirtschaftlichen und kulturellen Aufschwung, der die Abhängigkeit vom Hof deutlich verringerte.

Sei 1848 waren, erkämpft durch die Revolution, die Sitzungen von Magistrat und Gemeindebevollmächtigten öffentlich zugänglich. Mehr als die Kommunalpolitik bewegten allerdings, wie die Staatsregierung 1863/64 feststellte, übergeordnete Probleme die Münchner: Die Frage der deutschen Einheit, wie man die Kleinstaaten zu einem Reich zusammenführen könne, und die Erreichung der Gewerbefreiheit, die den Berufszwang beseitigen sollte, waren am wichtigsten. Solche Probleme wurden hauptsächlich im Bayerischen Landtag, der seinen Sitz in der Prannerstraße hatte, diskutiert.

Die Mehrheit im Münchner Magistrat wollte naturgemäß ihre Privilegien wahren und verteidigte die bestehenden Gewerbegesetze. Aber 1868 wurden doch in Angleichung an die anderen Länder liberale Regelungen eingeführt; selbst Juden konnten nun jedes beliebige Gewerbe betreiben.

Nur Apotheker und Gasthäuser bedurften eigener Konzessionen.

Das Stadtgebiet war in Distrikte eingeteilt, die jeweils einige Straßen umfassten. Die hier zur Aufsicht bestellten ehrenamtlichen Distriktsvorsteher hatten sich um soziale Probleme und andere kommunale Fragen ihres Bezirkes zu kümmern, um die Stadtverwaltung zu entlasten.

Einen großen Aufschwung nahm in der Biedermeierzeit das Vereinswesen. Diese Vereine dienten hauptsächlich der Geselligkeit und der Bildung. Standesübergreifend war um die Jahrhundertmitte die Mehrzahl der ortsansässigen Männer in ihnen integriert.

Sendlinger Tor von Süden. Zeichnung 1825.

Weltoffene Hochburg des Katholizismus

Seit der Antike gab es im Raum München nachweislich christlichen Glauben.

Besonders seit der Gründung des Bistums Freising im Jahr 739 entstanden hier auch Kirchen und Klöster. Der Bischof von Freising war an der Gründung des Marktes München („bei Mönchen") im Jahr 1158 beteiligt und bezog bis zur Säkularisation 1803 Einnahmen aus der Stadt.

München wurde bereits im Mittelalter für die Kirche sehr wichtig. Neben der alten Pfarrkirche St. Peter hatte die Frauenkirche, die 1821 Dom wurde, große Strahlkraft. Hierher kamen 1580 die Reliquien des hl. Benno, des Bischofs von Meißen, der 1523 heiliggesprochen worden war und Patron Münchens und Bayerns wurde.

Fronleichnam 2014. Quelle: Erzbischöfliches Ordinariat München, Pressestelle. Foto: Robert Kiderle.

München im Spiegel der Zeit   81

In dieser Zeit der Glaubensspaltung wurde München zur Hauptstadt der Gegenreformation, das „Rom des Nordens".

Nach dem Ende des Fürstbistums Freising im Rahmen der Säkularisation im Jahr 1803, bei der auch die Klöster aufgehoben wurden, trat 1821 das neue Erzbistum München und Freising dessen Nachfolge an. München wurde Bischofssitz. In der Zeit von Erzbischof Lothar Anselm Frhr. von Gebsattel (1821–1856) entstanden in Zusammenwirkung mit König Ludwig I. wieder neue Klöster. Auch seine Nachfolger (alles Kardinäle) Michael von Faulhaber (1917–1952), Joseph Wendel (1952–1960), Julius Döpfner (1961–1978), Joseph Ratzinger (1977–1982), Friedrich Wetter (1982–2008) und Reinhard Marx (seit 2008) gestalteten nicht nur ihre Kirche, sondern das kulturelle und soziale Leben Münchens entscheidend mit.

Ein Höhepunkt für die Stadt und das Land war die Wahl von Papst Benedikt XVI. am 19. April 2005 in Rom. Er besuchte seine ehemalige Bischofsstadt München vom 9. bis 11. September 2006 unter großer Anteilnahme der Bevölkerung.

Im Mittelpunkt des kirchlichen Lebens steht der Glaube. Wichtiger Teil ist aber auch die soziale Verantwortung, die mit persönlichem Engagement und durch viele katholische Einrichtungen (auch mit der Caritas) wahrgenommen wird. Der weltumspannende Charakter der Kirche wird in der sprachlichen Vielfalt der Gläubigen in München deutlich. Die katholische Kirche engagiert sich auch mit anderen Glaubensgemeinschaften und der Stadt für Frieden und Toleranz.

Das aktive religiöse Leben der Katholiken in dieser Stadt wird in seiner gro-ßen Vielfalt bei Veranstaltungen wie beispielsweise dem Aschermittwoch der Künstler oder dem Bennofest auf dem Odeonsplatz öffentlich besonders sichtbar.

links: Installation „Les Colombes" in Heiliggeist 2013. Quelle: Erzbischöfliches Ordinariat München, Pressestelle. Foto: Robert Kiderle.

rechts: Gedenken 100 Jahre Erster Weltkrieg. Quelle: Erzbischöfliches Ordinariat München, Pressestelle. Foto: Thomas Klinger.

König Ludwig I. – Dichter und Kunstliebhaber

Am 25. August 1786 kam in Straßburg der erste Sohn des Herzogs von Pfalz-Zweibrücken Maximilian Joseph und seiner Frau Auguste zur Welt. Nach seinen Paten, dem französischen König Ludwig XVI. und dem Onkel Herzog Karl August, wurde das Kind Ludwig Karl August genannt. Der Pate verlieh ihm den Ehrentitel eines Obersten der französischen Armee. Auch eine Abordnung der Stadt München kam an den Rhein, um dem Herzog zur Geburt zu gratulieren. Bereits 1789 musste die junge Familie wegen den Auswirkungen der französischen Revolution Straßburg verlassen. Maximilian wurde 1795, nach dem Tode seines Bruders Karl II. August, nominell regierender Herzog von Pfalz-Zweibrücken, das zu diesem Zeitpunkt allerdings bereits von den Franzosen besetzt war. Ludwig hatte noch einen Bruder Karl und zwei Schwestern. Die Mutter starb 1796 und Max Joseph heiratete in zweiter Ehe Karoline Friederike Wilhelmine von Baden, mit der er fünf weitere Kinder bekam.

Porträtbüste von Ludwig I. als Kronprinz, 1821 von Bertel Thorvaldsen. Städtische Galerie im Lenbachhaus.

Ludwigs religiöse Einstellung wurde besonders von Joseph Anton Sambuga (1752–1815) geprägt. Dieser war seit 1797 sein Religionslehrer und Beichtvater; er führte Ludwig in seinen aufgeklärten katholischen Glauben ein.

Ludwig verfasste ständig Gedichte, die er auch gerne als Briefe verschickte, und hielt sich für einen bedeutenden Poeten. 1804 brach er zu seiner ersten großen Italienreise, der grand tour, auf; sie führte ihn über Venedig und Oberitalien nach Rom. Er hielt sich fast ein Jahr lang in Italien auf. Insgesamt war er im Laufe seines Lebens 77 Mal in Rom, das er besonders liebte. Er durchstreifte hier Straßen, Ruinen, Museen und Kirchen, lebte zusammen mit deutschen Künstlern und sammelte Kunst – besonders aus seiner Sicht qualitätsvolle Antiken. Die meisten bedeutenden Kunstwerke erwarb er in den Jahren zwischen 1811 und 1819. Ergebnisse dieser Sammelleidenschaft sind in der Glyptothek zu bewundern. Sein Künstlerfreund und Kunstagent, der Archäologe, Bildhauer und Maler Johann Martin Wagner, der auch unter unglaublichen Schwierigkeiten den „Barberinischen Faun" für Ludwig erwerben konnte, wechselte mit ihm 1.463 Briefe. Der Geschmack des Kronprinzen wurde an italienischen Vorbildern geprägt; an ihnen orientierte sich seine Bautätigkeit in München.

Ludwig wurde am 12. Oktober 1810 in der Hofkapelle mit der Prinzessin Therese von Sachsen-Hildburghausen getraut. Die Braut war, obwohl protestantisch, wegen ihrer Schönheit und Freundlichkeit ausgewählt worden. Am 17. Oktober wurde nach dem Vorbild der 400 Jahre vorher ausgerichteten Hochzeitsfeier von Herzog Albrecht III. ein Pferderennen veranstaltet. Auf der „Theresienwiese" findet seitdem das Oktoberfest statt. Am 28. November 1811 wurde dann bereits der Thronerbe geboren, der nach dem Großvater und Paten Maximilian Joseph getauft wurde.

München wurde am Beginn des 19. Jahrhunderts zu einem Zentrum der klassizistischen Architektur. Der Generalplan zur Stadterweiterung mit der Gestaltung der Maxvorstadt, der vom königlichen Baurat Karl (von) Fischer (1782–1820) und vom Hofgartenintendanten Friedrich Ludwig (von) Sckell (1750–1823) konzipiert worden war, teilte das Neubaugebiet in große Quadrate. Dabei wurde auch die Errichtung von repräsentativen Plätzen geplant. Zum Beginn seiner Karriere hatte der Mannheimer Fischer 1802 mit dem Gewinn eines Wettbewerbs für die Neugestaltung des Nationaltheaters Erfolg, dessen Bau zog sich wegen Geldmangel von 1812 bis 1818 hin. Er schuf auch das Prinz-Karl-Palais (1806), wurde dann 1808 als Professor an die neu gegründete Akademie der Bildenden Künste in München berufen.

Juden errichten wieder eine Synagoge

Bereits 1229 ist ein Jude namens *Abraham de Municha* in Regensburg erwähnt. Wahrscheinlich wohnten schon seit der Gründung des Marktes Juden in den Mauern. In München war bereits 1285 ein erstes Pogrom; 67 Personen jüdischen Glaubens hatten in einem Haus, man vermutet der Synagoge, Schutz gesucht, das dann angezündet wurde. Bereits zwei Jahre später wurden wieder Juden in der Stadt ansässig, aber auch in den folgenden Jahrhunderten kam es immer wieder zu Verfolgungen. Im Jahr 1380 erwarb die Judengemeinde ein Haus in der „Judengasse", der späteren „Gruftgasse", an der damaligen Stadtmauer und richtete hier ihre Synagoge ein, aber 1442 wurden die Juden aus ganz Oberbayern vertrieben. Die Synagoge, deren Keller „Gruft" hieß, wurde in zwei Kirchen, die untere Gruftkapelle und die Neustiftkapelle, umgewandelt. Bis zur Säkularisation 1803 war hier eine vom Kloster Andechs betreute Wallfahrtsstätte. Nach dieser Kirche wurde die bis in unser Jahrhundert hinter dem Neuen Rathaus (am Marienhof) verlaufende Gruftgasse benannt.

Für die Finanzierung des Herrscherhauses, Geldgeschäfte und den Handel waren schon im 18. Jahrhundert Juden in München unverzichtbar. 1798 wurden in der Stadt bereits 200 Personen jüdischen Glaubens gezählt, die dann seit 1813 nach dem Gesetz in Gewerbefreiheit und politischen Rechten anderen Bürgern gleichgestellt waren. Man versuchte aber, diese Bevölkerungsgruppe durch Verordnungen klein zu halten. 1825 gab es 607 Juden und 1840 bekannten sich immerhin schon 1.432 Menschen, knapp 2 Prozent der Bevölkerung, zum mosaischen Glauben.

Unter großen finanziellen Opfern und mithilfe von König Max I. konnte 1826 eine erste Synagoge mit 320 Sitzplätzen in der heutigen Westenriederstraße errichtet werden. Ludwig demonstrierte seine offizielle Verbundenheit, obwohl er antisemitisch eingestellt war, durch Teilnahme an der Einweihung.

Der Sprachforscher Johann Andreas Schmeller (1785–1852), der damals außerordentlicher Professor an der Münchner Universität war, notierte am 12. Dezember 1850 in sein geheimes Tagebuch: *„Dieser Tage lief von Seite der Universität ein Circular um, über die vom Ministerium der Schulen und des Cultus gestellte Frage, ob zu Docenten auch Israeliten zuzulassen seyen? Bei weitem die meisten vor mir hatten Gründe für Nein. Ich konnte nicht anders als schreiben: ‚Glauben und Wissen sind zweierlei Dinge. Es gibt des Wissens genug, das nicht gerade ein christliches seyn muß. Ich stimme für Zulassung.' Bei dem Geiste, der jetzt wieder durch unsere wie alle Regierungen weht, werd ich mich wohl nicht sonderlich empfehlen."*

Die Synagoge an der Westenriederstraße. Bleistiftzeichnung von Karl August Lebschée um 1840.

Das Innere der Synagoge an der Westenriederstraße. Aquarell 1825.

Ein neues München

Ludwigs erstes Gesamtkunstwerk war die 1828 nach dem König benannte Ludwigstraße, für die seit 1814 der Architekt Leo von Klenze (1784–1864) planen durfte. Dieser schuf u. a. auch die Befreiungshalle und Walhalla an der Donau sowie repräsentative Gebäude in Kassel, Athen und St. Petersburg. Ludwig bestimmte mit ihm, wie die Bauten an der Straße auszusehen hatten. Das Schwabinger Tor (beim Odeonsplatz) wurde 1816 abgerissen und die Gräben der Stadtbefestigung zugeschüttet. Der Staat war so hoch verschuldet, dass er hier zunächst keine Unterstützung erhielt. Der erste Privatmann, der als Bauherr gewonnen werden konnte, war ein Schwager des Prinzen, Eugène de Beauharnais, seit 1817 Herzog von Leuchtenberg und Fürst von Eichstätt. Sein Palais entstand 1817 am heutigen Odeonsplatz und beherbergt heute das Bayerische Staatsministerium der Finanzen. Daneben ließ Ludwig einen Konzertsaal, das Odeon, bauen, der, im Krieg schwer zerstört, Sitz des Bayerischen Staatsministeriums des Innern ist. Als Kriegsministerium wurde 1830 das Gebäude Ludwigstraße 14 errichtet, das heute vom Hauptstaatsarchiv und dem Institut für Bayerische Geschichte genutzt wird.

In Anspielung auf diese Art von Bautätigkeit beklagte Bürgermeister Jakob Klar (1783–1833) 1829, dass Paläste errichtet würden, wo man Wohnhäuser bräuchte.

Ludwigs Architekt wurde 1827 Friedrich (von) Gärtner (1792–1847), der den Rest der Gebäude an dieser Prachtstraße planen durfte. 1842 ließ der König nach dem Vorbild des florentinischen Palazzo Ruspoli die monumentale Staatsbibliothek errichten. Die Unzweckmäßigkeit des Bauwerkes wurde schon von Zeitgenossen kritisiert. Die Stadt München war von Ludwigs Baulust wenig begeistert, musste sie doch allein für Grundstückserwerbungen an der Ludwigstraße 750.000 Gulden aufbringen. Die 1829 geplante Ludwigskirche sollte den glänzenden Abschluss der Löwenstraße (später Schellingstraße) bilden. Der König stellte für ihren Bau 100.000 Gulden aus seinem Privatvermögen zur Verfügung. Die hoch verschuldete Stadt sollte ihrerseits eine

Die Propyläen am Königsplatz. Leo von Klenze um 1860.

ungeheure Summe für die Erbauung dieser Pfarrkirche in einem noch kaum bewohnten Stadtteil aufbringen. Als sie sich weigerte, für eine Kirche „in den Wiesen, wo man den Schafen predigen könne", so viel Geld auszugeben, drohte Ludwig, seine Residenz nach Nürnberg zu verlegen und auch die Universität von München abzuziehen. Die Stadt musste sich schließlich dem Druck des Königs beugen. So entstand, durch widrige Umstände öfters unterbrochen, bis 1842 eine dreischiffige Basilika nach italienischen Vorbildern. Die riesigen Fresken wurden nach Vorlagen von Peter (von) Cornelius (1783–1867) angefertigt. Das Bau- und Kunstwerk kostete allein die Stadt München 877.538 Gulden.

Auf der westlichen Seite der Straße wurden Bauwerke von Institutionen, über die der König bestimmen konnte, errichtet, wie die Blindenanstalt, das Damenstift (1840) und die Salinenverwaltung (1840). Den Höhepunkt bildete die Universität (1840) mit den gegenüberliegenden Bauten Georgianum (Priesterseminar) und Max-Joseph-Stift (Mädchenpensionat, 1838). Die bayerische Landesuniversität, die 1472 in Ingolstadt gegründet und 1800 nach Landshut verlegt worden war, wurde 1826 von Ludwig nach München geholt und vorübergehend in der Alten Akademie, dem ehemaligen Jesuitengebäude (Neuhauser Straße 51), untergebracht.

Karolinenplatz mit Obelisk. Stich um 1850.

Odeonsplatz mit Feldherrnhalle. Stich um 1850.

Schließlich wurde an der Stadtseite der Straße die Feldherrnhalle (1844) nach dem Vorbild der Loggia dei Lanzi in Florenz errichtet. Das Gegenüber bildete am anderen Ende der Ludwigstraße das erst 1852 fertiggestellte Siegestor, ein Denkmal zum Ruhm des bayerischen Heeres nach dem Vorbild des Konstantinsbogens in Rom. Hier war nach Ludwigs Plänen die Grenze der Stadt erreicht, die heutige Adalbertstraße ließ er „Letzte Straße" nennen.

Auf wenig Verständnis stießen bei Zeitgenossen ursprünglich die Museumsbauten des Königs. Ludwig war von dem Gedanken beseelt, der Anblick von schönen Kunstwerken würde die Menschen bessern, daher wollte er öffentliche Museen mit freiem Eintritt schaffen. Bereits als Kronprinz legte Ludwig 1816 den Grundstein für die Glyptothek, die er aus seinen privaten Mitteln für seine Sammlung von Steinplastiken errichten ließ. Nach Klenzes Plänen, die auf Entwürfe von Karl (von) Fischer zurückgingen, entstand bis 1830 das Gebäude mit Außenanlagen und Innenbemalung im klassizistischen Stil nach griechischen Vorbildern. Auf der anderen Seite des Königsplatzes erbaute Georg Friedrich Ziebland (1800–1873) dann bis 1848 das „Kunst- und Industrie-Ausstellungsgebäude" (heute Staatliche Antikensammlung). Den Abschluss dieses Ensembles, das die Griechenlandliebe des Königs dokumentiert, bildeten die von Klenze nach dem Vorbild der Athener Akropolis von 1848 bis 1860 errichteten Propyläen. Dieses Bauwerk war, wie das Siegestor, als Stadttor geplant.

1836 wurde die Alte Pinakothek im Stil der Hochrenaissance vollendet. Man hielt damals ein Museum in so großer Entfernung von der Stadt für unzweckmäßig und bezeichnete es spöttisch als „Dachauer Gemäldegalerie". Die 1853 von August von Voit fertiggestellte Neue Pinakothek war der damaligen zeitgenössischen Kunst gewidmet. Die Fassade zierte ein Gemälde von Wilhelm (von) Kaulbach (1805–1874). Das 1944 im Krieg beschädigte Gebäude wurde 1949 beseitigt. Hier wurde dann von 1975 bis 1981 nach Plänen von Alexander von Branca die „Neue Pinakothek" im postmodernen Stil errichtet.

Nach seiner Krönung hatte Ludwig mit dem Ausbau der Residenz begonnen. Orientiert an den Palazzi Pitti und Rucellai in Florenz entstand der Königsbau im Hochrenaissancestil am Max-Joseph-Platz, der mit dem 1835 enthüllten Denkmal von Max I. neu gestaltet wurde.

Die Allerheiligen-Hofkirche in der Residenz wurde nach dem Vorbild der Cappella Palatina in Palermo und byzantinischen Motiven von San Marco in Venedig 1837 vollendet. Klenze sollte sich hierfür zum Vorbild nehmen. Das Gebäude wurde im Zweiten Weltkrieg zerstört und vereinfacht wieder aufgebaut. Die Mariahilfkirche in der Vorstadt Au von den Architekten Daniel Ohlmüller (1791–1839) und Georg Friedrich Ziebland entstand 1839 als „Wiedergeburt des gotischen Sakralbaus".

Ludwig unterstützte zunehmend intolerante klerikale Kräfte, die sich im Ordinariat des Bistums Freising, das Ludwig 1835 nach München holte, konzentrierten. Wiedereinrichtung und Neubau von Klöstern waren für Ludwig eine Herzenssache, die er nach Kräften förderte. Sein Lieblingsprojekt war hier das Kloster St. Bonifatius mit seiner großen Basilika in der Karlstraße beim Königsplatz, 1847 durch Ziebland errichtet. Als Vorbilder dienten hier Sant'Apollinare in Classe bei Ravenna und St. Paul in Rom. Ludwig verfügte, dass sein Körper, wie auch der seiner Frau Therese, in dieser Kirche ewige Ruhe finden sollte. Im Krieg schwer getroffen und 1951 durch Hans Döllgast nur teilweise wieder aufgebaut, ist St. Bonifaz ein wichtiges religiöses Zentrum der Stadt. Es bildet mit dem Kloster Andechs eine Gemeinschaft. Dieses hatte Ludwig 1846 mit seinen privaten Mitteln gekauft und seiner Gründung als Wirtschaftsgut gestiftet.

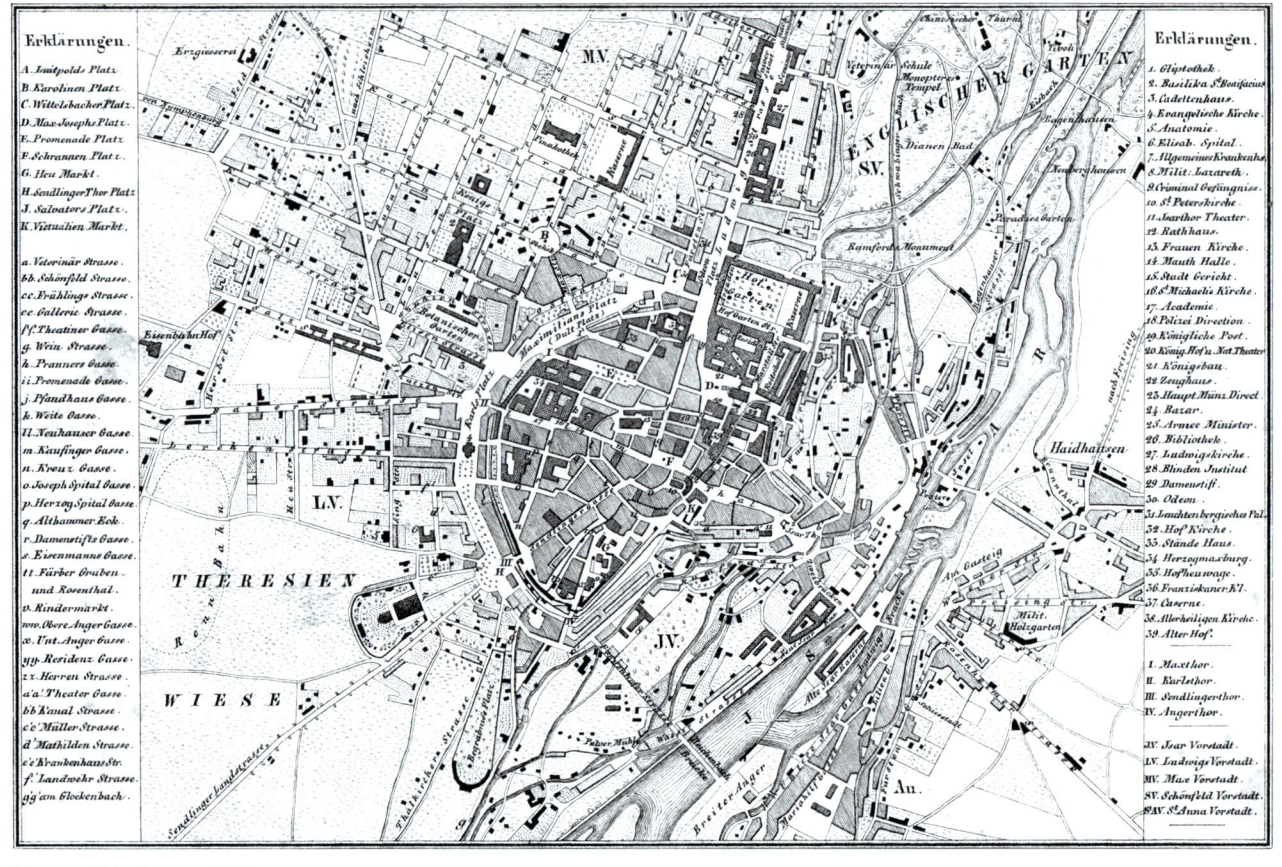

Plan von München um 1845.

Zentrum der Hochleistungsmedizin

Der Haupteingang des Klinikums rechts der Isar in der Ismaninger Straße in Haidhausen.

Haidhausen, eine Vorortgemeinde im Osten von München, pachtete ein ehemaliges Kaffeehaus, baute es mithilfe freiwilliger Spenden um und eröffnete am 1. Mai 1834 eine lokale Kranken- und Armenversorgungsanstalt auf zwei Stockwerken mit 36 Betten. 1838 wurde das Anwesen gekauft und 1840 übernahm der Orden der Barmherzigen Schwestern die Krankenpflege.

Am 1. Oktober 1854 wurde Haidhausen der königlichen Landeshaupt- und Residenzstadt München einverleibt und die Anstalt „Krankenhaus rechts der Isar" genannt. Nach einem Um- und Neubau konnten 159 Patienten versorgt werden. Wegen der Zunahme der Bevölkerung mussten ab 1870 ständig neue Trakte errichtet werden.

1892 wurde der älteste Teil abgebrochen und es entstand das heutige Verwaltungsgebäude. Die Bettenzahl stieg auf 736 an. Die Weltkriege brachten schwere Einschnitte. Die Gebäude erlitten Bombenschäden, bis 1945 nur noch 200 Betten belegbar waren.

Seit 1954 wurden im Rahmen eines umfassenden Krankenhausentwicklungsplans weitere Gebäude errichtet. Neben den bestehenden Fachbereichen Chirurgie, Innere Medizin und Gynäkologie sowie dem Pathologischen Institut kamen eine zweite medizinische, eine urologische, neurologische, neurochirurgische, Hals-Nasen-Ohren-, Röntgen-, Augen- und Anästhesieabteilung sowie ein bakteriologisches und klinisch-chemisches Institut hinzu.

1967 wurde das Haus vom Freistaat als „Klinikum rechts der Isar der Technischen Hochschule" übernommen. Für Lehre und Forschung wurden zusätzliche Einrichtungen mit Hörsälen und weiteren Standorten geschaffen.

Über die Jahre wurde das Klinikum ständig ausgebaut und modernisiert und konnte so sein Leistungsspektrum kontinuierlich erweitern.

Das Klinikum rechts der Isar als Universitätsklinikum der Technischen Universität München ist seit 2003 eine selbstständige Anstalt des öffentlichen Rechts. Das Haus der Supra-Maximalversorgung verfügt über 1.100 Betten und deckt mit mehr als 30 Kliniken und Abteilungen das gesamte Spektrum moderner Medizin ab. In diesem Zentrum der Hochleistungsmedizin sind 5.000 Mitarbeitende rund um die Uhr beschäftigt, um Patienten nach dem neuesten Stand der Forschung zu behandeln. In interdisziplinären Zentren arbeiten Ärzte aus verschiedenen Fächern eng zusammen, um die bestmögliche Behandlung zu finden. Über 60.000 Patienten werden jährlich stationär und 240.000 Patienten ambulant versorgt.

Das Klinikum auf einer Postkarte von 1924. Quellen: Klinikum.

Bavaria und Denkmäler

Eine technische Weltsensation war der Guss des von Klenze konzipierten und von Ludwig Schwanthaler entworfenen Bavaria-Standbildes in der königlichen Erzgießerei in der Sandstraße durch Ferdinand (von) Miller 1850. Die von Klenze 1853 errichtete Ruhmeshalle über der Theresienwiese sollte Büsten der *„Edelsten und Besten aus dem Volke enthalten, damit an der ewigen Leuchte ihres Wirkens das bayerische Volk sich fort und fort erwärme […]"*. Ludwig schenkte dieses Bauwerk mit der Bavaria seinem Volk und ließ auch andere Denkmäler errichten, wie den Obelisken auf dem Karolinenplatz, der an die 30.000 im Russlandfeldzug Napoleons 1812 umgekommenen bayerischen Soldaten erinnern soll. Der von einer Säulenreihe umgebene Rundtempel Monopteros wurde von Klenze auf einem künstlichen Hügel aus dem Schutt der Anlagen am Max-Joseph-Platz, Schwabinger Tor und Karlstor 1838 im Englischen Garten errichtet. Er sollte das Gedenken an Kurfürst Karl Theodor aufrechterhalten, unter dessen Herrschaft der Park angelegt worden war, und Max I. Joseph, der ihn weiter ausbauen ließ. Seinem Vater hatte Ludwig bereits das nach Entwürfen von Klenze und Martin Wagner 1835 von Christian Daniel Rauch in Berlin ausgeführte große Denkmal am Max-Joseph-Platz vor dem Nationaltheater gewidmet.

Das Denkmal von Ludwig I. am Odeonsplatz wurde von der Stadt München als Dank für seine Verdienste zu dessen Lebzeiten errichtet. Ludwig freute sich sehr über diese Geste der Stadt und ließ nach vielen Vorüberlegungen das Reiterstand-

Bavaria und Ruhmeshalle. Stich um 1880.

Montage des Standbildes Bavaria. Zeichnung 1850.

München im Spiegel der Zeit

bild nach Plänen des verstorbenen Ludwig Schwanthaler durch Halbig ausführen. Es war ursprünglich als Denkmal für den ungarischen König Matthias Corvinus geplant gewesen, das aber nicht ausgeführt wurde. Als Platz kam schließlich nur der an der Ludwigstraße infrage. Nach einigem Zaudern verbannte Ludwig die Denkmäler der bayerischen Tonkünstler Orlando di Lasso und Christoph Willibald Gluck, die er dort selbst hatte aufstellen lassen, damit sie immer auf die aus dem Odeon klingende Musik lauschen sollten, auf den Promenadeplatz. Nun thront hier der schlechte Reiter Ludwig im mittelalterlichen Ornat auf einem Pferd, flankiert von zwei Pagen, die seinen Wahlspruch „Gerecht und beharrlich" auf einem Spruchband tragen.

Die Bauten, die Ludwig in München errichten ließ, wurden meist durch Bomben zerstört, jedoch restauriert oder wiedererrichtet. Obwohl nach griechischen oder italienischen Vorbildern konzipiert, wurden sie doch im Lauf der Zeit zu charakteristischen Merkmalen Münchens. Die Bautätigkeit des Königs war ein „Konjunkturförderungsprogramm", das Tausenden von Handwerkern und Künstlern über Jahrzehnte hinweg Arbeit und Verdienst bot und seither den Tourismus belebt.

Burg Schwaneck in Pullach ließ der Bildhauer der Bavaria Ludwig (Ritter von) Schwanthaler im Stil mittelalterlicher Romantik 1844 von Friedrich von Gärtner errichten – sicher auch eine Anregung für König Ludwig II. Foto 2012.

Oktoberfest 1852.

Handschuhe und Accessoires erster Güte

Der Handschuhmacher Jakob Roeckl gründete 1839 ein Ladengeschäft mit Handwerksfertigung in der Kaufingerstraße 19. In seiner Gerberei und Färberei entwickelte er ein neu patentiertes Gerbverfahren. Ziel war, die qualitativ hochwertigsten Handschuhe zu fertigen. Dazu wurden nur beste Materialien verwendet, die man mit größter Sorgfalt verarbeitete.

Gefertigt wurden besonders feine, weiße Handschuhe aus Glacéleder, die von Herren zum Frack oder Smoking getragen wurden. Für Damen waren sie von Mitte des 19. Jahrhunderts bis zu Beginn des 20. Jahrhunderts unabdingbares Accessoire der Tagesbekleidung außer Haus. Noch heute sind sie bei manchen Bällen erwünscht. Glacés wurden den ganzen Abend über getragen und nur zum Essen oder zur Begrüßung ausgezogen.

Mit seiner Ausrichtung auf die Wünsche der „gehobenen Gesellschaft" erreichte Roeckl die Ernennung zum königlich bayerischen Hoflieferanten. So zählte er auch König Ludwig II. und dessen Cousine Kaiserin Sisi zu seinem Kundenstamm.

Das vom Sohn Christian Roeckl 1871 am heutigen Roecklplatz in der Isarvorstadt errichtete

Das ehemalige „Roeckl-Schloss" (Roeckl-Fabrik, im Volksmund „Schloss" genannt). Die Mauer besteht heute noch; am Standort des ehemaligen Gebäudes entstanden in den 1970er-Jahren vier Mehrfamilienhäuser. Im vordersten Turm ist die Firmenzentrale von Roeckl angesiedelt.

Besuch von Prinz Ludwig von Bayern mit Gattin Louise am 03. April 1906.

München im Spiegel der Zeit

Ausschnitt aus dem von Roeckl 1904 gestifteten Fenster im Neuen Rathaus.

Fabrikgebäude für damals über 1.000 Mitarbeiter entstand nach einem Entwurf des Architekten Gabriel von Seidl. Noch heute hat das Unternehmen seinen Hauptsitz an dieser Stelle. Bald kamen Verkaufsfilialen in Berlin, Wiesbaden, Frankfurt, Köln und Bremen hinzu.

1890 übernahm Heinrich Roeckl nach dem frühen Tod des Vaters die Leitung des Unternehmens. Die Firma expandierte durch weitere Filialgründungen und exportierte besonders nach Amerika.

1904 ließ die Firma ein Glasgemälde, auf dem sie dargestellt ist, von Carl de Bouché schaffen, das neben dem anderer namhafter Münchner Häuser wie Beck und Pschorr ins Rathaus eingebaut wurde. 1908 stiftete Geheimrat Roeckl einen Brunnen zur Verschönerung des Unternehmensstandortes am seit 1915 so genannten Roecklplatz.

Nach Zerstörungen im Krieg wurden 1948 unter der Leitung von Sohn Heinrich Franz Roeckl die Leder- und Handschuhproduktion sowie das Filialnetz neu aufgebaut. Mit der Übernahme der Unternehmensführung durch Stefan Roeckl wurde 1966 das Schloss abgerissen und ein neues Firmengebäude gebaut. Außerdem erweiterte er das Sortiment um Modeaccessoires wie Tücher. 1972 erfolgte die Entwicklung eines neuen Handschuhschnittes, des „patented cut", als Auftakt zum Aufbau der Marke Roeckl Sporthandschuhe. 1992 wurde in Rumänien die Produktionsstätte Roeckl Romania gegründet.

2003 übernahm Annette Roeckl in der sechsten Generation die alleinige Geschäftsleitung der Roeckl Handschuhe & Accessoires GmbH & Co. KG, Bruder Stefan Roeckl junior erhielt den Produktbereich Sporthandschuhe. Die Accessoires-Kollektion wurde ausgebaut und 2009 eine eigene Taschen-Produktionsstätte gegründet. Es entstanden weitere Roeckl-Partnerstores in Amsterdam und Warschau sowie vier Shop-in-Shop-Verkaufsflächen. Im Jahr 2010 hatte Roeckl als Marktführer in Europa 23 eigene Einzelhandelsgeschäfte und eine weltweite Vertriebspräsenz.

Heute umfasst das Produktsortiment von Roeckl Lederhandschuhe, Taschen, Kleinleder und Strickwaren sowie eine Tuchkollektion, bestehend aus Seiden- und Kaschmirqualitäten. Unter der Führung von Annette Roeckl wandelte das Unternehmen von einem Handschuhhersteller zu einem Gesamt-Accessoires-Anbieter. Dabei setzt die Unternehmerin auf Internationalisierung und die Ausweitung des eigenen Produktportfolios.

oben: 1. Generation: Jakob Roeckl.

rechts: In der 6. Generation: Annette Roeckl. Quellen: Roeckl.

Beginn der Industrialisierung

Ludwig I. war zwar ein Freund der Wirtschaft, weil sie zur Finanzierung seiner Vorhaben, besonders der Prachtbauten, nützlich war, aber er lehnte die Eisenbahn, deren Vordringen er nicht aufhalten konnte, ab. 1839 entstand auch in München, damals weit außerhalb der Stadt, am Marsfeld ein Bahnhof. Die erste Linie war eine Privatbahn, die 1840 über Pasing und Lochhausen nach Augsburg führte. 1844 wurden alle Strecken in die Königlich Bayerischen Staatsbahnen integriert, mit denen man 1854 nach Starnberg, 1857 nach Lenggries und 1860 bis nach Wien reisen konnte. München wurde ein Knotenpunkt im Nord-Süd- und West-Ost-Verkehr. Durch die Eisenbahn wurden problemlose Fern- und Massenreisen möglich und ein Gütertransport in größeren Mengen über Land rentabel. Erst so wurde, da die Isar kaum schiffbar war, das Wachstum Münchens zur Großstadt eingeleitet. Menschen, die auf dem Land keine Arbeit hatten oder keine Aufstiegsmöglichkeiten sahen, gingen oder fuhren in die Hauptstadt und boten ihre Arbeitskraft an. Sie strömten als Tagespendler täglich herein, zum Beispiel über den 1847 an der heutigen Stelle im italienischen Stil von Friedrich Bürklein errichteten Hauptbahnhof, der 1857 um zwei Flügelbauten erweitert wurde.

Die Maschinenfabrik von Maffei im Norden des Englischen Gartens war der erste große Industriebetrieb im Raum München. Bild um 1880.

1879 erhielt die neue vierschiffige Halle als erste in Deutschland eine elektrische Beleuchtung.

Ab 1850 zog der Fortschritt in München auch in Form der neuen Gasbeleuchtung ein.

Die Bahnlinien zogen Industriebetriebe an, ja ermöglichten sie vielfach erst. Joseph Anton (von) Maffei kaufte 1837 den mit Wasserkraft betriebenen ehemaligen Lindauerschen Hammer in der Hirschau bei Schwabing im Englischen Garten. Hier wurden ab 1841 Lokomotiven hergestellt. Man produzierte bis 1900 mit über 1.000 Beschäftigten auch Maschinen für Industrie und Landwirtschaft, Dampfkessel und Dampfschiffe. Andere wichtige Werke waren die aus einer Schmiede 1852 hervorgegangene Wagenfabrik Josef Rathgeber in der Marsstraße und die 1866 gegründete Gießerei von Georg Krauss am Südbahnhof, die hauptsächlich Lokomotiven produzierte.

Großbetriebe und Brauereien waren zunehmend auf die Nähe von Bahnlinien angewiesen. Seit alters her war das Braugewerbe eine der wichtigsten Stützen der städtischen Wirtschaftskraft. Bereits in der Biedermeierzeit setzte ein Brauereisterben ein. Waren es 1819 noch 62 Betriebe gewesen, blieben davon 23 Jahre später nur noch 38 übrig, die allerdings einen wesentlich größeren Ausstoß hatten.

Der von Friedrich Bürklein 1849 erbaute Hauptbahnhof. Postkarte um 1860.

In dieser Zeit begann auch die Kühlung des Bieres mithilfe von Natureis, das im großen Stil gewonnen wurde. Die Bauern der Umgebung brachen es im Winter von den Gewässern und verkauften es an die Brauereien, die es in eigens dafür angelegten Eiskellern einlagerten.

Industrie, Gewerke und Handel bewirkten die Verfünffachung der Einwohnerzahl Münchens zwischen 1830 und 1890 von rund 70.000 auf 350.000.

Lola und die Revolution

Ludwig zeigte seine Verehrung für Frauen offen in der „Schönheitengalerie", die im Schloss Nymphenburg zu bewundern ist. Hierfür ließ er, als er König geworden war, von Joseph Karl Stieler (1781–1858) 38 Porträts besonders anmutiger Mädchen malen. Die Modelle wurden „ohne Rücksicht auf Rang und Stand, lediglich nach der äußeren Erscheinung" ausgewählt; so kamen, zum Erstaunen der Zeitgenossen, selbst eine jüdische Bankierstochter und ein Dienstmädchen zu dieser Ehre.

Lola Montez, eigentlich Maria Dolores Gilbert (1820–1861), wurde in Schottland als Tochter eines Offiziers und einer Südamerikanerin geboren. Sie heiratete 1837 einen Leutnant James, mit dem sie nach Indien zog. 1840 verließ sie ihren Mann, ging nach Paris und reiste von hier aus als Tänzerin durch Europa. 1846 kam sie nach München, um im Hoftheater aufzutreten. Da ihr dies nicht gestattet wurde, kämpfte sie sich bis zu König Ludwig vor und überzeugte ihn von ihren Qualitäten durch eine in München „vielseitig erzählte Szene". Sie habe sich, „als der König einigen Zweifel über die Realität der ersichtlichen Wölbung ihres Busens andeutete, eine Schere von des Königs Schreibtisch genommen und sich damit das Kleid vor der Brust aufgeschnitten. Von diesem Moment an soll die Anknüpfung des jetzigen Verhältnisses datieren."

Ludwig I. war als Frauenheld allgemein bekannt und die Zahl seiner unehelichen Kinder war unübersehbar. Obwohl dieser Lebenswandel in Anbetracht seiner Ehe mit Therese sicher nicht den religiösen und moralischen Maximen der Zeit entsprach, stieß auch die Affäre mit Lola kaum auf Hindernisse. Die Schwierigkeiten begannen erst, als Ludwig seine Favoritin als „Gräfin von Landsfeld" in den Adelsstand erheben wollte. Die Voraussetzung hierfür war das Heimatrecht für Lola in einer Gemeinde Bayerns, zu dessen Verleihung aber keine Bereitschaft bestand. Ludwig musste daher dazu ein königliches Dekret erlassen. Der dafür zuständige Staatsrat lehnte aber am 11. Februar 1847 das Ansinnen des Monarchen einstimmig ab und Innenminister Abel gab die für den König wenig schmeichelhafte Begründung auch an die Presse. Ludwig wechselte daraufhin das Ministerium aus und ernannte den liberalen Georg Ludwig von Maurer (1790–1872) als Nachfolger. Nun wurde Lola Bayerin und der König konnte ihr den Titel „Gräfin von Landsfeld" verleihen. Auch kirchliche und reaktionäre Kreise missbilligten die Mätressenwirtschaft. Da Minister Maurer sich weigerte, mit der neuen Gräfin gesellschaftlich zu verkehren, wurde auch er mit seinem Kabinett am 1. Dezember 1847 vom König entlassen.

Ab März 1847 gab es ständig Unruhen wegen Lola Montez, besonders nachdem der König die meisten der von ihm eingesetzten Professoren ihrer Ämter enthoben hatte, weil die Universität Minister Abel für seine Haltung ihren Dank ausgesprochen hatte. Militär wurde gegen Demonstranten eingesetzt und in der Residenz wurden Fensterscheiben eingeworfen. Schließlich ließ der König am 9. Februar 1848 die Universität schließen und wollte die Studenten aus der Stadt verbannen. Dies brachte nun die Münchner Bürger auf die Barrikaden, da sie wirtschaftliche Einbußen fürchteten.

1848 bildeten sich mehrere politische Vereine und es wurden zahlreiche Versammlungen abgehalten. Reformen wie eine neue Gemeindewahlordnung und Öffentlichkeit der Sitzungen wurden eingefordert. Die sogenannten

München von Norden von Höhe des Petuelrings mit Blick über den Nymphenburg-Biedersteiner Kanal und den Türkengraben. Zeichnung um 1850.

München im Spiegel der Zeit

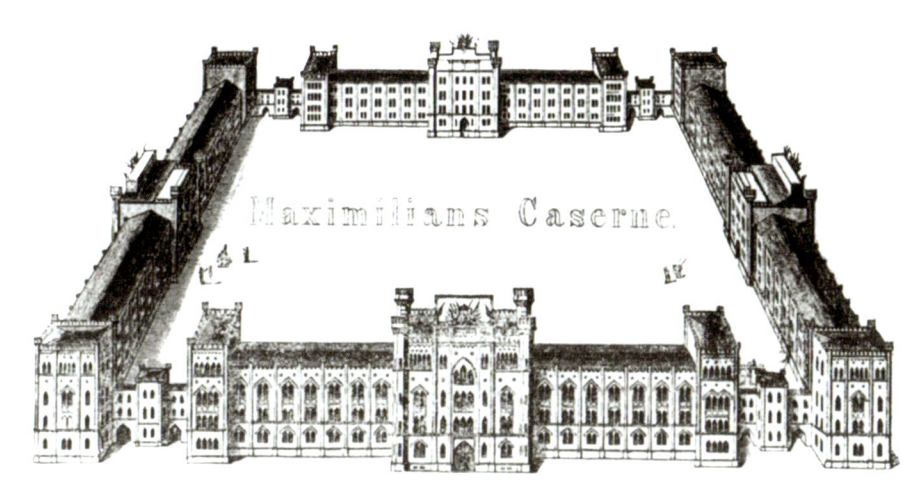

Die Max-II.-Kaserne in Neuhausen sollte besonders dazu dienen, Revolutionen zu verhindern.

„Märzforderungen", die auch ein gerechteres Wahlrecht, die Abschaffung der Zensur und die Einrichtung von Geschworenengerichten enthielten, sollen 10.000 Bürger im Rathaus unterschrieben haben. Erst die Nachricht, dass der König sofort den Landtag einberufen will, verkündet am Faschingssamstag, den 4. März 1848, und das Eingreifen des beliebten Prinzen Karl, des ältesten Bruders des Königs, verhinderte die blutige Revolution der Bürger, die bereits in bewaffneten Zügen zur Residenz stürmten. In den nächsten Tagen nahm die Unruhe zu. Der vom König ernannte liberale Minister Fürst Ludwig zu Oettingen-Wallerstein (1791–1870) enttäuschte ihn durch Formulierungshilfen für die „Aufrührer" und die Äußerung an diese: *„Wäre ich nicht Minister, so würde ich in Ihren Reihen stehen."* Der Minister verfasste eine königliche Proklamation, in der alle Märzforderungen genehmigt wurden, und wurde daraufhin am 11. März von Ludwig wegen „unerhörter Eigenmächtigkeiten" entlassen. Am selben Tag musste Gräfin von Landsfeld aus der Stadt fliehen; ihr abenteuerliches Leben endete als Mitglied der Heilsarmee 1861 in New York. In diesen Tagen kam es in anderen Städten wie Berlin und Wien zu Revolutionen, die viele Todesopfer forderten. Am 20. März trat der König zurück, um ein Blutvergießen zu vermeiden. Er befahl, das Heer auf die Verfassung zu vereidigen, und hob die Pressezensur auf. Das Nachgeben gegenüber dem Volkswillen entsprach nicht Ludwigs Auffassung vom Stellvertreter Gottes auf Erden. Um *„nicht Sklave zu werden, wurde ich Freiherr"*, soll er seinen Rücktritt kommentiert haben. Seine Proklamation an sein Volk begann mit den Worten: *„Bayern, eine neue Richtung hat begonnen, eine andere als die in der Verfassungsurkunde erhaltene, in welcher Ich nun im 23. Jahre geherrscht. Ich lege die Krone nieder zugunsten Meines geliebten Sohnes, des Kronprinzen Maximilian […]."*

Die (alte) Neue Pinakothek, errichtet 1853 nach Entwürfen Friedrich von Gärtners von August von Voit mit Fresken von Wilhelm von Kaulbach. Nach Bombenschäden abgebrochen. Heute steht an dieser Stelle die (neue) Neue Pinakothek. Foto von Franz Hanfstaengel 1854.

König Maximilian II. und sein Stil

Das für Kronprinz Max (II.) von Friedrich von Gärtner 1848 errichtete Wittelsbacher Palais. Stich von J. Riegel nach einer Zeichnung von Karl August Lebschée. Um 1850.

Die Maximilianstraße mit Blick auf das Maximilianeum. Foto um 1880.

König Max II. bemühte sich, aus dem Schatten seines Vaters zu treten. Er versuchte sogar, ihn als Bauherrn zu übertrumpfen, und prägte mit Bauten in der Maximilianstraße und dem Maximilianeum (1874) mit seinem Architekten Friedrich Bürklein seinen „Maximilianstil". Das Wittelsbacher Palais, das Max II. als Kronprinz nach seinen Vorstellungen von Gärtner beginnen ließ, diente dann Ludwig als Münchner Wohnung. Dieser konnte sich mit dem Gebäude aber nie anfreunden. Nach wechselvoller Geschichte wurde es im Zweiten Weltkrieg zerstört und das Gelände ist heute Sitz der Bayerischen Landesbank. Auch das größte Bauwerk des Königs, die 1860 errichtete Max-II.-Kaserne (zwischen Nymphenburger und Dachauer Straße), wurde ein Opfer der Bomben. Die panische Angst von Max II. vor einer Erhebung des Volkes, wie sie sich 1848 angedeutet hatte, bewirkte die Form der Anlage: eine Festung, um die herum im Abstand eines Gewehrschusses keine Deckung vor Geschützen möglich sein sollte. Dies war eine Umsetzung des durch Wilhelm Heinrich Riehl überlieferten Ausspruchs des Königs „Ich liebe mein Volk, aber in gehöriger Distanz". Sonst war der Monarch „unkriegerischer Natur".

Der Maximilianstil wurde von den Zeitgenossen überwiegend kritisch gesehen. Seinen Sinn für Modernität bewies Max mit dem Bau des „Glaspalast" genannten Industrie-Ausstellungsgebäudes, das 1854 von August von Voit nach dem Vorbild des Londoner Kristallpalastes aus Stahl und Glas für eine „Allgemeine Deutsche Industrie-Ausstellung" an der Nordseite des alten Botanischen Gartens errichtet wurde. Es diente bis zu seiner Zerstörung durch einen Brand im Jahr 1931 für Ausstellungen aller Art.

Als Thronfolger schrieb Max bereits 1832 als Maxime in sein Tagebuch: „Den Gebieten der Kunst und Wis-

München im Spiegel der Zeit   97

senschaft will ich durch Forschung in allen Weltteilen die größtmögliche Ausdehnung zu geben suchen und diese mit dem höheren geistigen Leben meiner Nation in mächtigen Zusammenhang und Wechselwirkung bringen – so die Völker ihrer ewigen Bestimmung näher bringen, dass von Deutschland das Licht ausgeht, das die Völker erleuchtet." Wie sein Vater wollte er als König den Ruhm Münchens verbreiten, sogar über Deutschland hinaus, daher rief er Forscher und Dichter nach München. Da sie überwiegend aus den nördlich gelegenen Ländern Deutschlands kamen, bezeichnete man sie als „Nordlichter". Dies war aus Sicht der konservativen Münchner nicht freundlich gemeint; hauptsächlich die

Das Innere des Glaspalastes bei einer Industrie- und Gewerbeausstellung. Foto 1854.

Karikatur von Wilhelm Busch zur Nützlichkeit der Gebäude in der Maximilianstraße zu Wohnzwecken.

evangelische Konfession der meisten Zugereisten stieß auf Ablehnung.

Die besondere Neigung des Königs galt den Dichtern. So holte der wegen der Baulust seines Vaters gezwungenermaßen sparsame Monarch 1852 auf seine persönlichen Kosten den Lyriker Emanuel (von) Geibel (1815–1884) aus Lübeck als Vorleser nach München und machte ihn auf dessen Wunsch zum unbezahlten Honorarprofessor für deutsche Literatur und Ästhetik. Weiter rief er 1854 den Berliner Paul Heyse (1830–1914), der dann 1911 als erster Deutscher den Nobelpreis für Literatur erhielt, an seinen Hof. Heyse gründete die literarische Gesellschaft „Krokodil" und war mit Geibel Haupt des „Münchner Dichterkreises". Zu diesem Kreis gehörten auch die universell gebildeten, von Max nach München gezogenen Friedrich (von) Bodenstedt (1819–1892) und Adolf Graf von Schack (1815–1894), der Stifter der „Schackgalerie".

Ein Autor, der während der 48er-Revolution anonym die „Lieder eines kosmopolitischen Nachtwächters" veröffentlicht hatte, Franz (Frhr. von) Dingelstedt (1814–1881) aus Hessen, wurde 1850 ans Hoftheater gerufen. Dieses führte er als Intendant zur Weltgeltung, wich aber dann vor Anfeindungen nach Weimar. Bayern wie Hermann (von) Lingg (1820-1905) oder urmünchnerische Dichter wie Hofzeremonienmeister Franz Graf von Pocci (1807–1876) und Franz (von) Kobell (1803–1882), die großen Einfluss auf den König hatten, genossen Ansehen in der Bevölkerung.

Solche Geister lud der König seit 1854 wöchentlich zu „Abendunterhaltungen" oder „Symposien" zu sich ein. Es wurde dabei über Themen aus verschiedenen Bereichen referiert und diskutiert. Bekannte Persönlichkeiten, die sich auf der Durchreise aufhielten, wie Theodor Fontane 1859, erhielten vom König eine Audienz oder wurden zu seinen Symposien geladen.

Dieser Hofstaat in der bayerischen Haupt- und Residenzstadt wurde von Zeitgenossen unterschiedlich bewertet. Was Joseph von Eichendorff spöttisch als „Kleindichterbewahranstalt" bezeichnete oder in einer anonymen Flugschrift „Ferrara-Weimar an der Isar" geschmäht wurde, sah der 1848 als Staatsrechtler nach München berufene Schweizer Johann Caspar Bluntschli (1808–1881) positiv: „Das Leben wurde bewegter, interessanter, geistiger, das Grau des finsteren Lebens wurde durch helle Farbtöne verschönert."

Der 1854 von August von Voit im Auftrag von König Max II. im (alten) Botanischen Garten für eine Industrieausstellung errichtete Glaspalast. Dieser diente dann hauptsächlich für große Kunstausstellungen und brannte 1931 ab. Postkarte um 1880.

1850 MEILLER

Glockenturm und Villa des alten Rathgeber-Werkes auf dem Firmengelände wurden 1910 errichtet. Foto: MEILLER.

Von einer Schmiede zum weltweit führenden Kipperhersteller

Der Schmied Lorenz Meiller war Besitzer von drei Schmieden, als er 1850 in der Lilienstraße in der Au die Firma MEILLER gründete. Innerhalb weniger Jahre wurde er mit geschmiedeten Bauwerkzeugen und Winden zum gefragten Lieferanten der Forst- und Bauwirtschaft und königlich bayerischer Hof- und Werkzeuglieferant.

1907 schuf er die Grundlage für MEILLER als Kipperhersteller: durch den ersten Aufbau eines Windenkippers auf einem Lkw. Mit der Fertigung von Anhängern folgten zahlreiche Aufträge, die bald den Bau einer Fabrik erforderten. Schon damals verkaufte MEILLER seine Produkte nicht nur europaweit, sondern bereits bis nach Brasilien. Sein Neffe und Nachfolger Franz Xaver Meiller führte sein Werk fort.

Nach dem Ersten Weltkrieg kaufte MEILLER 1918 das Fabrikgelände in der Hindenburgstraße, heute Landshuter Allee, und fuhr auf Erfolgskurs – vor allem mit den mit MEILLER-Zahnstangenwinden ausgerüsteten Kippern und Lkw-Anhängern. 1925 setzte MEILLER mit dem ersten hydraulischen Dreiseitenkipper, der statt Winden hydraulische Kippeinrichtungen besaß, in der Branche neue Maßstäbe. Im Zweiten Weltkrieg wurden 70 Prozent der Fabrikhallen von MEILLER durch Bomben zerstört. Doch mit Unterstützung der verbliebenen Belegschaft wurden sie wieder aufgebaut und MEILLER erstrahlte im neuen Glanz.

In den 1950er-Jahren ging es für MEILLER weiter steil bergauf. Viele Entwicklungen und Veränderungen prägten diese Zeit. Unter anderem kaufte MEILLER 1956 die Aktienmehrheit an der Waggonfabrik Josef Rathgeber AG. 1962 übernahm Ingenieur Franz Xaver Meiller, Sohn des gleichnamigen Firmengründers, die Unternehmensleitung. In den 1970er-Jahren erweiterte er das Herstellungsprogramm kontinuierlich. Um die Produktionskapazitäten steigern zu können, erfolgte der Umzug auf das erheblich größere Gelände von Rathgeber in München-Moosach. Seitdem befindet sich hier der Stammsitz von MEILLER. Die Produktpalette von Rathgeber wurde bis auf den Bereich Aufzugtüren zugunsten der Kipper-Großserienfertigung eingestellt. Mittlerweile arbeiten auch die 5. und 6. Familiengeneration in leitender Funktion in der Firma.

Weitere Werkseröffnungen in Karlsruhe, Ulm, Ratingen, Slaný in Tschechien sowie Waidhofen/Ybbs und Asten in Österreich kamen in den 1990er-Jahren hinzu. Neue Standorte, die Gründung der MEILLER (SARL) Frankreich 1998 und die Übernahme des IFE-Geschäftsbereiches Fahrzeugtechnik ermöglichten es MEILLER, die Expansion in Europa konsequent fortzuführen. So prägten zahlreiche Neuerwerbungen, Eröffnungen und Kooperationen das erste Jahrzehnt des neuen Jahrtausends: 2004 erwarb MEILLER die Produktgruppe Kipper der Kögel Fahrzeug AG. Der Gründung von MEILLER Italia S.r.l. 2007 folgte die Eröffnung des Montagewerks Niepołomice MEILLER Polska sp. z o.o. in Polen. Mit dem Serienstart für den neuen Dreiseitenkipper wurden 2008 darüber hinaus die Produktions- und Montagestätten MEILLER DOGUS DAMPER in der Türkei und MEILLER España S.L. in Spanien eröffnet. Mit der Gründung einer neuen Gesellschaft in Russland, MEILLER Vostok, erschloss sich MEILLER 2011 den russischen Wachstumsmarkt. Längst ist aus der einstigen Münchner Schmiede ein weltweites Unternehmen geworden.

Die soziale Frage

Max II. war auch stets am Zeitgeist interessiert; bereits 1847 hatte er daher mit dem Historiker und Staatswissenschaftler Wilhelm von Doenniges (1814–1872) ein Gespräch über „Das Junge Deutschland, Communismus und Radicalismus". Ab 1856 beschäftigte sich der König auch in seinen „Abendunterhaltungen" mit den politischen, sozialen und nationalen Bewegungen der Zeit. Dies war eine Reaktion auf ein verschärftes Sichtbarwerden sozialer Probleme mit der Industrialisierung. Hatte sich zwischen 1839 und 1846 die Anzahl der Industriearbeiter verdoppelt, so sanken zugleich die Reallöhne.

König Max II. war seit seinem Amtsantritt um soziale Reformen in allen Bereichen bemüht, um der herrschenden Not entgegenzuwirken. Er stellte die Preisfrage: *„Durch welche Mittel kann der materiellen Noth der unteren Klassen der Bevölkerung Deutschlands und in Sonderheit Bayerns am zweckmäßigsten und nachhaltigsten abgeholfen werden?"* Ein wichtiges Anliegen war die Verhinderung der weiteren Verelendung der Beamtenschaft. Schon 1849 erhöhte daher der König die Gehälter der am schlechtesten besoldeten Staatsdiener: So

Ludwig Ritter von Zumbusch: „Vor der Stadt". Zeichnung in der Zeitschrift „Jugend" 1898.

wurde der Sold der Soldaten verdoppelt. 1854 wurde eine sozial gestaffelte Teuerungszulage gewährt.

Drei Jahre später forderte der Oberstleutnant und spätere General Karl Spruner von Mertz (1803–1892), der auch als Schriftsteller, Geograf, Kartograf und Politiker hervortrat, in einer Denkschrift die Errichtung von Arbeiterwohnungen in München. Durch die Preissteigerungen hätten die Mieten eine Höhe erreicht, die es „dem Arbeiter, der von der Hand in den Mund lebt, nahezu unmöglich macht, eine auch nur den bescheidensten Ansprüchen genügende Wohnung zu finden". Die „finstern Spelunken" in den Vororten Au, Haidhausen und Lehel sollten verschwinden.

Noch im Jahr seiner Regierungsübernahme schuf Max das „Staatsministerium des Handels und der öffentlichen Arbeiten", das helfen sollte, die soziale Frage zu entschärfen. Auch zur Arbeitsbeschaffung sollten Heime und Krankenhäuser (wie z. B. das Gasteigspital 1862) errichtet werden. Gesetze für die Betreuung hilfsbedürftiger Menschen und zum Arbeitsschutz

Am Auer Mühlbach. Gezeichnete Postkarte um 1880.

konnten durchgesetzt werden. Mehrere Initiativen wurden nach dem Tod des Königs 1864 erst unter Ludwig II. in die Tat umgesetzt. Verantwortlich war hier besonders der Minister Gustav (von) Schlör (1820–1883). Auf dessen Antrag wurde auch 1868 die Technische Hochschule in München errichtet. Im selben Jahr wurde eine neue, liberalere Gewerbeordnung erlassen und das skandalöse Gesetz über Heimat, Verehelichung und Aufenthalt in Gemeinden wurde neu gefasst. Die öffentliche Sozialversicherung, die eine tief greifende Reform auf dem Weg zu einem Sozialstaat bedeutete, wurde aber erst vom Reichstag in Berlin 1882 eingeführt, als Bayern ein Bestandteil des Deutschen Reiches war.

Geborgenheit für blinde Frauen

1856 wurde erstmals die „Stiftung Versorgungsanstalt für ehemalige weibliche Zöglinge der Landesblindenanstalt" erwähnt. Es war die Aufgabe der Einrichtung, die Betreuung, Versorgung und Pflege dieser vom Schicksal besonders benachteiligten Frauen sicherzustellen. Waren es früher nur die ehemaligen „weiblichen Zöglinge" und dann „Schülerinnen der Landesblindenanstalt", die hier Aufnahme fanden, so überwiegen heute die im späten Alter Erblindeten. Gerade dieser Personenkreis ist besonders auf Hilfe angewiesen, da bei Verlust des Sehvermögens im fortgeschrittenen Alter die für Blinde existierenden Techniken schwer oder gar nicht mehr zu erlernen sind.

Das Heim für blinde Frauen ist ein Alten- und Pflegeheim, das für blinde und stark sehbehinderte Frauen Wohnung, Betreuung und Pflege bis ins höchste Alter bietet. Das Heim liegt in einem eigenen kleinen Park mit altem Baumbestand mitten in Neuhausen. Für die 89 Bewohnerinnen sorgen mehr als 60 fest angestellte Mitarbeiterinnen und Mitarbeiter, die darum bemüht sind, die Unabhängigkeit, Eigenständigkeit und Selbstbestimmung der Bewohnerinnen so weit und so lange wie möglich zu erhalten.

Das ursprüngliche Wohngebäude mit den zugehörigen Wirtschaftsgebäuden, einem ehemaligen Gutshof, wurde nach der totalen Zerstörung während des Zweiten Weltkriegs im Jahr 1954 neu aufgebaut und in seiner Konzeption als Wohnheim mit 63 Plätzen eingerichtet. Die besonderen Anforderungen für die immer zahlreicheren Pflegebedürftigen machten im Laufe der Jahre eine Generalsanierung mit Erweiterungsbau erforderlich. Nach dem Ende der Maßnahmen im Jahr 1995 sind Bewohnerinnen wie Mitarbeitende sehr zufrieden, dass sie in einem freundlichen und überschaubaren Heimgebäude leben und arbeiten können.

Das Haus ist heute eine anerkannte vollstationäre Pflegeeinrichtung nach dem Pflegeversicherungsgesetz. Je-

Singgruppe der Bewohner. Quelle: Heim für blinde Frauen.

München im Spiegel der Zeit 103

links: Heimgebäude in der Winthirstraße. Quelle: Heim für blinde Frauen.

ungskräften rund 60 ehrenamtliche Helferinnen und Helfer zur Verfügung. Diese engagieren sich ausschließlich in der Einzel- oder Gruppenbetreuung der Bewohnerinnen.

Ein breites Angebot an Veranstaltungen – das wöchentliche Konzert, jahreszeitliche Feste, Geburtstagsfeiern, Singgruppen, Sitzgymnastik, Chanten, Gedächtnistraining, Vorlesestunden, Gesprächsrunden, Literaturkreis, Ausflüge, Spaziergänge oder Ausstellungen – steht den Bewohnerinnen kostenlos zur Verfügung.

des der Einzel- bzw. Doppelzimmer hat einen Vorraum, eine Nasszelle, einen Wohnschlafraum und in den meisten Fällen einen Balkonanteil. Die Ausstattung der Zimmer ist behinderten- und pflegegerecht, sodass Umlegungen im Falle von gesundheitlichen Verschlechterungen und notwendiger erhöhter Betreuung vermieden werden können.

Die drei Wohn- und Pflegebereiche verfügen über eigene Speise- und Aufenthaltsräume mit Terrasse oder Balkon, Stationsbäder mit Hubbadewannen, Hauswirtschaftsräume, Mitarbeiterzimmer und Bereichsküchen.

In der zentralen Küche wird das Speisenangebot noch selbst zubereitet und in überwiegendem Maße auch frisch gekocht.

Die Gemeinschaftseinrichtungen wie eine Kapelle mit regelmäßigem wöchentlichem Gottesdienst, eine Cafeteria, ein Veranstaltungssaal mit weißem Konzertflügel, ein wunderschöner Park mit Brunnen, verschiedene kleine Gruppenräume, eine eigene Hörbibliothek sowie ein begehbares Hasengehege bieten vielfältige Abwechslung. Die Handläufe im gesamten Gebäudekomplex, in den Zimmern und im Park fördern die Selbstständigkeit und vermitteln ein zusätzliches Gefühl von Sicherheit.

Für die sinnvolle Gestaltung des Tagesablaufes durch Beschäftigung und Betreuung stehen neben den fest angestellten Mitarbeiterinnen und Mitarbeitern, Ergotherapeuten, Sozialpädagogen und Demenz-Betreu-

Sommerfest Tanzgruppe. Quelle: Heim für blinde Frauen.

Versichert nach dem Reinheitsgebot

Die Geschichte der Versicherungsgruppe begann im Jahr 1858 mit den bayerischen Eisenbahnen – und König Maximilian II. Joseph von Bayern. Der Regent und seine bayerische Regierung riefen den „Pensions- und Leichenverein der Königlich Bayerischen Staatseisenbahnen" ins Leben. Für damalige Zeiten eine wegweisende Idee – nämlich Versicherungsschutz für Beamte. Innovationen begleiten die Versicherung bis zum heutigen Tag: Das Unternehmen mit Sitz in München war einer der Erfinder der Berufsunfähigkeitsversicherung in Deutschland, in der jüngsten Zeit entwickelte die Bayerische innovative Lösungen zur Einkommenssicherung oder Altersvorsorge und führte als erster Versicherer einen durchgehend internetbasierten Beratungs- und Antragsprozess einschließlich digitaler Unterschrift für Kunden ein.

Die Beamten nahmen den neuen Versicherungsschutz hervorragend an. Aufgrund des Erfolgs betreute der Versicherungsverein auf Gegenseitigkeit (a. G.) vom Jahr 1901 an alle Staatsbeamten. Eine Reihe von Zusammenschlüssen folgte: Als Rechtsvorgängerin der Bayerischen Beamten Lebensversicherung a. G. wurde 1903 die Pensions- und Sterbekasse des Bayerischen Verkehrsvereins gegründet. 1916 schlossen sich die beiden Vereine zur Bayerischen Beamtenversicherungsanstalt zusammen.

Die Expansion schritt weiter voran: Im Jahr 1927 wurde die Geschäftstätigkeit auf das gesamte Gebiet des Deutschen Reichs ausgeweitet. Der nächste Meilenstein war 1929 die Öffnung des bisherigen Beamtenversicherers für alle Berufsgruppen.

1962 gründeten die Bayerischen Beamten Versicherungen (BBV) einen eigenen Sachversicherer, die Bayerische

Max II., König von Bayern.

Aufnahmeurkunde 1903.

München im Spiegel der Zeit

Beamten Versicherung AG. 1987 wurde die Neue Bayerische Beamten Lebensversicherung AG geschaffen und 1990 die BBV Krankenversicherung AG. 2008 erfolgte der Verkauf der BBV Krankenversicherung an die Bayerische Beamtenkrankenkasse AG und 2010 die Konzentration des gesamten Neugeschäfts im Bereich Leben auf die Neue Bayerische Beamten Lebensversicherung AG. Seit dem Jahr 2012 arbeitet die Unternehmensgruppe unter der neuen Dachmarke „die Bayerische".

Die Versicherungsgruppe „die Bayerische" ist eine in ganz Deutschland tätige mittelständische Unternehmensgruppe mit Sitz in München. Die Beitragseinnahmen betragen mehr als 430 Millionen Euro. Es werden Kapitalanlagen von über 4 Milliarden Euro verwaltet. Mehr als 6.000 persönliche Berater stehen den Kunden der Bayerischen persönlich bundesweit zur Verfügung.

Die Bayerische Beamten Lebensversicherung a. G. ist die Muttergesellschaft der Versicherungsgruppe. Darunter firmieren folgende Tochtergesellschaften:

- Bayerische Beamten Versicherung AG (Sachversicherung)

- Neue Bayerische Beamten Lebensversicherung AG (Lebensversicherung)

Mit dem Motto „Versichert nach dem Reinheitsgebot" unterstreicht die Versicherungsgruppe u. a. ihr Streben nach Transparenz und Verständlichkeit und umfassenden Service mit kurzen Reaktionszeiten und kompetenten Ansprechpartnern. Sie bietet individuelle Lösungen für Altersvorsorge, Einkommenssicherung und Vermögensschutz.

Mit dem Reinheitsgebot hat das Unternehmen eines der ältesten Verbraucherschutzgesetze der Welt neu übersetzt. Die Bayerische sagt zum Reinheitsgebot: „Wir konzentrieren uns auf das, was wir richtig gut können, Vorsorge und Versicherung. Unsere Produkte sind einfach, verständlich und fair – und wir haben immer die bestmögliche Lösung für die Kunden im Kopf. Was ist uns sonst noch wichtig? Möglichst immer 100 Prozent zu geben. Denn gerade bei Lösungen zu Vorsorge und Sicherheit kommt es darauf an, dass sich unsere Mitglieder und Kunden auf die Qualität der Inhalte, der Services und der persönlichen Beratung verlassen können."

Die vier Zutaten zum Reinheitsgebot der Bayerischen:

1. Aktive Gemeinschaft: Das Unternehmen ist und bleibt ein Versicherungsverein auf Gegenseitigkeit. Das heißt, es ist „mitgliedschaftlich" organisiert – und gehört all den Kunden, die auch Mitglieder sind.

Das Reinheitsgebot ist ein Versprechen der Bayerischen an die Kunden.

2. Bedarfsgerechte Produkte: Die Versicherungslösungen müssen den Interessen der Kunden entsprechen.

3. Kompetente Beratung: bedarfsgerecht, verständlich und fair.

4. Umfassender Service: freundlich, fachkundig und schnell.

Wie schon die gut etablierten Produkte der Bayerischen im Bereich der biometrischen Risiken sowie der Krankenzusatzversicherungen werden auch die Tarife im Bereich Privathaftpflicht, Unfall und Hausrat mit einem flexiblen Bausteinsystem (Smart, Prestige, Komfort) stark nachgefragt. Damit können Kunden sich ihren Versicherungsschutz nach individuellen Bedürfnissen und finanziellen Vorgaben zusammenstellen.

Darüber hinaus bietet der Beratungsansatz Diagnose X mit der Produktfamilie BU Protect (Berufsunfähigkeitsversicherung), Premium Protect (Versicherung für den Fall schwerer Krankheit) sowie Multi Protect (Vorsorge für den Fall schwerer Unfälle, Pflegebedürftigkeit und schwerer Krankheit) eine umfassende Einkommenssicherung, die für alle Lebenssituationen den passenden Schutz liefert. Die Höchstzinsrente XXL bietet von allen deutschen Versicherungen die höchste Mindestverzinsung.

Soziale und sittliche Lage

Mehr als 90 Prozent der Fläche Münchens bestehen aus eingemeindeten Orten, die im 19. Jahrhundert noch Bauerndörfer waren. 1858 wurden alle Amtsärzte vom Königlich Bayerischen Innenministerium aufgefordert, eine medizinisch-topografische und ethnografische Beschreibung ihres Bezirks vorzulegen. 1861 lieferte auch der für das Landgericht München links der Isar, zu dem der größte Teil des heutigen München gehörte, zuständige Arzt Prof. Dr. Anton Kranz, ein Altbayer Jahrgang 1799, seinen Physikatsbericht ab. Der Mann verfügte über jahrzehntelange Erfahrung und genaue Kenntnis der Situation. Die hier niedergeschriebenen Aussagen sind aufschlussreich. Daher sind im Folgenden einige Auszüge aus dieser im Stadtarchiv München lagernden Quelle wiedergegeben.

Die Quellenstraße in Giesing. Zeichnung um 1860.

„Die ursprünglichen Einwohner des Gerichtsbezirkes gehörten dem altbayerischen Stamme an. Im Laufe der Zeiten wurde dieser aber mit fremden Eindringlingen vermischt. […] So ist es gekommen, dass wir jetzt einen wahren Mischmasch von Einwohnern besitzen, die sich alle feindselig entgegenstehen. Die ursprünglichen Sitten haben dabei aber nichts gewonnen. Die alten Einwohner haben an ihren ursprünglichen Tugenden verloren und die Fehler der neuen Eindringlinge nur zu gerne angenommen. […] Rhein- und Oberpfälzer haben bereits den Stoß gegeben und die Altbayern aus ihren Geleise getrieben, die neubayerischen Franken, welche wie nach einem gelobten Lande zu uns herübersiedeln, werden mit ihrer berechnenden Schlauheit das Werk vollenden und uns beherrschen.*

Das Mittelmaß der erwachsenen Männer beträgt kaum 5 Schuh 7 Zoll rheinisch [etwa 150 cm]. Die Fähigkeit zur Anstrengungsdauer ist gering; ein Mann von 50 Jahren gleicht schon einem Greise. Frühzeitige Anstrengung und noch mehr Ausschweifungen in der ersten Jugend bilden den Grund hiezu. Verhältnismäßig sind die Weiber kräftiger als die Männer.

In intellektueller Beziehung brauche ich nur zu erwähnen, dass unsere ursprünglichen Bewohner in dem Ruf der ‚dummen Bayern' stehen. Wohl nicht ganz mit Unrecht. Allein es fehlt ihnen ganz sicher nicht an den natürlichen Anlagen und der Bildungsfähigkeit, sondern es fehlt an dem Unterricht und der Erziehungsweise. Eine Besserung ist nur zu ermöglichen dadurch, dass die Jugend mehr zu sittlichen Menschen als zu blinden Gläubigen erzogen, dass der Verstand kultiviert, die Vernunft in ihre Rechte eingesetzt und überhaupt der Mensch mehr für diese Welt als für die Ewigkeit erzogen werde. […]

Überhaupt ist diese Hauptstadt das Verderben für unser Landvolk. Durch den häufigen Verkehr mit ihr hat es sich alle Laster desselben angewöhnt – die seinigen aber beibehalten. Freilich gewährt diese Stadt unsern Einwohnern große Vorteile; sie gibt ihnen die Gelegenheit, alle ihre Erzeugnisse leicht und gut zu verwerten und ihre Bedürfnisse auf eine wohlfeilere Art befriedigen zu können; allein ihren Erlös lassen sie größtenteils in der Stadt wieder zurück, entziehen unsern Gewerbsleuten ihren Verdienst und – was die Hauptsache ist – haben an ihrer Sittenreinheit, ländlichen

Genügsamkeit und Sparsamkeit einen Verlust erlitten, welchen der pekuniäre Vorteil nicht aufwiegen kann. […]

Der Zudrang zur Ansässigmachung und Verehelichung auf Taglohn und Handarbeit ist sehr stark und vermehrt sich jährlich. Die Ursache ist größtenteils darin begründet, dass wir nur sehr wenige ledige Burschen und Mädchen besitzen, welche nicht außereheliche Kinder zu ernähren haben. Da sie nun glauben, nach ihrer ehelichen Vereinigung leichter erziehen zu können, und da ihrem außerehelichen Stande doch manche Schranken und Hindernisse gesetzt werden, so trachten sie nach Kräften zur Ehe. Wenn heute die Ehe völlig freigestellt würde, so hätten wir morgen um die Hälfte Eheleute mehr.

[…] Würde man die außerehelich Geschwängerten, die zu ihrer Niederkunft die nahe Gelegenheit des Gebärhauses zu München benützen, hinzurechnen, so würden die außerehelichen Geburten die ehelichen überschreiten. Es ist so weit, dass mit einer außerehelichen Schwangerschaft gar keine Schande mehr verbunden ist. […]

Die geistige Bildungsfähigkeit kann unsern Ureinwohnern nicht abgesprochen werden. Sie bringen solche Anlagen mit auf die Welt, dass sie zu jeder Intelligenz ausgebildet werden könnten. An dieser Ausbildung der geistigen Anlagen fehlt es aber allenthalben und es wird auch nicht besser werden, solange die Schulen nicht selbstständig sind. Gegenwärtig lernen die Kinder in der Schule nur notdürftig lesen, schlecht schreiben und noch weniger rechnen. Die größte Zeit wird auf unverständige Gegenstände verwendet. So kömmt es, dass die meisten der jungen Leute bei der Entlassung aus der Feiertagsschule wieder fast alles vergessen haben und kaum mehr ihren Namen leserlich schreiben können. Da sie in den Schulen und in der Kirche nicht für dieses Leben gebildet, sondern nur für die Ewigkeit erzogen werden, da nur auf blinden Glauben und nicht auf Moralität hin gewirkt wird, so bleiben an diesen Zöglingen der mittelalterlichen Schule von den angebornen tierischen Leidenschaften nur zu viele Teile haften, die sich dann in Rohheit und Ungezogenheit aussprechen. […]

Sie bleiben größtenteils bei dem, was sie von Jugend auf sehen, daher bleibt der Bauernjunge wieder Bauer und der Schneiderknabe wird wieder Schneider usw.

In besonderer Ungnade bestehen bei unsern Bauern alle Menschen höherer Bildung und deswegen ist es eine sehr seltene Ausnahme, wenn ein Junge unseres Bezirkes eine höhere Bildungsanstalt irgendeiner Art besucht; höchstens, dass alle Säcula [Jahrhunderte] sich einer dem geistlichen Stande widmet. […] Sie sind stark im Glauben und schwach im redlichen Handeln. […]

Der Kriechbaumhof im alten Dorf Haidhausen (Preysingstraße 71) ist ein Beispiel für eine alte Herberge, früher ein häufiger Haustyp. Das Gebäude steht heute nicht mehr an seinem ursprünglichen Standort, wo es 1976 abgetragen wurde. Die vorbildgetreue Wiedererrichtung erfolgte 1986. Es wird heute vom Deutschen Alpenverein genutzt. Foto 2013.

König Ludwig II. und Richard Wagner

Durch den überraschenden und frühen Tod seines Vaters wurde der Kronprinz am 10. März 1864 mit 18 Jahren als Ludwig II. König von Bayern. Er hatte eine wenig erfreuliche Jugend mit einer falschen Erziehung durchlitten. Max II. war von seinem Sohn enttäuscht und er äußerte über ihn: *„Was soll ich mit dem jungen Herrn sprechen? Es interessiert ihn nichts, was ich anrege."* Der große und schöne Jüngling kümmerte sich weniger um die praktischen Dinge und das Volk, er zog Kunst, Literatur und Musik vor.

Ludwig verlobte sich zwar mit seiner Cousine Sophie, der Schwester der späteren Kaiserin Elisabeth (Sisi), er löste sich aber bald wieder aus dieser Bindung. Eine konsequente Haltung, wenn man sieht, wie er für Wagner schwärmte, dem er am 9. März 1867 folgenden Brief schrieb: *„Einzig geliebter Freund! Mein Erlöser! Mein Gott! Ich juble vor himmlischem Entzücken, ich rase vor Wonne; als ich heute meiner Sophie Ihren göttlichen Brief mitteilte, der mir Ihr Kommen meldet, erglühten ihre Wangen in Purpurröte, so innig fühlte sie meine Freude mit. – O, nun bin ich glücklich, nicht mehr verlassen in trostloser Öde, da ich den Einzigen in meiner Nähe weiß; o, bleiben Sie nun da, Angebeteter, für den einzig ich lebe, mit dem ich sterbe. O Tag des Heiles! Wonnezeit. In ewiger Liebe, in unerschütterlicher Treue Ihr Eigen Ludwig."*

Ludwig liebte die Musik und die Person Richard Wagners so sehr, dass er sogar abdanken wollte, um bei ihm leben zu können. Dieser hielt ihn aber davon ab, weil er weiter Ludwigs finanzielle Unterstützung haben wollte. Die Freigiebigkeit des Königs, der Wagners luxuriöse Eskapaden aus der Kabinettskasse finanzierte, führte zum Fiasko. Als der vom König 1864 eingesetzte Minister Ludwig von der Pfordten 1865 mit dem Rücktritt drohte, wenn Richard Wagner, der sich in der Brienner Straße in einer von Ludwig geschenkten Villa (gegenüber der Einmündung der heutigen Richard-Wagner-Straße) niedergelassen hatte,

Der von Ludwig II. in der Residenz angelegte Wintergarten. Foto um 1880.

München im Spiegel der Zeit 109

Die von Gottfried von Neureuther 1874 bis 1884 errichtete Akademie der Bildenden Künste. Zeichnung um 1900.

nicht aus der Stadt verschwände, gab Ludwig nach. Wagner musste 1866 München verlassen und verwirklichte seine großen Pläne in Bayreuth.

König Ludwig II. wollte vom Baumeister Gottfried Semper ein Opernfestspielhaus über der Isar errichten lassen. Als dies den Münchnern aber nicht so viel Geld wert war, wurde ihm die Stadt verhasst. Ludwig mied von nun an München und öffentliche Auftritte. Die Bevölkerung und die veröffentlichte Meinung verübelten ihm dies und der König war darüber empört. Als der Polizeidirektor der Stadt es in einem Bericht „wünschenswert" nannte, dass sich der König in der Stadt häufiger sehen lasse, verfügte Ludwig sofort seine Strafversetzung. Friedrich (von) Ziegler, Vertrauter des Königs, der 1876 Kabinettschef wurde, berichtet: „Seine Majestät ergingen sich in Ausdrücken des tiefsten Hasses gegen die Stadt München. Oft musste ich hören, wie schön es wäre, wenn man das verfluchte Nest an allen Ecken anzünden könnte."

Ludwigs Lebensinhalt wurde nun seine Bautätigkeit an den Königsschlössern Linderhof, Neuschwanstein und Herrenchiemsee am Alpenrand südlich von München sowie dem Berghaus am Schachen im maurischen Stil im Wettersteingebirge. Außerdem hatte er weitere große Pläne. Seine damals für verrückt gehaltenen Bauten sind heute die wichtigsten touristischen Ziele in Deutschland.

Die Meinung, Ludwig II. habe kaum ernsthaft regiert, ist durch seine nachgewiesene Tätigkeit zu widerlegen. In die Regierungszeit des Königs fielen drei einschneidende politische Ereignisse: der Krieg mit den bundestreuen Ländern gegen das vertragsbrüchige Preußen 1866, der zu einer Niederlage und zur Abhängigkeit Bayerns führte; weiter der Krieg gegen Frankreich 1870/71, an dem das bayerische Heer siegreich teilnahm; und schließlich der Eintritt Bayerns in das Deutsche Reich. Die offizielle schriftliche Aufforderung des Königs an seinen Onkel, Wilhelm I. von Preußen, die deutsche Kaiserkrone anzunehmen, brachte Ludwig 5 Millionen Reichsmark (für seine Bauvorhaben) ein, die ihm Bismarck in Jahresraten schickte. Der Vermittler, Oberststallmeister Graf von Holnstein, erhielt 10 Prozent dieser Summe.

Ludwig wurde 1886 unter zweifelhaften Umständen entmündigt und zum Schloss Berg am Starnberger See gebracht. Dort ertrank er, zusammen mit seinem Nervenarzt Prof. Dr. Johann Bernhard von Gudden (geb. 1824), unter ungeklärten Umständen am 13. Juni 1886 im See. Der Leichnam des Königs wurde unter großer Anteilnahme der Bevölkerung in die Gruft der Michaelskirche überführt und dort in einem Bleisarg beigesetzt, der bis heute nach dem Willen des Hauses Wittelsbach nicht geöffnet werden darf. Legenden bildeten sich um den mysteriösen Tod des „Kini", der in den Gedanken des Volkes weiterlebte.

Das Prinzregententheater, ein Tempel für Wagner über der Isar, nach dem Vorbild von Bayreuth. Postkarte 1909.

Banken, Versicherungen und Kaufhäuser

München war bis Mitte des 19. Jahrhunderts eine von Handwerk und Kleinindustrie geprägte Residenzstadt, in der das mittelständische Bürgertum vorherrschte. Das Gremium der Gemeindebevollmächtigten (Stadtrat), in dem als Vertreter der Münchner Wirtschaft vor allem Brauereibesitzer saßen, war von Handwerkern, Händlern und Kaufleuten dominiert. Ein Unternehmen wie die Mayer'sche Hofkunstanstalt, die Glasfenster und Mosaiken in die ganze Welt lieferte und zur Jahrhundertwende 300 Mitarbeiter beschäftigte, galt schon als Großbetrieb.

Erst langsam gewann die Stadt als Standort von Banken und Versicherungen an Bedeutung. Nachdem 1835 mit der Bayerischen Hypothek- und Wechselbank die erste Münchner Großbank gegründet worden war, nahmen 1869 die Bayerische Vereinsbank und die Bayerische Handelsbank ihre Geschäftstätigkeit auf. Im Jahr darauf öffneten mit Aufhäuser und Merck, Finck & Co. die ersten Privatbanken ihre Schalter, weitere folgten.

Daneben entstanden auch zahlreiche Versicherungen, die die Menschen gegen die Fährnisse des Lebens schützen sollten. 1880 wurde die Münchner Rückversicherung gegründet. Sie stand auch zehn Jahre später bei der Gründung der Allianz Versicherung Pate, die bald zum größten deutschen Sachversicherer aufstieg.

1878 gründete der jüdische Kaufmann Heinrich Uhlfelder im Rosental ein Geschäft für Haushalts- und Galanteriewaren. Das Angebot richtete sich vor allem an die Normalverbraucher und war damit sehr erfolgreich. Das größte Kaufhaus wurde 1905 von Hermann

Westteil des Hauptbahnhofs an der Bayerstraße mit Königsbau und Hauptpost. Gemalte Postkarte um 1900.

Der Lenbachplatz mit dem Gebäude der Börse (Albert Schmidt, 1898), der Hauptsynagoge (Albert Schmidt, 1887) und dem Künstlerhaus (Gabriel von Seidl, 1900). Postkarte um 1905.

Tietz (Hertie) am Bahnhofsplatz eröffnet, mit eigenem Stromaggregat, Dampfheizung und elektrischen Aufzügen. In diesem Jahr begann auch Oberpollinger in der Neuhauser Straße mit dem Warenverkauf.

Warenhäuser waren eine Begleiterscheinung des Industrialisierungsprozesses. An die Stelle von Handwerk, Manufaktur und direkter Versorgung durch die Landbevölkerung traten die kostengünstige Massenproduktion und der Massenhandel für eine notgedrungen preisbewusste Kundschaft. Schon bald erhob sich ein von antisemitischen Untertönen nicht freies Protestgeschrei gegen diese Entwicklung, das die „Vernichtung zahlloser Einzelexistenzen" beklagte und eine „gezielte Mittelstandspolitik" verlangte. Insbesondere die „Frauenwelt" wurde dringend gebeten, ihren bisherigen Lieferanten, den „reellen Spezialgeschäften", treu zu bleiben.

Beste Adresse für Pflege und Betreuung

König Maximilian II. von Bayern erließ am 14. Juli 1862 eine Verfügung (Vermächtnis) für ein Asyl für erwerbsbeschränkte ledige Töchter von bayerischen Staatsdienern. In seiner Begeisterung für alles Gute und Edle wollte er bereits Mitte des 19. Jahrhunderts ein Heim für verwaiste Töchter seiner Staatsdiener errichten. Dieses sollte ihnen – soweit möglich – die Familie ersetzen und für ihren Lebensabend Gemeinschaft und Geborgenheit geben.

Der König kaufte das Schlösschen Neuberghausen in den Bogenhausener Anlagen, das für diesen Zweck umgebaut werden sollte. Nach seinem frühen Tod führte sein Sohn Ludwig II. die testamentarische Verfügung durch und im Oktober 1871 wurde das Heim als königliche Wohltätigkeitsstiftung unter der Leitung des Staatsministeriums eröffnet. Das Haus erfüllte seine Aufgabe, bis es 1944 bei einem Bombenangriff zerstört wurde.

Da auch nach dem Zweiten Weltkrieg Plätze in Seniorenheimen rar waren, ließ das Innenministerium auf einem 8.300 qm großen Grundstück am Scheidplatz 1957 ein neues Haus mit 100 Plätzen und 1967 einen weiteren Bau mit 100 Plätzen errichten. Nun wurden auch Witwen von Beamten und anderen Angehörigen des öffentlichen Dienstes aufgenommen. 1984 wurde auch diese Einschränkung aufgehoben.

2003 wurde das komplette Haus I modernisiert. 2006 begannen zahlreiche weitere Renovierungsmaßnahmen und das Haus II wurde für Bewohnerinnen mit Beeinträchtigungen umgestaltet. Dem folgte 2010 in Zusammenarbeit mit „Urbanes Wohnen e. V. München" eine komplette Erneuerung des großen Gartenbereichs. Gerontopsychiatrische und gerontologische Bedürfnisse bilden hierfür den Maßstab. Der im Damenstift integrierte Kindergarten „Stiftzwerge" wird ebenfalls in dieses Gartenprojekt eingebunden, um auch für Kinder „Lebens- und Spielraum" zu schaffen. Die Integration von Jung und Alt hat hierbei nicht nur Modellcharakter, sondern ist gelebter Alltag.

Das Damenstift am Luitpoldpark ist immer bestrebt, die Einrichtung auf dem neuesten Stand der Technik zu halten, aber auch im Hinblick auf die neuesten Erkenntnisse der Pflegewissenschaften umzugestalten und zu modernisieren. Wichtigstes Ziel bei all diesen Maßnahmen ist stets, die Lebensqualität für die Bewohnerinnen weiter zu verbessern und deren Leben in der Einrichtung so angenehm wie möglich zu gestalten. Es versteht sich als Stätte der Geborgenheit mit einem individuellen Fürsorgeangebot in gesunden wie in kranken Tagen. Ziel ist es, kranken und hilfsbedürftigen Seniorinnen ein hohes Maß an Wohlbefinden zu schenken.

Heute ist das Damenstift eine der besten Adressen für Pflege und Betreuung im Herzen der Landeshauptstadt. Es besteht aus zwei Häusern mit insgesamt 175 Pflegeplätzen, aufgeteilt auf vier Stationen. Dabei werden im Haus I schwerpunktmäßig die allgemeine Pflege und Betreuung der Bewohnerinnen sichergestellt. Im Haus II finden Menschen mit eingeschränkter Alltagskompetenz, die

Das ursprüngliche Damenstift im Schlösschen Neuberghausen.

München im Spiegel der Zeit 113

aufgrund einer demenziellen Erkrankung eine besondere Pflege und Betreuung benötigen, ein Zuhause.

Oberste Leitlinie für alle Aktivitäten sind die Stiftungsgrundsätze: Menschlichkeit, Unparteilichkeit, Neutralität, Unabhängigkeit, Freiwilligkeit, Einheit, Universalität.

Konzentration auf Qualitätsmerkmale:

Individualität:
- Die Bewohnerinnen haben die Möglichkeit, sich ihren Bedürfnissen entsprechend zurückzuziehen, alleine und ungestört zu sein.
- Respektierung und Unterstützung – soweit möglich – der individuellen Wünsche und persönlichen Gewohnheiten der Bewohnerinnen.
- Wahrung der Intimsphäre mit Achtung des Selbstwertgefühls.
- Förderung von Eigeninitiative und Selbstverantwortung.
- Möglichkeit der Mitentscheidung über den Lebensraum.
- Individuelle Gestaltung der Zimmer – soweit zuträglich.

Gemeinschaft:
- Entsprechend ihren Bedürfnissen können die Bewohnerinnen Kontakt zu Mitbewohnerinnen, Heimbeirat, Angehörigen und anderen wichtigen Personen aufnehmen und pflegen. Dabei werden sie bei Bedarf von den Mitarbeiterinnen und Mitarbeitern unterstützt.
- Pflege des guten Kontaktes zu den Bewohnerinnen mit Kommunikation, Zuwendung und umfassender Information.
- Angebote zur freiwilligen Freizeitgestaltung und Gemeinschaftspflege.
- Sollte eine Bewohnerin krank werden oder erhöhten Pflegebedarf haben, werden Vorkehrungen zum Verbleib im vertrauten Umfeld getroffen.
- Das Damenstift am Luitpoldpark bietet seinen Bewohnerinnen einen geschützten und sicheren Wohnraum, legt andererseits jedoch auch Wert darauf, sich nach außen zu öffnen. Das zeigt sich beispielsweise in den hohen Besucherzahlen, der Kontaktpflege zu Ärzten, Angehörigen, Ehrenamtlichen, Gruppen, Vereinen, anderen Einrichtungen sowie in der Öffentlichkeitsarbeit.

Das Miteinander von Jung und Alt ist gelebter Alltag.

Heute ist das Damenstift eine der besten Adressen Münchens für Pflege und Betreuung. Fotos: Damenstift.

Das Neue Rathaus

Das (Alte) Rathaus und andere verstreute Räume mussten Bürgermeister, Magistrat und Stadtverwaltung bis ins 19. Jahrhundert für ihre Amtstätigkeit ausreichen. Man brauchte nun aber wegen der ständig wachsenden Bevölkerung sowie der zunehmenden Anzahl an Aufgaben und Mitarbeitern dringend mehr Platz. 1860 wurde daher – gegen Widerstände aus der Bevölkerung, die die Notwendigkeit nicht sah – die Errichtung eines Neubaus beschlossen.

1864 war das ehemalige Gebäude der „Landschaft" (Regionalparlament), das im Nordosten des Marienplatzes lag, frei geworden. Die Regierung von Oberbayern, die hier saß, zog in den Neubau in der Maximilianstraße um. Im Jahr darauf erwarb die Stadt das Gebäude und ließ es abreißen. Für den Neubau des Rathauses wurde ein Architekturwettbewerb ausgeschrieben. Schließlich wurde 1866 der neugotische Plan des jungen Grazer Architekturstudenten Georg Hauberrisser (1841–1921) angekauft und Ferdinand von Miller (1813–1887), dem Schöpfer der Bavaria, gelang es als Vorsitzendem, diesen Entwurf gegen ursprünglich andere Festlegungen durchzusetzen. 1867 wurde der Bau im ultramontanen „Pfaffenstyl", der auch als Zeichen der „Kraft und Selbstständigkeit des Bürgertums" wie im deutschen Mittelalter interpretiert wurde, begonnen. Der damals modern werdende neugotische Stil sollte an die Blütezeit Münchens am Ende des

Das alte Regierungsgebäude (Vorläuferbau des Neuen Rathauses am Marienplatz). Zeichnung von Ludwig Huber 1860.

Das Neue Rathaus. Foto um 1890.

München im Spiegel der Zeit

Hintergrund: Monachia, die Verkörperung Münchens, beherrscht das 1879 aufgestellte Kolossalgemälde des Historienmalers Karl von Piloty im Großen Sitzungssaal des Rathauses. Foto 2013

15. Jahrhunderts anknüpfen und sich von den Bauten der Wittelsbacher Könige absetzen. Als Vorbild diente das Rathaus in Brüssel von 1421. Der erste, südöstliche Bauabschnitt am Marienplatz, Ecke Dienerstraße, kenntlich an dem Blankziegelmauerwerk mit Gliederungen aus Neckartenzlinger Sandstein, wurde bis 1874 ausgeführt. Da bald klar war, dass das Bauvolumen nicht für die wachsenden Bedürfnisse der Stadtverwaltung ausreichte, wurde auch der Rest des Areals zwischen Marienplatz und Landschaftsstraße, wo Bürgerhäuser mit Geschäften standen, erworben. Von 1889 bis 1892 wurde dann ein zweiter Bauabschnitt im Nordosten entlang der Dienerstraße errichtet und schließlich von 1899 bis 1909 auch das restliche Gelände im Westen entlang der Weinstraße bebaut. Durch den gewachsenen Wohlstand der Stadt konnte nun weißer Tuffstein aus Oberbayern zur Verkleidung des Mauerwerks und der aus Kelheimer Kalkstein gehauenen Gliederungen verwendet werden. Der Vorwurf der Öffentlichkeit richtete sich nun gegen den neuen Turm, der das alte Stadtbild zerstöre. Hauberrisser und die Mehrheit sahen ihn aber als Symbol für bürgerliche und städtische Freiheit.

Dieses Gebäude des Neuen Rathauses, das lange das jüngste repräsentative öffentliche Bauwerk in der Altstadt war, ist heute das älteste weitgehend original erhaltene – andere wurden im Zweiten Weltkrieg zerstört. Das Werk der Selbstdarstellung des Bürgertums am Ende des 19. Jahrhunderts wurde zu einem Wahrzeichen der Landeshauptstadt München.

Das Neue Rathaus mit seinen Erweiterungsbauten. Postkarte um 1910.

Das von Hans Grässel 1908 errichtete Stadtbauamt (heute hier Stadtsparkasse) Tal/Sparkassenstraße, links das Alte Rathaus. Foto um 1910.

Alte Straßennamen in der Altstadt

Blick vom Giesinger Berg auf München. Gemalte Postkarte von R. Peters um 1900.

Straßennamen entstanden ursprünglich durch natürlichen Gebrauch der Bevölkerung und sind wichtige Zeugen der Stadtentwicklung. Heute werden sie vom Stadtrat festgelegt, im 19. Jahrhundert wurden sie vielfach von den bayerischen Königen bestimmt.

„Gasse" ist die alte deutsche Bezeichnung für Straßen in Städten. „Weg" und „Straße" benannten dagegen Verkehrsverbindungen außerhalb von Ortschaften. Dem modernen Zeitgeist einer Weltstadt folgend wurden in München 1875 fast alle Gassen in Straßen umbenannt – das Wort „Gasse" hatte einen negativen Beigeschmack bekommen. Heute tragen nur die Albert-, Dürnbräu-, Filserbräu- und Viscardigasse (wieder) den alten germanischen Namen, der etymologisch mit „gehen" verwandt ist.

Auf eine systematische Benennung deuten die drei alten Hauptverkehrsstraßen, orientiert an den jeweiligen Stadttoren, hin: Die *(Äußere, Hintere, Untere) Schwabinger Gasse* (vor 1295; seit 1826: Theatinerstraße) führte durch das Schwabinger Tor nach Norden in Richtung des alten Kirchdorfes Schwabing. Die heutige Residenzstraße hieß von 1367 bis 1805 *(Innere, Vordere, Obere) Schwabinger Gasse*. Die Sendlinger Straße (vor 1318: *Sentlinger gazzen*) führt durch das Sendlinger Tor zu dem seit etwa 500 bestehenden Pfarrdorf Sendling. Die *Neuhauser Straße* (vor 1293) führt durch das Neuhauser Tor im Westen zum Dorf Neuhausen, das wohl nur wenig älter ist als München. Von 1815 bis 1828 hieß sie offiziell *Karlstraße*. Der Name wurde dann von Ludwig I. wieder aufgehoben. Nach der Geländeform, abfallend zur Isarbrücke hin, ist das Tal benannt, die südliche und nördliche Straßenseite wurden nach der unterschiedlichen Pfarreizugehörigkeit in Tal Petri und Tal Marie unterschieden.

Vor 1300 ist der Name Anger bezeugt, er bezeichnet ursprünglich das Wiesenland beim heutigen St.-Jakobs-Platz. Im 14. Jahrhundert wurde der Oberanger noch *Roßmarkt*, der Unteranger *Mühlgasse* genannt. Der Anger mit seinem Jahrmarktsplatz gab schließlich dem Angerviertel den Namen.

Das Platzl (bis 1805 *Graggenau*) lag an einer platzartigen Erweiterung. Es wurde zeitweise im 19. Jahrhundert auch Plätzchen genannt. Das Stadtviertel Graggenau (1327: *Gragkenawe*) bedeutet ursprünglich „Land am Wasser mit Krähen (Raben)". Auch das Lehel außerhalb der alten Stadtmauern hatte bis 1696 diesen Namen. Erst dann bürgerte sich „kleines Lehen" ein.

Die Hackenstraße, im Hackenviertel (1368: *in dem Hacken*) gelegen, geht zurück auf *Hag(en)*, „eingehegtes, umzäuntes Land". Das benachbarte Altheimer Eck geht auf ein 1369 erstmals belegtes *Altheim* zurück. Die Hofstatt (vor 1369: *Schleißbecken Hofstatt*) bei der Hotterstraße war im Besitz einer Familie, die sich nach dem Ort Schleißbach nannte. Da diese Herren teilweise Stadtoberrichter im Dienste der Herzöge waren, ist es möglich, dass hier vor der Stadterweiterung auf einer Freifläche, die dem Herzog gehörte, eine Richtstätte war.

Roßschwemme wurde vom 15. Jahrhundert bis 1875 ein Teil des heutigen Viktualienmarktes genannt. Die Stadt hatte hier 1417 die Rosstränke errichten lassen, indem man den großen Angerbach aufstaute. Hier war auch bis

Das ehemalige Seefeld-Haus an der Rossschwemme. Nach Karl August Lebschée 1825.

ins 19. Jahrhundert die Bäckerschnelle, ein Käfig, mit dem Bäcker ins Wasser getaucht werden konnten, wenn sie zu kleine Brote backten.

Die *Weinstraße*, seit 1353 bezeugt, wird stets *-straße* genannt, was auf ihre besondere Bedeutung schließen lässt. Der Weinimport aus Italien war ein wichtiges Geschäft. Bereits 1353 verkaufte hier ein Weinhändler einem anderen ein Haus. Als Wein in unserem Sinn wurde der Name sicher auch damals verstanden. Vielleicht geht er aber im Ursprung auf eine mundartliche Zusammenziehung von Wagen zu Wein zurück, also eine „gepflasterte Straße für Wagen".

Der Rindermarkt ist seit 1242 *(foro peccorum)* bezeugt. Der Großviehmarkt wurde bis 1369 an den Anger (St.-Jakobs-Platz) verlegt. Der Roßmarkt (vor 1369 bis 1808 und seit 1957) beim heutigen Oberanger geht auf Pferdemärkte zurück, die hier bis ins 15. Jahrhundert abgehalten wurden. Die *Dultstraße* (vor 1490: *Dultgässel*) heißt nach dem Jahrmarkt Dult, der bis 1791 am Anger abgehalten wurde. Der Viktualienmarkt (1826) wurde seit seiner Anlage nach dem mittellateinischen *victualia* = Lebensmittel bezeichnet. Die *Blumenstraße* (1874) wurde vom König nach einem Blumenmarkt neu benannt.

Auf alte Gewerbe weisen hin: die *Schäfflerstraße* (1366: *unter den Schäfflern*), in der mehrere Fassbinder ihr Handwerk ausübten, die *Ledererstraße* (1381: auch *Irchergasse*), wo seit dem 14. Jahrhundert Ledermacher saßen, und der entlang der alten Stadtbefestigung verlaufende *Färbergraben* (1490: *Verbergraben*), an dem seit dem 15. Jahrhundert Tuchfärber arbeiteten. Jünger sind die *Sporerstraße* (1439: *Sporergassl*), wo seit 1439 Sporenmacher und andere Metallhandwerker tätig waren, und die *Windenmacherstraße* (1544) nach einem Windenmacher, der bis ins 19. Jahrhundert hier arbeitete. Winden brauchte man für Lastenaufzüge an den Häusern. Die *Sattlerstraße* (1799: *Sattlergäßchen*) hieß nach einem Sattelmacher und in der *Schmidstraße* (um 1800: *Schmiedgäßl*) befand sich von 1590 bis 1895 nachweislich eine Schmiede. Nach Kuchenbäckern ist die *Küchelbäckerstraße* (vor 1781: *Küchelbäckergäßchen*) benannt, die *Müllerstraße* nach den Mühlen, die hier von Stadtbächen angetrieben wurden.

Die zahlreichen Kirchen und Klöster, die in München umfangreichen Besitz hatten und die wichtige kulturelle und soziale Zentren waren, prägten viele Namen.

In der *Fürstenfelder Straße* (1370: *Fürstenfelder Gassen*) hatte das Kloster Fürstenfeld (Fürstenfeldbruck) seit 1289 einen Hof. Die *Klosterhofstraße* hieß seit 1524 *Tegernseer Gässel* nach einem Anwesen des Klosters Tegernsee. Die Umbenennung erfolgte 1957, um Verwechslungen mit der *Tegernseer Landstraße* auszuschließen. In der *Augustinerstraße* (*Augustinergäß*) war von 1294 bis zur Säkularisation 1803 das Augustinerkloster. Die *Damenstiftstraße* hieß nach dem adeligen Damenstift mit Kirche St. Anna, das hier 1784 ein Klostergebäude bezog. Die *Theatinerstraße* wurde nach der Beseitigung des Schwabinger Tors nach dem Kloster der regulierten Chorherren von Theatra und ihrer Kirche, an denen sie vorbeiführt, benannt. Der *St.-Jakobs-Platz* heißt so erst seit 1886 nach der Kirche des Angerklosters St. Jakob (vorher *Angerplatz*). Der *Petersplatz* (1818) war auf dem ehemaligen Friedhof der Pfarrei St. Peter angelegt. Die *Liebfrauenstraße* (vor 1370: *Unser Frauen Gässel*) erhielt 1872 diesen Namen, weil sie zur Frauenkirche am Frauenplatz führte, wo ehemals *Unser Frauen Freithof* lag. Die *Marienstraße* (vor 1818) gehörte zur Pfarrei der Frauenkirche. *Marienplatz* wurde der *Schrannenplatz* 1854 nach der Mariensäule genannt, danach auch seit 1956 der Marienhof, eigentlich für einen hier geplanten „Hof" (Gebäudekomplex). Bei der Kreuzstraße (1552: *Auf dem Kreuz*) ging der Name einer Straßenkreuzung auf die hier erbaute Allerheiligenkirche (Friedhofskirche von St. Peter) über, die dann wohl wieder den Straßennamen prägte.

Die *Heiliggeiststraße* heißt nach dem seit 1250 bezeugten Heiliggeistspital. *Rochusberg(l)* und *Rochusstraße* (1603: *Rochusgäßl*) sind nach dem von Herzog Wilhelm V. 1589 im Kreuzviertel errichteten St.-Rochus-Spital mit Kapelle benannt. Die *Salvatorstraße* und der *Salvatorplatz* heißen seit 1814 nach der St.-Salvator-Kapelle, die ursprünglich als Begräbniskirche der Frauenkirche diente und heute Kirche der griechisch-orthodoxen Gemeinde ist. Der frühere Name *Kühgassel* erinnert und eine einst hier gelegene Schwaige, in der Kühe gehalten wurden. Der *Sebastiansplatz* (1642: *Anger Sebastiani*) erinnert an eine Sebastianskapelle, die hier von 1515 bis 1814 in einem Haus des Klosters Ebersberg bestand, der *Dreifaltigkeitsplatz* an die 1679 errichtete Dreifaltigkeitskapelle, die im 19. Jahrhundert abgebrochen wurde. Hier lag der Friedhof des Heiliggeistspitals.

Die Burg der Wittelsbacher gibt der vom Marienplatz zum Alten Hof führenden *Burgstraße* (vor 1364: *vor der Burg*, *Purchstrazz*) den Namen. Auch die schon vor 1781 bezeugte *Altenhofstraße* zeigt die Lage beim 1551 so genannten *Alten Hof* (1489: *Hofgässel*). Der *Hofgraben* heißt seit 1555 so. Die *Maxburgstraße* ist nach der 1579 gebauten, im Zweiten Weltkrieg zerstörten Maxburg benannt. Die *Residenzstraße* vor der Residenz des Kurfürsten taucht erstmals 1683 auf (*Strada della Residenza Eletorale*). Der *Marstallplatz* heißt nach dem 1818 neu erbauten königlichen Pferdestall hinter der Residenz.

Die *Münzstraße* (1780: *Münzgäßl*) ist nach der Münzprägestätte des Landesherrn benannt, die hier 1701 in der Nähe der Residenz eingerichtet wurde, die *Pfisterstraße* (1780: *Pfistergassen*) nach der von Herzog Albrecht V. 1579 in das Haus Nr. 10 verlegten Hofpfisterei (Bäckerei). Die *Bräuhausstraße* bezeichnet seit dem Ende des 18. Jahrhunderts das Gäßchen beim Platzl, in dem das „Weiße Bräuhaus" lag, in dem Herzog Wilhelm V. seit 1602 Weißbier sieden ließ. Das Hofbräuhaus wurde dann 1808 auch hierher verlegt.

Nach Patriziergeschlechtern, die in ihnen saßen, sind Straßen benannt, die mit zu den ältesten der Stadt zählen: *Kaufingerstraße* (1300: *Chaufringertor*, nach dem Handelsgeschlecht der *Kauferinger*), *Prannerstraße* (vor 1368: *Prandansgazz*, nach der Familie *Prandan*), *Dienerstraße* (vor 1368: *Dienersgassen*, nach der Patrizierfamilie *Diener*) und *Schrammerstraße* (vor 1381: *Schrammengasse*, nach der Familie *Schramm*). Besonders einprägsam waren in den letzten Jahrhunderten offenbar die Bierbrauer. Sie finden wir in den Namen *Eisenmannstraße*, *Dürnbräugasse*, *Sterneckerstraße*, *Maderbräustraße*, *Singlspielerstraße*, *Mazaristraße* und *Filserbräugasse*.

Der Karlsplatz von Westen. Dies war die erste durch die Obrigkeit bestimmte Namensgebung für den Platz vor dem Neuhauser Tor, die sich auch nicht gegen den volkstümlichen Namen Stachus durchsetzte. Postkarte 1909.

Duft, Geschmack und Frische

Bereits 1883 eröffnete Max Rischart senior eine Bäckerei in der Münchner Isarvorstadt. Seither haben sich fünf Generationen um das Wachsen und Gedeihen von Rischart's Backhaus gekümmert und allen lag der Grundsatz am Herzen: „Nicht Expansion um jeden Preis, sondern Pflege einer hochwertigen Unternehmenskultur". Dies wurde 2012 durch die Auszeichnung von Rischart's Backhaus mit dem Bayerischen Qualitätspreis belohnt. Mittlerweile gehört Rischart mit 14 Filialen in den besten Lagen Münchens und 8 Millionen Kunden jährlich zu den führenden Häusern. Das Hauptgeschäft am Marienplatz ist mit 1,2 Millionen Kunden im Jahr die meistbesuchte Bäckereifiliale Deutschlands.

Mit dem Café Kaiserschmarrn, einem „Back-Schlaraffenland" für 430 Personen, konnte Rischart 2007 auf dem Münchner Oktoberfest Fuß fassen. Zwei Jahre später erschloss sich Rischart eine weitere Domäne: Seit 2011 können im Rischart Online-Shop ausgesuchte Spezialitäten auch im Internet bestellt werden.

In Verantwortung auch für zukünftige Generationen steht das Bemühen, Ressourcen zu schonen und den gesamten Betrieb mit Backstube, Auslieferung, Verkauf und Verwaltung umweltfreundlich zu organisieren. Ein Projekt für das gesamte Unternehmen, denn es sind die Mitarbeitenden, die immer wieder Vorschläge für Umweltmaßnahmen einbringen, die erfolgreich umgesetzt werden können. Dabei geht Rischart gerne und aus Überzeugung über die gesetzlichen Anforderungen hinaus und setzt sich jährlich neue Ziele auf dem Weg zum klimaneutralen Unternehmen. Seit dem Jahr 2002 nimmt Rischart deshalb am betrieblichen Umweltmanagementprogramm ÖKOPROFIT teil. Zuletzt wurden Rischart's Café Kaiserschmarrn im Jahr 2013 und das Café am Marienplatz im Jahr 2014 mit dem Bayerischen Umweltsiegel für das Gastgewerbe in Gold ausgezeichnet.

Bei Rischart duftet und schmeckt's in allen Teilen der Stadt: am Marienplatz, im OEZ und in Pasing, und wo Rischart draufsteht, ist Genuss drin. Fachkundige Beratung und freundliche und zügige Bedienung sind selbstverständlich.

Alle Filialen werden mehrmals täglich mit frischen Backwaren aus der Backstube in der Buttermelcherstraße beliefert. So wird der Genuss von frischer Ware garantiert: Frische schmeckt man bei jedem Bissen.

Filiale und Backstube um 1911.

oben: Das Café Rischart am Marienplatz.

unten: Rischarts Café Kaiserschmarrn auf dem Oktoberfest. Fotos: Christian Hacker.

Unser tägliches Brot – und anderes

links: Die einstige Bäckerherberge in der Kreuzstraße.

unten: Das frühere, im Zweiten Weltkrieg zerstörte Innungshaus in der Maistraße. Quellen: 100 Jahre Bäcker-Innung München, Jubiläumsschrift, S. 9/10.

Bäcker waren immer lebenswichtig, da Backwaren seit dem Mittelalter Hauptnahrungsmittel waren. Der Brotpreis bestimmte das Leben. Sicher gab es seit 1158 Bäcker in München. Diese schlossen sich schon bald zu einer Zunft zusammen. Legendär ist, dass die Münchner Bäckerknechte König Ludwig dem Bayern in der Schlacht von Mühldorf und Ampfing 1322 gegen seinen Vetter Friedrich den Schönen von Österreich durch ihren beherzten Kampf zum Sieg verholfen haben.

Die Zünfte kämpften über die Jahrhunderte um ihre Rechte. 1825 wurde die Münchner Bäckerzunft aufgelöst und 1826 ein Bäckerverein (Innung) gegründet, der bis 1868 bestand. Dann folgte die Münchner Bäcker-Genossenschaft. 1884 musste nach neuer Gesetzeslage im Rathaus wieder eine Innung gegründet werden, zu der der Beitritt freiwillig war. Diese besteht bis heute. 1892 konnte das vom Stararchitekten Gabriel von Seidl erbaute neue Innungshaus in der Maistraße eingeweiht werden. Es fiel 1944 den Bomben zum Opfer.

Die Innung ist ein Arbeitgeberverband, der als öffentlich-rechtliche Sonderaufgabe die Betreuung der Auszubildenden hat. Sie überwacht und berät während der Ausbildung. Außerdem nimmt der Prüfungsausschuss die Gesellenprüfung für die Bäcker/-innen bzw. die Abschlussprüfung für die Fachverkäufer/-innen ab. Daher haben Innungen die Rechtsform einer „Körperschaft des öffentlichen Rechts". Mitglieder sind 80 Bäckereibetriebe aus München und Landsberg. Als Dienstleister für die Betriebe werden Informationen, zum Beispiel über Rechtsänderungen, Beratung der Betriebe im Arbeitsrecht, Vertretung von Betrieben bei der Güteverhandlung vor dem Arbeitsgericht, Versammlungen zu Fachthemen und kostenlose Rechtsberatung angeboten.

Die Innung macht auch immer wieder „Sonderaktionen", wie zum Beispiel 2014 mit der Landesausstellung über Kaiser Ludwig den Bayern. Als 2005 die Bundesgartenschau in München war, kreierte sie das Brot „Blütenkruste" und bewarb es so, dass Mitgliedsbetriebe damit Umsätze machen konnten.

Die Stadt in christlichem Sinn menschlicher machen

Im Jahr 1884, als die Zahl der Protestanten in München stark zunahm und die Schattenseiten der Industrialisierung immer spürbarer wurden, gründete der Dekan der evangelisch-lutherischen Gemeinde in München, Dr. Karl Buchrucker, die Innere Mission. Bereits 1849 hatte die evangelische Kirche ihren Gemeinden ans Herz gelegt, dass die Innere Mission *„eine Lebensfrage unserer Zeit"* sei, deren Aufgabe darin bestehe, *„die leiblichen und geistigen Notstände des evangelischen Volkes nach allen Seiten zu erforschen und durch Verkündigung des göttlichen Wortes und die Handreichung brüderlicher Liebe zu heben. [...] Die Not ist zu einer unermesslichen und fast unglaublichen Höhe herangewachsen, und das so hoch gesteigerte Elend der Armen und Verwahrlosten im Volke fordert auch in gleicher Weise gesteigerte Teilnahme und Abhilfe."*

Am Anfang der Arbeit des rührigen und von namhaften protestantischen Bürgerinnen und Bürgern der Stadt unterstützten Vereins standen Sprechstunden und Besuche von Gemeindeschwestern in Wohnungen des Elends. Die Innere Mission half bei der Krankenpflege, nahm sich verlassener oder verwahrloster Kinder an und linderte soziale Not.

Rückschläge erfuhr die Arbeit durch den Ersten Weltkrieg und die Inflation 1923, die nur durch Spenden überbrückt werden konnten. Die Not war so groß, dass allein im Mathildenhospiz 1932 täglich bis zu 20.000 Essensportionen ausgegeben werden mussten.

In der NS-Zeit wurde die Arbeit stark behindert. Zudem zerstörten oder beschädigten Bomben im Krieg einige der Einrichtungen, die der Verein betrieb. 1945 nahm die Innere Mission ihre Arbeit sofort wieder auf und leistete in der Nachkriegszeit wichtige soziale Hilfe. Seitdem hat der Verein seine Tätigkeiten ständig ausgeweitet und gewann neue Horizonte.

Heute ist die Innere Mission als einer der größten Münchner Verbände der freien Wohlfahrtspflege ein wichtiger Partner der Stadt. Derzeit sind mehr als 1.600 ehrenamtliche und 2.100 hauptamtliche Mitarbeitende in rund 100 Einrichtungen der Altenhilfe, Kinder-, Jugend- und Familienhilfe sowie Gesundheitsberatung und Sozialpsychiatrie tätig. Die Tochterunternehmen Evangelisches Hilfswerk und diakonia kümmern sich um sozial benachteiligte Menschen. Ein zunehmender Schwerpunkt ist die Betreuung von Migranten und Flüchtlingen.

Das Löhe-Haus an der Ecke Blutenburg-/Fabrikstraße (die heutige Landshuter Allee) wurde 1912 eingeweiht. Hier richtete der Verein eine evangelische „Krippen- und Bewahranstalt" ein. Quelle: 125 Jahre Innere Mission München, S. 15.

Qualitätsvolle Pflege im markanten Rundbau: 2013 ging das Evangelische Pflegezentrum in Sendling als modernste Einrichtung der Inneren Mission in Betrieb. Foto: Kurt Bauer.

Der Mensch im Mittelpunkt – seit 1884

Das Gebäuder des HELIOS Klinikums München West am Steinerweg beim Pasinger Stzadtpark.

Es war ein zutiefst menschlicher Grund, aus dem das Krankenhaus entstand. Im Jahr 1884 errichtete die Stiftung des Pfarrers und Geistlichen Rates Engelbert Wörnzhofer das „Asyl und Krankenhaus des Distrikts links der Isar". Das Armenasyl war zunächst als Versorgungsanstalt für Altersschwache und Arbeitslose gedacht. Diese standen damals nahezu gänzlich ohne medizinische Versorgung da. Das wollte die Stiftung ändern. In den Anfangszeiten waren im Asyl 30 Bedürftige und Kinder untergebracht, die von den Mallersdorfer Schwestern liebevoll betreut wurden. Mit der medizinischen Versorgung der Arbeiter der nahe gelegenen Papierfabrik an der Planegger Straße entstand schnell zunächst ein eigener Krankensaal, 1888 dann mit dem Anbau des Westflügels die Erweiterung vom Distriktasyl zum Distriktkrankenhaus. 1919 erhielt die Anstalt den Namen „Bezirkskrankenhaus", 1939 die Bezeichnung „Kreiskrankenhaus".

Schon vor der Eingemeindung Pasings 1938 wurden immer wieder notwendige Vergrößerungen des Hauses vorgenommen: Als wenige Tage vor Ende des Zweiten Weltkriegs eine Luftmine den Westtrakt des Krankenhauses zerstörte, wurde das Pasinger Krankenhaus in die Oberrealschule Pasing evakuiert. Fünf Jahre lang baute der Landkreis das Krankenhaus mit 210 Betten wieder auf. Doch diese reichten für die schnell wachsende Bevölkerung nicht aus. 1961 fasste der Kreistag den Beschluss zur Errichtung eines neuen Gebäudes. Nicht nur die Räumlichkeiten wurden vergrößert, auch das medizinische Angebot wurde stetig erweitert und den Fortschritten in der Medizin angepasst. So war das Pasinger Krankenhaus bis 1983 das einzige Münchner Krankenhaus der Schwerpunktversorgung.

2005 wurde das Pasinger Krankenhaus zusammen mit dem Klinikum in Perlach vom Landkreis München an die Rhön Klinikum AG verkauft. Sie firmierten um zu „Kliniken München Pasing und Perlach GmbH". Seit 2014 gehört das „Pasinger Krankenhaus" zur HELIOS Kliniken Gruppe. Mit dem Träger hat sich auch der Name zu „HELIOS Klinikum München West" geändert. Das blaue Logo mit der Familie neben der Welle, das auf Herkunft und Tradition des Krankenhauses an der Würm verwies, wurde zugunsten des grünen Logos der HELIOS Gruppe ersetzt. Das Selbstverständnis des „Pasinger Krankenhauses" ist gleich geblieben: allen Patienten die beste medizinische und pflegerische Versorgung zu bieten. Das Qualitätsmanagement spielt dabei eine wichtige Rolle. Die aus den Qualitätsprüfungen gewonnenen Erkenntnisse werden analysiert und bei Bedarf in Fachgruppen besprochen. So werden neue Standards, etwa in der Pflege, entwickelt, die den Patienten zugutekommen.

Als Haus der Schwerpunktversorgung versorgt das HELIOS Klinikum München West alljährlich etwa 19.000 Patienten stationär und 22.000 ambulant. 950 Mitarbeitende in zehn Fachabteilungen und spezialisierten Versorgungseinheiten ziehen dafür an einem Strang. Die Klinik für Chirurgie arbeitet im zertifizierten Darmzentrum eng mit der Medizinischen Klinik II zusammen, um bei Darmerkrankungen eine interdisziplinäre, individuelle und ganzheitliche Versorgung bieten zu können. Die umfassende Betreuung von der Diagnose bis zur individuellen Therapie gelingt, weil Spezialisten aus verschiedenen Fachbereichen des HELIOS Klinikums München West eng mit niedergelassenen Ärzten im Münchner Westen zusammenarbeiten. Das Darmzentrum ist von der Deutschen Krebsgesellschaft zertifiziert.

Seit 2007 bereits ist die Gefäßchirurgische Klinik des Hauses von der Deutschen Gesellschaft für Gefäßchirurgie zertifiziert; auch hier werden Patienten mit Gefäßerkrankungen durch die enge Zusammenarbeit mit Spezialisten aller Bereiche individuell behandelt. Zudem ist ein zertifiziertes Wundzentrum in die Gefäßchirurgische Klinik integriert.

An 365 Tagen im Jahr steht die Zentrale Notaufnahme des HELIOS Klinikums München West rund um die Uhr für die Behandlung von medizinischen Notfällen zur Verfügung. Der Notaufnahme angeschlossen ist die zertifizierte „Stroke-Unit", eine Schlaganfall-Einheit, die auf die besonders intensive Betreuung von Patienten mit akutem Schlaganfall spezialisiert ist. Bereits bei Eintreffen des Patienten im Klinikum steht ein interdisziplinäres Team von Ärzten, Therapeuten und Pflegepersonal zur Versorgung bereit.

Das HELIOS Klinikum München West, mit 400 Betten ein modernes und leistungsfähiges Krankenhaus der Schwerpunktversorgung, bietet rund um die Uhr kompetente medizinische Versorgung mit moderner Notfallmedizin. Dazu gehören neben einer Herzkatheterbereitschaft, der genannten Schlaganfall- und einer Brustschmerzeinheit, dem erwähnten Darmzentrum und einem Hybrid-OP auch eine auf dem neuesten Stand der Technik ausgestattete radiologische Abteilung.

Im Klinikum legt man großen Wert auf eine angenehme Atmosphäre, denn eine zum Wohlbefinden beitragende Umgebung fördert maßgeblich die rasche Genesung.

Das HELIOS Klinikum München West engagiert sich als Lehrkrankenhaus der Ludwig-Maximilians-Universität (LMU) München insbesondere für die praktische Ausbildung von Studenten und Assistenzärzten. Jedes Jahr erlernen hier und am Schwesterstandort in Perlach bis zu 50 Studenten der LMU, aber auch angehende Ärzte aus Ungarn, Österreich, Italien und England das praktische Handwerkszeug für die Arbeit als Mediziner und den Umgang mit den Patienten.

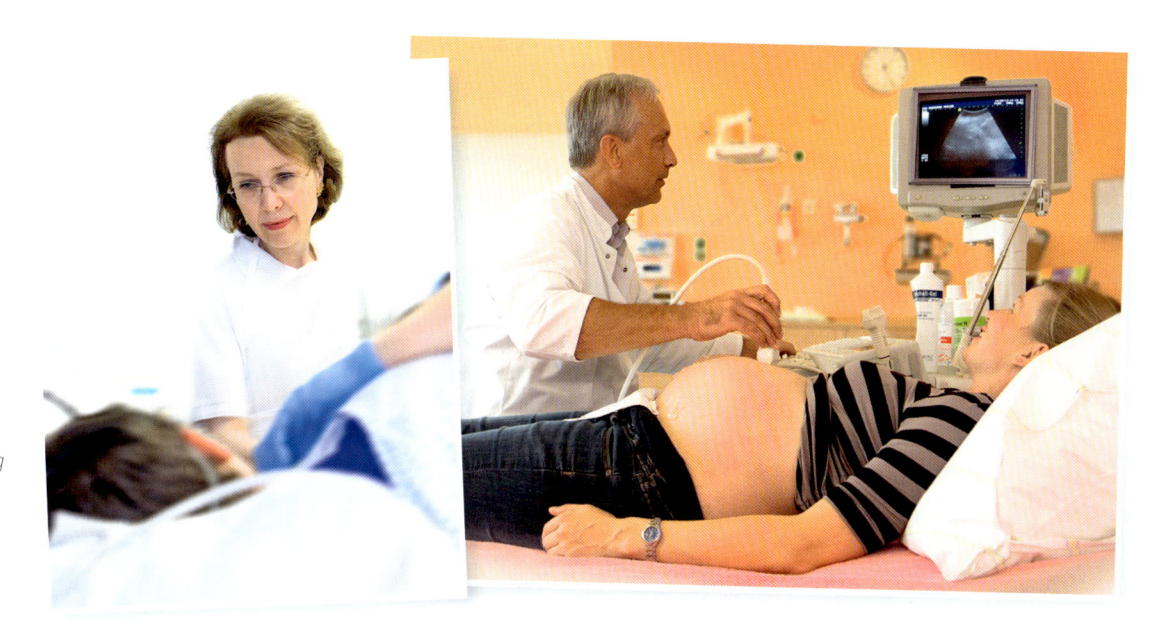

Im Mittelpunkt der Arbeit des HELIUM-Klinikums steht die gute Behandlung der Patientinnen und Patienten.

Fotos: HELIUM-Klinikum.

Gründerzeit

Prinz Luitpold (1821–1912), der dritte Sohn von Ludwig I. und Onkel von Ludwig II. und dessen geisteskrankem Bruder König Otto, übernahm 1886 die Regentschaft. Er verstand es, durch Tatkraft und Bescheidenheit Sympathien in der Bevölkerung zu gewinnen. Die Prinzregentenzeit wurde zu einem goldenen Zeitalter für Bayern und seine Hauptstadt, die einen enormen Aufschwung erlebte. Prinzregentenstraße, Prinzregententheater und Luitpoldpark erinnern heute noch an sein Wirken.

München wurde in der Blütezeit zwischen der Wirtschaftskrise, die der Reichsgründung 1871 gefolgt war, und dem Ersten Weltkrieg zur wirtschaftlich und kulturell bedeutenden Großstadt. Von 1886 bis 1901 verdoppelte sich die Einwohnerzahl von 250.000 auf 500.000.

Um 1900 waren 48 Prozent der Erwerbstätigen Münchens in Industrie und Gewerbe tätig und die Stadt bewahrte ihren Charakter als Residenz- und Handelsstadt. Das Münchner Bier wurde nun in ganz Deutschland berühmt, da es mit der Eisenbahn überallhin transportiert werden konnte. Dazu leistete auch das von Carl von Linde (1842–1934) entwickelte neue Kühlverfahren einen wichtigen Beitrag. Er war seit 1868 an der Polytechnischen Schule in München tätig und hatte 1879 die „Gesellschaft für Linde's Eismaschinen AG" gegründet, Urzelle des Weltkonzerns Linde AG. 1886 hatte der Karlsruher Carl Benz das Automobil erfunden, aber die erste Fahrprüfung der Welt wurde 1899 in München abgenommen, wo es auch die ersten Zulassungsnummern für Autos gab. Der Ingenieur Rudolf Diesel (1869–1913), Erfinder des Dieselmotors, lebte und arbeitete hier.

1903 wurde auf Initiative des Bauingenieurs Oskar von Miller (1855–1934), Sohn des Schöpfers der Bavaria, der Verein zur Gründung eines „Deutschen Museums von Meisterwerken der Naturwissenschaft und Technik" ins Leben gerufen, der schon bald über Sammlungen verfügte. Er war ein

Im Hofgarten. Zeichnung von Otto Angerer um 1880.

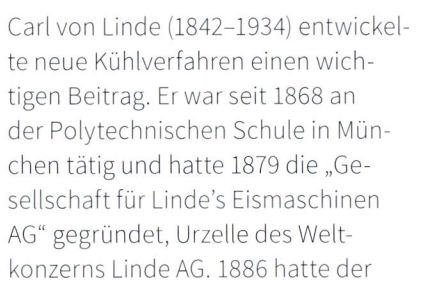

Werbemarken.

München im Spiegel der Zeit 125

Pionier der Elektrizitätsnutzung und hatte 1884 in München das erste deutsche Elektrizitätswerk erbaut. Auch das nach dem Ersten Weltkrieg erbaute Walchenseekraftwerk, das bis heute München mit Strom versorgt, ging auf seine Initiative zurück. Große Fabrikschornsteine rauchten in München. Prägend aber blieb der Mythos vom Isar-Athen.

links: Kaiser Wilhelm II. legt am 13. November 1906 den Grundstein für das Deutsche Museum. Neben ihm der Initiator Oskar von Miller sowie Prinzregent Luitpold und Kronprinz Ludwig mit Gattinnen. Gemälde von Georg Waltenberger 1906.

unten: Der von Friedrich von Thiersch 1897 im neubarocken Stil errichtete Justizpalast. Postkarte um 1900.

Fußballkultstätte im Rathaus

1889 gründete Hermann Münzinger eine Handels- und Produktionsfirma für Gummiwaren und Sportartikel mit Ladengeschäft in der Maffeistraße und erhielt 1892 den Titel „Königlich Bayerischer Hoflieferant". 1904 zog das Geschäft als erster Mieter in das neu erbaute Neue Rathaus am Marienplatz, wo es noch heute zu Hause ist.

1908 trat Sohn Hans, der 1913 alleiniger Inhaber wurde, in die Firma ein. Es folgten ein Ausbau und die Neuaufnahme von Wintersportgeräten (Ski, Rodel, „Bobsleigh" und Eishockey) sowie 1924 eine Erweiterung der Abteilung für Ski- und Trachtenbekleidung. Nach 1945 wurde die Firma rasch wieder aufgebaut und 1955 erfolgte die Eröffnung einer Filiale in Laim und einer Reisedienst-Abteilung. 1961 wurde ein Haus für die Verwaltung an der Sporerstraße 2 errichtet.

Auch bedingt durch die Lage ist Münzinger eng mit der Geschichte der Stadt verbunden – von den dramatischen Ereignissen in Kriegszeiten bis hin zu den großen Sport-Events wie den Olympischen Spielen. 1972 erhält das Haus die Lizenz für das Emblem und verkauft über 500.000 T-Shirts mit den olympischen Ringen.

Eine Fußballinstitution war „der Münzinger" schon, als er sich als Lieferant des FC Bayern München etablieren konnte. Und noch in den 80er-Jahren kaufte man vorzugsweise im Traditionsgeschäft am Marienplatz die Vereinstrikots. Inzwischen ist das Haus zur Pilgerstätte internationaler Fußballfans geworden.

oben: Ein echtes Museumsstück – aus der FCB-Erlebniswelt: Münzinger war der FCB-Ausrüster der frühen Jahre, sozusagen „der Adidas der Nachkriegszeit".

links: Weltmeisterlich verbunden: Sepp Herberger schreibt Sport Münzinger am 29. Juni 1954 aus dem Trainingslager in der Schweiz und dankt für die Unterstützung aus München. Beim „Wunder von Bern" nur ein paar Tage später holt die deutsche Nationalelf ihren ersten Weltmeistertitel – nach dem Erfolgstraining mit Bällen vom Münzinger. Quellen: Sport Münzinger.

2003 schloss Inhaberin Dorothée Münzinger ihr Unternehmen mit dem ebenfalls familiengeführten Sporthaus Schuster zusammen. Das Sortiment wurde auf Fußball spezialisiert, Ski-, Berg- und allgemeine Sportausrüstungen gingen zu Schuster.

2006 fand die Eröffnung von Deutschlands größtem Lacoste Flagship-Store statt, managed by Sport Münzinger: mit Mode- und Lifestyleartikeln auf 300 qm. 2010 erfolgte eine Umgestaltung im Untergeschoss für einen großen Freizeitsportbereich mit Adidas-Shop und Nike-Fläche, die mit Miroslav Klose gefeiert wurde.

Zur Fußball-EM 2012 erfand sich der Münzinger vollkommen neu und eröffnete als die zentrale Kultstätte für Fußball & Style. Sein Sortiment reicht nun von lässiger Streetwear über Fußball-Equipment und Fan-Artikel bis zum internationalen Spielertrikot.

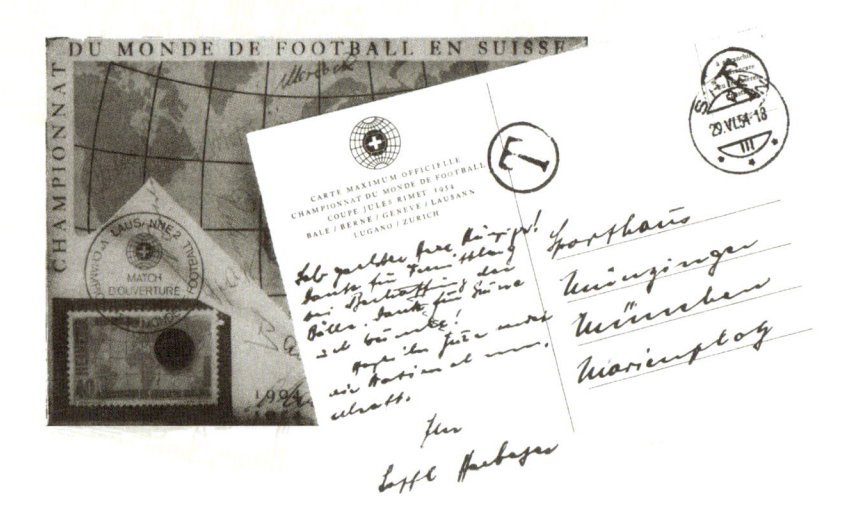

1892 Deutsche Bank München

Globale Universalbank mit starker örtlicher Präsenz

rechts: Gebäude der Deutschen Bank am Lenbachplatz. Foto um 1900.

unten: Schalterraum der Deutschen Bank am Lenbachplatz. Foto 1937.

1892 eröffnete die 1870 in Berlin gegründete Deutsche Bank in der Theatinerstraße 16 die „Bayerische Filiale der Deutschen Bank". Nach lebhaftem Geschäftsbeginn zog die Filiale 1898 in das für sie errichtete repräsentative Gebäude am Lenbachplatz 2. Im Jahr 1908 erfolgte die Umbenennung in „Deutsche Bank Filiale München". Im Münchner Stadtgebiet wurden bald auch Zweigstellen eröffnet. Die Mitarbeiterzahl stieg bis 1914 auf 263. Wegen der Mehrarbeit infolge der Inflation wuchs die Zahl der Angestellten 1923 bis auf 1.603 an, ging aber dann wegen der Auswirkungen der Weltwirtschaftskrise auf 322 zurück.

Trotz Zerstörung von Gebäuden konnte der Geschäftsbetrieb 1945 weitergeführt werden. Nach der regionalen Aufteilung des Konzerns firmierte die Bank in Bayern 1948 als „Bayerische Creditbank" und 1952 unter Einbeziehung von Baden-Württemberg, Rheinland-Pfalz und Hessen als „Süddeutsche Bank AG" mit juristischem Sitz in München. 1957 wurde die Süddeutsche Bank mit den beiden anderen Nachfolgeinstituten zur Deutschen Bank AG mit Hauptsitz in Frankfurt am Main verschmolzen.

Die Deutsche Bank München hat ihre Hauptstelle seit 1961 am Promenadeplatz 15 und das Filialnetz wurde seitdem ausgebaut und laufend modernisiert. Heute betreut sie in der Region München/Bayern-Süd mit etwa 1.000 Mitarbeitenden mehr als 500.000 Kunden. 2013 wurde mit der „Stärkung der Filialbank im Heimatmarkt" eine nachhaltige Marktoffensive eingeleitet. Ziel ist es, die Position als führende Universalbank weiter zu untermauern und im Heimatmarkt zu wachsen. Die Mittelstandskompetenz wurde im erweiterten Geschäftsbereich Privat- und Firmenkunden gebündelt. Firmen-, Geschäfts- und Privatkunden werden unter einem Dach beraten und betreut. Besondere Erfahrung hat die Bank durch ihre Vertretung in über 70 Ländern. Der Konzern ist in allen Regionen der Welt tätig. In Deutschland ist die Deutsche Bank seit dem Ende des 19. Jahrhunderts Marktführer. In Europa, in Nordamerika und in wichtigen Wachstumsmärkten, insbesondere in Asien, verfügt sie über eine starke Wettbewerbsposition.

Kulturell und sozial engagiert sich die Deutsche Bank in München u. a. für das Lenbachhaus, das Historische Kolleg und die Bayerische Elite Akademie, außerdem ist die Bank der einzige nationale Förderer des Deutschen Schülerstipendiums der Roland Berger Stiftung.

Händler und Dienstleister für Baugewerbe, Industrie und Gartenbau

Das Familienunternehmen Geith und Niggl, das im Jahr 2015 sein 120-jähriges Bestehen feiern kann, ist bei Münchner Bauunternehmern, Kommunen, Industrie und privaten Bauherren als einer der größten Lieferanten von Baugeräten, Werkzeugen und Baustoffen, als Fachhandel für Garten- und Landschaftsbau sowie als umfangreicher Dienstleister, zum Beispiel auch im modernen Eventbereich, bekannt.

Das Unternehmen wurde 1895 vom Fabrikanten Max Niggl als Baustoff-Lagerhaus und Gipsfabrik gegründet. Die Firmenverwaltung bezog ein repräsentatives Gebäude in der Schwanthalerstraße, das Baustofflager lag anfangs in damaliger Stadtrandlage an der Stelle des heutigen Starnberger Bahnhofs. Es belieferte Kunden weit über den Großraum München hinaus bis zum Bodensee. Die direkte Anbindung an die Bahn machte dies möglich, und das damals größte Lagersortiment im Baustoffhandel Süddeutschlands war gefragt. Auch Pferdefuhrwerke spielten zunächst beim Baustofftransport noch eine wichtige Rolle – und das Fahrrad, zum Beispiel wenn Firmeninhaber Max Niggl als „Gesandter", wie ein Vertriebsmitarbeiter damals hieß, auf Kundenbesuch fuhr. Einen großen Teil der Kundschaft machten Gutsverwaltungen aus.

1914 schlug die Bahn Max Niggl einen Grundstückstausch vor, um das Bahnhofsareal in München erweitern zu können. Sie bot ihm einen ebenfalls direkt an die Bahn angeschlossenen Grund im Münchner Stadtteil Englschalking an, wo sich der Hauptsitz des Unternehmens Geith und Niggl mit Baustofflager und Verwaltung seither befindet.

Als handfester Unternehmer erbaute sich Max Niggl dort neben dem Baustofflager eine an ein Schlösschen erinnernde Villa als Wohn- und Verwaltungsgebäude, deren Zweck vor allem ein praktischer war: Sie diente als Musterhaus. So sollten zum Beispiel unterschiedlich gewölbte Dachziegel auf den Türmchen zeigen, welche Anforderungen handwerklich realisierbar waren.

Logistische Gründe (der Bahn- und Fuhrwerkstransport der schweren und sperrigen Baustoffe über wei-

Das ursprüngliche, 1895 von Max Niggl gegründete Baustofflager an der Stelle des heutigen Starnberger Bahnhofs.

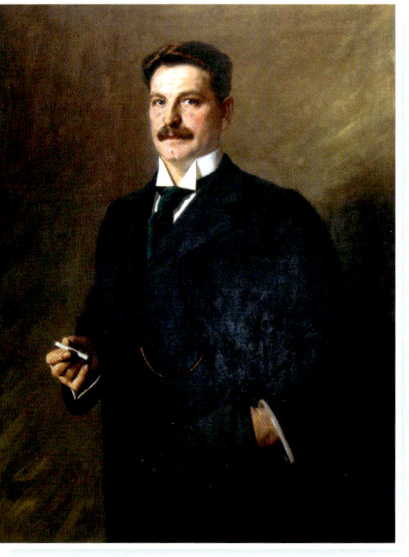

Fabrikant Max Niggl.

München im Spiegel der Zeit

Das als Musterhaus Anfang des 20. Jahrhunderts errichtete Wohn- und Verwaltungsgebäude in Englschalking. Quellen: Gerlinde Drexler.

te Strecken dauerte mittlerweile zu lange) und wirtschaftlich schwierige Zeiten bewogen das Unternehmen in den 1920er-Jahren, die Gipsfabrik aufzugeben, seine Aktivitäten auf München zu konzentrieren und sein Sortiment zu spezialisieren: auf „alle Kalk- und Zementsorten, Steinzeug und feuerfeste Waren, Isolier- und Bedachungsmaterialien, Marmor, Glasziegel, Gipsdielen" und als „Spezialität Wand- und Bodenplatten".

Der neue Standort etwas außerhalb Münchens war wohl mit ein Grund dafür, dass das Unternehmen durch beide Weltkriege kam, ohne Zerstörung etwa durch Bombenangriffe erleiden zu müssen. Im Zweiten Weltkrieg führte Wiltrud Förderreuther, Tochter von Unternehmensgründer Max Niggl, die Geschäfte weiter, während ihr Gatte im Krieg war, doch es gab fast keine Bauvorhaben und kaum Material.

Fritz Martin junior und Fritz Martin senior freuen sich über den modernen Betrieb im Münchner Westen.

Nach dem Krieg und der Währungsreform von 1948 ging es steil bergauf. Durch die Kriegsschäden bestand eine ungeheure Nachfrage nach Baumaterialien. Das ehemalige Lagergeschäft entwickelte sich zum Streckengeschäft und die Lieferung der Baumaterialien erfolgte nun – per Lkw – direkt vom Hersteller an die Baustelle. So verfuhr man auch mit dem in den 1950er-Jahren neu eingeführten Fertigbeton, der die bisherige Lagerung und den Einzelverkauf von Sand und Zement überflüssig machte.

Das kontinuierliche Streben nach neuen Sortimenten und Lösungskonzepten für die Kunden und Partner des Unternehmens war über die Jahrzehnte hinweg stets herausragendes Merkmal und Qualitätsgarant für die erfolgreiche Entwicklung. 1992 erfolgte durch die Fusion mit der Firma Geith Baugeräte ein enormer Ausbau der Geschäftstätigkeit. Neu hinzugekommene Vertriebsbereiche sind seither Baugeräte, -werkzeuge und -maschinen. Hinzu kamen auch das Vermietgeschäft für Baugeräte, Bauzäune und Container aller Art sowie verschiedene Dienstleistungen. Als weitere Spezialisierung entwickelte sich der Handel mit Garten- und Landschaftsbauartikeln.

Mit dem Ausbau der Geschäftstätigkeit ist auch das Vertriebsgebiet wieder gewachsen. So werden viele Artikel, z. B. im Werkzeugbereich hoch spezialisierte Vermessungsgeräte oder spezielle technische Arbeitsschutzkleidung, in ganz Südbayern verkauft und geliefert.

Seit 1992 wird das Familienunternehmen Geith und Niggl in vierter Generation von Fritz Martin junior geführt. Dessen Vater Fritz Martin senior hat das Geschäft 1955 von seinen Schwiegereltern Fritz und Wiltrud Förderreuther, die es seit 1923 geführt hatten, übernommen und in der Nachkriegszeit wieder aufgebaut.

Mit derzeit drei Standorten – dem Stammsitz in München-Englschalking sowie den Zweitbetrieben in München-West und München-Süd – und rund 80 Mitarbeitern ist Geith und Niggl heute als fortschrittliches Familienunternehmen mehr denn je ein verlässlicher Partner für alle Geschäftspartner und Mitarbeiter.

Arbeiterleben und soziale Infrastruktur

Der Beginn des 19. Jahrhunderts war von Kriegen, Not und Hunger geprägt. Es grassierten auch Epidemien wie die Cholera, die bis zur Einrichtung der Trinkwasserversorgung und Kanalisation durch Max von Pettenkofer viele Opfer forderten. Die Kindersterblichkeit war, nicht nur bei ärmeren Schichten, sehr hoch. Die medizinische Versorgung und Krankenhäuser wurden erst im Laufe der Jahrzehnte aufgebaut. In der Prinzregentenzeit wurden auch Grundlagen für eine soziale Infrastruktur gelegt. 1895 wurde das städtische Arbeitsamt eröffnet, das die weltweit erste unentgeltliche Vermittlungsstelle war. 1900 wurde die Elektrifizierung der 1876 zunächst als Pferdebahn gegründeten Straßenbahn abgeschlossen, wodurch sie das zentrale Massenverkehrsmittel für die Stadtbevölkerung wurde. 1901 wurde das Müllersche Volksbad eröffnet, das bei seiner Fertigstellung das modernste und teuerste Bad der Welt war und heute zu den schönsten Hallenbädern Europas zählt. Angesichts der Wohnverhältnisse der großen Bevölkerungsmehrheit kam dem Volksbad, das seine Entstehung einer generösen Stiftung des Ingenieurs Johann Müller verdankt, eine erhebliche Bedeutung zu. Die Wahl des Standorts in der Nähe der Arbeiterwohnviertel ging auf Wünsche aus der Bevölkerung zurück. Das Müllersche Volksbad setzte Maßstäbe für den deutschen Bäderbau, ähnlich wurde die 1900 eröffnete moderne Großmarkthalle zum Vorbild im In- und Ausland. Diese soziale Infrastruktur war auch das Anliegen von Wilhelm Georg von Borscht (1857–1943), der von 1893 bis 1919 Oberbürgermeister war. Ihm zur Seite stand 1900 bis 1928 Stadtbaurat Hans Grässel (1860–1939). Auf diesen Architekten gehen die großen, den Gedanken des Naturschutzes und der besonderen künstlerischen Gestaltung verbundenen Friedhofsanlagen zurück, die zu den schönsten Orten der Stadt zählen, der Ostfriedhof, Nordfriedhof und Westfriedhof sowie als glanzvoller Höhepunkt der Waldfriedhof und zuletzt der neue jüdische Friedhof gegenüber dem Nordfriedhof.

Die Stadt wuchs erheblich durch Eingemeindungen, zwischen 1854 und 1913 verdreifachte sich die Stadtfläche, was die Voraussetzung für eine vorausschauende Stadtplanung war. 1892 wurde erstmals ein

In der alten Arbeitervorstadt Au. Gemalte Postkarte um 1900.

Das Männerbad im Karl Müllerschen Volksbad. Foto um 1905.

Das Müllersche Volksbad. Erbaut 1901 von Karl Hocheder. Aquarell des Architekten 1897.

München im Spiegel der Zeit   131

Stadterweiterungswettbewerb ausgeschrieben. Theodor Fischer (1862–1938) wurde mit der Leitung des neu entwickelten Stadterweiterungsbüros beauftragt, auf ihn ging die Staffelbauordnung von 1904 zurück, die bis 1980 in Kraft blieb. Natürlich gelang es am ehesten, in den neu erschlossenen Gebieten städtebauliche Akzente zu setzen. Während die Wohnbevölkerung in der Altstadt bereits spürbar zurückging, waren die neuen Stadtviertel Haidhausen, Schwabing, Neuhausen, Nymphenburg und Laim wichtige Wachstumsbezirke. Als neue Achse entstand zwischen 1894 und 1901 die Prinzregentenstraße mit Nationalmuseum, Friedensengel, Villa Stuck und Prinzregententheater. An der baulichen Expansion der Stadt beteiligten sich Terraingesellschaften, die mit der Erschließung der neuen Flächen enorme Gewinne erwirtschafteten. Die bedeutendste war die von Jakob Heilmann, der Villenviertel wie Gern

Das von Gabriel von Seidl im Auftrag des Prinzregenten errichtete Bayerische Nationalmuseum. Postkarte um 1910.

und Harlaching schuf. 1892 entstand durch Fusion die Firma Heilmann und Littmann, die damals u. a. das Geschäftshaus der „Münchner Neuesten Nachrichten", das Kaufhaus Oberpollinger und die Preußische Gesandtschaft erbaute.

Die von großbürgerlichen Interessen dominierte Stadtregierung förderte den Bau von Luxuswohnungen, weil sie vor allem am Zuzug von Wohlhabenden interessiert war. So wurden zwischen 1885 und 1910 zwar 70.000 Wohnungen gebaut, die aber für den größten Teil der Bevölkerung viel zu teuer waren. Der sehr gut verdienende Schriftsteller Ludwig Thoma bezahlte für eine Zehn-Zimmer-Wohnung 150 Mark monatlich, während die Münchner Durchschnittsmiete damals bei 30 Mark lag, was die meisten schon kaum aufbringen konnten. Die alteingesessene Bevölkerung wurde aus der Innenstadt verdrängt, wo sich zunehmend elegante Geschäfte breitmachten. Gleichzeitig entstanden Arbeiterviertel in den Vorstädten. Tagelöhner und Handwerker lebten vor allem rechts der Isar, in der Au, Haidhausen und Giesing. Industriearbeiter fanden sich vor allem südlich des Hauptbahnhofs, im Westend, aber auch in Sendling, Thalkirchen und Laim,

Das Königlich Bayerische Verkehrsministerium an der Arnulfstraße 11. Erbaut von Carl Hocheder 1911 im neubarocken Stil, durch Bomben teilweise zerstört. Gemalte Postkarte um 1912.

das mit 75 Prozent den höchsten Arbeiteranteil hatte.

1898 führten die katholischen Arbeitervereine und die Gewerkschaften eine Erhebung zur sozialen Lage der Arbeiter durch. Im Jahr darauf wurde der „Verein zur Verbesserung der Wohnungsverhältnisse" gegründet, in dem sich bürgerliche Sozialreformer, fortschrittliche Zentrumspolitiker wie Bürgermeister Wilhelm von Borscht und Mäzene zusammenfanden. Zu den Mitgliedern gehörten der Nationalökonom und „Kathedersozialist" Lujo Brentano, der auch den Verein für Sozialpolitik ins Leben gerufen hatte, der Hygieniker Max von Gruber, der Direktor des Statistischen Amtes Karl Singer und Ika Freudenberg, die Vorsitzende des Vereins für Fraueninteressen.

Eine vierköpfige Arbeiterfamilie hatte normalerweise weniger als 30 qm zur Verfügung, in der Regel eine

1895 Arbeiterbewegung

Männerraum einer Wärmestube. Holzstich von Fritz Bergen 1895.

Wohnküche mit einem Herd als einziger Wärmequelle und ein unbeheizbares Schlafzimmer. Nur ein kleiner Teil der Wohnungen verfügte über eine Toilette, ansonsten gab es für jedes Stockwerk eine Gemeinschaftstoilette, aber auch die nicht immer. Sonst stand nur ein Kübel zur Verfügung. Die viel zu kleinen Wohnungen befanden sich zudem oft in einem schlechten Zustand. Es mangelte an Licht und frischer Luft, sodass auch die Kindersterblichkeit in den Arbeitervierteln mehr als doppelt so hoch war wie in besseren Wohngegenden. Angesichts der Missstände drängte der Innenminister die Stadt, etwas zu unternehmen, und es kam zur Gründung von Baugenossenschaften, die bis 1914 den Wohnungsbau prägten.

Obwohl es in München keine klassischen Arbeiterviertel gab, so war doch die soziale Abgrenzung als Folge der Industrialisierung um die Jahrhundertwende schon deutlich ausgeprägt. Zur vornehmen Gegend entwickelte sich, neben einigen innenstadtnahen Bereichen, vor allem Bogenhausen, wo bereits jede Wohnung über ein Bad verfügte, während in Giesing und in der Au nur jeder Dreißigste eine Badewanne hatte. Im Arbeiterviertel Westend, das durch den Hauptbahnhof und die hier angegliederten Betriebe entstanden war, verdreifachte sich die Bevölkerung zwischen 1880 und 1900, was einem fast doppelt so starken Wachstum wie in der Gesamtstadt entsprach. Es gab eine breite Unterschicht aus kleinen Angestellten, nicht abgesicherten Freiberuflern, Tagelöhnern, Arbeitern und Arbeitslosen, die in Hinterhöfen, Mietskasernen und Herbergsvierteln eine oftmals notdürftige Unterkunft fand. Nicht wenige waren „Schlafgänger" und hatten nur stundenweise Anspruch auf eine Bettstatt, die in der übrigen Zeit von anderen genutzt wurde. Doch so zahlreich sie waren, diese Menschen prägten nicht das Bild der Stadt. München war nach eigenem Anspruch und Selbstverständnis eine Kunststadt, keine Arbeiterstadt, sondern eine „Musenstadt mit Hinterhöfen". Die meisten Arbeiterfamilien waren, selbst bei größtem Fleiß aller Angehörigen und äußerster Sparsamkeit, ständig von Hunger bedroht. Mehr als die Hälfte des Verdienstes musste für Nahrungsmittel aufgewendet werden, etwa 15 bis 20 Prozent für die Miete. Vom restlichen Geld mussten alle übrigen Aufwendungen, u. a. die erheblichen Beiträge zu den Sozialkassen, bestritten werden. Jeder Einnahmeausfall, etwa durch Arbeitslosigkeit oder Krankheit, konnte einen Absturz in Not bedeuten. Eine der im Auftrag des Statistischen Amtes untersuchten Familien verzeichnete als einzige Vergnügungsausgabe während eines ganzen Jahres 20 Pfennige für ein Kindertheaterbillet. 20 Pfennig war auch der Monatsbeitrag für den Arbeiterbildungsverein, und drei Pfund Brot kosteten ebenso viel.

Die politische Organisation der neu entstehenden Arbeiterklasse wurde die SPD; 1906 waren von 6.700 Mitgliedern 77 Prozent Lohnarbeiter. Der populärste bayerische Führer der Sozialdemokraten war der Münchner Georg von Vollmar (1850–1922). Er kam aus einer katholischen Beamtenfamilie und vertrat seit 1884 den Wahlkreis München II im Reichstag. Bei den Kommunalwahlen war nur wahlberechtigt, wer das Bürgerrecht erworben hatte. Ein Arbeiter musste dafür etwa einen halben Monatslohn aufwenden, was viele sich nicht leisten konnten. Mehrheitswahlrecht und die Einteilung der Stimmbezirke bevorzugten die herrschenden Liberalen zusätzlich. 1893, als die Sozialdemokraten in München bei Reichstagswahlen bereits auf 22 Prozent der Stimmen kamen, stellten sie mit Georg Birk erstmals einen der 60 Gemeindebevollmächtigten.

Hofraum des Königlichen Hofbräuhauses. Hier gab es keine Stühle, nur Fässer, da man hier das Bier im Stehen zu trinken pflegte. Gerühmt wird, dass hier alle Stände gleich waren. Foto um 1905.

Erfolgreicher Kampf gegen Arbeitslosigkeit

1895 nahm das städtische Arbeitsamt München nach Beschluss des Magistrats in der ehemaligen Isarkaserne auf der Kohleninsel seine Tätigkeit auf. Es bestand aus einer Abteilung für Männer mit zwei und einer für Frauen mit drei Vermittlungsschaltern. 1905 wurde eine Zweigstelle in der Hohenzollernstraße 13 und 1910 eine weitere in der Blumenstraße 57 eröffnet. Nun waren 27 Beamte beschäftigt.

1914 konnte die Stelle für Arbeiterangelegenheiten einen nach den Plänen von Stadtbaurat Hans Grässel im neubarocken Stil errichteten Gebäudekomplex in der Thalkirchner Straße 54 beziehen. Nach dem Ersten Weltkrieg war die Arbeitslosigkeit drängendstes Problem in München. Es entstanden weitere Zweigstellen, eine Arbeitsfürsorgestelle für Schwerbeschädigte, eine für entlassene Wehrmachtsangehörige und eine Berufsberatungsstelle für Schulentlassene. Mitarbeiter war von 1918 bis zu seiner Verhaftung 1933 der spätere Stadtrat und Oberbürgermeister Thomas Wimmer.

1927 schied das Arbeitsamt München aus der Kommunalverwaltung aus und wurde staatlich. Bedingt durch die Weltwirtschaftskrise stieg die Arbeitslosenquote auf über 10 Prozent an und die Unterstützung war sehr gering. Das Amt war wegen seiner öffentlichen Lesehalle und seiner Speiseanstalt Anziehungspunkt für Beschäftigungslose, die hier auch demonstrierten. Am 11. März 1933 besetzte die SA das Gebäude und nahm Beamte in „Schutzhaft".

1943/44 wurde das Gebäude durch Bomben schwer beschädigt. Trotzdem lief die Arbeit weiter und der Wiederaufbau war 1950 abgeschlossen. Mit dem Gesetz über die Errichtung der Bundesanstalt für Arbeitsvermittlung und Arbeitslosenversicherung wurde das Amt 1952 Bundesbehörde. Durch Aufgabenzuwachs und die Entwicklung der Arbeitslosenzahl waren immer umfangreichere Auslagerungen erforderlich. 1975 verdoppelte sich die Zahl der Arbeitslosen innerhalb weniger Monate auf 36.462 und die Anträge auf Arbeitslosengeld und Arbeitslosenhilfe lagen um 120 Prozent über denen des Vorjahres. Wegen Raumbedarfs war dringend ein Neubau erforderlich. Die Bundesanstalt für Arbeit erwarb dafür 1975 von der Stadt für rund 15,5 Millionen DM ein Grundstück an der Kapuzinerstraße. 1976 wurde der Architektenwettbewerb ausgeschrieben, den die Architektengemeinschaft GKK & Partner gewann, und das Gebäude konnte 1986 bezogen werden.

Die Arbeitsagentur München als Teil der Bundesagentur für Arbeit unterstützt den Ausgleich am Arbeitsmarkt. Dazu bietet sie Dienstleistungen für Arbeitssuchende, Unternehmen und Institutionen. Sie vermittelt Ausbildungsstellen und Arbeitsplätze, fördert die berufliche Weiterbildung und die Chancengleichheit. Sie ist auch zuständig für die Zahlung von Lohnersatzleistungen. Durch ihre engagierte Arbeit trägt die Agentur dazu bei, dass München die Großstadt mit der geringsten Arbeitslosigkeit in Deutschland ist.

links: Das erste städtische Arbeitsamt im Südpavillon auf der Kohleninsel. Foto um 1900.

rechts: Das städtische Verwaltungsgebäude in der Thalkirchner Straße. Foto 1914.

Schul- und Universitätsstadt

Oberbürgermeister von Borscht empfing 1906 den französischen Journalisten Jules Huret (1863–1915), der für die Pariser Tageszeitung „Le Figaro" u. a. Deutschland bereiste und später seine Erfahrungen auch in vier Bänden veröffentlichte. In dem Interview bei einem Frühstück im Ratskeller antwortete von Borscht auf die Frage *„Worauf sind die Münchner stolz?": „[...] von unseren Museen und Galerien spreche ich nicht, die sind ein Werk unserer Könige. – Stolz sind wir in erster Linie auf unsere demokratische Gesinnung. Unsere Volksschulen sind ebenso gut und bequem wie unsere Gymnasien. Alle neuerdings gebauten haben in ihren Souterrains Werkstätten für Tischler- und Schlosserarbeiten, und die größeren Schüler sind verpflichtet, an diesen Stunden teilzunehmen. Und [...] dass die der Reichen bis zu ihrem zehnten Jahre die gleichen Schulen besuchen wie die Kinder der Armen. In jeder Schule sind unentgeltliche Bäder eingerichtet, wo sommers und winters die Kinder einmal wöchentlich baden müssen, es sei denn, dass der Arzt es verbietet oder die Eltern etwas dagegen haben [...]. Wäsche und Seife erhalten sie gratis."*

Die Stadt München war damals Vorreiter einer fortschrittlichen Bildungspolitik in Deutschland, für die besonders ein Mann stand: Georg Kerschensteiner (1854–1932). Seine Eltern waren verarmte Kaufleute und sein Lebensweg nahm einen wenig verheißungsvollen Anfang, denn mit acht Jahren wurde er wegen „Bandendiebstahls" in Arrest genommen. Er schaffte aber den Weg nach oben und wurde Dorfschullehrer. 1877 konnte er an der 1868 gegründeten Polytechnischen Schule (TU) Mathematik und Physik studieren und wechselte 1880 an die Ludwig-Maximilians-Universität, wo er 1883 promovierte. Der Gymnasiallehrer und Reformpädagoge Kerschensteiner wurde 1895 zum Stadtschulrat berufen und füllte dieses Amt bis 1918 aus. Er begann sogleich mit einer gründlichen Reform des Schulwesens und richtete „Arbeitsschulen" ein, die Vorläufer der heutigen Berufsschulen. Seine Grundgedanken legte er 1901 in „Die staatsbürgerliche Erziehung der deutschen Jugend" dar. Besonders die Forderung einer politischen Bildung war neu. Wert legte er aber auch auf musischen und handwerklichen Unterricht. Die Erziehungsziele bis dahin waren besonders fleißige Arbeitsamkeit und unbedingter Gehorsam. 1906 gründete er den Bayerischen Volksbildungsverband. Gleichzeitig begann [...] die Münchner Volkshochschule, heute die weltweit größte ihrer Art, mit ihrer Tätigkeit. Kerschensteiner war auch politisch (im Reichstag) engagiert. Außerdem gehörte er dem Vorstand

links: Das von Hans Grässel 1907 errichtete Volksschulgebäude am Gotzinger Platz in Sendling. Foto um 1910.

rechts: Das vom Architekten Theodor Fischer und dem Bildhauer Joseph Flossmann 1898 geschaffene Portal für die Knabenschule an der Haimhauserstraße in Schwabing. Foto um 1905.

Die von Theodor Fischer in einer Mischung von Jugendstilelementen und mittelalterlichen Formen gestaltete Aula des ersten Mädchengymnasiums, des Luisengymnasiums. Foto um 1905.

Von Leonhard Romeis um 1900 errichtete Gebäude in der Richard-Wagner-Straße. Rechts das Paläontologische Museum, damals Kunstgewerbeschule. Foto um 1905.

des Deutschen Museums an und war Honorarprofessor für Pädagogik. Um 1900 errichtete die Stadt München die meisten Schulen nach den von Kerschensteiner propagierten Prinzipien neu – sie stehen heute noch – und gab für Bildung einen großen Teil ihres Etats aus.

München ist heute noch stolz auf seine zahlreichen Schulen jeder Art, in denen vielfältige Bildung angeboten wird.

Der Weg zu einem Mädchengymnasium in München, das die Stadt und gebildete Kreise, allen voran der Literaturnobelpreisträger Paul Heyse, lange forderten, war schwierig. Noch 1895 äußerte der bayerische Kultusminister, „einer humanistischen Lehranstalt für Mädchen keinen Vorschub leisten zu wollen, da sie darauf bedacht seien, dem übermäßigen Zudrang zu den Knabengymnasien möglichst Einhalt zu thun, und daher Bedenken tragen müsse, das weibliche Geschlecht in seinem Zugang zu Berufen, die bisher nur Männern offen gestanden, zu fördern und dadurch das Anwachsen eines halbgebildeten Proletariats zu vermehren".

Schließlich wurde das bis heute bestehende Luisengymnasium gegründet, das vorher schon seit 1822 „Schule für höhere Töchter" gewesen war.

Die Ludwig-Maximilians-Universität München war in der zweiten Hälfte des 19. Jahrhunderts geprägt vom Wirken wichtiger Gelehrter und der zunehmenden Bedeutung der naturwissenschaftlichen Fächer, die zu einer Sektion zusammengefasst wurden. 1847 war Max von Pettenkofer (1818–1901) nach München gekommen. Er wurde 1865 Rektor der Universität und übernahm zugleich die erste deutsche Professur für Hygiene, die er als eigenes Fach innerhalb der Medizin etablierte. Die von Pettenkofer entwickelte Gesundheitstechnik spielte bei der Verbesserung der hygienischen Verhältnisse in der Stadt eine wichtige Rolle. Adolf von Baeyer (1835–1917) kam 1875 als Nachfolger von Justus von Liebig nach München, wo nach seinen Maßgaben ein neues Labor erbaut wurde. 1905 erhielt er für seine Verdienste um die anorganische Chemie den Nobelpreis. 1915 übernahm Richard Willstätter (1872–1942) Baeyers Lehrstuhl und erhielt noch im selben Jahr ebenfalls den Nobelpreis. Auch Wilhelm Conrad Röntgen (1845–1923), der Entdecker der nach ihm benannten Strahlen, kam 1900 an die Universität und erhielt ein Jahr später den ersten Nobelpreis für Physik.

Die heutige Technische Universität wurde 1868 von König Ludwig II. als Polytechnische Schule gegründet und 1877 offiziell „Königlich Bayerische Technische Hochschule München" genannt. Sie entwickelte sich bald zu einem wichtigen Zentrum der Innovation. 1875 gründete Carl von Linde hier das erste deutsche Maschinenlabor, an dem später Rudolf Diesel studierte. Man lehrte mechanisch-technische, chemisch-technische und Bauwissenschaften. 1901 erhielt die Hochschule das Promotionsrecht.

Frauenbewegung

Fassade des Ateliers Elvira, gestaltet von August Endell mit einem chinesischen Drachen im Jugendstil. Foto um 1900.

Verschiedene Organisationen schlossen sich 1894 zum „Bund deutscher Frauenvereine" zusammen, der 1895 in München seine erste Generalversammlung abhielt. 1898 wurde in der Von-der-Thann-Straße das „Atelier Elvira für künstlerisches Lichtbild" eröffnet, das erste von Frauen geleitete Fotoatelier, das Kristallisationspunkt der Frauenbewegung in München wurde. Geleitet wurde es von Juristinnen: der Holländerin Sophia Goudstikker, die ab 1908 die erste in München zugelassene Strafverteidigerin war, und Anita Augspurg (1857–1943), die auch international in der Frauenbewegung eine wichtige Rolle spielte. Goudstikker lebte seit 1898 mit Ika Freudenberg zusammen, der Vorsitzenden des „Vereins für Fraueninteressen", dessen Rechtsschutzstelle Goudstikker leitete, Anita Augspurg ging gleichzeitig eine Lebensgemeinschaft mit Lida Gustava Heymann ein. Beide waren 1899 unter den Gründerinnen des radikalliberalen „Verbands fortschrittlicher Frauenvereine" und drei Jahre später des „Deutschen Vereins für Frauenstimmrecht". Im Haus neben Anita Augspurg wohnte die Lehrerin und Reichstagsabgeordnete Toni (Antonie) Pfülf, die hauptsächlich für eine Verbesserung der sozialen Lage kämpfte. Vorher war sie Lehrerin in Milbertshofen gewesen. Aus Verzweiflung über die „Machtergreifung" der Nazis wählte sie 1933 den Freitod.

Eine Vorkämpferin der Frauenbewegung eigener Art war Franziska Gräfin zu Reventlow. Das Mädchen aus adeligem Haus, geboren 1871, wuchs wohlbehütet in Schleswig-Holstein auf. Sie brach mit ihrer Familie und kam 1897

Gräfin Franziska zu Reventlow und ihr Sohn Rolf. Foto um 1905

Frauen und Männer arbeiten in der Gummifabrik Metzler im Westend an Schläuchen und Reifen. Die bürgerliche Frauenbewegung setzte sich auch für die Verbesserung der Lebensverhältnisse der Arbeiterinnen ein. Foto um 1900.

erscheinen. Ihrem Tagebuch vertraute sie 1905 an: *„Ich liebe einen und begehre sechs andere. Mich reizt nur gerade der Wechsel und der ‚fremde Herr'."* In ihrer Zeit galt sie der Mehrheit als eines der „gschlamperten Malerweiber" Schwabings.

In München lebten, wegen der Anregungen und Freiheiten, die die Stadt bot, damals auch bekannte Schriftstellerinnen, wie Helene Böhlau, Ricarda Huch, Isolde Kurz und Ina Seidel. Carry Brachvogel gründete 1913 zusammen mit Magda Haushofer-Merk den Bayerischen Schriftstellerinnen-Verein und wurde dessen Vorsitzende. Sie griff besonders auch „Frauenthemen", wie die Ausnutzung der Münchner Kellnerinnen, auf. Ihre Spur verliert sich 1943 im KZ Theresienstadt, wohin die Nazis sie verschleppt hatten.

1897 gab es eine erste Jurastudentin an der Münchner Universität, 1905 waren es 53 studierende Frauen und 1918 bereits 1.191 von insgesamt 8.625 eingeschriebenen Studenten. 1912 fand in München ein deutschlandweiter Frauenkongress statt, dessen nach außen sichtbarer Höhepunkt ein mit Pferdewagen veranstalteter Demonstrationsumzug für das Frauenstimmrecht war. Die SPD war die einzige Partei, die für dieses eintrat. Das Stimmrecht bei Wahlen erreichten die Frauen erst nach der Revolution von 1918.

nach München, um Kunst zu studieren, und stand auch Modell. Ihren Lebensunterhalt fristete sie spärlich als Herausgeberin des „Schwabinger Beobachters" und als Autorin von Romanen. Sie verstand es, die interessantesten Gestalten der Bohème um sich zu scharen, und lebte mit mehreren Männern zusammen. Die bekanntesten sind Ludwig Klages und Franz Hessel. Sie hat nie verraten, wer der Vater ihres Sohnes Rolf war, mit dem zusammen sie den Begriff „Wahnmoching" für Schwabing geprägt hat. Franziska zu Reventlow starb, nachdem sie in Schwabing in über zehn verschiedenen Häusern gewohnt hatte, von finanziellen Missgeschicken verfolgt, 1918 in Ascona. Ausgerechnet die Schweizer Bank, der sie ihr sauer erheiratetes Geld anvertraut hatte, war pleitegegangen. Ihre Lebensweise lässt „die Gräfin" als eine Vorkämpferin für die erotische Freiheit und Gleichberechtigung der Frauen

Neue Impulse: „Jugend" und „Simplicissimus"

Im Jahr 1896 entstanden in München für das kulturelle Leben in Deutschland wichtige Zeitschriften. Im Mai erschien im Verlag von Georg Hirth in München erstmals die Zeitschrift „Jugend", die dem „Jugendstil" ihren Namen gab. Viele Künstler lebten bis 1940 von und mit diesem Organ. Benannt wurde es nach dem 1893 erschienenen skandalträchtigen naturalistischen Drama „Jugend" des Münchners Max Halbe, der dadurch berühmt wurde. Georg Hirth (1841–1916) war der bedeutendste Verleger jener Zeit. Er hatte von seinem Schwiegervater die „Münchner Neuesten Nachrichten" übernommen, in denen er einen „Panzerturm zum Schutze der Rechtsgleichheit, der Gewissensfreiheit, des zeitgemäßen Fortschritts und der nationalen Ideale" sah, und machte sie zur meistgelesenen Zeitung Süddeutschlands.

Der 1895 mit seinem Verlag aus Leipzig nach Schwabing gezogene Albert Langen brachte am 4. April 1896 das erste Heft des Witz- und Karikaturblattes „Simplicissimus" heraus. Der „Simpl" wurde bald in ganz Deutschland berühmt und berüchtigt; es kam zu Skandalen, Verboten und Prozessen. Besonders Kaiser Wilhelm II. und seine Außenpolitik wurden angegriffen – eine Majestätsbeleidigung. Die Schuldigen wanderten ins Gefängnis oder gingen vorübergehend ins Exil. Die Auflage stieg durch diese „Werbung" von 26.000 auf 55.000. Viele der Artikel und Zeichnungen sind heute noch anregend zu lesen und zutreffend. Künstler wie Karl Arnold, Thomas Theodor Hei-

Titelblatt der Zeitschrift „Jugend" vom 3. April 1897. Zeichnung von Hans Christiansen.

Titelblatt des „Simplicissimus", 10. Jahrgang 1906, 1. Zeichnung von Thomas Theodor Heine.

ne, Ferdinand von Rezniček und Eduard Thöny spießten mit spitzer Feder hinreißend die Probleme, Banalitäten und Idiotien ihrer Zeit wie der Menschheit allgemein auf. Sie arbeiteten nicht nur für den „Simpl", sondern auch für andere Zeitschriften und schufen auch Bücher wie der Norweger Olaf Gulbransson, der in seinem „Kefernest" am Schwabinger Bach lebte.

Auch bedeutende Schriftsteller wie Thomas Mann oder Frank Wedekind, dessen Gedicht über Wilhelm II. einen Skandal ausgelöst hatte, arbeiteten für die Zeitschrift. Da Wedekind den Verleger Langen für die sieben Monate Gefängnis, zu denen er verurteilt worden war, verantwortlich machte, stellte er seine Tätigkeit für ihn ein. Sein Nachfolger wurde 1900 Ludwig Thoma, dessen beißende Satiren großen Anklang fanden; ein Kollege von ihm war Korfiz Holm, der die Redaktion später führte. Die Mitarbeiter des „Simplicissimus" prägten das kulturelle Leben und die Bohème in Schwabing entscheidend mit.

Einzelgänger, die keiner Gruppierung angehörten, waren die Angehörigen der Familie Mann aus Lübeck, die 1893 nach München zog. Die berühmten Brüder Heinrich und Thomas sollten mit ihren Romanen bald weltweite Anerkennung finden. Viktor Mann schilderte in seiner Autobiografie „Wir waren fünf" das Leben seiner Sippe in München.

Großes Aufsehen erregte Frank Wedekind (1865–1918) mit seinen Dramen („Erdgeist", „Frühlings Erwachen"); die Zensur bekämpfte sie als unsittlich und verderblich. Auch seine Chansons, später gesungen von Tochter Pamela, und seine kabarettistischen Stücke fanden viel Anklang.

München wurde neben Berlin und Wien Hauptort der literarischen Moderne. Hier erschienen auch weitere Zeitungen und Zeitschriften, u. a. „Pan", „Insel", „Süddeutsche Monatshefte", „März", „Der Kunstwart", „Hochland" und die Blätter für die Kunst des Kreises um Stefan George. Die Stadt war ein Zentrum der Buchkunst, aber auch der Bibliophilie. Die Zahl der Verlage, Druckereien und lithografischen Anstalten wuchs ständig.

Erster Vorkämpfer der Moderne war Michael Georg Conrad (1846-1927), der 1890 gemeinsam mit Otto Julius Bierbaum, Hanns von Gumppenberg und anderen die „Gesellschaft für modernes Leben" gründete. Conrad plädierte für Brückenschläge zwischen Altem und Neuem und sah die Moderne als selbstlose moralische Instanz im Gegensatz zur am Eigennutz orientierten Kulturindustrie.

„Der Münchner Frahsee. Mein Herz, das ist ein Bienenschwarm": Zeichnung von Ferdinand von Rezniček. „Simplicissimus", 1899.

Gegner des Naturalismus war Stefan George (1868–1933). Seine Ideale waren priesterliche Reinheit und festliche Schönheit, er strebte nach dem Weihevollen und Exklusiven und er inszenierte um seine Person einen exzessiven Kult mit stark homoerotischen Zügen. Zum George-Kreis gehörten Friedrich Gundolf, der „Prophet" Ludwig Derleth, der Antisemit und Mysterienforscher Alfred Schuler, der Privatgelehrte und Grafologe Ludwig Klages sowie der Schriftsteller Karl Wolfskehl, der wegen seiner jüdischen Abstammung später emigrieren musste. Man traf sich meist in der Wohnung von Hanna und Karl Wolfskehl in der Römerstraße, wo auch George lebte. Dort fanden die Maskenfeste des George-Kreises ebenso statt wie die Versammlungen der »Kosmiker«. Man übte sich in kultischen Festen, orphischen und korybantischen Tänzen, antikischen Ritualen und orgiastischen Gastmählern mit vergoldeten Speisen. Propagiert wurde ein Neuheidentum, die Erneuerung der schöpferischen Kräfte der Antike. Lechter, der die Publikationen des Kreises maßgeblich gestaltete, verwendete dabei bevorzugt das altarische Symbol des Hakenkreuzes.

Eine einzigartige Erscheinung war Valentin Ludwig Fey (1892–1948), der unter dem Namen Karl Valentin berühmt geworden ist. Er wuchs in der Au auf und besuchte, nachdem er zunächst eine Schreinerlehre absolviert hatte, eine Komikerschule. Dann ging er zuerst mit einem selbst gebauten „Orchestrion" auf Tournee. 1908 feierte er in München erste Erfolge auf der Bühne, bald auch mit seiner langjährigen Partnerin Liesl Karlstadt (Elisabeth Wellano, 1892–1960). Die Komik des dürren Mannes lebte von der grotesken Körpersprache. Valentin sah sich in der Tradition der Münchner Volkssänger, beeindruckte aber auch Zeitgenossen wie den Starkritiker Alfred Kerr, Hermann Hesse oder Bert Brecht, mit dem er bei Theater- und Filmproduktionen zusammenarbeitete. Nach 1933 waren seine Arbeitsmöglichkeiten eingeschränkt, 1948 starb er verarmt und fast vergessen. Heute ist er berühmter denn je.

Daneben gab es vor 1918 auch Musiker in München wie die Komponisten Max Reger und Ludwig Thuille und die Dirigenten Felix Mottl und Wilhelm Furtwängler.

Der von Martin Dülfer 1896 im Jugendstil errichtete Kaim-Saal (Konzertsaal der Münchner Philharmoniker in der Türkenstraße 5), der von Bomben zerstört wurde. Foto um 1905.

Zahnräder, Werkzeuge und Maschinen für die Welt

GLEASON-HURTH heute.

1896 eröffnete der schwäbische Mechaniker und Tüftler Carl Hurth in einem Hinterhof in der Frauenstraße 19 eine Werkstätte und stellte Werkzeuge her. 1904, mit der Entwicklung der ersten eigenen Wälzfräsmaschine, hat Carl Hurth begonnen, sich auf die Zahnradfertigung zu konzentrieren.

Sein Geschäft expandierte so stark, dass er ab 1911 in der Holzstraße 19 im Glockenbachviertel die Carl Hurth Maschinen- und Zahnradfabrik aufbauen konnte. In den 1920er-Jahren – die Firma beschäftigte bereits 800 Mitarbeiter – begann sein Sohn Hans mit der Herstellung von Motorradgetrieben.

1935 wurde das Zahnradschaben mit Schabrädern entwickelt und bereits 1938 wurden die ersten Werkzeuge ausgeliefert und bis heute mehr als 100.000 Schabräder produziert.

An einem weiteren Standort in Milbertshofen, Moosacher Straße, setzte das Unternehmen im Jahr 1958 die Entwicklung des Zahnradschabens fort und entwickelte 1962 mit dem Tauchschaben das heute weltweit meistverwandte Verfahren zur Zahnradfeinbearbeitung. Im schnellen Wirtschaftswachstum dieser Zeit konnte das Unternehmen im Jahr 1969 insgesamt bis zu 3.000 Mitarbeiter in München beschäftigen. Im Jahr 1975 wurde eine weitere Produktionsstätte in Brasilien gegründet.

1983 führte man beide Münchner Werke in der Moosacher Straße zusammen. In dieser Zeit wurde auch das Unternehmen in zwei Bereiche unterteilt: die Hurth Zahnräder und Getriebe GmbH sowie die Hurth Maschinen und Werkzeuge GmbH. Weltruhm erlangte Hurth mit seinen Bootswendegetrieben und Getrieben für Schienenfahrzeuge speziell auch für die Münchner S- und U-Bahnen. 1993, mit der Vorstellung des Power-honens, begann für den Maschinen- und Werkzeugbereich eine neue, richtungsweisende Ära in der Hartfeinbearbeitung von Zylinderrädern.

1995 wurde der Bereich Maschinen und Werkzeuge von der Gleason Corporation übernommen. Gleason nutzte dabei die langjährigen Beziehungen der beiden Unternehmen für die Notwendigkeit, im globalen Wettbewerb weiter zu expandieren. Die Firma GLEASON-HURTH war geboren. Dieser strategische Zusammenschluss steigerte in den folgenden Jahren den Umsatz beträchtlich. Als Tochterunternehmen des amerikanischen Gleason-Konzerns wurde man in München schnell zum Kompetenzzentrum für die Feinbearbeitung von zylindrischen Verzahnungen. Am Standort München werden mit fast 250 Mitarbeitern Maschinen, Werkzeuge und Aufspannungen für höchste Qualitätsansprüche entwickelt und produziert.

Die Produktpalette umfasst dabei alle Arten von Zahnradfeinbearbeitungsmaschinen sowie die dazu passenden Werkzeuge und Aufspannungen. Außerdem werden vollautomatische Beladesysteme für diese Maschinen projektiert, gebaut und implementiert.

Ein besonderer Schwerpunkt ist die Entwicklung und Fertigung von hochkomplexen Werkzeugbearbeitungs- und -schleifmaschinen, um in der eigenen Werkzeugfertigung weltweit den technologischen Vorsprung von Gleason zu gewährleisten.

Mit Kunden auf allen Kontinenten und mehr als 30 Ländern ist Gleason der einzige Hersteller, der Komplettlösungen (Total Solutions) rund ums Zahnrad anbietet, die sämtlichen Anforderungen rund um den Globus gerecht werden.

Das Werk in der Holzstraße im Jahr 1966.
Quellen: GLEASON-HURTH.

Die Krone der Baufinanzierung

Die Münchener Hypothekenbank eG – auch MünchenerHyp – ist eine der wenigen eigenständigen Pfandbriefbanken Deutschlands. Sie ist spezialisiert auf die langfristige Finanzierung von Wohn- und Gewerbeimmobilien und gehört zum genossenschaftlichen Finanzsektor. An den Kapitalmärkten ist sie ein renommierter Emittent von Hypotheken- und Öffentlichen Pfandbriefen. Für eine klassische Hypothekenbank ungewöhnlich ist ihre Rechtsform. Seit ihrer Gründung ist sie eine eingetragene Genossenschaft. 2014 hatte sie rund 77.000 Mitglieder, darunter viele genossenschaftliche Banken und private Kunden.

Gegründet wurde sie am 2. Dezember 1896 als Bayerische Landwirtschaftsbank zur Behebung der Agrarkrise: Die Bauern, nach der Bauernbefreiung freie Unternehmer geworden, sahen sich dem Markt ausgeliefert und litten an ständiger Kreditnot. Die Aktienbanken finanzierten in erster Linie industrielle Großobjekte – Bauern galten nicht als kreditfähig.

Der noch relativ junge genossenschaftliche Gedanke der Hilfe zur Selbsthilfe ließ die Idee einer Landeshypothekenbank für die bayerische Landwirtschaft entstehen, die günstige Realkredite auf Immobilien gewähren sollte.

Am 27. November 1896 genehmigte die Staatsregierung das Statut der zukünftigen Genossenschaftsbank. Vor allem Eigentümer land- und forstwirtschaftlicher Grundstücke in Bayern sowie Gemeinden konnten Mitglieder der Genossenschaft werden. Die Königlich Bayerische Staatsregierung des Prinzregenten Luitpold gewährte als Gründungshilfe eine Million Goldmark unverzinslichen Kapitals und einen verzinslichen Betriebsvorschuss über eine weitere Million Goldmark. Der Prinzregent genehmigte 1897, die Wittelsbacher Krone als Siegel zu verwenden, bis heute das Erkennungszeichen der Bank. Das Haus Wittelsbach ist der Bank weiterhin verbunden. Herzog Max in Bayern gehörte ihrem Aufsichtsrat bis 2011 als stellvertretender Vorsitzender an.

Die Jahre bis zum Ersten Weltkrieg waren eine Zeit des Aufschwungs. Die Landwirte nutzten die Hypothekendarlehen vor allem zur Konvertierung vorher größtenteils untilgbarer Hypotheken. 1914 konnte die Bayerische Landwirtschaftsbank eine Bilanzsumme von 167,2 Millionen Mark vorlegen. Sie refinanzierte sich über Pfandbriefe, die mit Hypothekendarlehen besichert waren, sowie Kommunalobligationen.

Im Ersten Weltkrieg stagnierte die Geschäftstätigkeit. Die Bank wandte sich deshalb dem Wohnungsbau zu – ab 1919/1920 auch der Vergabe von Darlehen an Kommunen und größere Güter.

oben: Jubiläums-Hypothekenpfandbrief zum 100-jährigen Bestehen der Bank.

links: Das erste Gebäude der Bayerischen Landwirtschaftsbank, Prinz-Ludwig-Straße 3. Quellen: Archiv der Münchener Hypothekenbank

Hintergrund: Das Logo der Bayerischen Landwirtschaftsbank mit der Wittelsbacher Krone

Die nächste Herausforderung war 1923 die Inflation. Die Bayerische Landwirtschaftsbank gab Roggenrentendarlehen und -pfandbriefe aus, deren Kurse sich an der Münchener Produktenbörse orientierten. Mit Einführung der Rentenmark am 15. November 1923 war eine Billion Papiermark noch eine Goldmark wert, und zum 1. Januar 1924 ergab sich eine Bilanzsumme von nur 4,46 Millionen Goldmark.

Bis zur Bankenkrise 1931 wuchs die Bilanzsumme wieder auf über 100 Millionen Reichsmark an. Aber die Landwirte verwendeten die Darlehen mehr und mehr für kurzfristige Geschäftsvorgänge und ihre Verschuldung nahm derart zu, dass Reichspräsident von Hindenburg Notverordnungen wie Vollstreckungsschutz erließ. Dennoch überstand die Bank auch diese Krise ohne Hilfe von außen.

Mit der Machtergreifung Hitlers wurde die Bayerische Landwirtschaftsbank in den Reichsnährstand eingegliedert. Doch es bestand ein Gegensatz zwischen der Bank als demokratischer Genossenschaft und dem Führerprinzip. Der Agrarsektor wurde umgestaltet, denn die NS-Propaganda privilegierte die Bauern als „Ernährer des Volkes". Mit dem Reichserbhofgesetz von 1933 wurden kleine und mittlere Betriebe von Staats wegen entschuldet. Das traf die Bank hart. Erneut bot die Förderung des Wohnungsbaus einen Ausweg.

Am 7./8. Januar 1945 zerstörte ein Luftangriff das Bankgebäude in der Prinz-Ludwig-Straße 3 weitgehend. Nach Kriegsende durfte die Bayerische Landwirtschaftsbank ihre Geschäfte mit Erlaubnis der US-Militärregierung weiterführen. Sie erwarb in der Nußbaumstraße 12 eine Ruine, die ihre Angestellten wieder aufbauten.

Bis Mitte der 1950er-Jahre blieb der Schwerpunkt die Kreditvergabe an die Landwirtschaft. Mit dem Wandel Bayerns vom Agrar- zum Industriestaat und der bundesweiten Expansion der Bank trat die Finanzierung von Wohneigentum immer mehr in den Vordergrund. Konsequent erfolgte 1971 die Neufirmierung als „Münchener Hypothekenbank eGmbH". Ihre Rechtsform als eingetragene Genossenschaft sowie ihr Unternehmenszweck – die genossenschaftliche Förderung ihrer Mitglieder – sowie die Einbindung in den genossenschaftlichen Finanzsektor blieben unverändert.

In den 1970er- und 80er-Jahren wuchs die MünchenerHyp kräftig. Die Zusammenarbeit mit den Volksbanken und Raiffeisenbanken intensivierte sich, sodass Anfang der 70er-Jahre die ersten Regionalbüros außerhalb Bayerns errichtet wurden – heute gibt es elf. Das gewerbliche Finanzierungsgeschäft baute sie ebenfalls aus.

Bald nach dem Fall der Mauer im Jahr 1989 expandierte die Bank in die neuen Bundesländer und beteiligte sich am Solidarpakt der genossenschaftlichen Verbundinstitute. Ende der 90er-Jahre nahm sie in der gewerblichen Immobilienfinanzierung das Auslandsgeschäft in ausgewählten westeuropäischen Staaten auf.

Mit Beginn des neuen Jahrtausends wurde die Kreditwirtschaft von tiefgreifenden Umbrüchen erfasst. Es begann mit dem Zusammenbruch des neuen Marktes an den Börsen, es folgte die Immobilienkrise in den USA, die sich zu einer internationalen Finanzmarktkrise und in Europa zu einer Staatsschuldenkrise auswuchs.

Die MünchenerHyp bewältigte auch diese Umbrüche aus eigener Kraft und baute ihr Geschäft weiter aus. Eine Zäsur war 2005 das Inkrafttreten des Pfandbriefgesetzes, das die Emission von Pfandbriefen neu regelte und die hohen Qualitätsstandards des Pfandbriefs weiterentwickelte.

Heute wird die MünchenerHyp zu den bedeutenden Pfandbriefbanken Deutschlands und Europas gezählt und steht daher seit 2014 unter der direkten Aufsicht der europäischen Zentralbank. Sie gilt international als eine der ersten Adressen für Pfandbriefe und wurde im Jahr 2013 als bester internationaler Emittent von gedeckten Schuldverschreibungen (Pfandbriefe) ausgezeichnet. 2014 setzte sie neue Standards, indem sie den weltweit ersten Pfandbrief begab, der ökologische, soziale und politisch-gesellschaftliche Nachhaltigkeitskriterien erfüllt.

Das Gebäude der MünchenerHyp am Karl-Scharnagl-Ring 10. Quelle: Münchener Hypothekenbank

Jugendstil

Der Begriff „Jugendstil" taucht erstmals im Jahr 1897 bei der Sächsisch-Thüringischen Industrie- und Gewerbeausstellung in Leipzig auf, wo Paul Möbius einen außergewöhnlichen Ausstellungspavillon gestaltete, „vom Hergebrachten stark abweichend mit gewagt humoristisch-phantastischen Motiven, die einen gewissen Schwung entwickeln". Der Name geht auf die 1896 gegründete Münchner illustrierte Kulturzeitschrift zurück und deren Name wiederum auf das 1893 veröffentlichte gleichnamige Bühnenstück von Max Halbe. Diese Kunstbewegung erfasste, ausgehend von der Arts-and-Crafts-Bewegung in England, unter verschiedenen Namen ganz Europa und die Welt. Teilweise gab es hier Einflüsse japanischer Kunst. Es ist die Epoche zwischen Historismus und Moderne. Kennzeichnende Elemente für den Jugendstil sind dekorativ geschwungene Linien, flächenhafte florale Ornamente und Naturmotive. Zur Programmatik des Jugendstils gehörte auch die Forderung nach Funktionalität, dass also zum Beispiel die Funktionen eines Gebäudes dessen Gestaltung sichtbar bestimmen sollten. Die Fassaden mussten nicht länger symmetrisch und von axialen Aufteilungen bestimmt sein, sondern durften einer aus dem Grundriss entwickelten Raumvorstellung folgen. Die Abkehr von den historischen Bauformen und die intensive Suche nach neuen dekorativen Gestaltungsmöglichkeiten in Architektur und Kunstgewerbe waren erklärtes Programm vieler Künstler des Jugendstils. Zentrales Anliegen des Jugendstils war es, authentisch zu sein und der Zeit einen eigenen Stil zu geben.

München war ein Zentrum des Jugendstils in Deutschland. Hermann Obrist erregte bereits 1895 mit seiner Stickarbeit „Peitschenhieb", einem Wandbehang, der eine Zyklame darstellt, großes Aufsehen. Er gründete 1897 gemeinsam mit Freunden, darunter Peter Behrens, die Vereinigten Werkstätten für Kunst im Handwerk, eine Ausbildungsstätte besonders für Frauen, die Produktion und Verkauf der neuen Kunstrichtung fördern sollte. Hermann Obrist, einer der Führer der Jugendstilbewegung in München, hatte Atelier und Wohnung in

Die Textilarbeit „Der Peitschenhieb" von Hermann Obrist von ca. 1895. Das Original ist in der Ausstellung „Typisch München" im Stadtmuseum ausgestellt. Foto 2012.

München im Spiegel der Zeit   145

der Karl-Theodor-Straße 24. Das sehenswerte Haus, für das einst Richard Riemerschmid die Einrichtung schuf, steht noch heute, allerdings nach Zerstörung verändert und stark eingebaut. Riemerschmid wurde weltweit berühmt mit seinen Raumentwürfen und Möbeln. Ebenso wie Bruno Paul, dessen Möbel bei den Weltausstellungen 1900 und 1904 Preise erhielten.

Viele Jugendstilbauten in München sind den Bomben zum Opfer gefallen und wurden, weil der Stil als altmodisch galt, nicht restauriert. Manche aber sind noch erhalten und erstrahlen inzwischen wieder in altem Glanz. Eine spektakuläre Fassade hatte 1897 August Endell für das Atelier Elvira geschaffen. Da Hitler der giftgrüne chinesische Drache in der Von-der-Tann-Straße bei seinem Haus der Deutschen Kunst nicht tragbar erschien, ließ er ihn 1937 zerstören. Es stehen noch einige der Fassaden von Martin Dülfer, zum Beispiel in der Schellingstraße/Ecke Türkenstraße oder sein Wohnhaus an der Münchner Freiheit. Besonders prächtig sind die von Henry Helbig und Ernst Haiger gemeinschaftlich geplanten Mietshäuser am Habsburgerplatz und in der Römerstraße.

Auch der Architekt Theodor Fischer arbeitete, obwohl er dies später bestritt, bei seinen Bauten wie der Erlöserkirche in Schwabing, dem Polizeipräsidium und seinen Schulen, wie denen in der Haimhauserstraße und am Elisabethplatz, mit Jugenstilelementen.

Die von den Architekten August Exter und Alfred Pinagl 1893 in der Karl-Theodor-Straße in Schwabing errichtete Villa für Hermann Obrist. Foto um 1900

unten: Mietshaus Römerstraße 11, gestaltet 1899 von Ernst Haiger und Henry Helbig. Foto 2013.

links: Detail der Fassade.

Seefisch im Alpenland

Seefisch mehr als 100 km von der Küste entfernt zu verzehren, war bis Ende des 19. Jahrhunderts unmöglich. Allenfalls Betuchte konnten Steinbutt und Co. in den Luxushotels der Bäder genießen, wohin man Edelfische korbweise per Post oder Eilboten schickte.

Die NORDSEE-Filialen in der Schützenstraße (links) und in den Riem Arcaden (rechts) im frischen neuen Design. Quellen: NORDSEE Archiv.

Das änderte sich, als 1896 in Bremerhaven die Gründerväter der NORDSEE ihre Vision, den Menschen auch im Binnenland frischen Seefisch zu liefern, in die Tat umsetzten und die „Deutsche Dampffischerei-Gesellschaft NORDSEE" ins Leben riefen. Während man die eigene Flotte ausbaute und sich stetig neue Fischgründe in Nordsee und Atlantik erschloss, später auch in Mittelmeer und Schwarzem Meer, baute man parallel dazu eine Absatzorganisation auf, die den Fisch schnellstmöglich ins Binnenland beförderte, um ihn in eigenen Geschäften und später auch in Restaurants zu verkaufen.

Gleich zu Anfang entstand die erste Verkaufstheke in Bremen. Schon 1898 wagten sich die NORDSEE-Gründer mitten ins Herz des damaligen Königreichs Bayern und eröffneten am Viktualienmarkt im eigenen Pavillon ihre zweite Filiale. Mit ihrem Seefischangebot kam die NORDSEE bei ihrer Münchner Kundschaft so gut an, dass im Laufe der Zeit neun weitere Standorte hinzukamen, die 2013 mit rund 200 Mitarbeitern über 15 Millionen Euro Umsatz erwirtschafteten.

Stete Innovationen haben der NORDSEE GmbH heute die europaweit führende Rolle in der Fisch-Systemgastronomie beschert. So entdeckte die NORDSEE in den 1930er-Jahren das Fischfilet als Handelsware und automatisierte die Filetproduktion. Anfang der 1950er-Jahre entstanden Fangfabrikschiffe, die mit dieselelektrischen Antrieben bis weit in die reichen Fanggründe vor Grönland vordrangen und die Verarbeitung des Fangs bereits an Bord vornahmen. Die NORDSEE bot als Erste in ihren Geschäften Fisch-Snacks an, führte in den 1960er-Jahren das Fischstäbchen ein und gründete im selben Jahrzehnt ein innovatives „Quick"-Restaurant, das dem neuen Bedürfnis zu schnellen, preiswerten Mahlzeiten Genüge tat. Was viele Menschen nicht wissen: Fischstäbchen werden mit hochwertiger Filetware von Alaska-Seefisch zubereitet.

Die NORDSEE am Münchner Viktualienmarkt hat diese Entwicklung exemplarisch miterlebt. 1975 wurde das Geschäft um ein Restaurant erweitert und grenzt an einen Biergarten mit echt bayerischem Flair – ein Magnet für Einheimische wie Touristen, welcher NORDSEE seit Jahrzehnten den stärksten Jahresumsatz von all ihren Filialen in Deutschland und Österreich einbringt. Mit der Eröffnung einer neuen NORDSEE-Filiale in den Riem Arcaden im Oktober 2014 sowie zahlreichen Modernisierungen wie in der Schützenstraße oder der Filiale im OEZ Olympia Einkaufszentrum präsentiert die NORDSEE GmbH ihre frischen Produkte in einem frischen neuen Design, das mit hellem Holz, moderner Metall-Titan-Optik und oft handgefertigten blauen Fliesen an der Wand trendige Wohlfühlatmosphäre bietet.

1898 gründete die NORDSEE als zweite Filiale ihre Fischhalle am Münchner Viktualienmarkt. Von Anfang an und bis heute ist sie die umsatzstärkste aller knapp 400 NORDSEE-Filialen in Deutschland und Österreich.

Schwabinger Bohème

1900 verließen elf Fußballspieler den MTV 1879 München und gründeten den FC Bayern, der heute mit 224.000 Mitgliedern der zweitgrößte Sportverein der Welt und einer der erfolgreichsten ist. Schließlich wurde 1907 die Filmstadt Geiselgasteig (heute Bavaria Film) eröffnet und 1911 in Hellabrunn der weltweit erste nach geografischen Gesichtspunkten organisierte Tierpark. Gleichzeitig wurde in Schwabing die moderne Kunst geboren.

Im Jahr 1889 stellte der Landschaftsmaler Karl Raupp, der Professor an der Akademie war, fest: „Jetzt ist München unstreitig die künstlerische Hauptstadt Deutschlands […]." Diesen Rang hatte die Stadt schon seit der Zeit von Ludwig I. inne. 1897 schrieb Pablo Picasso in einem Brief: „Wenn ich einen Sohn hätte, der Maler werden möchte […], würde ich ihn nicht nach Paris schicken, sondern nach München."

Der Dichter Leonhard Frank, der später durch seine Romane „Das Ochsenfurter Männerquartett" und „Karl und Anna" bekannt wurde, kam um die Jahrhundertwende nach München, um hier Kunst zu studieren. Er schilderte das Künstlerleben anschaulich in dem autobiografischen Roman „Links, wo das Herz ist".

Eine der bekanntesten privaten Malschulen war die des Slowenen Anton Ažbe (1892–1905), der als genialer Lehrer galt. Das Atelier des Meisters, untergebracht in einem Gartenhäuschen in der Georgenstraße, zog Kunstjünger aus ganz Europa an. Er wurde ein Wegbereiter der Moderne, der durch seine Schüler, besonders Kandinsky, die Weltkunst beeinflusste. Jener erinnerte sich an Schwabing: „Dort lebte ich lange Jahre. Dort

Der Künstler Anton Ažbe aus Slowenien in seiner Kunstschule. Foto um 1900.

1900 Schwabinger Bohème

habe ich das erste abstrakte Bild gemalt. Dort trug ich mich mit Gedanken über ‚reine' Malerei, reine Kunst herum. Ich suchte „analytisch" vorzugehen, synthetische Zusammenhänge zu entdecken, träumte von der kommenden ‚großen Synthese', fühlte mich gezwungen, meine Gedanken nicht nur der mich umgebenden Insel, sondern den Menschen außerhalb dieser Insel mitzuteilen."

Kandinsky hatte 1901 mit Freunden die Malschule „Phalanx" eröffnet, die sogar Frauen aufnahm und sie auch Akt zeichnen ließ. Man malte in der Natur und kam sich dabei näher. Kandinsky lernte dabei Gab-

Die Städtische Galerie im Lenbachhaus am Königsplatz beherbergt eine große Sammlung von Kunstwerken des „Blauen Reiters" und von anderen Künstlern dieser Epoche. Foto 2013.

Titelblatt des Almanachs „Der Blaue Reiter" 1912

riele Münter kennen, mit der er dann zwölf Jahre zusammenlebte. Mit Alfred Kubin, Alexander Jawlensky und dessen Gefährtin Marianne Werefkin gründeten sie 1909 die „Neue Künstlervereinigung München".

Diese moderne Kunst traf damals in der Öffentlichkeit kaum auf Verständnis. Die „Münchner Neuesten Nachrichten" schrieben, die „Mitglieder und Gäste der Vereinigung" seien „Irrsinnige oder Bluffer". Kandinsky entwickelte seine Kunst zur Abstraktion weiter und brachte 1912 mit Franz Marc im Verlag von Reinhard Piper den Almanach „Der Blaue Reiter" heraus, was der Name der in Schwabing,

München im Spiegel der Zeit   149

in der Maxvorstadt und im Voralpenland arbeitenden und lebenden Gruppe wurde.

Lovis Corinth und Max Slevogt begannen hier ihren Weg und Pioniere der Moderne wie August Macke oder Giorgio de Chirico studierten hier. Ebenso Paul Klee, der 1906 mit seiner Frau in ein Gartenhaus in der Ainmillerstraße 32 zog, „leider nicht in bester Lage, sondern in Schwabing". Sein Atelier hatte er dann in der Feilitzschstraße und bis zu seiner Berufung an das Bauhaus in Weimar 1920 im Schloss Suresnes. Nicht nur die geistige Umgebung zog die Künstler nach Schwabing, hier waren auch die Mieten günstiger als in der Stadt. Bedeutende Münchner Bildhauer waren Fritz Behn, Bernhard Bleeker, Hermann Hahn, Wilhelm Hüsgen, Wilhelm von Rümann und Josef Wackerle.

1896 wurde das legendäre Café „Stefanie" an der Ecke Theresienstraße/Amalienstraße eröffnet und entwickelte sich bald zum Treffpunkt der Bohème. Erich Mühsam beschrieb sein „Stammlokal": „Es wird wohl 1905 gewesen sein, dass ich zum ersten Mal angemeldeter Einwohner Münchens und selbstverständlich Schwabings war. Zum Stammlokal wurde das Café Stefanie gewählt, an der Peripherie des Künstlerviertels, im Münchner Quartier Latin gelegen. Hier verkehrten massenhaft Maler, Schriftsteller und Genieanwärter jeder Art, auch viele ausländische Künstler, Russen, Ungarn und Balkanslaven, kurz das, was der Münchner Eingeborne in dem Sammelnamen ‚Schlawiner' zusammenfasst. Ein Ecktisch war für eine Anzahl Berühmtheiten reserviert, deren einige dem Schachspiel oblagen, andere die Tagesereignisse auf dem Gebiet der Literatur, der Kunst und des Theaters erörterten […]."

Lovis Corinth: Selbstporträt in seinem Atelier in der Giselastraße 7. mit Blick über Schwabing, 1896. Städtische Galerie im Lenbachhaus. Foto 2013.

Zeppelin über Theresienwiese und Ausstellungspark. Postkarte 1909.

Ein weiterer Treffpunkt entstand 1903 unter dem Namen „Neue Dichtelei" in der Türkenstraße 57. Mit Genehmigung ihres Stammgastes, des Verlegers Albert Langen, wurde von der Wirtin Kathi Kobus das Lokal in „Simplicissimus" umbenannt (heute: „Alter Simpl"). Jeder, der in Schwabing einen Namen hatte, trat hier auf oder war wenigstens Gast. Der Matrose Hans Bötticher (1883–1934), genannt Ringelnatz, wurde „Hausdichter". Die Altbayerin Kathi Kobus pflegte ihre Stammgäste, Studenten und Künstlerfreunde. Als sich der völlig verarmte Künstler Anton Ažbe 1905 bei ihr zu Tode getrunken hatte, finanzierte sie ihm ein Grab im Nordfriedhof. Als sie, verarmt durch die Inflation, 1929 starb, wurde sie zu ihm gebettet.

Einen weiteren aufsehenerregenden Beitrag zur Kultur leisteten die „Elf Scharfrichter", ein Kabarett nach Pariser Vorbild. Künstlerischer Leiter war Marc Henry. Um der Zensur zu entgehen, gründete man einen Verein und erhob von den Gästen keinen Eintritt zu dem Lokal in einem Hinterhof in der Türkenstraße. Stattdessen musste eine Garderobengebühr entrichtet werden. Die elf Gründungsmitglieder bekamen Scharfrichternamen wie „Kaspar Beil" oder „Frigidus Strang". Otto Falckenberg war „Peter Luft". Die 1901 entstandene Gruppe gestaltete in nur drei Jahren eine große Zahl beachtlicher und beachteter Abende. Die „Elf Scharfrichter" trugen anspruchsvolles Kabarett mit gesellschaftskritischen Chansons, moderner und auch klassischer Lyrik vor, wobei die meisten Texte von Hanns von Gumppenberg, Otto Julius Bierbaum, Richard Dehmel und Leo Greiner kamen. Star und „Wahrzeichen" der Bühne war die Sängerin Marya Delvard. Ein besonderes Erlebnis war es, wenn Wedekind zur Laute seine Chansons vortrug, die oft die bürgerliche Sexualmoral verspotteten.

Das Haus Römerstraße 16, wo sich um 1910 in der Wohnung von Karl Wolfskehl im Kugelzimmer unter dem Dach die Kosmiker um Stefan George trafen. Foto 2013.

1905 Knorr-Bremse

Der Standort München. Um 1955. Quelle: Manfred Pohl, Sicherheit auf Schiene und Straße, S. 267.

Bremsen für die Welt

1905 gründete der Ingenieur Georg Knorr in Berlin die Knorr-Bremse GmbH. Geschäftliche Grundlage bildete die Einführung der von ihm entwickelten Druckluftbremse K1 bei Personenzügen. 1923 führte Knorr Druckluftbremsen für Nutzfahrzeuge ein und bald waren 90 Prozent aller deutschen Lkw mit Knorr-Bremsen ausgerüstet. Knorr-Bremse entwickelte sich bis 1939 zum größten Bremsenbauunternehmen Europas und hatte nach Angliederung weiterer Unternehmen rund 20.000 Beschäftigte.

Ab 1920 war die 1917/18 entstandene Bayerische Motorenwerke AG (BMW) in München ein Tochterunternehmen der Knorr-Bremse und fertigte als Süddeutsche Bremsen-AG Bremsanlagen für die Bayerische Eisenbahn-Verwaltung. Auf ihrem Betriebsgelände befindet sich heute der Stammsitz der Knorr-Bremse AG. Die für Knorr-Bremse wenig interessante Motorenabteilung wurde 1922 einschließlich des alten Firmennamens verkauft.

Nach dem Ende des Zweiten Weltkrieges lag der Berliner Teil der Firma im Sowjetsektor und die Knorr-Erben wurden enteignet. Ein Betriebsstandort erhielt den Status einer sowjetischen Aktiengesellschaft und produzierte weiter Bremsen.

Die Süddeutsche Bremsen-AG in München setzte die Produktion fort. Entwicklung und Vertrieb von Bremssystemen übernahm die Knorr-Bremse GmbH, die 1960 in eine Kommanditgesellschaft (KG) umgewandelt wurde. 1985 kam eine der ganz großen Veränderungen, die Heinz Hermann Thiele initiiert hat – eine Konzentration auf Bremssysteme für Schienen- und Nutzfahrzeuge. Die Knorr-Bremse GmbH und die Süddeutsche Bremsen-AG wurden zur Knorr-Bremse AG fusioniert. Seit 1993 werden die Geschäftsfelder Systeme für Schienen- und Nutzfahrzeuge von getrennten Gesellschaften wahrgenommen. Der Konzentration auf die Kernbereiche folgte eine starke Expansion in beiden Segmenten. Durch die Übernahme bedeutender Hersteller, vor allem in den USA, und den Aufbau eines globalen Produktionsverbunds wuchs Knorr-Bremse zum weltweit führenden Anbieter. Wichtigste Geschäftsfelder sind Bremssysteme für Nutz- und Schienenfahrzeuge. Der Konzernumsatz stieg von 1987 bis 2013 von 311 Millionen Euro auf 4,3 Milliarden Euro mit weltweit mehr als 20.000 Beschäftigten. Entwicklungs- ebenso wie Produktionsstandorte finden sich weltweit nah am Kunden und an den spezifischen Bedürfnissen der Märkte. Knorr-Bremse ist ein eigentümergeführtes Unternehmen. Die 1985 gegründete Knorr-Bremse AG ist wie die gleichnamige Vorgängergesellschaft nicht börsennotiert. Das Gesellschaftskapital befindet sich im Besitz der Familie des Aufsichtsratsvorsitzenden Heinz Hermann Thiele, der den Konzern 1985 übernommen und bis 2007 als Vorstandsvorsitzender geleitet hat.

Süddeutsche Bremsen-AG. Montage und Prüfung der Vollbahn- und Autobremsen. Um 1955. Quelle: Manfred Pohl, Sicherheit auf Schiene und Straße, S. 142.

Isarvorstadt und Ludwigsvorstadt auf Postkarten um 1900.

Frische Lebensmittel für die Stadt

links: Historische Gebäude, Fahrzeuge und Großmarkt der Firma Hamberger. Quellen: Hamberger.

Ende des 19. Jahrhunderts begannen die Brüder Sebastian und Franz Paul Hamberger in Rosenheim mit der Herstellung von Zündhölzern. Um hierfür die erforderlichen Absatzmöglichkeiten zu schaffen, ging Sebastian Hamberger nach München und gründete dort 1908 in der Orleansstraße eine Firma, die 1911 von seinen Söhnen übernommen und unter dem Namen Gebrüder Hamberger fortgeführt wurde. Im gleichen Jahr erwarb man die königlich bayerischen Niederlagenrechte, wodurch der Grundstein für das Salzgeschäft gelegt war.

Das ursprüngliche Produktionsprogramm wurde im Laufe der Zeit ständig ausgebaut, sodass sich allmählich, bedingt durch den Abnehmerkreis, ein Kolonialwarengroßhandel entwickelte. 1945 trat Dipl.-Kfm. Otto Hamberger junior als Gesellschafter in die Firma ein, die er seit dem Tode der beiden Senioren leitete.

Das Geschäft erfuhr als Zündholzkontor, Salzniederlage und Lebensmittelgroßhandel eine erhebliche Ausweitung.

Der größte Sprung jedoch geschah 1964. Durch den Bau eines Cash & Carry-Abholgroßhandels jenseits des Ostbahnhofes, in der Friedenstraße 16, wurde den Kunden die Möglichkeit geboten, sich dieses modernsten, mit niedrigen Preisen und Kosten arbeitenden Vertriebssystems zu bedienen.

Am 01. April 1970 übernahm Dipl.-Kfm. Günter Titius die Geschäftsleitung, die er bis heute, mit Frau Inge Hamberger-Titius, Oliver Titius und Ralf Decker, innehat.

Das Hauptbetätigungsfeld ist heute die Hamberger Großmarkt GmbH mit angegliedertem Lebensmittellieferservice und klarem Schwerpunkt auf Frische. Der Hauptkundenkreis sind Gastronomie, Hotellerie und Handel.

In München wird ein Abholgroßmarkt mit 14.000 qm Verkaufsfläche betrieben. Seit 1990 sind in Sachsen-Anhalt zwei Großmärkte hinzugekommen.

Im Stammbetrieb München und in den Niederlassungen sind 500 Mitarbeiter beschäftigt.

Immobilienversicherer mit wechselvoller Geschichte

Hausbesitzerverein, Hausbesitzer-Versicherung und Hausbank München in der Sonnenstraße 13 unter einem Dach.

Im 19. Jahrhundert, nach der Gründung des Deutschen Reiches im Jahr 1871, bestand in vielen Städten große Wohnungsnot. Ursache war eine seit Jahrzehnten andauernde Landflucht, die die Bevölkerung in den Städten rapide anwachsen ließ. Einer großen Nachfrage stand nur beschränkter Wohnraum gegenüber. Die Hausbesitzer hatten mit einem schlechten Ruf zu kämpfen. Auch die soliden privaten Eigentümer wurden häufig pauschal und zu Unrecht als Spekulanten und Mietwucherer bezeichnet. Sie schlossen sich deshalb zusammen, um ihre Interessen gemeinschaftlich zu vertreten.

Unter der Leitung des weitsichtigen Verlegers Josef Humar beschlossen die Delegierten bayerischer Haus- und Grundbesitzervereine, eine eigene Haftpflichtversicherung ins Leben zu rufen. Am 18. Mai 1911 war es so weit. Geleitet vom Prinzip der Selbsthilfe wählte man für die neu gegründete Bayerische Hausbesitzer-Versicherungs-Gesellschaft die Rechtsform eines Versicherungsvereins auf Gegenseitigkeit. Zweck war der gemeinschaftliche Ausgleich von Risiken.

Noch im selben Jahr konnte man 468 Verträge abschließen. Doch die Anfangsjahre des jungen Unternehmens wurden aufgrund der kommenden politischen Verwerfungen alles andere als einfach.

Als nach Ausbruch des Ersten Weltkriegs das Vorstandsmitglied Franz Seyfried und mehrere Mitarbeiter eingezogen worden waren, kamen die Geschäfte fast zum Erliegen. Auch nach Kriegsende besserte sich die Lage kaum: Die Wohnungsnot nahm derart katastrophale Ausmaße an, dass der Wohnraum behördlich zwangsbewirtschaftet wurde. Ab 1919 setzte die galoppierende Inflation der Hausbesitzer-Versicherung stark zu. Auf ihrem Höhepunkt zahlte sie ihren Mitarbeitern die Gehälter sogleich nach Eingang der Versicherungsbeiträge aus, damit diese noch vor der nächsten Preiserhöhung Lebensmittel einkaufen konnten. Erst die Währungsreform 1923 rettete die

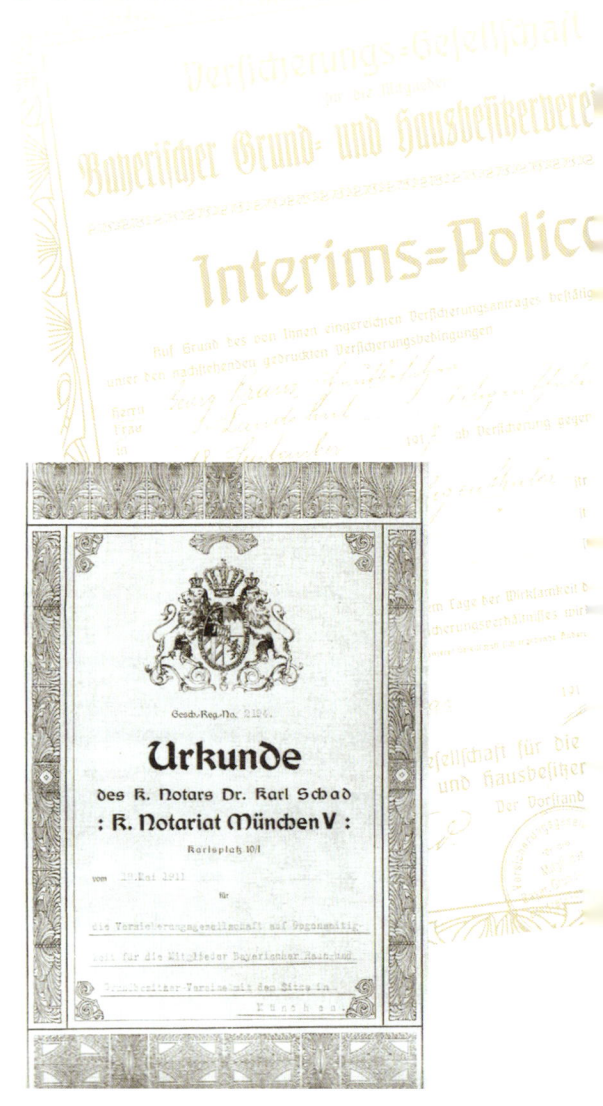

Mit notarieller Urkunde vom 18. Mai 1911 wird die „Versicherungsgesellschaft auf Gegenseitigkeit für die Mitglieder Bayerischer Haus- und Grundbesitzervereine mit dem Sitz in München" gegründet.

München im Spiegel der Zeit

Wirtschaft vor dem Zusammenbruch, und das Versicherungsgeschäft konnte sich stabilisieren. 1931 verfügte die Hausbesitzer-Versicherung mit fast 14.000 Verträgen wieder über eine solide Geschäftsbasis, bis 1941 stieg deren Zahl auf über 17.000 an.

Doch nach der Katastrophe des Zweiten Weltkriegs lag die Geschäftstätigkeit der Hausbesitzer-Versicherung erneut brach. 1944 wurde nicht nur das Verwaltungsgebäude an der Sonnenstraße zerbombt, am Ende des Krieges war auch rund ein Viertel der versicherten Häuser zerstört, über 4.200 Verträge mussten aufgehoben werden.

Erst ab den 1950er-Jahren ging es wieder aufwärts. 1951 hatte die Hausbesitzer-Versicherung wieder fast 15.000 Verträge unter Dach und Fach. Bis 1958 wurde das Verwaltungsgebäude an der Sonnenstraße durch einen modernen Bau ersetzt, und zum 50. Firmenjubiläum im Jahr 1961 war die Zahl der Versicherungsverträge auf rund 21.000 angewachsen.

In den folgenden Jahrzehnten wurde das Produktportfolio kontinuierlich erweitert, u. a. um weitere Haftpflichtsparten, die Sturm- und die verbundene Wohngebäudeversicherung sowie die Hausratversicherung. Auch geografisch expandierte man: Schrittweise dehnte man das Geschäftsgebiet bis 1977 auf die gesamte Bundesrepublik und nach der Wiedervereinigung auch auf die neuen Bundesländer aus.

1983 stand die Versicherung wirtschaftlich besonders gut da: Der bis dahin höchste Jahresüberschuss in der Unternehmensgeschichte ermöglichte erstmals eine Rückstellung für Beitragsrückgewähr. Die Rücklagen bezifferten sich auf stolze 6,6 Millionen DM.

Dann raste am 12. Juli 1984 eine Hagelwalze mit tennisballgroßen Eiskörnern über München hinweg. Innerhalb von nur 20 Minuten waren drei Tote, mehr als 300 Verletzte und Sachschäden von über 3 Milliarden DM zu beklagen. Ein Drittel der Gebäude, für die eine verbundene Wohngebäudeversicherung bestand, wurde beschädigt. Zwar waren nur Hagelschäden in Kombination mit Sturm versichert, doch die Versicherung zahlte auch ohne Sturm ohne Wenn und Aber – rund 18 Millionen DM.

Es war der Auftakt zahlreicher Naturkatastrophen, die in den folgenden Jahrzehnten deutliche Spuren in den jeweiligen Bilanzen der Hausbesitzer-Versicherung hinterließen: 1985 zwei extreme Frostperioden mit bis zu 30 Grad unter Null, 1990 eine Reihe schwerer Orkane über Deutschland, 2002 das Elbe-Hochwasser mit nie da gewesenen Pegelständen und 2013 die Flutkatastrophe in Niederbayern und ein verheerendes Hagelereignis in der Region Neckar-Alb.

Doch eine verantwortungsvolle Risikopolitik in Verbindung mit soliden Kapitalanlagen konnte die Substanz der Hausbesitzer-Versicherung festigen, sodass sie auch in der Finanzkrise von 2008 keine Einbußen hinnehmen musste. Eine hohe Eigenkapitalquote ist Basis eines starken wirtschaftlichen Fundaments und die Anzahl von heute rund 60.000 Versicherungsverträgen ein Zeichen für das hohe Vertrauen der Kunden in das Unternehmen.

links: Aufsichtsrat und Vorstand sind stolz auf den neuen Besprechungsraum im 1958 fertiggestellten Verwaltungsgebäude in der Sonnenstraße 13.

oben: Geschäftsgebäude 1935.
Quellen: Hausbesitzer-Versicherung.

Kranke heilen im Geist christlicher Nächstenliebe

Am 1. Februar 1912 wurde die „Krankenanstalt des Dritten Ordens in München-Nymphenburg" mit 100 chirurgischen Betten eingeweiht.

In der entbehrungsreichen Zeit Anfang des 20. Jahrhunderts litten besonders arme und pflegebedürftige Menschen große Not. Oft wurden sie von den Krankenhäusern als unheilbar entlassen oder gar nicht erst aufgenommen. Aus diesem Grunde hatten sich im Jahr 1902 einige Frauen in der Münchner Pfarrei St. Anton unter der Leitung des Kapuzinerpaters Petrus Eder zusammengeschlossen, um in christlicher Nächstenliebe armen und kranken Menschen beizustehen. Daraus entstand eine Gemeinschaft von Frauen, die sich dem inzwischen gegründeten Verein „Krankenfürsorge des Dritten Ordens" zur Erfüllung seiner karitativ-gemeinnützigen Aufgaben im franziskanischen Geist zur Verfügung stellten. Gemäß ihrem Motto „Unterwegs zu den Kranken" legten sie ihren Schwerpunkt zunächst auf die ambulante Krankenpflege und besuchten die Not leidenden Menschen in ihren Wohnungen, betreuten Obdachlose oder führten oft den Haushalt in Familien, wenn die Mutter erkrankt war. Eine gediegene Krankenpflegeausbildung war für eine angemessene Versorgung der Kranken unerlässlich. Konfrontiert mit dem Mangel an geeigneten Ausbildungsplätzen ergriffen die Schwestern die Initiative. Angeführt vom Kapuzinerpater Canisius König fanden sie tatkräftige Unterstützung beim Arzt Prof. Dr. Carl Schindler sowie anderen einflussreichen Freunden und Förderern und nutzten die Gelegenheit, auf freiem Gelände in Nymphenburg ein eigenes Krankenhaus mit Pflegeschule zu errichten. Mit unermüdlichem Einsatz und Weitsicht gingen die Schwestern ans Werk und konnten bereits 1912 die ersten Patienten aufnehmen.

Nach und nach wuchs das Krankenhaus und zur Chirurgie kamen weitere Fachdisziplinen hinzu. In den folgenden Jahrzehnten waren daher immer mehr Erweiterungsbauten nötig. Ein pfleglicher Umgang mit der Bausubstanz und die Errichtung neuer Baukörper bestimmten die folgenden Jahre.

Südansicht des 1912 eröffneten Gründerhauses, das mit einer Kapazität von 100 überwiegend chirurgischen Betten in Betrieb genommen wurde. Quelle: Archiv der Schwesternschaft der Krankenfürsorge des Klinikums Dritter Orden.

München im Spiegel der Zeit 157

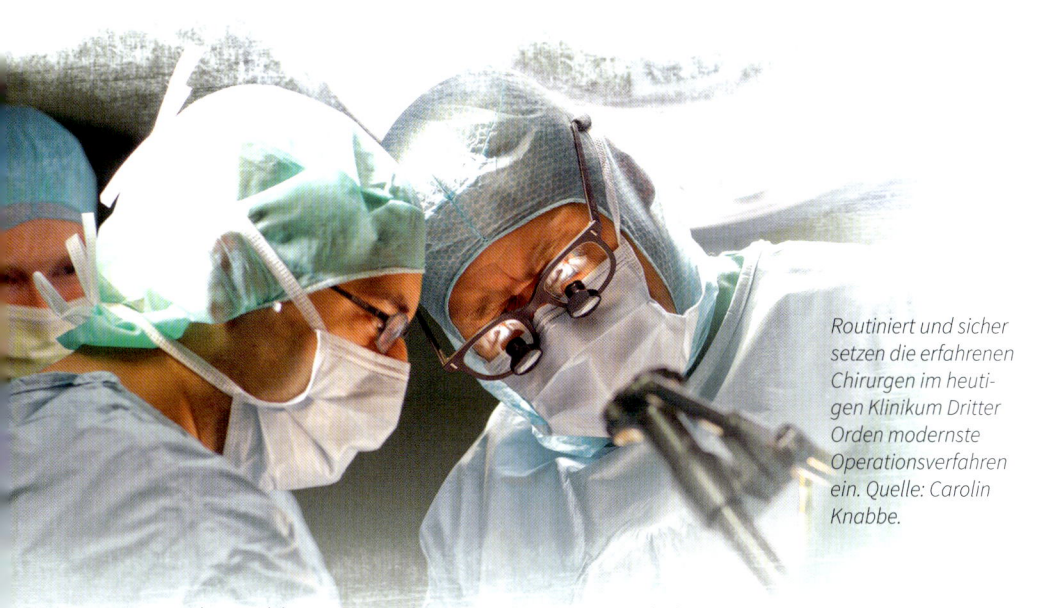

Routiniert und sicher setzen die erfahrenen Chirurgen im heutigen Klinikum Dritter Orden modernste Operationsverfahren ein. Quelle: Carolin Knabbe.

Hohe Fachkompetenz, leistungsstarke Medizintechnik und eine komfortable Ausstattung der Räumlichkeiten prägen das Leistungsangebot im heutigen Klinikum.

Die Komplexität vieler Krankheitsbilder und ein daran orientiertes modernes medizinisches Behandlungsmanagement erfordern spezifische Kooperationen, welche die Abteilungs- und Klinikgrenzen überschreiten und neben dem bisherigen Belegarztsystem die Einbindung der in Praxen tätigen Ärzte voraussetzen. Diese Notwendigkeit wurde im Klinikum Dritter Orden früh erkannt und umgesetzt. So kann in einigen Bereichen eine Patientenversorgung auf Maximalversorgungsniveau angeboten werden.

Die ursprünglich chirurgische Fachklinik mit einer Abteilung und einem ärztlichen Leiter hat sich längst zu einem akademischen Lehrkrankenhaus der Ludwig-Maximilians-Universität München (seit 1979) mit neun Fachabteilungen, fünf Belegabteilungen und zehn medizinischen Zentren entwickelt. Es sind:

Kliniken für Allgemein-, Visceral-, Gefäß- und Thoraxchirurgie; Anästhesie und Intensivmedizin; Gelenkersatz, orthopädische Chirurgie und Unfall-/Wiederherstellungschirurgie; Gynäkologie und Geburtshilfe; Innere Medizin I und II; Kinderchirurgie; Kinder- und Jugendmedizin; Radiologie und Nuklearmedizin.

Medizinische Zentren: Schilddrüsenzentrum; Chest-Pain-Unit (Einheit zur Akutversorgung von Patienten mit Brustschmerz); Onkologisches Zentrum; Darmzentrum; Brustzentrum; Gynäkologisches Tumorzentrum; Ambulantes Operationszentrum (AOZ); Perinatalzentrum Level I; Sozialpädiatrisches Zentrum (SPZ); Therapie-Centrum für Essstörungen (TCE).

Kooperationen bestehen mit dem Herzkatheterlabor Nymphenburg, dem Kuratorium für Dialyse und Nierentransplantation e. V. (KfH) sowie mit den im Diagnose- und Therapiezentrum Nymphenburg (DTZ) ansässigen Praxen.

Kontinuierlich steigende Patientenzahlen bestätigen sowohl die Berechtigung als auch die Attraktivität dieser modernen Versorgungsmodelle. Die hohe Qualität der Arbeit in allen Abteilungen wird ständig von unabhängigen Zertifizierungs-Fachgesellschaften überprüft.

Heute – wie vor über 100 Jahren – setzen die mittlerweile 1.700 Mitarbeiter auf eine leistungsstarke Medizin. Daneben legen sie viel Wert darauf, die menschliche Zuwendung zu geben, der sich das Klinikum aufgrund seiner franziskanischen Gesinnung verpflichtet fühlt. Den Mitarbeitern ist es nach wie vor ein großes Anliegen, die Menschen nicht nur mit ihren körperlichen, sondern auch mit ihren seelischen Bedürfnissen wahrzunehmen und sie im Geist christlicher Nächstenliebe zu betreuen.

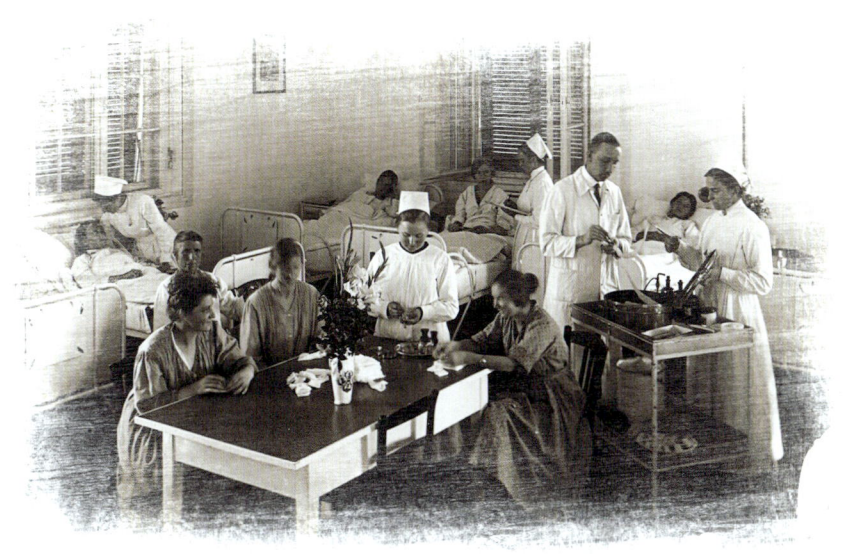

Während um 1920 Krankensäle mit mehr als 20 Betten üblich waren, zog die Schwesternschaft der Krankenfürsorge des Dritten Ordens weniger belegte Zimmer vor, da sie als ruhiger und damit auch als gesünder erachtet wurden. Quelle: Archiv der Schwesternschaft der Krankenfürsorge des Klinikums Dritter Orden.

Das 1899 von Heinrich Düll, Georg Petzold und Max Heilmaier errichtete Denkmal für den Frieden „Friedensengel" war Ausdruck der Sehnsucht nach Frieden. Foto um 1905.

Sicherheit für München

1913 wurde das vom Architekten Theodor Fischer im schlichten Jugendstil errichtete Gebäude des Münchner Polizeipräsidiums in der Ettstraße anstelle des alten Augustinerklosters beim Dom bezogen.

Die Geschichte der Polizei in München reicht bis in das Mittelalter zurück. Die ersten Stadtpolizisten hießen Richtersknechte. „Policey" bezeichnete bis zur Schaffung der modernen Polizei im heutigen Sinne alles Handeln einer Obrigkeit, auch in der Verwaltung.

Ein erster funktionierender Polizeiapparat im heutigen Sinne wurde von dem aus Amerika stammenden Engländer Sir Benjamin Thompson Graf Rumford als Kriegsminister noch im Kurfürstentum Bayern 1788 in München aufgebaut.

Die 1813 gegründete Königliche Bayerische Gendarmerie war bis 1868 Teil der Armee. Ursprünglich standen Verwaltungsaufgaben im Mittelpunkt, dann die Kontrolle der Gesellschaft.

Erst 1919 wurde die Polizei vom Militär gelöst und dem Innenministerium unterstellt. Sie stand nun auch unter ziviler Kontrolle der Gemeinden. Daneben gab es die Bayerische Landespolizei, eine paramilitärisch organisierte Truppe mit der Aufgabe, bei Versammlungen und politischen Veranstaltungen für Ordnung zu sorgen. Sie schlug mit ihrem Einsatz den Hitlerputsch 1923 nieder.

Mit der Machtergreifung 1933 wurde die Polizei zentralisiert. Durch die Aufhebung des Rechtsstaates im „Dritten Reich" war die Polizei ohne Kontrolle durch die Justiz. Sie half, das Regime aufrechtzuerhalten. Die Verbrechen gegen die Menschlichkeit in dieser Zeit – auch durch die damalige Münchner Polizei begangen und gedeckt – hat das Polizeipräsidium aufarbeiten und in einer Ausstellung darstellen lassen.

Nach dem Ende des Zweiten Weltkriegs am 1. Mai 1945 löste die US-Militärregierung alle bestehenden Polizeieinrichtungen auf, um deren Aufgaben selbst zu übernehmen. Da die Kriminalität damit außer Kontrolle geriet, wurde am 29. Juni 1945 wieder eine Münchner Polizei gegründet, die erst 1975 verstaatlicht wurde. Die Polizei kam immer wieder mit spektakulären Fällen, die gelöst werden konnten, und großen Einsätzen ins Licht der Öffentlichkeit.

Heute versteht sich die Münchner Polizei mit ihren vorbildlichen Einsätzen als Garant der öffentlichen Ordnung und Sicherheit und ist dabei immer Helfer und Partner der Menschen. Aufklärung und Vorsorge sind wichtige Bestandteile der Arbeit. München ist – auch dank der Polizei – die sicherste Großstadt Deutschlands mit der höchsten Aufklärungsquote von Straftaten. Seit Juli 2011 besteht ein eigenes Museum, wo Interessierte mehr über die Arbeit und Geschichte der Münchner Polizei erfahren können. Außerdem wird eine Chronik des Polizeipräsidiums München erarbeitet. Geplanter Erscheinungstermin: Herbst 2015.

Historische Aufnahme der Ettstraße mit Hoftor und Eingangsbereich des Polizeipräsidiums München. Quelle: Polizeipräsidium München. 100 Jahre Ettstraße, S. 21.

Innovationen für den Ski- und Klettersport

Schuster-Fassade heute nach dem Umbau 2006. Foto: Oliver Jung.

1913 gründete August Schuster, der vorher beim Kaufhaus Oberpollinger kaufmännische Erfahrung gesammelt hatte, in der Rosenstraße 6 nahe dem Marienplatz ein eigenes Sportgeschäft und baute mit Expertenwissen und Leidenschaft einen treuen Kundenstamm auf. Seitdem haben drei Generationen dazu beigetragen, den „Sport-Schuster" zu Münchens erstem Haus am Platze zu machen.

Bereits 1908 hatte August Schuster als treibende Kraft und Initiator zusammen mit acht Münchner Kaufleuten die „Kaufmännische alpine Vereinigung Bergland" (Sektion Bergland im Alpenverein) gegründet. Ziel war es, „das Bergsteigen zu kultivieren und neue Mitglieder und Kletterbegeisterte zu gewinnen". Mitglieder machten sich in kurzer Zeit mit alpinen Taten einen Namen und gewannen mit Führungstouren und Lehrgängen viele neue Bergbegeisterte. Diese Passion verband August Schuster auch mit seiner Frau Lia, die er dabei kennenlernte und die ihn unterstützte. Kontakte zu Bergfreunden waren wichtig für das Geschäft und die Erfahrung diente zur Entwicklung einer professionellen Ausrüstung für die Berge. So entstanden die berühmten ASMü-Felshaken, die als Hilfsmittel beim Aufstieg zum Einsatz kommen und absichern. Die Schuster-Haken markierten eine neue Ära der Sicherheit im Bergsport. 1916 wurde die Schuster-Skibindung als Patent angemeldet. Die Entwicklung der Manchonsohle ermöglichte einen besseren Halt beim Reibungsklettern auf glattem Fels. Dann kam das Hochtourenzelt, das bei eisigen Temperaturen Schutz bot. Schuster avancierte dadurch auch zum Ausrüster der bekanntesten „Entdecker" wie Prof. Alfred Wegener, Umberto Nobile u. v. a. All diese hochfunktionalen Erfindungen, die für Qualität und Sicherheit bürgten, trugen dazu bei, dass der Name August Schuster München, kurz ASMü, 1926 als internationales Warenzeichen angemeldet wurde.

Nach dem Zweiten Weltkrieg stand das Haus in der Rosenstraße als einziges in der Umgebung noch, trotz schwerster Schäden. 1945 musste man aber fast wieder „bei null" anfangen und verkauft wurde, was die Menschen zum Überleben brauchten, „Popelinemäntel aus Betttüchern" statt Bergausrüstung. Das Wirtschaftswunder ließ das Geschäft aber dann rasch wieder anspringen und es erfolgten Erweiterungen der Ladenfläche.

Der Versuch der Erstbesteigung des Nanga Parbat hatte bereits 31 Männern das Leben gekostet, darunter 1934 Willy Merkl, als dessen Halbbruder Karl Maria Herrligkoffer 1953 eine neue Expedition startete, an der Hermann Köllensperger und Hermann Buhl, Fachberater bei Sport Schuster, teilnahmen. Diese Expedition wurde natürlich mit Tauern-Rucksäcken, Tragesäcken und Zelten vom Schuster ausgerüstet. Bei den Rucksäcken wurden erstmals Perlonfasern

München im Spiegel der Zeit   161

oben: Der Eröffnungstag 22. April 1913. August Schuster mit seiner Hauswirtschafterin als Verstärkung, dazu der strohbehütete Ausfahrer Motschmann, eine Mitarbeiterin und der Lehrling Willibald Peter.

rechts: Schuster-Mitarbeiter Hermann Buhl (2. v. l.) und Hermann Köllensperger (r.) im Basislager unter dem Nanga Parbat (Pakistan) kurz vor Hermann Buhls legendärer Erstbesteigung, 1953. Quellen: Sport Schuster.

verwendet. Hermann Buhl sollte auf dieser Expedition Geschichte schreiben. Am 3. Juli 1953 bewältigte er in einem Alleingang von 41 Stunden einen Höhenunterschied von 1.300 Metern und erreichte als erster Mensch den Gipfel des Nanga Parbat auf 8.125 m. Der bedeutendste Alpinist ist seit einem Wächtenabbruch im Karakorum 1957 verschollen.

Sohn Gustl Schuster führte vom Tod des Gründers 1955 bis zu seinem Tod im Jahr 1974 das Geschäft engagiert zu neuen Höhen. So wurde 1972 die 500. Expedition ausgerüstet. Auch wurden die Olympischen Spiele in München unterstützt. Sportlegenden wie Jesse Owens, Wilma Rudolph, Toni Sailer oder Pelé besuchten seitdem das Geschäft.

Schuster griff auch „neue" Trendsportarten wie Tennis und Golf auf und etablierte sich im deutschen Sporthandel als „Vorzeigehaus".

Nach dem frühen Tod seines Vaters übernahm Gründerenkel Flori Schuster das Unternehmen und führte es erfolgreich weiter. 2003 folgte ein Zusammenschluss mit dem ebenfalls familiengeführten Sporthaus Münzinger im Rathaus und im Stammhaus eine Konzentration auf Ski-, Berg- und allgemeine Sportausrüstungen. 2006 wurde dieses Haus in der Rosenstraße vollständig abgerissen und ein neues aufgebaut. Das Beste am Schuster – die Leidenschaft für die Berge, die Kompetenz und Freundlichkeit der Mitarbeiter und das vielfältige Sortiment – blieb aber erhalten. Die Architektur verbindet Tradition und Moderne – die geschwungene Glasfassade macht neugierig, denn man sieht von der Straße aus den dramatischen Klettersteig im Inneren.

Der Katalog des Sporthauses Schuster von 1913 bis heute ist auf 500 Seiten angewachsen – trotz Internet eines der wichtigsten Marketinginstrumente für das umfangreiche Angebot.

Der größte Zirkus Europas – in München zuhause

Das traditionelle Familienunternehmen Circus Krone wurde 1905 von Carl Krone (1870-1943) unter dem Namen „Circus Charles" auf dem Freimarkt in Bremen gegründet. Bereits Vater Carl Krone (1833-1900) senior hatte seit 1870 die „Menagerie Continental" betrieben. Carl Krone legte besonderen Wert auf die Tierdressuren, für die ein eigener Zeltanbau errichtet wurde. 1893 zeigte er dort als Dompteur Charles den Ritt des Löwen Pascha auf einem Pferd.

1914 erfolgte die Umbenennung in Circus Krone. 1919 wurde der Kronebau in der Marsstraße mit 4.000 Sitzplätzen errichtet, der auch als Veranstaltungsort diente. Der Circuspalast wurde 1944 bei einem Bombenangriff zerstört.

unten: Christel Sembach-Krone mit ihrem geliebten Araberhengst Kohinor.

Nach dem Zweiten Weltkrieg wurde der Circus durch Tochter Frieda Sembach-Krone und deren Ehemann Carl Sembach - bereits 1945 in einem Provisorium - wieder aufgebaut und zu neuen Höhen geführt. 1962 wurde der heute noch bestehende dritte Kronebau mit 3.000 Sitzplätzen errichtet, der von Dezember bis März bespielt wird, danach geht Krone mit dem Zeltcircus auf Tournee durch Deutschland und das angrenzende Ausland.

Seit 1985 leitet Christel Sembach-Krone, die mit ihrer Pferde-Freiheitsdressur bekannt wurde, den Circus. Dieser diente von 1969 bis 1971 für die Dreharbeiten der Fernsehserie „Salto Mortale". Eine feste Institution war für viele Jahre bis 2009 auch die in der ARD übertragene Wohltätigkeits-Veranstaltung „Stars in der Manege".

Heute werden bis zu 400.000 Menschen in München in der Winterspielzeit von einem spannenden Programm mit sensationellen Artistik- und Tiernummern verzaubert. Größte Attraktion sind die vielen Tiere, für die Krone berühmt ist, darunter die einzigartigen weißen Löwen King Tonga und Baluga, indische und afrikanische Elefanten, Pferde und Nashornbulle Tsavo.

Die Prunkfassade im Jahre 1931.

Der heutige Kronebau. Fotos: Circus-Krone.de

Martin Lacey junior mit dem weißen Löwen King Tonga.

Krieg und Hunger

Am 28. Juni 1914 war der Thronfolger der österreichisch-ungarischen Monarchie Franz Ferdinand in Sarajewo von serbischen Nationalisten ermordet worden. Die unglückliche Bündnispolitik des Deutschen Reiches mit Kaiser Wilhelm II. führte dazu, dass dieses an der Seite Österreichs am 1. August 1914 Russland, das mit Frankreich, England und Italien verbündet war, den Krieg erklärte. Eine Fülle von Entwicklungen mit meist nationalistischen Hintergründen war vorausgegangen. Am Beginn des 20. Jahrhunderts hatten die Arbeiter mit ihren Organisationen durch Streiks und vermehrte politische Einflussnahme eine Verbesserung ihrer aus heutiger Sicht völlig unzumutbaren Arbeitsbedingungen erreicht, sie lebten aber weiter am Existenzminimum. 1909 wurde als Ergebnis einer Untersuchung der Gewerkschaften in München festgestellt: „Der Arbeitsverdienst reicht nicht aus, die Familie ordnungsgemäß zu ernähren, zu kleiden und ihr Wohnung zu geben. [...] Krankheit und Arbeitslosigkeit, Elend und Siechtum, das ist die Signatur unserer gegenwärtigen Wirtschafts- und Gesellschaftsordnung." Frauen wurden selbst bei gleicher Arbeitsleistung wesentlich schlechter bezahlt als ihre männlichen Kollegen, deswegen konnten sie kaum selbstständig leben.

Die Lage verschlechterte sich durch zunehmende Arbeitslosigkeit und Inflation, wie aus dem Bericht eines Arbeiters der Isaria-Zählerwerke in Sendling deutlich wird: „So um 1911 fingen langsam die Teuerungen an. Am Anfang hat das Bier noch 22 Pfennig den Liter gekostet, dann 24, dann 26 und dann 28. Das Essen in der Kantine stieg von 60 auf 70 auf 80 Pfennig. So langsam kam damals die Stimmung auf: Ein Krieg muß her."

Aus dieser sozialen Situation und einer nationalistisch-abenteuerlustigen

Titelblätter der Zeitschrift „Simplicissimus" (März und April 1913). Mit den Zeichnungen nimmt Thomas Theodor Heine gegen den drohenden Krieg Stellung.

Stimmung heraus wurde die Mobilmachung 1914 von vielen begrüßt. Man erhoffte sich einen „kostenlosen Ausflug nach Paris" und einen wirtschaftlichen Aufschwung wie nach dem letzten Krieg gegen Frankreich 1871. Der Odeonsplatz war am 2. August 1914 voll von Menschen, die den Kriegsausbruch bejubelten, unter ihnen auch der arbeitslose Kunstmaler Adolf Hitler. Viele meldeten sich freiwillig zu den Waffen, in der Hoffnung, im Winter wieder als Sieger zu Hause zu sein. Hitler konnte als Österreicher in die bayerische Armee eintreten und stieg zum Gefreiten bei der Infanterie auf.

Die meisten Männer zogen in den Krieg und Frauen übernahmen deren Arbeit in Fabriken. Teils wurden sie zwangsverpflichtet, teils mussten sie arbeiten, um ihre Familien zu ernähren, da die Männer als Soldaten dafür zu wenig Geld erhielten.

Das „völkermordende Ringen" zog sich über vier lange Jahre hin und brachte für die Ärmeren eine Hungersnot. So sank der Fleischverbrauch in München von 1914 bis 1918 von 68,3 auf 14,1 kg pro Kopf im Jahr; man musste von Kartoffeln und Steckrüben (Dotschen) leben. Folgen der Mangelsituation waren Krankheiten und Tod. Viele Kinder erlitten gesundheitliche Dauerschäden. So schreibt der 1911 geborene Karl Horn über die Folgen des Hungers: „Meine um zwei Jahre ältere Schwester bekam die Englische Krankheit (Rachitis). Es blieben zeitlebens Wirbelsäulenverkrümmung mit Höcker. Ich kam etwas glimpflicher davon: leichte Wirbelsäulenkrümmung, Hühnerbrust, zu dünne Arm- und Beingelenke, leichte O-Beine."

Den Mangel an Nahrungsmitteln, Kleidung und Brennmaterial sowie den enormen Preisanstieg konnte auch die Zwangsbewirtschaftung mit Bezugsscheinen nicht beheben. Da im Agrarland Bayern die Versorgung noch besser war als anderswo, mussten Lieferungen an noch Bedürftigere geleistet werden, dazu kamen Touristen („Berliner Kriegsgewinnler") ins Land, um sich satt zu essen. Die Gründung eines „bayerischen Kriegswucheramtes" 1916 konnte die Wut auf die „Preußen" nicht bremsen. Auch bezahlbare Wohnungen waren rar.

Seit 1916 kam es zu Hungerkrawallen, bei denen hauptsächlich Frauen und Jugendliche demonstrierten. Die Hauptlast trugen die Frauen, wie die Lehrerin und spätere Reichstagsabgeordnete Toni (Antonie) Pfülf, die ehrenamtlich als Waisen- und Armenrätin tätig war. Sie kämpfte auch gegen die Zwangsverpflichtung von Frauen in der Rüstungsindustrie.

Um den Krieg zu beenden, organisierte die USPD (Unabhängige Sozialdemokratische Partei), die sich 1917 als linke und pazifistische Alternative von der SPD (MSPD) abgespalten hatte, im Januar 1918 Streiks in Rüstungsbetrieben, denen sich in München bis zu 10.000 Werktätige anschlossen. Sprecher der Arbeiterpartei USP und Organisator des Streiks war der Philosoph und Journalist Kurt Eisner. Dieser forderte öffentlich den Sturz der Regierung und die Bildung eines Arbeiterrates. Am 31. Januar 1918 protokollierte die Polizei: „Am Mittwoch wühlten der Schriftsteller Kurt Eisner und seine russisch-polnisch-jüdisch-deutsche Adjutantin (Rosa Luxemburg) in unerhörtesten Tönen, Massenstreik und Revolution predigend, in einer Werkstattversammlung der Arbeiterschaft der Rappmotorenwerke ... [Vorläufer von BMW]". Die Organisatoren dieser Streiks wurden verhaftet, Kurt Eisner aber am 14. Oktober vom Reichsgericht wieder auf freien Fuß gesetzt, da er als Reichstagskandidat der USPD für eine Nachwahl aufgestellt worden war.

Der Krieg tobte grausam an allen Fronten. Dabei kamen 13.725 Münchner um, mehr noch wurden verwundet; viele Familien hatten Verluste zu beklagen. So starben zum Beispiel auch die Künstler Franz Marc und Albert Weisgerber. In der Stadt gab es keine Kampfhandlungen außer Bombenabwürfen von einem französischen Flugzeug, die aber kaum Schaden anrichteten. Die militärische Niederlage war abzusehen und der Wunsch nach Frieden wurde in der Bevölkerung immer stärker. Das herrschende System hatte in den Augen einer großen Mehrheit abgewirtschaftet.

In Lazaretten in München wurden im Ersten Weltkrieg viele Verwundete behandelt. Postkarte 1916.

Luftbild der Bayerischen Motoren Werke an der Neulerchenfeldstraße (heute Lerchenauer Straße) von Westen. Foto 1925.

Luftbild des BMW-Werks von Südwesten mit Konzernzentrale und Museum rechts sowie BMW Welt unten links. Foto 2014.

Erfolgreichster Premiumhersteller von Automobilen weltweit

Die Anfänge von BMW gehen auf Karl Rapp und Gustav Otto zurück. Aus der Flugmaschinenfabrik Gustav Otto an der Lerchenauer Straße, dem heutigen Standort des Münchner BMW-Werks, ging 1916 auf staatliches Betreiben die Bayerische Flugzeug Werke AG (BFW) hervor. Aus den Rapp Motorenwerken in der Schleißheimer Straße und damit ebenfalls in München-Milbertshofen angesiedelt, entstand parallel dazu 1917 die Bayerische Motoren Werke GmbH, die 1918 in eine AG umgewandelt wurde. 1922 übertrug die BMW AG ihren Motorenbau samt dem Markennamen an die BFW. Das BFW-Gründungsdatum, der 7. März 1916, ist damit auch das Gründungsdatum der Bayerische Motoren Werke AG.

Zunächst fertigte das Unternehmen Flugmotoren, doch nach Inkrafttreten des Versailler Vertrags als Folge des Ersten Weltkriegs kam dieser Markt zum Erliegen. Nach der Produktion von Motoren für Lkw, Boote und Motorräder stellte BMW im Herbst 1923 das erste Motorradmodell vor, ab 1924 wurden am Oberwiesenfeld auch wieder Flugmotoren produziert. In den Automobilbau stieg BMW 1928 mit dem Erwerb der Fahrzeugfabrik Eisenach ein. Während die Automobil-

München im Spiegel der Zeit 167

Seit 1972 prägt das markante Ensemble von BMW Konzernzentrale und Museum das Erscheinungsbild des Münchner Nordens. Foto 1972.

fertigung in Eisenach verblieb, kam die Entwicklungsabteilung nach München. In den 1930er-Jahren entwickelte sich BMW zu einer auch sportlich erfolgreichen Marke, die auf zwei und vier Rädern zahllose Siege auf der ganzen Welt einfuhr.

1936 entstand in Allach – damals noch eine eigenständige Gemeinde – ein weiteres Werk zur Flugmotorenproduktion. Während des Zweiten Weltkriegs war BMW ein kriegswichtiges Unternehmen, das hauptsächlich Flugmotoren für die Luftwaffe produzierte. In der Fertigung waren auch viele Fremd- und Zwangsarbeiter eingesetzt.

Nach dem Ende des Zweiten Weltkriegs wurden die BMW Werke in München und Allach von den Alliierten demontiert, das Werk in Eisenach befand sich in der sowjetischen Besatzungszone, außerhalb des Einflussbereichs der Münchner Zentrale. Zudem verfügten die amerikanischen Besatzer ein Produktionsverbot von Fahrzeugen, das nur schrittweise gelockert wurde. 1948 liefen wieder Motorräder von den Bändern im Milbertshofener Werk, der erste Nachkriegs-Pkw wurde 1951 vorgestellt. Seitdem werden in München auch BMW Automobile gefertigt.

Mitte der 1950er-Jahre geriet das Unternehmen in eine wirtschaftliche Schieflage und 1959 wäre es fast zum Verkauf an die Daimler-Benz AG gekommen. Doch BMW überwand die Krise und wuchs in den 1960er-Jahren rasant, sodass das Werk München an seine Grenzen kam. Um mehr Platz zu

Das FIZ von BMW. Über 9.000 Mitarbeitende forschen hier an der Mobilität von morgen. Foto 2014.

Im Werk München wurde und wird vor allem der 3er BMW produziert. Auf dem Bild sind die ersten sechs Generationen des BMW Erfolgsmodells, das 1975 erstmals vorgestellt wurde, versammelt.

Mit der BMW Welt in direkter Nachbarschaft von Konzernzentrale und Produktionswerk 1 hat BMW ein weiteres architektonisches Highlight in München gesetzt. Fotos: BMW AG/BMW Group Archiv.

schaffen, wurde die Motorradfertigung nach Berlin verlegt. Mit dem Erwerb der Hans Glas GmbH (bekannt durch das „Goggomobil") wurde Dingolfing zu einem weiteren BMW Standort. Auch in München wurde stark investiert. Das zeigte sich vor allem in der Errichtung der neuen Konzernzentrale, die 1972 zu den Olympischen Spielen in direkter Nachbarschaft zum Olympiapark fertiggestellt und 1973 bezogen wurde. Seitdem ist das Ensemble des auch „Vierzylinder" genannten Hängehochhauses und des angrenzenden Museums ein architektonisches Wahrzeichen Münchens.

In den 1970er-Jahren entwickelte sich BMW zu einem Weltkonzern, der auf den wichtigsten Märkten eigene Vertriebsgesellschaften gründete und sein Produktionsnetzwerk weiter ausbaute. Mit dem Bau des Forschungs- und Innovationszentrums (FIZ), das 1990 offiziell eingeweiht wurde, begann die Bündelung sämtlicher Entwicklungsaktivitäten. Hier erfolgt nicht nur die Entwicklung der BMW Automobile, sondern auch von Fahrzeugen der Marken MINI und Rolls-Royce Motor Cars, die seit 1994 bzw. 1998 zur BMW Group gehören. In direkter Nachbarschaft zum FIZ ist BMW Motorrad beheimatet. Auch wenn die Produktion der BMW Zweiräder in Berlin stattfindet, sind alle sonstigen Aktivitäten – von der Entwicklung bis hin zu Marketing und Kundendienst – in München verortet.

Mit der BMW Welt, einem Auslieferungs- und Erlebniszentrum in direkter Nachbarschaft zur BMW Konzernzentrale und dem Werk, eröffnete die BMW AG 2007 ein weiteres architektonisches Highlight. In den letzten Jahren hat sich das markante Gebäude, in dem sämtliche Marken der BMW Group in anspruchsvollem Ambiente präsentiert werden, zur beliebtesten Touristenattraktionen Bayerns entwickelt – mit jährlich knapp 3 Millionen Besuchern aus aller Welt.

Heute ist BMW der erfolgreichste Premiumhersteller von Automobilen weltweit: 2013 wurden 1,96 Millionen Automobile ausgeliefert, hinzu kamen 115.000 Motorräder. Die BMW AG beschäftigt weltweit 110.000 Mitarbeitende, davon über 30.000 in München. Einer von vielen Belegen, dass sich die Bayerischen Motoren Werke auch als Global Player zum Standort München bekennen.

Revolution und Räterepublik

Kurt Eisner verbürgte am 5. November bei einer Massenversammlung im Hackerkeller seinen Kopf, dass München, „ehe 48 Stunden verstreichen", aufstehen und die Regierung stürzen werde, damit der Frieden komme. Aber der königlich bayerische Sozialdemokrat Erhard Auer versicherte: „Eisner ist erledigt. Wir haben unsere Leute in der Hand." Ihm war eine parlamentarische Demokratie mit Regierungsbeteiligung der MSPD in Aussicht gestellt.

Für den 7. November hatten MSPD und USPD am Nachmittag einen Generalstreik ausgerufen und auf die Theresienwiese eingeladen. Die über 100.000 Teilnehmer der Hauptkundgebung der MSPD verabschiedeten unter dem Vorsitz von Erhard Auer die Forderungen: Abdankung des Kaisers, Waffenstillstand, Demokratisierung, Achtstundentag. Sie zogen dann zum Friedensengel, wo sich die Demonstration auflöste.

Kurt Eisner zog mit den Anhängern der USPD unter dem Motto „Es lebe die Revolution!" über die als Kaserne genutzte Guldeinschule im Westend und die Donnersbergerbrücke zu den Kasernen in Neuhausen und der Maxvorstadt, deren Besatzungen sich kampflos der Bewegung anschlossen. Der Regierung gelang es nicht, Truppen zum Einschreiten zu gewinnen – es war niemand mehr bereit, für das alte System zur Waffe zu greifen. Der Krieg mit seinen Enttäuschungen und Entbehrungen hatte bis weit in zunehmend verarmte bürgerliche Kreise hinein das Vertrauen in die Regierenden zerstört.

Marta Feuchtwanger, die mit ihrem Mann, dem Schriftsteller Lion Feuchtwanger, in der Georgenstraße wohnte, berichtet über die Haltung in bürgerlichen Kreisen: „Unsere Hausfrau, die Mutter des Generals, dessen Wohnung wir gemietet hatten, bat Lion um einen Besuch. Sie war die Frau eines hohen Regierungsbeamten, doch jetzt hatte sie nur Worte der Verachtung für den Kaiser, für die Regierung, für den bayerischen König. ‚Wir sind be-

Großveranstaltung auf der Theresienwiese zu Füßen der Bavaria am 7. November 1918, die Ausgangspunkt der Revolution wurde. Foto 1918.

'logen worden', ereiferte sie sich, ‚bis zuletzt haben wir alle an den deutschen Sieg geglaubt. Ihr Eisner ist der einzige Mann, der uns retten kann.'"

Noch am Abend des 7. November 1918 konstituierte sich im Mathäserbräu unter dem Vorsitz von Eisner ein Arbeiter-, Soldaten- und Bauernrat. In der Nacht ließ Eisner sich vom provisorischen Nationalrat im Landtagsgebäude in der Prannerstraße als Ministerpräsident ausrufen. Am 8. November war auf den Plakatsäulen zu lesen:

„Unter dem fürchterlichen Druck innerer und äußerer Verhältnisse hat das Proletariat die Fesseln mit gewaltiger Anstrengung zerrissen und sich jubelnd befreit! Ein Arbeiter- und Soldatenrat ist gegründet, der die Regierung in sicherer Hand hat."

Der „Freistaat Bayern" war ausgerufen, König Ludwig III. war geflohen.

Am 9. November wurde auch in Berlin das Ende der Monarchie besiegelt und Kaiser Wilhelm II. ging ins Exil. Am 11. November 1918 endete der Weltkrieg mit der Kapitulation des Deutschen Reiches.

Eisner bildete zusammen mit der MSPD eine Regierung für Bayern, der u. a. Erhard Auer als Innenminister und der spätere Ministerpräsident Johannes Hoffmann als Kultusminister angehörten. Die Situation in der Stadt blieb ruhig und sicher, allerdings gab es schwere soziale Probleme. Trotz der denkbar schwierigen Ausgangslage führte die Regierung Eisner zukunftsweisende Maßnahmen durch. Bayern wurde das erste Land mit Achtstundentag, Frauenwahlrecht und Pressefreiheit. Diese wurde zur Hetze gegen den Ministerpräsidenten genutzt, der dann bei den Landtagswahlen am 12. Januar 1919 eine vernichtende Niederlage erlebte. Eisner wurde von den politischen Gegnern aller Seiten abgelehnt und bekämpft: Dem bürgerlichen Lager war er als Linker und Jude verhasst, den Sozialdemokraten als weltfremder Idealist und den Spartakisten als Bourgeois. Hinter ihm standen hauptsächlich Münchner Arbeiter, die seine Ehrlichkeit und charismatische Persönlichkeit schätzten.

Am 21. Februar wurde Ministerpräsident Kurt Eisner auf dem Weg zum neu gewählten Landtag, dem er seinen Rücktritt erklären wollte, ermordet und danach Erhard Auer durch ein Attentat außer Gefecht gesetzt. In dem politischen Machtvakuum etablierte sich noch am selben Tag ein „Zentralrat", in dem die beiden sozialdemokratischen Parteien, die Kommunisten, die Arbeiter-, Soldaten- und Bauernräte und die Gewerkschaften zusammenarbeiteten. Die Beerdigung Kurt Eisners auf dem Ostfriedhof am 26. Februar wurde zur größten politischen Kundgebung, die München je gesehen hatte.

Der Landtag trat am 17. März im ruhigen Bamberg zusammen und wählte den Sozialdemokraten Johannes Hoffmann zum Ministerpräsidenten. In der Nacht vom 6. auf den 7. April beschloss der „Zentralrat" in München mit großer Mehrheit die Ausrufung der Räterepublik.

Soldaten kehren vom Krieg Heim. Zeichnung von Wilhelm Schulz. Simplicissimus 1919

München im Spiegel der Zeit   171

Stelle, wo Ministerpräsident Kurt Eisner ermordet und verehrt wurde. Foto 1919.

Demonstration auf der Theresienwiese am 19. Februar 1919.

rechts: „Weiße" führen einen gefangenen „Roten" vor. Postkarte 1919.

Ein fehlgeschlagener Versuch der Regierung, am 13. April die Räteherrschaft in München mit Waffengewalt zu beenden, hatte eine Radikalisierung zur Folge. Die nun ausgerufene zweite oder „kommunistische" Münchner Räterepublik, an deren Spitze u. a. Eugen Leviné, Ernst Niekisch und Ernst Toller standen, herrschte nun bis zum 1. Mai 1919. Die „Roten" in München waren im Land isoliert, die Bauern lieferten keine Lebensmittel mehr in die Stadt. Den Kämpfen der „Roten" mit regulären Truppen und Freikorps aus dem Oberland sowie den folgenden Morden der „Weißen" fielen etwa 1.000 Menschen zum Opfer. Die Mehrheit freute sich, dass wieder Ruhe herrschte: „Die Bevölkerung nimmt die Truppen in großer Herzlichkeit auf. Seit Sonntag sieht man auch Bauern in Gebirglertracht bewaffnet im Straßenbild." Die Bürger waren verunsichert und hatten Angst vor „den Roten".

GWG München – gut zu wohnen

Im Herbst 1916 befürchtete das Innenministerium, dass bei Kriegsende eine große Wohnungsnot in Bayern entstehen würde. Allein in München fehlten damals bereits rund 6.000 Wohnungen. Deswegen wurde 1918 im Neuen Rathaus von 57 Gesellschaftern mit einem Stammkapital von 847.000 Mark die Gemeinnützige Wohnungsbau Gesellschaft gegründet. Sie sollte ursprünglich mehr beratend als selbst bauend tätig sein.

Die Währungsreform von 1923 (mit dem damit verbundenen Verlust des Stammkapitals) führte in der Mitte der 1920er-Jahre zur vorübergehenden

oben: Die Maikäfersiedlung war die erste Baumaßnahme, welche die GWG München in Eigenregie errichtete.

links: Luftbild der Maikäfersiedlung nach der Sanierung.

Hintergrund: Passivhaus am Humannweg im Harthof.

München im Spiegel der Zeit   173

Für ihren Neubau an der Thalkirchner/Implerstraße erhielt die GWG München den Deutschen Bauherrenpreis 2014.

Modellprojekt in Holzbauweise an der Badgasteiner Straße in Sendling-Westpark. Quellen: Archiv GWG München.

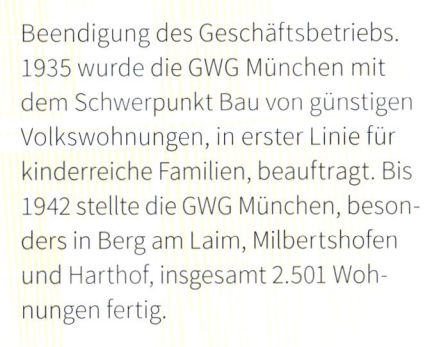

Beendigung des Geschäftsbetriebs. 1935 wurde die GWG München mit dem Schwerpunkt Bau von günstigen Volkswohnungen, in erster Linie für kinderreiche Familien, beauftragt. Bis 1942 stellte die GWG München, besonders in Berg am Laim, Milbertshofen und Harthof, insgesamt 2.501 Wohnungen fertig.

Nach 1945 stand die Beseitigung von **Kriegsschäden im Mittelpunkt.** Ab 1948 begann die GWG München dann wieder, Neubauten zu errichten. Zuerst wurden bestehende Siedlungen ausgebaut. Anfang der 1950er-Jahre entstanden zwei neue Wohnanlagen in Ramersdorf und Sendling und 1965 konnte die 10.000. Wohnung fertiggestellt werden. 1973 übertrug die Landeshauptstadt München ihren kommunalen Wohnungsbesitz mit knapp 7.000 Wohnungen an die GWG München. Die teilweise sehr schlechte Bausubstanz und die veränderten Ansprüche an das Wohnen wurden wichtige Herausforderungen. Wegen hoher Leerstände und Mietausfällen wurde 1978 eine Gesamtkonzeption mit Sanierungen, Abriss und Neubauten beschlossen, die seitdem schrittweise von der GWG München umgesetzt wird.

Die Versorgung mit Wohnraum ist eine zentrale Aufgabe der kommunalen Daseinsvorsorge. Die GWG – als Wohnungsbaugesellschaft der Landeshauptstadt München – nimmt diese Aufgabe auf vorbildliche Art und Weise wahr. Mit dem Neubau von Wohnungen, Großmodernisierungs- und Instandhaltungsmaßnahmen, ökologischen Modellprojekten und innovativen Wohnformen deckt die GWG München den gesamten Tätigkeitsbereich der kommunalen Wohnungsversorgung ab. Dabei sind alle Aktivitäten auf Kontinuität, Langfristigkeit und Vertrauen aufgebaut. Die GWG München ist damit ein wichtiger Partner der Stadt bei der Realisierung der wohnungspolitischen Zielvorgabe, eine angemessene Wohnungsversorgung zu ermöglichen.

Die GWG München bewirtschaftet in München insgesamt 27.556 Mietwohnungen, 149.041 qm Gewerbefläche und 14.270 Garagen/Stellplätze. Davon sind 25.538 Mietwohnungen und 40.124 qm Gewerbefläche Eigentum der GWG. Die meisten Wohnungen befinden sich in den Stadtteilen Au, Berg am Laim, Hadern, Harthof, Hasenbergl, Milbertshofen, Moosach, Perlach, Ramersdorf, Schwabing und Sendling.

Die GWG München strebt im Rahmen ihres Auftrages einer integrierenden Wohnraumversorgung weiter die Komplementierung ihrer Quartiere und Siedlungen an. Ein weiteres Anliegen ist, wo erforderlich, die soziale Unterstützung und Betreuung von Mietern und Mieterinnen.

Für ihre vorbildliche Tätigkeit erhielt die GWG München bereits viele Preise und Auszeichnungen.

Antisemitismus, Terror und der Aufstieg der NSDAP

Die Kommunalwahlen am 15. Juni 1919, bei denen erstmals auch Frauen mitwirken durften, ergaben in München eine Mehrheit für MSPD und USPD. Bürgermeister wurde Eduard Schmid, von Beruf Schreiner und dann Redakteur. 1899 war er als erster Sozialdemokrat ins Magistratskollegium gewählt worden und wirkte bis zur „Machtergreifung" 1933 als anerkannter Sozialpolitiker. Vorsitzender der USPD-Fraktion wurde 1919 der Kulturpolitiker Hans Ludwig Held (1885–1954), der die städtischen Bibliotheken aufbaute. Er schloss sich mit der Mehrheit seiner Fraktion nach dem Vereinigungsparteitag 1922 wieder der SPD an. 1933 wurde er von den Nazis entlassen, konnte dann aber ab 1945 wieder das kulturelle Leben in München fördern.

Die Hauptprobleme der Stadt waren auch in diesen Jahren die unzureichende Versorgung mit Fleisch, Milch und Brennstoffen sowie die Wohnungsnot mit 26.000 offiziell registrierten Wohnungsuchenden. Für diese konnten 1919 erst 608 und 1920 immerhin 1.564 Wohnungen neu errichtet werden. Eine zukunftsweisende Siedlungsanlage wurde durch Stadtbaurat Theodor Fischer in der Alten Heide im Norden von Schwabing geschaffen. Die Baumaßnahmen für die 786 Wohnungen mit Gemeinschaftseinrichtungen wurden ohne Spekulation und private Gewinne in städtischer Regie abgewickelt.

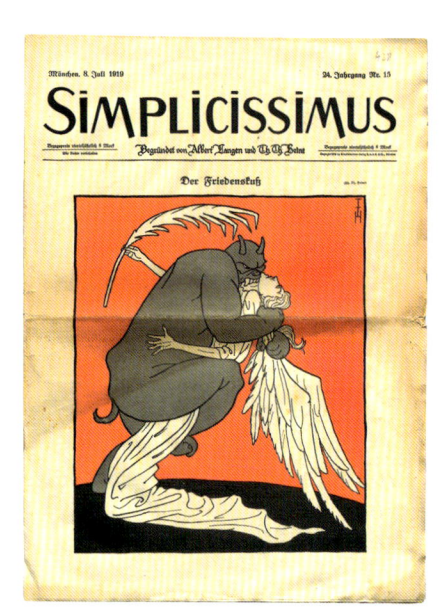

Friedenskuss. Titelblatt des „Simplicissimus" am 8. Juli 1919 von Thomas Theodor Heine.

Propagandakarte für die NSDAP. Albert Reich um 1921.

München im Spiegel der Zeit   175

Die materielle Not zwang bis zu 40.000 Münchner, sich von der städtischen Wohlfahrtspflege unterstützen zu lassen. Zeitweise waren an die 30.000 Menschen arbeitslos gemeldet. 1923 waren von den 55.000 Volksschülern 13,5 Prozent erheblich unterernährt. Folge waren Krankheiten wie Rachitis, TBC und Zahnfäule. Eine Befragung der 1.258 Schulkinder in Pasing ergab, dass 459 kein eigenes Bett und 300 keine Schuhe hatten.

Rechtsradikale und antisemitische Gruppen und Parteien hatten in München seit der Jahrhundertwende großen Einfluss. Bereits 1893 verbreitete eine „Christlich-Soziale Partei", in der sich Hausbesitzer und Geschäftsleute zusammengeschlossen hatten, antisemitische Parolen. Die Schuld für wirtschaftliche Probleme wurde den Juden in die Schuhe geschoben. Am 17. August 1918 wurde die alldeutsche und antisemitische Thule-Gesellschaft gegründet, eine Tarnorganisation des 1913 entstandenen Germanenordens. Arische Abstammung war Voraussetzung, wenn man an den germanischen Riten teilnehmen wollte. Männer, die später wichtige Funktionen in der NSDAP innehatten, waren dabei. Vereinslokal war das Hotel „Vier Jahreszeiten". Einige Mitglieder der Gesellschaft, die gegen die Revolution agierten, wurden 1919 von der „Roten Armee" als Geiseln genommen und erschossen (Geiselmord).

Im Verlag von Friedrich Lehmann in der Paul-Heyse-Straße erschienen seit 1909 Schriften zur Rassenkunde und -hygiene und wurden in großen Auflagen verbreitet. Diese Schriften waren eine geistige Grundlage für den Nationalsozialismus, dessen Partei der Verleger 1931 beitrat.

Bereits am 5. Januar 1919 hatte der Schlosser bei der Eisenbahn Alfred Drexler, ein ehemaliger Zitherspieler, die „Deutsche Arbeiterpartei" gegründet, deren Hauptziel die „Entjudung" Deutschlands war. Diese Partei gefiel dem arbeitslosen österreichischen Künstler und Gefreiten Adolf Hitler so gut, dass er sich ihr im September 1919 als Mitglied Nr. 7 anschloss. Er war ursprünglich in die Versammlung gekommen, um sie im Auftrag der Reichswehr zu bespitzeln. Bald traten auch Ernst Röhm, Dietrich Eckart, Hermann Esser, Gottfried Feder, Hermann Göring und Rudolf Heß bei. Hitler wurde der Starredner der rechten Szene und nach innerparteilichen Kämpfen am 29. Juli 1921 zum Vorsitzenden der DAP gewählt, dem Führer. Am 13. August 1921 forderte Hitler im Hofbräuhaus bereits direkt die Tötung des „Parasitenvolkes" der Juden. Die Mitglieder der Partei gingen zur Judenjagd als Freizeitvergnügen auf die Straße. Man begann mit dem paramilitärischen Kampf gegen Demokraten. Die SA („Schutzabteilung" der NSDAP) verbreitete in der Stadt Angst und Schrecken.

Nach den Morden bei der als „Befreiung Münchens" gefeierten Niederwerfung der Räteherrschaft hörte der Terror von rechts nicht auf. So wurde 1920 ein Dienstmädchen erdrosselt, das ein verbotenes Waffenlager angezeigt hatte. 1921 wurde der USPD-Abgeordnete Gareis vor seiner Wohnung in Schwabing erschossen. Er hatte im Landtag einen Untersuchungsausschuss gegen deutschlandweit operierende rechte Mordorganisationen beantragt, die in München ihren Sitz hatten. Diese Taten wurden nie verfolgt, weil der Polizeipräsident Ernst Pöhner, selbst NSDAP-Mitglied, mit den Mördern sympathisierte. Die Justiz war parteiisch – auf dem rechten Auge blind.

Der Flughafen auf dem Oberwiesenfeld. Von hier startete Hitler seine Propagandaflüge. Postkarte um 1920.

Inflation und Hitlerputsch

Der Haushaltsplanvoranschlag der Stadt München sah für 1918 bereits 194.342.194 Mark vor, für 1921 dann 738.232.681 und für 1923 schließlich 205.173.139.390 Mark. Hier spiegelt sich die dramatische Inflation im Deutschen Reich. Bereits 1921 waren die Lebenshaltungskosten um 30 Prozent angestiegen. 1923 kletterte dann der Preis für eine Semmel von Juli (1.200 Mark) bis zum Dezember auf 28,5 Milliarden Mark. Die tägliche Lohnauszahlung mit anschließendem Einkauf war mühsam.

Der städtische Beamte Thomas Wimmer, der später zum Oberbürgermeister gewählt wurde, war sehr sparsam und verdiente durch Schreinerarbeiten dazu. Er konnte daher in seiner privaten Haushaltsabrechnung für das Jahr 1923 einen Überschuss von immerhin 57.474.949.497.678 Mark verbuchen.

Bürgerbräukeller über dem Gasteig. Hier begann 1923 der Hitlerputsch. Gemalte Postkarte um 1900.

Dies erbrachte ihm nach der Währungsumstellung (Kurs 1 Billion : 1) schließlich 57 Mark.

Die Grundstücksverkäufe, auch an Ausländer, zu denen sich viele Münchner zum Überleben gezwungen sahen, führten zum Schlagwort vom „Ausverkauf Münchens". Vor diesem Hintergrund sind Erfolge von Heilsbotschaften wie der Nazis erklärbar. Die Verunsicherung, die diese Entwicklung in der Bevölkerung auslöste, ist erklärlich. Hoffnungslosigkeit, Orientierungslosigkeit und Angst, aber auch konkrete materielle Vorteile, die ihnen dort geboten wurden, trieben viele Menschen in radikale Organisationen. Eines der einfachen Rezepte zur Gewinnung von Anhängern hieß Ausländerhass und Antisemitismus.

Am 8. November 1923 fühlte Hitler sich stark genug, in München die Macht zu übernehmen und nach Berlin zu marschieren. Am Vormittag des 9. November besetzte ein Stoßtrupp der NSDAP das Rathaus mit Waffengewalt. Gegen den Widerstand der Stadträte wurde die schwarz-weiß-rote Reichskriegsflagge am Rathausturm aufgezogen. Dann zwang man „marxistische" Stadträte, voran Bürgermeister Eduard Schmid, einen Lastwagen zu besteigen. Die Menge vor dem Rathaus misshandelte, beschimpfte und bespuckte die Politiker bei einem Spießrutenlauf auf dem Marienplatz. Hier hielt der „Stürmer"-Herausgeber Julius Streicher aus Nürnberg vor der fanatisierten Menge eine antisemitische Hetzrede. Die Gefangenen wurden in den Osten Münchens

Bayerisches Inflationsgeld 1923.

verschleppt und weiter gedemütigt. Stadtrat Georg Maurer erinnert sich: *„[...] Ein Zigarrenhändler aus dem Tal mit wahnsinnig glänzenden Augen, der uns mit den anderen bewacht, [...] hält einen Revolver auf uns zu und schreit: ‚Maul halten, ihr roten Hunde, sonst erschieß ich euch!' Schmid ruft er zu: ‚Dreh dich um, du Schweinehund, sonst schieß ich dich runter!'"* Dem früheren Direktor der städtischen Sparkasse, der dem Lastwagen nachgefahren war, gelang es schließlich, die Putschisten von der Ermordung der Geiseln abzubringen. Da der Putsch inzwischen gescheitert war, überredete er die Entführer, die Stadträte nicht zu ermorden; man brauche noch die Unterschrift des Ersten Bürgermeisters für die Auszahlung von Renten. Die Putschisten nahmen daraufhin ihren Gefangenen die Kleider ab und flohen. Ihr Anführer wurde später nur zu einer kleinen Geldstrafe verurteilt.

Inzwischen war der Putsch zusammengebrochen. Der vom Bürgerbräukeller am Gasteig gestartete Marsch nach Berlin endete bei der Feldherrnhalle kläglich. Die nicht von den Nazis gefangen genommenen Minister hatten hier Landespolizei aufgestellt, die den Spuk mit Waffengewalt beendete. 16 Putschisten und drei Polizisten wurden getötet. Die Nazi-Prominenz floh in alle Winde. Der selbst ernannte Reichskanzler Hitler, dem Freunde, die ihn wegzerrten, den Arm verrenkten, wurde später in der Villa Hanfstaengl in Uffing am Staffelsee verhaftet. Der Prozess gegen die Rädelsführer im März 1924 führte zu lächerlich geringen Strafen. Hitler wurde, trotz der weiteren Untaten seiner Anhänger, nicht einmal als Ausländer des Landes verwiesen, weil er „so deutsch denkt und fühlt". Die Inflation, die hohe Arbeitslosigkeit und die Unzufriedenheit über die politischen Verhältnisse hatten der NSDAP die Massen in die Arme getrieben. Die Partei wurde nun zwar verboten, ihre Anhänger aber konnten weiterarbeiten. Auch durch das von Anfang an widerrechtliche Gerichtsverfahren geriet dieses, wie der Putsch, zur Propaganda für den „Führer". Die unheilvolle Duldung der Rechtsradikalen ging weiter.

Hitlerputschisten inhaftieren Stadträte am 9. November 1923.

Konsolidierung und Straßenkämpfe

Von außen sah manches anders aus, besonders während des Oktoberfestes. *„Was könnte man über München anderes sagen, als daß es eine Art von deutschem Paradies sei? [...] In ganz Deutschland aber träumen die Leute oft, sie seien in München, nach Bayern gefahren. Und tatsächlich ist diese Stadt auf erstaunliche Art und Weise ein großer deutscher, ins Leben gesetzter Traum"*, schrieb der amerikanische Dichter Thomas Wolfe 1928 nach dem Besuch des Oktoberfestes, obwohl er dort fast in einer Rauferei sein Leben gelassen hätte. Die Realität war nüchterner.

Die SPD stellte auch nach 1924 die stärkste Fraktion im Stadtrat. Eine knappe Mehrheit im Gremium wählte aber den Bäckermeister Karl Scharnagl von der Bayerischen Volkspartei (BVP) zum Ersten Bürgermeister. Er war eigentlich ein Anhänger der Monarchie und hielt enge Verbindung zur katholischen Amtskirche. Hauptprobleme waren weiterhin Wohnungsmangel, Arbeitslosigkeit und die daraus resultierende Not. Zeitweise mussten über 20 Prozent der Bevölkerung durch die öffentliche Fürsorge unterstützt werden.

Erfolgreich war man beim Wohnungsbau, wo u. a. moderne Siedlungen in

Die von 1928 bis 1930 erbaute Siedlung am Walchenseeplatz. Luftbild 1930.

Das Postgebäude, errichtet 1929 im damals hier angefeindeten Stil der Moderne an der Tegernseer Landstraße in Obergiesing von Robert Vorhoelzer. Postkarte um 1930.

Friedenheim, Harlaching und Neuhausen entstanden. 1929 wurde das „Technische Rathaus" in der Blumenstraße von Hermann Leitenstorfer erbaut, das erste Hochhaus Münchens. Es dient heute noch der Stadtplanung. Besonders sehenswert ist der Paternoster.

Bei den Stadtratswahlen 1929 gewann zwar die SPD 17 von 50 Sitzen und die BVP nur 12. Scharnagl wurde aber wieder gegen Eduard Schmid zum Bürgermeister gewählt. Da mit der NSDAP (8 Sitze) und der KPD (3) eine konstruktive Zusammenarbeit nicht möglich war, mussten die beiden großen Parteien zwangsweise kooperieren.

Die soziale Lage verschlimmerte sich bald wieder zusehends; 1931 waren rund 10 Prozent der Münchner arbeitslos gemeldet und für die Wohlfahrtspflege war ein Drittel der Haushaltsmittel der Stadt erforderlich. Mit Suppenküchen versuchte man den Hunger zu lindern. Arbeitslose und Hungernde zogen häufig demonstrierend durch die Stadt.

München war für den Fremdenverkehr ein Anziehungspunkt.

München im Spiegel der Zeit

links: Gruß aus dem Platzl, der Wirkungsstätte vom Weißferdl. Postkarte, gemalt von Otto Obermeier um 1925.

rechts: Touristen am Marienplatz. Postkarte um 1920.

Massenveranstaltungen wie der „Katholikentag" (1922), das „Deutsche Turnerfest" (1923), Die „Deutsche Verkehrsausstellung" (1925 mit 3 Millionen Besuchern) oder das „Bayerische Fest der Arbeit" (1932) ließen, neben dem jährlichen Oktoberfest, die Menschen aus nah und fern herbeiströmen.

Demonstrationen, Straßenkämpfe und Mordanschläge rechter Banden prägten wieder das öffentliche Leben. Reaktionär war die Stimmung in der Münchner Studentenschaft. Der Romanist Karl Vossler, der 1926 zum Rektor der Universität gewählt worden war, warnte bei seiner Ansprache zu deren Jubiläum im selben Jahr vor „Provinzialismus als einer geistigen Gefahr". Er setzte durch, dass hier erstmals die schwarz-rot-goldene Fahne der Republik gehisst wurde. Man war auch damals schon antisemitisch eingestellt. So musste ein geplanter Vortrag von Albert Einstein wegen der Androhung antijüdischer Gewaltakte abgesetzt werden.

links: Eröffnung des Deutschen Museums. Postkarte 1925.

Mitte: Aufmarsch des „Reichsbanners Schwarz-Rot-Gold" zum Schutz der Republik in der Ludwigstraße. Foto 1927.

rechts: Plakate schmücken den Saal der Schwabinger Brauerei für eine Veranstaltung des „Reichsbanners Schwarz-Rot-Gold". Foto 1927.

Vom Leichtmetallwerk zur Präzisionsschmiede

Die Verwaltung heute am Frankfurter Ring 227.

Verwaltung 1927.

1922 gründete Adolf Wickenhäuser, Münchner Generalvertreter der Neckarsulmer Fahrzeugwerke (NSU), aus Gründen des „Eigenbedarfs" das Bayerische Leichtmetallwerk. Die Werkstatt mit vier Mann war in einem ehemaligen Tanzlokal in der Pippinger Straße in Pasing untergebracht. Aufgabe war damals die Einzelanfertigung von Kolben aus Elektro- und Leichtmetall sowie einzelner Pleuelstangen für die NSU-Vertretung. Bald wuchs das Personal auf 24 Mann an.

1925 wurde das Werk verkauft und expandierte. Neben dem saisonabhängigen Reparaturgeschäft nahm man die serienmäßige Herstellung von Ventilkegeln auf. Zu den Kunden gehörten Maybach, Mercedes, Opel und BMW. Ebenso florierte das Geschäft mit Kolben und verschiedenen Motorenverschleißteilen. Die neuen Eigner verlagerten aus Platzgründen die Verwaltung in die Schwanthalerstraße und es entstanden Zweigstellen in Würzburg, Nürnberg und Augsburg. 1928 bezog man schließlich das heutige Firmengelände in Freimann, da die bisherigen Räumlichkeiten nicht mehr ausreichten. Am neuen Standort gab es damals einen Golfplatz und das Trainingsgelände des FC Bayern in der unmittelbaren Nachbarschaft.

1929 bekam auch das BLW die Auswirkungen der Wirtschaftskrise zu spüren, da ein befreundetes Unternehmen seinen Zahlungsverpflichtungen nicht mehr nachkam. Obwohl man im selben Jahr noch das millionste Ventil und den 50.000. Kolben herstellte, musste man in Kurzarbeit gehen. Ab 1933 firmierte das BLW dann als „größte Zylinderschleiferei in Bayern" und als einzige Ventilfabrik in Deutschland. Bereits 1935 zeigte die Firma soziales Engagement für das Wohlergehen der Mitarbeiter und errichtete in Ohlstadt eine Erholungsstätte für die Belegschaft, die bis heute den Mitarbeitenden zur freien Verfügung steht.

Durch die Neugründung der Scheinwerferfirma NOVA Technik mussten zusätzliche Fabrikflächen am Biederstein angemietet werden. Die Zweigwerke in Augsburg und Würzburg wurden veräußert, die Produktion in München und Nürnberg blieb bestehen. In den folgenden Jahren wurde das Fabrikgelände kontinuierlich erweitert und es entstanden neue Gebäude.

Ab 1939 richteten sich Art und Umfang der Fabrikation nach den Bedürfnissen des Krieges. Es wurden weitere Hallen gebaut und die Belegschaft in Freimann stieg auf 1.800 Personen an. Mit den Außenstandorten und der Scheinwerferfirma NOVA-Technik betrug die Zahl der Beschäftigten schließlich bis zu 3.000 Mann. Bei Luftangriffen wurde das Werk getroffen und es waren 40 Tote zu beklagen.

1945 begann man mit nur 20 Mann mit dem Wiederaufbau der teilweise zerstörten Standorte und kam besonders mit der Produktion von Heizspiralen und dem wiederbelebten Reparaturgeschäft, welches in den Jahren zuvor in den Hintergrund gerückt war, langsam zurück ins Geschäft.

Luftbild des Werks am Frankfurter Ring 227.

Eine Anfrage der Firma Allgaier und der Erfindergeist eines Mitarbeiters waren schließlich der Anstoß, dass man 1951 mit dem Schmieden von Differenzialkegelrädern begann. Dies war die Geburtsstunde des Genau-Schmiede-Verfahrens, des sogenannten Präzisionsschmiedens, das 1953 patentiert wurde.

Im Verlauf der nächsten Jahre wurden einige Sparten des BLW eingestellt. Die Jahre des Wirtschaftswunders bescherten dem BLW gute Umsätze.

1968 erwarb einer der größten Konkurrenten, die Firma TRW aus Cleveland, das BLW, da notwendige Investitionen nicht mit der Philosophie des damaligen Inhabers vereinbar waren. 1975 wurde die Ventilproduktion ausgegliedert und das BLW konzentrierte sich ausschließlich auf das Präzisionsschmieden.

Im Jahr 1980 trennte sich der TRW-Konzern wieder vom Bayerischen Leichtmetallwerk, da es nicht mehr zu seiner Strategie passte. Es ging abermals in private Hand über und neue Verfahren für Synchronringe, Gleichlaufkegel und Spiralverzahnungen wurden entwickelt. 1986 wurde die erste Präzisionsschmiedepresse der Welt vorgestellt. Diese wog 100 Tonnen und konnte mit einer Presskraft von 1600 Tonnen über eine Million Teile im Jahr schmieden.

1989 musste das mittelständische Unternehmen aufgrund von konjunkturellen Turbulenzen erneut in einen Konzern eingegliedert werden – es gehörte fortan zu Thyssen, ab 1999 zu ThyssenKrupp.

Im Januar 2008 ging die Firma schließlich rückwirkend zum 1. Oktober 2007 in neue Hände über. Dr. Surinder Kapur, der Gründer der indischen SONA Gruppe, erwarb alle drei Werke in Deutschland an den Standorten München, Remscheid und Wanheim/Duisburg sowie das dazugehörige Werk in Selma, USA. 2009 traf die SONA BLW Präzisionsschmiede GmbH die volle Wucht der globalen Wirtschaftskrise, da sie als Automobilzulieferer sofort vom reduzierten Absatz und der fast eingestellten Automobilproduktion unmittelbar betroffen war. Nur durch große Abstriche seitens der Belegschaft und Kurzarbeit gelang es allen gemeinsam, die Krise ohne Werksschließungen und Personalabbau zu überstehen und gestärkt daraus hervorzugehen.

Gemäß den Werten von Dr. Kapur, „Respekt für jeden Einzelnen, Kundenservice und Exzellenz im Verfolgen der Ziele", gab er der Belegschaft das Versprechen, dass er alle Arbeitsplätze erhalten wolle und auch keine Verlagerung der Produktion stattfinden solle. Dieses Versprechen hat bis heute Bestand.

oben: Zutrittskarte zum Werk aus dem Jahr 1942.

unten: Produkte. Quellen: SONA BLW Präzisionsschmiede GmbH.

Das Hakenkreuz über dem Rathaus

Am 30. Januar 1933 ernannte der Reichspräsident Paul von Hindenburg Adolf Hitler in Berlin zum Reichskanzler. Die NSDAP veranstaltete, um dies zu feiern, ein „Sieg-Heil-Gebrüll" auf dem Königsplatz. Am 9. März wurde nach erneuten Reichstagswahlen, die der NSDAP eine relative Mehrheit brachten, auf dem Rathausturm die Hakenkreuzfahne gehisst und am 10. März verkündete der „Völkische Beobachter" seinen Lesern triumphierend:

„Wie ein Lauffeuer hat sich durch Münchens Straßen die Kunde verbreitet, daß heute endlich auch in Bayern des Volkes Wille zur Wahrheit werden sollte, daß endlich auch in Bayern die Männer die Geschicke des Volkes in ihre Hände nehmen, denen gerade auch das süddeutsche Volk am 5. März in derart spontaner Weise sein Vertrauen bewies. Überall in den Straßen erregte, freudige Gruppen. SA und SS marschieren zu ihren Sammelpunkten, über den Straßen und Plätzen wehen die Fahnen des Landes und die Zeichen des neuen Deutschlands. Am alten ehrwürdigen Karlstor flattert stolz und rein die Fahne der deutschen Bewegung als Symbol der neuen Zeit. Vor dem Braunen Haus stauen sich die Massen, Autos kommen und fahren los, Ordonnanzen, SA- und SS-Führer […].*

Ungeheure Menschenmassen ballen sich vor dem Rathaus und auf den umliegenden Plätzen und Straßen. […] Und als dann auf dem Rathaus die riesengroße Hakenkreuzfahne gehißt ist, als Stadtrat Pg. Amann die Betrauung unseres Generals von Epp mit der vollziehenden Gewalt in Bayern verkündet, kennt der Jubel der Zehntausende keine Grenzen mehr. Gegen Abend formieren sich von allen Stadtteilen aus die Sturmkolonnen unter dem Gruß der Massen, die an den Straßen, Mann hinter Mann warten; sie ziehen ins Innere der Stadt. Auf dem Odeonsplatz sammeln sich die braunen Regimenter, Fackeln leuchten auf, Fahnen, Standarten, es ist ein grandioses Bild, das die Zehntausende erleben, die dichtgedrängt bis weit in die Ludwigstraße stehen. Und dann spricht General von Epp, der Befreier Münchens von der roten Pest."

Am 20. März ergriffen schließlich die Nazis, obwohl sie im Stadtrat nur eine kleine Minderheit waren, mit Gewalt die Macht im Münchner Rathaus. Gauleiter Adolf Wagner ernannte den NSDAP-Stadtrat Karl Fiehler zum kommissarischen Bürgermeister. Karl Scharnagl wurde zum Rücktritt gezwungen, Fiehler blieb bis zum 29. April 1945 Oberbürgermeister. Nach der „Machtergreifung" wurden andere Parteien verboten und deren führende Funktionäre kamen in „Schutzhaft", meist in das neu angelegte KZ bei Dachau. Viele wurden dort misshandelt und getötet. „National Unzuverlässige" wurden aus dem öffentlichen Dienst entlassen. Nun währte bis 1945 das „Dritte Reich" mit seinem Terror. Viele Intellektuelle gingen ins Exil, wie Oskar Maria Graf oder Heinrich Mann, andere wählten die innere Emigration.

Die meisten Würdenträger waren nach der „Machtergreifung", wenn sie nicht schon vorher Sympathisanten der Nazis waren, schnell bereit, ihr Mäntelchen in den Wind zu hängen. Da nimmt es nicht wunder, dass auch viele Professoren und Künstler 1933 den nationalsozialistischen „Protest der Richard-Wagner-Stadt München" gegen Thomas Mann, der dem Regime durch Flucht entronnen war, unterzeichneten.

Die „Münchner Illustrierte Presse" stellte 1933 das KZ Dachau vor, um Terror zu beschönigen, aber auch um abzuschrecken.

Recycling und kompetente Entsorgung

1933 gründete Franz Xaver Preimesser auf einem Gelände in der Thalkirchner Straße einen Großhandel mit unedlen Metallen. Das Unternehmen überstand die Kriegswirren und wurde 1945 in die Fuhrherren-Innung aufgenommen. Mit dem Aufbau neuer Geschäftsfelder begann die weitere Expansion. Nach dem Tod des Gründers übernahm sein Sohn Peter Preimesser die Geschicke der Firma.

Auf dem Werksgelände wurde schon früh die umweltgerechte und fachliche Verwertung von Sekundärrohstoffen betrieben. Das bedeutete sehr viel Handarbeit: Waggons wurden per Hand be- und entladen, Guss mit Hämmern zerschlagen, Kupferkabel mit Messern aufgeschlitzt.

Das stete Wachstum des Unternehmens und die zunehmende räumliche Enge auf dem Firmengelände führten dazu, dass 1973 der Hauptsitz nach Kirchheim-Heimstetten verlegt wurde. Die ursprüngliche Niederlassung in München wurde Zweigstelle und befindet sich seit 1985 in der Geretsrieder Straße in Sendling. Seit 1990 ergänzt eine Niederlassung in Otterfing das Angebot im Münchner Süden.

Zum Kerngeschäft des Unternehmens, dem Handel mit Eisen und Nichteisenschrotten, kamen der Ankauf und die Verwertung von Schrott- und Unfall-Kfz und der Handel mit Autoersatzteilen. Nach dem Rückzug von Peter Preimesser agiert die Peter Preimesser GmbH & Co. KG als Unternehmen im Verbund der ALFA-Gruppe. Der Firmenverbund ist in der Lage, die umweltgerechte und kompetente Entsorgung und das Recycling von nahezu jeder Art von Wertstoffen von „A" wie Abfälle bis „Z" wie Zunder anzubieten.

Neben der Schrott- und Altmetallaufbereitung und dem Ankauf und Großhandel von NE-Metallen leistet die Peter Preimesser GmbH & Co. KG kompetente Abfall- und Entsorgungsberatung, die Stellung und den Transport von Containern jeglicher Größe, das Recycling von Elektronikschrott und die Entsorgung von Problemabfällen. Der moderne Fuhrpark bietet für jede Anforderung die richtige Transportmöglichkeit.

Im Laufe der Zeit hat sich viel verändert: Moderne EDV-Technik und Maschinen, leistungsfähige, GPS-unterstützte Fahrzeuge, Gesetze und Rahmenbedingungen: Recycling ist zu einer Aufgabe geworden, die viel Expertenwissen erfordert. Durch ständige Innovationen und Verbesserungen der Entsorgungssysteme konnte die Firma Preimesser ihre Position kontinuierlich ausbauen und verfügt über ausgereiftes Know-how mit einer Vielzahl von hoch motivierten Mitarbeitern. Seit 2001 wird sie als Entsorgungsfachbetrieb zertifiziert. Das Bestreben, allen technischen und umweltrelevanten Anforderungen möglichst einen Schritt voraus zu sein, ist seit 2011 in umfassenden Genehmigungen nach dem Bundesimmissionsschutzgesetz anerkannt.

Die Peter Preimesser GmbH & Co. KG ist heute und in Zukunft innovativer Partner vor Ort.

Vom Sattelzug bis zum Kranwagen – moderner Fuhrpark für unterschiedlichste Anforderungen (2011).

Schrittmacher für die Luftfahrt

Die Produktion des Flugmotors BMW132.

Am 22. Dezember 1934 wurde die BMW-Flugmotorenbau GmbH aus der BMW AG in Milbertshofen ausgegliedert. 1936 wurde das neue Werk Allach am heutigen Standort der MTU bezogen. Bei der Produktion für den Kriegseinsatz mussten hier bis zur Besetzung des Werks durch amerikanische Truppen 1945 leider auch Tausende Zwangsarbeiter unter schwierigsten Bedingungen mitwirken.

1955 konnte der Flugmotorenbau wieder aufgenommen werden. 1969 wurde nach dem Erwerb durch die Firmen MAN und Maybach Mercedes-Benz der Name „Motoren und Turbinen-Union" (MTU) geschaffen. 1985 erwarb die damalige Daimler-Benz AG die noch fehlenden 50 Prozent Anteile von MAN und machte die MTU 1989 zu einem Teil der DASA. Weil die MTU kein Flugzeug- bzw. Raumfahrthersteller ist, wurde sie, als die DASA 2000 zur EADS fusionierte, nicht in dieses neue europäische Luft- und Raumfahrtunternehmen integriert. Sie blieb deshalb ein Tochterunternehmen des DaimlerChrysler-Konzerns. Dieser verkaufte aber diesen Teil der ursprünglichen MTU im Jahr 2004 als MTU Aero Engines an eine US-amerikanische Firma, die das Unternehmen 2005 an die Börse brachte, und heute ist es eine AG mit vielen Eigentümern.

Die MTU Aero Engines ist Deutschlands führender Triebwerkshersteller und einer der großen Branchenakteure der Welt. Das Unternehmen entwickelt, fertigt und vertreibt zivile sowie militärische Triebwerksmodule und -komponenten für Flugzeuge, Hubschrauber und Industriegasturbinen. Mit ihren Produkten für die zivile und militärische Luftfahrt ist die MTU in allen Schub- und Leistungsklassen vertreten. Mit ihren Technologien ist sie ein Schrittmacher für die gesamte Luftfahrtbranche, arbeitet maßgeblich an wichtigen europäischen Technologieprogrammen mit und kooperiert mit allen großen Triebwerksherstellern der Welt. Der zweite große Geschäftsbereich ist die Instandhaltung ziviler Antriebe; hier ist das Unternehmen einer der größten Anbieter weltweit und arbeitet mit rund 150 Fluggesellschaften zusammen.

Die MTU hat auch ein Museum, das über Entwicklung und Produkte informiert.

Weltweit beschäftigte das Unternehmen 2013 rund 8.700 Mitarbeitende und erzielte einen Umsatz in Höhe von rund 3,7 Milliarden Euro.

Die MTU-Firmenzentrale in München-Allach.

München baut auf

So lautet der Titel eines von der Nazi-Stadtverwaltung in hoher Auflage verbreiteten Bildbandes. Eindrucksvoll werden hier die Erfolge des Regimes für München vor Augen geführt. Hitler fühlte sich als Künstler und Architekt, er wollte ein neues München schaffen. Durch Paul Ludwig Troost ließ er das Haus der Deutschen Kunst am Englischen Garten als Ersatz für den 1931 abgebrannten Glaspalast am alten Botanischen Garten, der bis dahin als Ausstellungsgebäude gedient hatte, errichten. Weiter entstanden die „Führerbauten" in der Arcisstraße und mehrere Zweckbauten an der Ludwigstraße. Der Königsplatz wurde mit von KZ-Häftlingen angefertigten Granitplatten belegt und durch Ehrentempel ergänzt. Die umfassenden Umbaupläne mit unüberbotenem Gigantismus machte der Krieg zunichte, von ihnen künden aber noch Modelle. In München stand seit 1931 das „Braune Haus", die Zentrale der NSDAP, in der Brienner Straße. Hier war die Hauptstadt der Partei, die viele Bauten für ihr Personal und ihre Selbstdarstellung benötigte. Es wurden aber auch Infrastruktureinrichtungen geschaffen.

Die 1933 begonnene Aufrüstung sowie die rege Bautätigkeit, besonders bei Wohnungen (Reichskleinsiedlungen) und Straßen (Reichsautobahnen), bei der bewusst auf Arbeitskräfte einsparende Maschinen verzichtet wurde, belebte die Konjunktur. Die Arbeitslosigkeit konnte bei niedrigen Löhnen rasch beseitigt werden. Für breite Massen bahnte sich eine Verbesserung der Lebensverhältnisse an. Sogar ein Auto, der Volkswagen, erschien erstmals erschwinglich.

Der Deutschland bedrückende Versailler Vertrag, der von den Siegermächten des Ersten Weltkrieges aufgenötigt worden war, wurde gelöst. Auch der Anschluss Österreichs, der Heimat des „Führers", wurde in einer Volksabstimmung am 10. April 1938 von einer großen Mehrheit (in beiden Ländern) begrüßt. Im gleichen Jahr wurde in dem mit England, Frankreich und Italien geschlossenen „Münchner (Viermächte-)Abkommen" am 29. September die Eingliederung des Sudetenlandes ins Deutsche Reich gebilligt. Am 16. März 1939 wurde auch das „Protektorat Böhmen und Mähren" kampflos ein Teil des „Großdeutschen Reiches". Dies waren in den Augen der Mehrheit Erfolge, die ebenso wie die Olympischen Spiele 1936 das Ansehen Deutschlands und des Nazi-Regimes in der Welt hoben. Auch die Verfolgung von Juden stieß nicht auf öffentliche Kritik.

Die Reichskleinsiedlung Am Hart wurde 1932/33 in Selbsthilfe erbaut. Dass 1935 noch eine katholische Kirche errichtet wurde, lässt darauf schließen, dass die Mehrzahl der Siedler nicht Anhänger der NS-Ideologie war. Postkarte 1935.

Die Front des Hauses der Deutschen Kunst. Foto 1937.

Der Eingangsbereich des „Führerbaus" in der Arcisstraße. Foto 1938.

Festumzug zum Tag der Deutschen Kunst am Königsplatz. Foto 1938.

Judenverfolgung

Hitler hatte bereits in seiner Erlebnis- und Programmdarstellung „Mein Kampf" angekündigt, was er mit den Juden vorhatte. Seit dem 1. April 1933 wurden jüdische Geschäfte boykottiert. Die „Reichskristallnacht" vom 8. zum 9. November 1938 nahm ihren Ausgang in München. Nach einer Ansprache von Goebbels an alte Kämpfer der Bewegung im Saal des Alten Rathauses wurden systematisch Geschäfte und Wohnungen im ganzen Reich verwüstet, Menschen brutal ermordet oder eingesperrt. Das Leben von Juden wurde nun durch unglaubliche Drangsalierungen immer mehr erschwert. Vermögen wurden arisiert oder enteignet und es hagelte Verbote und Vorschriften. So mussten Juden in der Öffentlichkeit den „Davidstern" tragen und sie durften u. a. keine Radioapparate, Verkehrsmittel und Parkbänke mehr benutzen. Viele der über 10.000 noch 1939 in München lebenden Juden wanderten aus, wie Schalom Ben-Chori (geb. 1913 als Fritz Rosenthal), der in „Jugend an der Isar" sein Leben farbig geschildert hat. Anfangs wurde diese Auswanderung gefördert, später erschwert und schließlich verboten.

Der 1932 geborene Ernst Grube kam, da seine Mutter Jüdin war und die Familie ihre Wohnung verloren hatte, 1938 in das jüdische Kinderheim in der Antonienstraße 7 in Schwabing. Er erinnert sich: *„Im September 1941 war die Pflicht zum Sternetragen gekommen. An einem schönen sonnigen Tag saßen wir im Garten und nähten an jedes Kleidungsstück den gelben Judenstern. Wir erhielten unsere Verhaltensmaßregeln, in Zukunft durfte keiner mehr allein fort. Bis dahin waren wir noch mit der Trambahn in die Schule gefahren, das war jetzt verboten.*

Im Haus neben dem Heim wohnten auch Kinder, zwei dreizehnjährige, mit denen wir spielten. Sie kamen auch ins Heim, denn da gab es viel Spielzeug und einen schönen Garten. Als wir dann den Stern tragen mussten, warfen sie Steine zu uns herüber. Die ganze Umgebung war gegen uns. Da waren die Hitlerjungen, die von den Alten geschickt und aufgehetzt wurden. Wenn sie einen von uns allein erwischten, schlugen sie ihn. Wir machten es umgekehrt genauso. […]"

Wer sich nicht in Sicherheit bringen konnte und noch nicht verschleppt war, musste 1941 ins „Judenlager" in Milbertshofen (Knorrstraße 148) ziehen. Die Juden wurden gezwungen, auf eigene Kosten dieses Barackenlager als Ghetto zu bauen. Die „Judensiedlung Milbertshofen" wurde als Vorbild für die Lösung der „Judenfrage" im „Altreich" dargestellt. Die Bewohner wurden zwangsweise für unangenehme Arbeiten eingesetzt, soweit dies bei ihrem meist hohen Alter noch möglich war. Die Siedlung wurde bald zu einem Auffang- und Durchgangslager für Vernichtungstransporte in den Osten. Eine weitere Judensiedlung war die „Heimanlage" in Berg am Laim im Osten Münchens, in der 1942 rund 320 Menschen zusammengepfercht wurden.

Insgesamt wurden etwa 3.000 Menschen aus München nach Auschwitz deportiert, von denen kaum einer zurückkam. Im Lager Theresienstadt überlebten einige den Holocaust. Sie trafen bei ihrer Heimkehr auf 84 Juden, die in der „Hauptstadt der Bewegung" das „Dritte Reich" überstanden hatten.

Der Abbruch der im neuromanischen Stil von Albert Schmidt 1887 errichteten Synagoge in der Herzog-Max-Straße durch die NS-Machthaber geschah bereits im Juni 1938.

Im Zweiten Weltkrieg

Der Beginn des Zweiten Weltkrieges mit dem Einmarsch der Wehrmacht in Polen am 1. September 1939 löste keinen Jubel aus. Die Kriegsvorbereitungen waren getroffen, Vorräte angelegt, der Zivilschutz organisiert. Der Krieg machte sich anfangs hauptsächlich dadurch bemerkbar, dass man Lebensmittel und andere Artikel des täglichen Bedarfs nur noch auf Marken bekam. Erst gegen Ende des Krieges, als die Vorräte erschöpft und die Versorgungswege zerbombt waren, kam es in München zu ernsten Mangelsituationen.

Von rund 700.000 Wehrpflichtigen im Raum München wurde schon am Beginn des Krieges über die Hälfte einberufen, knapp 200.000 waren freigestellt, da sie in Rüstung, Landwirtschaft oder anderen wichtigen Bereichen als unabkömmlich galten. Um die Produktion zu erhöhen, wurde teilweise vorübergehend die 60-Stunden-Woche eingeführt und Urlaub eingeschränkt. Man war nun gezwungen, auch Frauen, die man bis dahin aus ideologischen Gründen lieber als Gebärerinnen und Köchinnen sah, in die Fabriken zu schicken.

Die Wirtschaft in München, besonders die Rüstungsindustrie, konnte während des Krieges nur durch den massiven Einsatz von Zwangsarbeitern, darunter auch viele Frauen, aufrechterhalten werden. Für die nationalsozialistischen Machthaber waren ausländische Arbeitskräfte eine Waffe, die „bei denkbar sparsamstem Einsatz die größtmögliche Leistung hervorbringen" sollte. Als Zwangsarbeiter wurden in München Angehörige von 25 Nationen aus „befreundeten" Staaten (wie Italien, Kroatien oder Rumänien) und aus „Feindstaaten" (wie Frankreich, Polen, Russland) sowie Kriegsgefangene und KZ-Häftlinge eingesetzt. Die Unterbringung, die Versorgung und die Arbeitsbedingungen waren unterschiedlich, aber vielfach unmenschlich. Die nazistische Rassenideologie klassifizierte Angehörige anderer Völker als Untermenschen und somit beliebig ausbeutbar. Die meist jungen Ausländer mussten ohne Arbeitsschutz gefährlichste, anstrengendste und schmutzigste Arbeiten erledigen. Im Herbst 1944 waren in Münchner Unternehmen weit über 40.000 Zwangsarbeiter eingesetzt.

Über eine der zahlreichen Ostarbeiterinnen schreibt die im Arbeitsdienst eingesetzte damals 21-jährige spätere Widerstandskämpferin Sophie

Zwangsarbeiter beim Entschärfen von Bomben. Foto 1944 © Fotoarchiv Klaus Mai München, Bearbeitung Klaus Mai.

Scholl in einem Brief im Juli 1942: *„Neben mir arbeitete eine Russin, ein Kind in ihrem arglosen rührenden Vertrauen, selbst den deutschen Vorarbeitern gegenüber, deren Fäusteschütteln und brutalem Geschrei sie nur ein nichtverstehendes, beinahe fröhliches Lachen entgegensetzt. Wahrscheinlich muten sie diese Menschen komisch an, und sie hält ihre Drohungen für Spaß. Ich freue mich, daß sie neben mir arbeitet, und versuche, das Bild, das sie von den Deutschen erhalten könnte, ein bißchen zu korrigieren. Aber auch viele der deutschen Arbeiterinnen erweisen sich freundlich und hilfreich, erstaunt darüber, auch in den Russen Menschen vorzufinden, und noch dazu solche Unverbildeten, denen Mißtrauen etwas Fremdes ist."*

Viele Zwangsarbeiter kamen zu Tode oder wurden in ihrer Gesundheit geschädigt. Ohne ihren massiven Einsatz wäre die Maschinerie zusammengebrochen und der Zuwachs, der in der Wirtschaft erreicht wurde, nicht möglich gewesen.

Widerstand und Ende im Bombenkrieg

München war auch eine Hauptstadt des Widerstandes gegen das NS-Regime. Hier saß Kardinal Faulhaber, der anfangs Hitler auch positiv gegenüberstand und das Konkordat mit Rom veranlasste. Bald aber war die katholische Kirche eine Institution, die gemäßigten Widerstand leistete. Wie stark der Einfluss des Katholizismus war, zeigte sich beim Kruzifixstreit. Gauleiter Adolf Wagner ordnete an, die Kreuze aus öffentlichen Gebäuden, besonders Schulzimmern, zu entfernen. Die Empörung darüber war so groß, dass der Erlass nicht durchsetzbar war.

Einzelne Geistliche, wie der 1986 seliggesprochene kriegsversehrte Jesuitenpater Rupert Mayer (1876–1945) oder Weihbischof Johannes Neuhäusler, stellten sich offen gegen das Regime und wurden dafür mit KZ-Haft bestraft. Auch weite Teile der evangelischen Christen, die sich in der „Bekennenden Kirche" formiert hatten, konnten nicht gleichgeschaltet werden. Pfarrer wurden deswegen inhaftiert.

Bereits im ersten Kriegsjahr, am 8. November 1939, versuchte Georg Elser (1903–1945), ein schwäbischer Tischler, mit einer selbst gebastelten Höllenmaschine Hitler im Bürgerbräukeller zu beseitigen. Da der „Führer" aber den Ort unerwartet früher verließ, wurden statt ihm und der Parteispitze nur einige Mitläufer und Bedienungen getroffen. Der linksorientierte Einzelgänger aus dem Volk wollte mit seiner Tat die Menschheit vor Schlimmerem bewahren; er wurde nach langer, „bevorzugter" Einzelhaft von der SS am 5. April 1945 im KZ Dachau ermordet.

Der Widerstand kleiner sozialistischer und kommunistischer Gruppen war damals, meist durch Verhaftungen oder Militäreinsatz, bereits erstorben. Hier sind zum Beispiel Hermann Frieb, Bebo Wager, Ludwig Koch, Ludwig Linsert und Albert Lörcher zu nennen, die ihre Haltung mit dem Leben oder mit KZ-Haft bezahlen mussten.

Seit dem Sommer 1942 hatte sich an der Universität eine Widerstandsgruppe gebildet, die sich „Weiße Rose" nannte. Die Stimmung in der Bevölkerung hatte sich, spätestens seit der Schlacht um Stalingrad im Januar 1943, zuungunsten der NSDAP und des „Führers" gewandelt. Bei einer Rede des Gauleiters mit „erfrischendem Kampfgeist" am 13. Januar 1943 vor Studierenden im Kongresssaal des Deutschen Museums kam es erstmals zu Unruhen. Giesler griff dabei die anwesenden Studenten an und empfahl den Studentinnen, lieber dem „Führer" Kinder zu schenken, statt sich an der Universität herumzudrücken. Falls sie nicht hübsch genug seien, einen Freund zu finden, werde er ihnen gerne einen Adjutanten zuweisen und er verspreche ein erfreuliches Erlebnis. Die SS schritt gegen die darauf folgenden lautstarken Proteste ein, die Sache wurde aber dann totgeschwiegen. Der Gauleiter drohte mit Schließung der Universität und Abkommandierung zur Front oder zum Rüstungseinsatz.

Nun folgten „staatsfeindliche Umtriebe" der Art, dass am 4. Februar an den Mauern der Universität und an Häusern in der Amalienstraße in großen schwarzen Buchstaben zu lesen war: „Nieder mit Hitler" – „Freiheit!" Am 18. Februar wurden, denunziert von einem Hausmeister, die Geschwister Hans und Sophie Scholl festgenommen, die Flugblätter im Lichthof der Universität verteilt hatten.

Die Geschwister Scholl, 24 und 21 Jahre alt, sowie der 23-jährige Christoph Probst wurden schon vier Tage nach

Lichthof der Universität, in dem Mitglieder der „Weißen Rose" Flugblätter verteilten, bevor sie verhaftet wurden. Der mit NS-Symbolen versehene Raum wurde dann von Bomben zerstört. Foto um 1940.

ihrer Verhaftung vom Volksgerichtshof unter dem eigens dafür aus Berlin angereisten Vorsitzenden Roland Freisler zum Tode verurteilt und am selben Tag im Gefängnis Stadelheim getötet. Dieses Schicksal ereilte am 13. Juli auch Alexander Schmorell und Prof. Kurt Huber sowie schließlich am 12. Oktober Willi Graf.

Als die militärische Niederlage des „Dritten Reiches" feststand, schloss sich eine Gruppe von Soldaten zur „Freiheitsaktion Bayern" zusammen. Sie besetzte am 28. April 1945 Rundfunkstationen und rief zur Kapitulation auf. Teilnehmer dieser Aktion wurden noch auf Befehl des Gauleiters umgebracht. Die SS ließ bis zum Einzug der Amerikaner in München am 30. April 1945 ein Eingeständnis der Niederlage und eine geordnete Übergabe an die Sieger nicht zu. Zu Ehren dieser Widerstandsgruppen wurde der zentrale Platz in Schwabing, 1890 Feilitzschplatz, 1936 Danziger Freiheit, 1946 in „Münchner Freiheit" umbenannt.

Die Absichten der NS-Führung zeigten sich schon bei „Luftschutzwerbetagen", wo seit 1933 Kundgebungen, Sammlungen, Ausstellungen und simulierte Bombenabwürfe auf die Innenstadt stattfanden. In der ersten Phase des Krieges war die Bedrohung nur gering. Erst im Juni 1940 fielen die ersten Bomben auf das Stadtgebiet und die Schäden waren noch Objekte

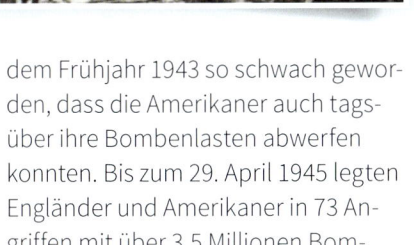

Erste Bombenschäden in der Kaiserstraße/ Ecke Wilhelmstraße. Foto 1940

der Neugier. Im selben Jahr bombardierte die Luftwaffe überraschend die englische Stadt Coventry, zerstörte sie großenteils und tötete dabei viele Menschen. Die großen Angriffe der Engländer liefen dann ab September 1942.

München war nicht nur die symbolische Hauptstadt der Bewegung, hier war auch ein wichtiges Rüstungszentrum. Die Bombenangriffe der Alliierten galten in erster Linie den Rüstungsbetrieben, die in der Stadt verteilt waren, und dem Verkehrsnetz, besonders den Bahnhöfen. Zivilbauten und Menschen wurden dabei aber gleichermaßen getroffen.

Während anfangs die Flugzeuge nur nachts kamen, war die Abwehr ab dem Frühjahr 1943 so schwach geworden, dass die Amerikaner auch tagsüber ihre Bombenlasten abwerfen konnten. Bis zum 29. April 1945 legten Engländer und Amerikaner in 73 Angriffen mit über 3,5 Millionen Bomben die Stadt großenteils in Schutt und Asche. Über 6.000 Todesopfer und über 15.000 Verwundete waren zu beklagen; die meisten dieser Menschen erstickten oder verbrannten in den Kellern ihrer Häuser.

Durch die Evakuierung der Stadt konnten sich viele im Umland in Sicherheit bringen. Die Wohnbevölkerung sank bis 1945 gegenüber dem Kriegsbeginn um fast die Hälfte auf 470.000. Rund 20.000 Münchner fielen als Soldaten im Krieg, viele wurden verwundet. Durch die Zerstörung von 81.500 Wohnungen waren 300.000 Menschen obdachlos. Die anders gemeinte Prophezeiung des „Führers", „man werde die Städte bald nicht mehr wiedererkennen", wurde traurige Wirklichkeit. Rund die Hälfte aller Gebäude der Stadt waren zerstört oder beschädigt, vielfach standen nur noch Fassaden.

Die SS-Kaserne an der Neuherbergstraße, heute Sanitätsakademie der Bundeswehr. Hier fanden 1945 die letzten Kampfhandlungen statt. Postkarte um 1940. Hintergrund: Die SS-Kaserne nach Beschuss durch die US-Streitkräfte. Foto 1945 © Fotoarchiv Klaus Mai München, Bearbeitung Klaus Mai.

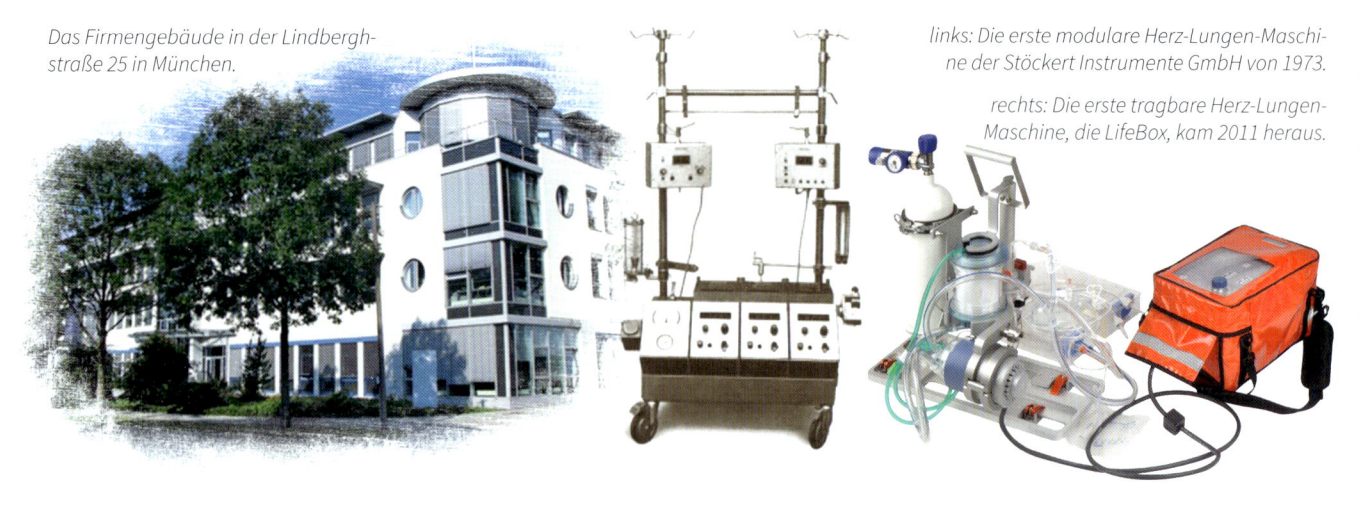

1940 Sorin Group Deutschland GmbH

Das Firmengebäude in der Lindberghstraße 25 in München.

links: Die erste modulare Herz-Lungen-Maschine der Stöckert Instrumente GmbH von 1973.

rechts: Die erste tragbare Herz-Lungen-Maschine, die LifeBox, kam 2011 heraus.

Zwei von drei Herz-Lungen-Maschinen weltweit stammen aus München

Stetes Wachstum hat eine kleine Münchner Firma zum Weltmarktführer in der Medizintechnik gemacht. Heute kommt kaum noch eine herzchirurgische Klinik weltweit ohne die Maschinen der Sorin Group Deutschland GmbH aus.

Firmengründer August Stöckert begann 1940 mit chirurgischen Instrumenten aus Edelstahl. Als sich in den 1960er-Jahren das Deutsche Herzzentrum in der Lothstraße in München etablierte, hatte sein Sohn Friedemann die Idee, zusammen mit dem Medizintechniker E. Weishaar eine Herz-Lungen-Maschine zu entwickeln. Revolutionär war, dass ihre Module einzeln funktionierten und nicht zentral gesteuert wurden. Das machte einen Totalausfall unwahrscheinlich und die Herz-Lungen-Maschine sehr sicher. Die erste Generation dieser Maschine wurde 1973 sofort ein großer Erfolg. Das Konzept der Modularität bewährte sich und wird bis heute beibehalten.

In den 1970er-Jahren erweiterte die Firma ihr Portfolio durch den Erwerb eines Herstellers von Silikon- und PVC-Spritzteilen. Absatzmarkt war Europa mit Russland.

1983 wurde die Stöckert Instrumente GmbH in die Pfizer Hospital Products Group integriert. Das erschloss die USA als neuen Markt und ließ das Liefervolumen beträchtlich steigen. Die Produktentwicklung ging weiter: Auf Kanüle und Sauger für die Herzchirurgie folgte 1985 mit der CAPS (Computer-Added Perfusion System) die zweite Generation der Herz-Lungen-Maschine, von der sich etwa 200 Stück pro Jahr verkauften. 1987 feierte die Firma den Verkauf der 1.000. Maschine.

1992 verkaufte Friedemann Stöckert seine Firma an den auf herzchirurgische Produkte spezialisierten italienischen Konzern Sorin Biomedica S.p.A. Unter Dr. Andrea Hahn, Nachfolger von Friedemann Stöckert in der Geschäftsleitung, kam 1994 die erste digital gesteuerte Herz-Lungen-Maschine, die SIII, auf den Markt, und Produktionszahlen von 300 Maschinen pro Jahr machten das Unternehmen 1995 zum Weltmarktführer.

Weitere Produktgenerationen folgten sowie 2011 die erste tragbare Herz-Lungen-Maschine, die LifeBox, zur Unterstützung des Patienten während des Transports in die Herzklinik.

Nachdem die Firma 1999 zum italienischen SNIA-Konzern gehört hatte, wurde 2004 die eigenständige Aktiengesellschaft Sorin Group mit Sitz in Mailand gegründet. Stöckert Instrumente firmierte um in die Sorin Group Deutschland GmbH.

2011 verlagerte man die Produktion des Geräts Xtra für die Autotransfusion, die Wiederaufbereitung von Blut, von Italien nach München, und 2013 stieg der weltweite Marktanteil an Herz-Lungen-Maschinen auf 70 Prozent. Eine beträchtliche Investition in den Produktionsstandort München soll auch die Absatzzahlen der Xtra steigern und die Marktführerschaft der Firma festigen.

Gesundheit am Englischen Garten

Außenansicht.

Der angesehene Facharzt für Frauenheilkunde und Geburtshilfe Dr. Lorenz Geisenhofer kaufte 1938 das am Englischen Garten gelegene Palais des Fürsten von Hohenzollern-Sigmaringen und konnte am 9. Mai 1940 die in einem herrlichen Park gelegene Klinik eröffnen, in der er sich der individuellen Krankenbetreuung verschrieb. Als ausgezeichneter Spezialist und sorgfältiger Operateur war er weit über Münchens Grenzen bekannt. In den Jahren 1950/51 wurde ein Neubau für die Schwestern und Angestellten erstellt und im Jahr 1955 nahm der erfolgreiche Arzt sein letztes großes Werk in Angriff: die Vergrößerung der Klinik durch einen Anbau mit allen Neuerungen, welche die Technik bieten konnte. Der Sohn des Gründers, Dr. Hans Ludwig Geisenhofer, führte das Familienunternehmen mit leidenschaftlichem Engagement weiter. Mittlerweile erblicken in der Klinik ca. 2.400 Babys pro Jahr das Licht der Welt.

1988 wurde der vom Architekten Jakob Bader gestaltete Neubau eingeweiht. Die denkmalgeschützte Villa ist optisch eingebettet in eine dezente Konstruktion aus Stahl und Glas. Neben neuen OP-Sälen wurden komfortable Ein- und Zweibettzimmer in heimeliger Atmosphäre eingerichtet. 1996 wurde dazu eine neonatologische Intensivpflegestation für Neugeborene mit vier Pflegeplätzen eröffnet. Diese verfügt über einen perinatalen Schwerpunkt. Ein Team aus geschulten Kinderkrankenschwestern und -pflegern, Kinderärzten und Neonatologen kümmert sich rund um die Uhr um das Wohlergehen der Babys.

Die ästhetisch-plastische Chirurgie wurde 2002 neben der Geburtshilfe, der Gynäkologie und der Neonatologie die vierte wichtige Säule für den wirtschaftlichen Erfolg der Klinik.

Die Gründung des 2007 zertifizierten interdisziplinären Brustzentrums stellt mit einem Netzwerk ausgewählter Kooperationspartner die hochwertige medizinische Qualität der Versorgung unserer Patientinnen sicher. 2009 wurde das MIC-Zentrum am Hause etabliert. Mittels der minimalinvasiven Chirurgie liegen die Vorteile für die Patientinnen klar auf der Hand. Das hohe Niveau der Versorgung ist durch ein umfassendes Qualitätsmanagement gesichert. Die Zufriedenheit und das Wohlergehen unserer Patienten sind Zielsetzung des täglichen Schaffens. Rund 200 Mitarbeiter sowie Belegärzte, Hebammen, Kinderärzte, Anästhesisten und Kooperationspartner arbeiten Tag für Tag an dem Erfolg des Ganzen. Ganz nach dem Motto „Nur gemeinsam sind wir stark" feierte die Frauenklinik 2010 ihren 70. Geburtstag und startet motiviert und engagiert in die Zukunft.

Eingangshalle.

Zweibettzimmer.

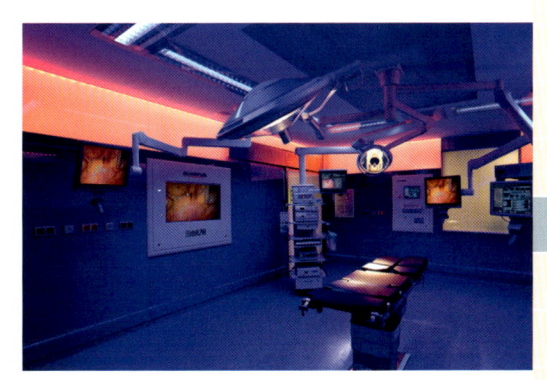

OP. Quellen: Frauenklinik Dr. Geisenhofer.

Anfang in einer Trümmerwüste

Am 8. Mai 1945 kapitulierte die deutsche Wehrmacht, der Krieg war zu Ende, in München schon zehn Tage früher. Am 29. April befreiten die Amerikaner das Konzentrationslager Dachau, wo damals noch 32.000 Häftlinge waren. Am Tag darauf rollten die Panzer von Westen her in die gespenstische Trümmerlandschaft, die einst das „liebe alte München" gewesen war. Auf Widerstand stießen sie kaum, die meisten Menschen waren froh, dass der Krieg vorbei war.

Im teilweise intakt gebliebenen Rathaus richteten die Amerikaner ihr Hauptquartier ein und bauten von hier aus in ihrer Besatzungszone neue Strukturen auf.

Sofort wurde die Umbenennung von Straßen und Plätzen verfügt, die Namen von Nazi-Größen trugen. So wurde aus dem *Ritter-v.-Epp-Platz* wieder der alte *Promenadeplatz*. Vielfach benannte man die entsprechenden Straßen nach Vögeln, Blumen oder bayerischen Dörfern. So wurde aus der *Hermann-Göring-Straße* die *Azaleenstraße*, die *Adolf-Wagner-Straße* war nun die *Dahlienstraße* und die *Horst-Wessel-Straße* die *Salbeistraße*.

Die Siegermächte wollten nicht nur Kriegsverbrecher zur Rechenschaft ziehen, sie wollten die deutsche Gesellschaft von Grund auf umgestalten, um „alle nazistischen und militaristischen Einflüsse aus öffentlichen Einrichtungen und dem Kultur- und Wirtschaftsleben des deutschen Volkes zu entfernen". Die Amerikaner nannten diesen Prozess der Umerziehung „reeducation". Sie legten eine Vielzahl von Kategorien fest, deren Angehörige ohne Ansehen der Person aus ihren beruflichen Positionen zu entlassen waren. In München führte dies dazu, dass über 3.000 Mitarbeiter der Stadtverwaltung allein wegen ihrer NSDAP-Mitgliedschaft entlassen werden mussten. Bürgermeister Scharnagl klagte darüber, dass er so kaum eine funktionierende Verwaltung aufrechterhalten könne.

Schon bald wurde deutlich, dass Wirtschaft und Verwaltung so nicht wieder aufgebaut werden konnten, und man beschritt einen anderen Weg. Am 5. März 1946 erließ die Militärregierung das im Großen Sitzungssaal des Rathauses in München unterzeichnete „Gesetz zur Befreiung vom Nationalsozialismus und Militarismus". Danach musste jeder Deutsche über 18 Jahre einen Fragebogen mit 131 Einzelfragen beantworten, nach dessen Inhalt er von den zuständigen Spruchkammern in vier Täterkategorien von „Hauptschuldiger" bis

Die zerstörte Augustenstraße von Osten zwischen Theresien- und Heßstraße. Foto 1945.

„Mitläufer" eingestuft oder ganz entlastet wurde. Millionen von Fragebögen wurden ausgefüllt, aber am Ende gab es kaum Hauptschuldige und mancher Besatzungsoffizier bemerkte sarkastisch, er habe nie einen überzeugten Nationalsozialisten gesehen.

Die Urteile der Spruchkammern waren oftmals fragwürdig. Ein prominenter Mann war Hitlers Leibfotograf, der Münchner Altnazi Heinrich Hoffmann. Als „Reichsbildberichterstatter" hatte er ein Millionenvermögen erworben. Nun stilisierte er sich zum „Diener der Kunst" und wollte mit Hitler nur eine private Freundschaft gepflegt haben. 1947 wurde er zu Recht als „Hauptschuldiger" eingestuft und zu zehn Jahren Arbeitslager, der Einziehung seines gesamten Vermögens und Berufsverbot verurteilt. 1949 erreichte er die Aufhebung des Urteils und wurde im Jahr darauf zum „Belasteten" zurückgestuft. Die Haftstrafe reduzierte das Gericht auf vier Jahre, den Vermögenseinzug auf 80 Prozent. 1953 erreichte Hoffmann, dass das Berufsverbot aufgehoben wurde, und drei Jahre später wurde der Teil seines Vermögens, den er behalten durfte, auf 350.000 DM festgesetzt, was damals eine enorme Summe war. Noch besser kam Karl Fiehler davon, der immerhin zwölf Jahre lang nationalsozialistischer Oberbürgermeister gewesen war. Die Spruchkammer stufte ihn in die zweitniedrigste Kategorie der „Aktivisten" ein. Er erhielt zwei Jahre Arbeitslager, die zum Zeitpunkt der Urteilsverkündung bereits verbüßt waren. Ein Fünftel seines Vermögens wurde eingezogen und für zwölf Jahre verlor er das aktive und passive Wahlrecht. Begründet wurde dieses milde Urteil mit seiner geistigen Beschränktheit. Mit dieser Begründung hatte man auch 1924 von einer angemessenen Bestrafung für Fiehlers Teilnahme am Hitlerputsch abgesehen.

Selbst Hauptschuldige erreichten in Revisionsverfahren oftmals ihre weitgehende oder völlige Entlastung. Als die USA dann im Zuge des Kalten Krieges die Entnazifizierung 1948 einstellten, waren häufig selbst Verfahren gegen schwerer Belastete noch nicht abgeschlossen.

Zum Leiter der Stadtverwaltung wurde zunächst der ehemalige Würzburger Oberbürgermeister Franz Stadelmayer bestellt, bevor am 4. Mai 1945 der letzte demokratisch gewählte Oberbürgermeister Karl Scharnagl (BVP) wieder ins Rathaus Einzug hielt. Stadelmayer wurde Zweiter Bürgermeister. Auf das neu geschaffene Amt des Dritten Bürgermeisters wurde auf Drängen des Stadtkommandanten Eugene Keller am 16. August der frühere Vorsitzende der SPD-Fraktion Thomas Wimmer berufen, der sich besonders um den Wiederaufbau kümmern sollte. Als Stadelmayers frühere NSDAP-Mitgliedschaft bekannt

Zerstörte Mariahilfkirche in der Au. Postkarte 1945.

1945 Nachkriegszeit

wurde, musste er zurücktreten und Wimmer rückte am 1. Dezember zum 2. Bürgermeister auf. Die Verwaltung wurde in 15 Referate eingeteilt. Von den berufsmäßigen Stadträten der ersten Stunde wirkten Dr. Erwin Hamm (Wohlfahrts- und Stiftungsreferat) und Dr. Anton Fingerle (Schul- und Kultusreferat) lange prägend in der Stadt. Die erste Stadtratswahl nach der Nazi-Herrschaft fand am 6. Juni 1946 statt. Die CSU wurde stärkste Partei und erhielt 20 von 44 Sitzen, die SPD 17, die KPD zwei und die wirtschaftliche Aufbauvereinigung (WAV) einen Sitz. Scharnagl und Wimmer wurden vom Stadtrat in ihren Ämtern als Erster bzw. Zweiter Bürgermeister bestätigt.

Am 15. Mai 1945 wurde im Münchner Rathaus das Regional Military Government installiert und am 28. Mai Fritz Schäffer, der von 1930 bis 1933 bayerischer Finanzminister gewesen war, zum vorläufigen Ministerpräsidenten

Das der Munich Re gehörende von Martin Dülfer gestaltete Haus in der Gedonstraße 4, in der vor 1933 der Friedensnobelpreisträger Ludwig Quidde und später der erste CSU-Vorsitzende Josef Müller („Ochsensepp") wohnte. Hier wurde die CSU gegründet. Foto 2012.

ernannt. Die Amerikaner veranstalteten unter General Dwight D. Eisenhower, der der Oberbefehlshaber der alliierten Streitkräfte in Europa gewesen war und 1953 Präsident der USA wurde, eine Siegesparade über die Ludwigstraße und Brienner Straße zum Königsplatz.

Am 28. September 1945 übernahm dann der aus dem Schweizer Exil zurückgekehrte Sozialdemokrat Wilhelm Hoegner (1887–1980) das Amt des Ministerpräsidenten. Hoegner hatte zunächst dem Bayerischen Landtag und zuletzt dem Deutschen Reichstag angehört und war ein entschiedener Gegner der Nazis gewesen. Neuer Wirtschaftsminister wurde der damals noch parteilose Ludwig Erhard (1897–1977) aus Fürth, der 1949 Bundeswirtschaftsminister und 1963 Bundeskanzler wurde und einer der Begründer der sozialen Marktwirtschaft ist.

Zerstörter Wohnblock in der Agnesstraße/Ecke Adelheidstraße in Schwabing. Foto 1946.

Zur dominierenden politischen Kraft wurde in Bayern die Christlich Soziale Union (CSU), die aus verschiedenen regionalen Initiativen hervorging und als gesamtbayerische Partei am 8. Januar 1946 in München gegründet wurde. Die meisten Mitglieder kamen von der BVP, es gab aber auch Zentrums-Politiker, die sich der Partei anschlossen. Einer christlich-liberalen Gruppe um Scharnagl und Josef Müller, genannt „Ochsensepp", der im kirchlichen Widerstand gewesen war, stand eine betont konservativ-katholische Gruppe um Fritz Schäffer und Alois Hundhammer gegenüber.

Als erste Partei war die Kommunistische Partei Deutschlands (KPD) am 1. November 1945 wieder zugelassen worden, die zehn Tage später im Prinzregententheater im Beisein vieler Honoratioren unter musikalischer Umrahmung des Staatsorchesters ihre erste Kundgebung abhielt. Am 17. November erhielt auch die SPD eine Lizenz und feierte im gleichen Rahmen. Nach Landtagswahlen wurde 1946 Hans Ehard (1887–1980) zum Ministerpräsidenten gewählt, der in sein Kabinett zunächst auch Vertreter der SPD aufnahm. Er berief für den 6./7. Juni 1947 eine Konferenz der Ministerpräsidenten aus allen Besatzungszonen nach München ein. Da es keine gesamtdeutsche Regierung gab, kam den Repräsentanten der Länder große Bedeutung zu. Die Einladung war aber überschattet von den zunehmenden Ost-West-Spannungen. Tatsächlich konnte man sich über die Tagesordnung nicht einigen und die Ministerpräsidenten aus der sowjetischen Besatzungszone reisten bereits am Vorabend der Konferenz wieder ab. Die letzte Begegnung von west- und ostdeutschen Landespolitikern war so gescheitert, aber das war von vornherein Ulbrichts Absicht gewesen.

Der Kreisjugendring München-Stadt

Der Kreisjugendring (KJR) München-Stadt ist älter als das Grundgesetz, von seiner Arbeit haben schon Generationen Münchner Kinder und Jugendlicher profitiert – und später erfolgreiche Künstler hatten hier ihre ersten Auftritte. Selbst die Limo auf der Wiesn hat mit dem KJR zu tun.

1957 muss Münchens Jugend kreuzbrav gewesen sein. Jedenfalls notieren die Pädagogen des Jugendtreffs am Biederstein: *„Von der Umtauschaktion für Schundhefte erhielten wir eine Reihe guter Lektüre, die wir zum Teil unseren Jugendlichen vorlasen. Gerne wurden Grimm- und Hauffmärchenstunden gehört."* Ebenfalls im Programm: „Laubsägearbeiten für die Jungen", „Taschentücher häkeln für die Mädchen" und – natürlich getrennte – Zeltlager für Buben und Mädchen. Was heute sehr brav wirkt, ist in den 1950er-Jahren eine Neuheit. Seit wenigen Jahren erst gibt es Freizeitstätten, damals „Heime der offenen Tür" genannt. Sie bieten Kindern und Jugendlichen Platz für Spiel und Freizeit unter pädagogischer Betreuung. Sehr beliebt sind die Ferienfahrten nach Italien oder Spanien, wenige Jahre nach Kriegsende für junge Münchner eine der seltenen Gelegenheiten, fremde Länder kennenzulernen.

Dass die Jugendarbeit nach dem Krieg schnell wieder auf die Beine kommt, ist erklärtes Ziel der amerikanischen Besatzer. Sie fördern, ja verlangen, örtliche Jugendgruppen zu bilden. Damit betrauen sie das 1945 von ihnen gegründete „Kreisjugendkomitee", den Vorläufer des Kreisjugendrings. Hier sind alle gesellschaftlichen Strömungen dabei, ob Protestanten, Katholiken oder Juden, ob politische Parteien, Rotes Kreuz, Handelskammer oder Gewerkschaften. Gleichschaltung soll keine Chance mehr haben, wer nationalsozialistischer Umtriebe verdächtig ist, wird als Jugendleiter nicht akzeptiert. Im Frühjahr 1947 sind bereits 51 Jugendgruppen zugelassen, darunter Gewerkschaftsjugend und Pfadfinder. Auch die Jugendabteilungen großer Sportvereine, etwa des TSV 1860 München oder des FC Bayern, sind dabei. Und sie alle versammeln sich unter dem Dach des späteren Kreisjugendrings. Federführend ist Stadtschulrat Dr. Anton Fingerle, erster und langjähriger Vorsitzender des KJR.

Fingerle stellt dem KJR auch das Jugendkulturwerk „zur kulturellen Betreuung der Münchner Jugend" zur Seite. Schon 1947 ermöglicht dieses 43.000 Kindern und Jugendlichen den Besuch von Theater, Oper oder Konzert zu Preisen zwischen 50 Pfennig und 2,50 Mark. Kulturarbeit wird zu einem zentralen Aufgabenfeld. 1967 begründet der Kreisjugendring die Theaterpädagogik in München mit, als er die erste Schauspielerin in einer Freizeitstätte verpflichtet. Diese baut zahlreiche Laienspielgruppen auf, arbeitet mit namhaften Autoren von Franz Xaver Kroetz bis Gerhard Polt zusammen und holt viele damals noch weitgehend unbekannte Künstler für Gastspiele in die Freizeitstätten, darunter die Kabarettisten Ottfried Fischer, Dieter Hildebrandt und den als Ude-Double bekannten Uli Bauer.

Der KJR steht für Kinder- und Jugendkultur. Bei der Bundesgartenschau 2005 stemmt er das Kultur- und

Auf Ferienfahrt mit dem KJR – schon immer ein Erlebnis. Quelle: KJR.

München im Spiegel der Zeit 197

OBEN OHNE heißt das größte nicht kommerzielle Open-Air Süddeutschlands. Quelle: Johannes Kliemt – LifeOnStage®.Net.

Spielprogramm für Familien, die Fußball-WM im eigenen Land 2006 bereichert er um die KJR-Kinderwelt, beim 850. Stadtgeburtstag ist er ebenso aktiv wie beim Kinderkultursommer KIKS oder bei der Spielstadt Mini-München. Er stellt vieles auf die Beine, was München sonst nicht hätte, wie OBEN OHNE, das größte nicht kommerzielle Open Air Süddeutschlands, oder „muc-king", einen Wettbewerb für Nachwuchsbands. Viele von ihnen finden in KJR-Freizeitstätten Übungsräume, einige Häuser wie das Schwabinger „soundcafé" kümmern sich sogar schwerpunktmäßig um Bandförderung. Und wenn Jugendkultur erwachsen wird, entsteht daraus – wie im Spectaculum Mundi in Fürstenried – das größte deutsche A-cappella-Festival „Vokal Total".

Doch nicht nur die Kultur bringt der KJR voran. Schon 1950 gibt er den Münchner Schülervertretern ein Forum und unterstützt den Aufbau der Schülermitverwaltung. Viele Schülerredaktionen können in den 1960er-Jahren ihre Zeitung nur herausbringen, weil der KJR ihnen die Schülerdruckerei zur Verfügung stellt, wovon auch Christian Ude profitiert, damals Landesvorsitzender der Schülerpresse. Den ersten Abenteuerspielplatz Bayerns eröffnet der KJR 1971 im Hasenbergl. Und dass es auf der Wiesn nicht nur Bier, sondern auch Limo zu trinken gibt, ist erst seit 1985 so und das Ergebnis einer erfolgreichen KJR-Kampagne gegen Jugendalkoholismus.

Wo es um Jugendpolitik geht, erhebt der KJR seine Stimme. Unter dem Motto „Sei kein Affe, stimm' für 18!" spaziert der KJR-Vorsitzende Anton Fingerle 1970 mit einem Schimpansen durch München und wirbt für die Senkung des Wahlalters auf 18, was noch im gleichen Jahr geschieht. Nach dem Reaktorunglück von Tschernobyl 1986 alarmiert der KJR die Öffentlichkeit mit der Aktion „Wenn der Spielplatz strahlt …" und sperrt gegen den Willen der Stadt die Freiflächen seiner Freizeitstätten. Seit Jahrzehnten mobilisiert der KJR junge Menschen zum Wählen, die Aktionen heißen „Faschos müssen draußen bleiben", „Tu's am Sonntag" oder „Rettet die Wahlen". Und ebenso Tradition haben die jugendpolitischen Forderungen, die der KJR zu den Kommunalwahlen formuliert und so die Interessen des jungen München in die Öffentlichkeit trägt. Der jüngste Lohn dieses Engagements sind das erfolgreiche Volksbegehren gegen die Studiengebühren in Bayern und die Einführung des Semestertickets für Studierende.

Heute ist der KJR Arbeitsgemeinschaft und Dach von mehr als 70 Jugendverbänden und -gemeinschaften, er betreibt im Auftrag der Stadt 49 Freizeitstätten und neun Kindertageseinrichtungen. 200.000 Kinder und Jugendliche sind Mitglied in den KJR-Jugendverbänden, von der Alpenvereins- bis zur Zionistischen Jugend, von der Afro- bis zur Trachtenjugend. Rund 20 KJR-Projekte kümmern sich u. a. um das Miteinander von Menschen mit und ohne Behinderung, um die Münchner Feriendatenbank, Jugendarbeitslosigkeit, Erlebnispädagogik und demokratische Jugendbildung. Auch aus Münchner Schulen ist der Kreisjugendring kaum noch wegzudenken, er organisiert Sozialarbeit, Ganztagsangebote, Mittagstisch und Hausaufgabenbetreuung. Und günstiger als im Jugendübernachtungscamp „The Tent" im Kapuzinerhölzl können junge Menschen in München nirgends ihre Nachtruhe finden – und das schon seit den Olympischen Spielen von 1972.

Seit seinen Anfängen 1945 hat sich der Kreisjugendring stetig gewandelt, um auf der Höhe der Zeit zu sein. Was einige Freizeitstätten neuerdings vermelden, erinnert jedoch an das Jahr 1957. Jugendliche sind von einem neuen Trend elektrisiert und besuchen sogar Seniorinnen und Senioren, um zu lernen, wie es geht. Die Rede ist von Stricken und Häkeln.

„Süddeutsche Zeitung": In München geboren – in der Welt zu Hause

Was macht das Wesen einer Zeitung aus – und was bewegt Tag für Tag Hunderte Journalisten und Mitarbeiter der SZ (wie sie in liebevoller Kürze von ihren Lesern genannt wird), ausgezeichneten Qualitätsjournalismus zu liefern?

Eine Zeitung ist ein visionäres Unterfangen. Mit August Schwingenstein, Edmund Goldschagg und Dr. Franz Josef Schöningh, zu denen später Werner Friedmann als vierter Lizenzträger stieß, traten 1945 erklärte Gegner der Nationalsozialisten an, eine Zeitung zu verlegen, die nicht weniger als das Ziel hatte, dem „Drang nach einer freien und anständigen Presse" Sprache zu verleihen.

Wie jede erzählenswerte Geschichte ist auch die Entstehung der „Süddeutschen Zeitung" von besonderen Wendepunkten geprägt. August Schwingenstein hatte sich im Mai 1945 beim Münchner Oberbürgermeister Karl Scharnagl, der US-Militärregierung und dem bayerischen Ministerpräsidenten Fritz Schäffer für eine „saubere" Presse eingesetzt. Er wäre beinahe ungehört geblieben, wären da nicht Major Joseph Dunner und die Sergeants Ernest Langendorf und Leonard Felsenthal gewesen, die der Information Control Division (ICD) unterstanden. Ihre Aufgabe: Lizenzträger für die Gründung einer neuen Zeitung zu finden. Schwingensteins Sohn Alfred überzeugte Felsenthal, seinen Vater anzuhören. Mit dieser Intervention beginnt die Geschichte der „Süddeutschen Zeitung", wie wir sie heute kennen.

Am 6. Oktober 1945 empfingen Schwingenstein, Schöningh und Goldschagg im Münchner Rathaus von Oberst Bernhard B. McMahon die Lizenz. Die erste bayerische Tageszeitung nach Kriegsende und neunte Zeitung in der US-Zone startete unter schwierigsten Umständen. Doch die einzig verbliebene Rotationsmaschine im Keller des fast zerstörten Verlages Knorr & Hirth in der Sendlinger Straße wurde zum Symbol des Triumphes über die Diktatur. Beim Guss der Platten für die Rotation wurde ein Bleisatz von Hitlers „Mein Kampf" eingeschmolzen. Die freie Meinung hatte gesiegt, die Nachkriegspresse ein „Sprachrohr für alle Deutschen" gefunden.

Soziale Belange hatten vor diesem Hintergrund einen hohen Stellenwert. 1948 startete die erste SZ-Hilfsaktion. Aus ihr ging der SZ-Adventskalender für gute Werke hervor, der auch heute noch Bedürftige aus München und der Umgebung unterstützt. Auch die Gründung des Verkehrsparlaments (1949), die Sportförderung (1950) oder das Gesundheitsforum (1971) waren Ausdruck eines gesellschaftlichen Engagements jenseits der Tagesaktualität.

Die Auseinandersetzung mit Themen aus Politik, Wirtschaft und Gesellschaft sowie Aktuellem und Hintergründigem aus Kultur, Medien, Wissenschaft oder Sport prägt das Gesicht der Zeitung. Regional verwurzelt und global orientiert hat sie sich herausragenden Qualitätsstandards verschrieben. In über 20.000 Ausgaben seit ihrem erstmaligen Erscheinen ist sie Diskussionsforum ebenso wie intellektueller Impulsgeber. Die Autoren und Autorinnen der SZ wurden vielfach mit nationalen und internationalen Journalistenpreisen ausgezeichnet, u. a. mit dem Theodor-Wolff-Preis, dem Henri-Nannen-Preis und dem Wächterpreis der deutschen Tagespresse.

Die Leser der SZ wachsen seit dem 12. Juni 1946 mit dem damals nur 72 Zeilen langen „Streiflicht" auf. Eine Miniatur, die sein „Erfinder" Schöningh als „Leuchtturm im Sturmgebraus der täglichen Hiobsbotschaften" bezeichnete. Anders gesagt: Eine „Süddeutsche" ohne „Streiflicht" käme einem Münchner vor wie ein Weißwurstfrühstück ohne „Brez'n". Apropos: Mit der „SZ-Kostprobe" startete am 11. Oktober 1975 die erste kritische

Das Verlagsgebäude des Süddeutschen Verlags 1951. Bildnachweis: Süddeutsche Zeitung Photo.

München im Spiegel der Zeit

Esskolumne einer überregionalen Tageszeitung der Bundesrepublik. Jeder Gourmet freut sich auf ihre kulinarischen Streifzüge.

Freitag ist Magazintag – seitdem das „Süddeutsche Zeitung Magazin" am 11. Mai 1990 erstmals erschien. Längst ist es zu einem Leitmedium geworden, das von Fachjurys in der ganzen Welt mit mehr Preisen als irgendeine andere Zeitschrift in Deutschland ausgezeichnet wurde.

Die disruptiven Veränderungen in der Medienlandschaft prägen auch das neue journalistische Angebot. Analog und Digital ergänzen sich, seitdem im Oktober 1995 das Internetangebot zunächst als SZonNet online ging. Mittlerweile ist Süddeutsche.de eines der führenden Online-Nachrichtenportale unter Deutschlands Qualitätsmedien. Die Zeitung von morgen digital und mit Zusatz-Content schon am Vorabend multimedial erleben: Mit der Zeitungsapp SZ Digital ist das auf Tablet und Smartphone seit dem 29. Oktober 2011 möglich.

Während allerorts über den Untergang der Buchkultur geklagt wird, startet am 20. März 2004 die SZ-Bibliothek:

Hintergrund: Die erste Ausgabe der „Süddeutschen Zeitung" vom 6. Oktober 1945 für 20 Pfennig. Bildnachweis: Süddeutsche Zeitung.

50 große Romane des 20. Jahrhunderts, ausgewählt von der Feuilletonredaktion – zum Taschengeldpreis. Für Tausende Leser ist es Ehrensache, alle Bände zu besitzen. Auch heute erscheinen bei der SZ Edition ausgewählte Bücher, die in enger Zusammenarbeit mit der Redaktion entstehen und über den Buchhandel und den SZ Shop erhältlich sind.

Zwei Ereignisse prägen die Firmengeschichte des neuen Jahrtausends: Die Südwestdeutsche Medien Holding GmbH (SWMH) erwirbt zum 1. März 2008 die Mehrheit am Süddeutschen Verlag (SV). Die neuen Eigentümer, die bislang eine Minderheitsbeteiligung hielten, haben vier von fünf Altgesellschafterfamilien die Anteile abgekauft und kontrollieren nun 81,25 Prozent des Medienkonzerns. 18,75 Prozent der Anteile verbleiben bei der Familie Friedmann. Zum 2. November 2008 gibt die Redaktion ihren bisherigen Sitz auf. Nach 63 Jahren in der Sendlinger Straße wird die SZ ab diesem Sonntag in der Hultschiner Straße produziert.

Wenn Münchens Oberbürgermeister Christian Ude aus diesem Anlass vom Umzug in ein „städtebauliches Wildschweingehege" spricht, dann steht die Sorge im Raum, dies könnte Einfluss auf die Qualität der Zeitung haben. Dass der Standort eine „lebendige Bühne der Begegnung" wird –

das wünscht sich Hans Werner Kilz, zu diesem Zeitpunkt Chefredakteur der „Süddeutschen Zeitung", in einem Artikel mit dem Titel „Abschied und Aufbruch". Und wirklich: Die „Süddeutsche Zeitung" hat in ihrem Neubau Analoges mit Digitalem vereint. Wie ein geschliffener Kristall wirkt das 27-stöckige Gebäude an der Schnittstelle zwischen Stadt und Land und in unmittelbarer Nähe zum 1984 erbauten Druckzentrum. Klarheit und Abstraktion kennzeichnen die Gestaltung und spielen in ihrer Ästhetik mit dem Kern dessen, was die Arbeit der Journalisten im Gebäude auszeichnet. Somit ist die SZ an ihrem neuen Standort für die Herausforderungen der Zukunft gerüstet.

Die „Süddeutsche Zeitung" ist eine Instanz – meinungsbildend, glaubwürdig und der Qualität verpflichtet – und die Nummer 1 unter den überregionalen Qualitätstageszeitungen. Als Flaggschiff des Süddeutschen Verlages setzt sie Trends und sieht sich dennoch in der Nachfolge der von 1848 bis 1945 erschienenen „Münchner Neuesten Nachrichten". Vor einigen Jahren wurde dieser historische Name von der SZ bewusst als Titel des Lokalteils neu belebt.

Die SZ steht für Qualität als gelebte journalistische Praxis zwischen Vergangenheit, Gegenwart und Zukunft und vereint regionale Wurzeln und internationale Ausrichtung. Die Liebe

Chefredakteure
Werner Friedmann (1951–1960)
Hermann Proebst (1960–1970)
Hans Heigert (1970–1984)
Dieter Schröder (1985–1996)
Gernot Sittner (1993–2005)
Hans Werner Kilz (1996–2010)
Kurt Kister (2011–heute)

zum Gedruckten ist auch in den elektronischen Medien in jeder Zeile spürbar. Information, Hintergründiges, Unterhaltung, investigative Glanzleistungen sowie innovative Ansätze wie die im Oktober 2014 komplett neu gestaltete Wochenendzeitung – das erwarten rund 1,3 Millionen Leser (Media-Analyse 2014) täglich von „ihrer" Zeitung, und das bekommen sie.

Das neue Hochhaus an der Hultschiner Straße 2008. Bildnachweis: Süddeutsche Zeitung Photo/Heddergott, Andreas.

SÜD-HANSA – Bauten- und Eisenschutz am Puls der Zeit

Die Geschichte der SÜD-HANSA beginnt am Ende des Zweiten Weltkriegs, als der junge Ingenieur Karl-Robert Baumgärtner in seine zerbombte Heimatstadt München zurückkehrt, ausgestattet mit seinem Ingenieur-Diplom, den bei den Pionieren gesammelten Erfahrungen und dem Ehrgeiz, beim Wiederaufbau mit anzupacken.

Am Anfang seiner unternehmerischen Tätigkeit stand eine glückliche Fügung: Baumgärtner konnte in München-Riem unter amerikanischer Aufsicht die verwaisten Reste der „Süddeutschen Lufthansa-Werkstätten" übernehmen und die wenigen noch nicht geplünderten Werkzeuge und Maschinen retten. Damit war der Name SÜD-HANSA geboren.

Baumgärtner erkannte die vordringlichsten Probleme der Zeit: die Beschaffung von Baustoffen und die Wiederherstellung von Verkehrswegen, damit die Menschen an ihre Arbeitsplätze und Energieträger, Roh- und Baustoffe an ihre Einsatzorte gelangen konnten. Dazu musste die wieder in Betrieb genommene Eisenbahn instand gesetzt werden. Doch es fehlte an allem. Baumgärtner sprach bei den zuständigen Dezernaten der Bahn in München vor und bot Lösungen an.

1946 begann die SÜD-HANSA ganz in der Nähe des Hauptbahnhofs in einem Hinterhof der Tulbeckstraße als Korrosionsschutzfachbetrieb: Gleisschrauben, Schwellennägel und andere Kleinteile wurden chemisch entrostet, größere Teile mit selbst konstruierten Acetylenbrennern flammentrostet und vor dem Weiterrosten geschützt.

Bald firmierte die SÜD-HANSA unter dem Zusatztitel „Fachbetrieb für Oberflächenbearbeitung". Wenig später wurde der Korrosionsschutz von Eisenbahn-Brückenbauwerken – zum Beispiel 1953 die Hackerbrücke in München oder 1956 die Eisenbahnbrücke über das Möhrenbachtal südlich von Treuchtlingen – zu einer der Hauptaufgaben der SÜD-HANSA. Mit der Bahn als Hauptauftraggeber wurde sie die Nummer 1 im Korrosionsschutz von Eisenbahn-Stahlbauwerken in Bayern.

In der Wiederaufbauphase nach 1949 war der Bedarf an Korrosionsschutz-Erneuerungen überall gewaltig. Die SÜD-HANSA war dabei. Eines ihrer markantesten Objekte war die zerstörte stählerne Konstruktion der Kuppel des Justizpalastes in München. Eine gefahrvolle Aufgabe: Fotos belegen, dass die Vorschriften bezüglich Gerüstbau und Arbeitssicherheit noch wenig ausgereift waren.

Im Laufe der Jahre gab es zahlreiche weitere Aufträge mit zum Teil eigenwilligen Anforderungen, etwa die Arbeiten an einem 120 m hohen Radio-Sendemasten im Erdinger Moos oder an einer schwankenden Pipeline-Seilbrücke über den Inn bei Gars in schwindelerregenden 70 m Höhe. Das vielleicht heißeste Eisen aber war wohl das Projekt „Olympia-Schwimmhalle" im Jahr 1972, zwei Tage vor den Olympia-Vorentscheidungen der Kunstspringer. Die SÜD-HANSA hatte alle Arbeiten – die Lackierung von Rohrleitungen und technischen Ausstattungen sowie des 10-m-Sprungturms – erfolgreich beendet. Es war ein wunderschöner Sommertag und die Sonne strahlte durch die blitzsaubere Glasfassade, genau auf die Bildschirme der Journalisten. Die sa-

1957: Korrosionsschutzarbeiten an der Möhrenbachbrücke, Treuchtlingen.

hen nichts. Sie beschweren sich lautstark, die Olympia-Baugesellschaft rotierte, und der SÜD-HANSA-Bauleiter, auf einem letzten Prüfgang, war nun das Opfer. Er erhielt Weisung, bis zum Folgetag etwa 100 qm Glasfläche mit einer lindgrünen Farbe zu beschichten. Was zunächst unmöglich schien, war tatsächlich am Mittag des nächsten Tages ausgeführt, der Auftraggeber höchst zufrieden.

Die Expansion des Unternehmens machte zum 2. Mai 1982 den Umzug in die Haylerstraße in Moosach erforderlich. Die rasante Entwicklung bei Ausführungstechniken, Beschichtungsstoffen, der Arbeitssicherheit und dem Umweltschutz erforderte die stete Weiterbildung aller Führungskräfte. Das ermöglichte der SÜD-HANSA in den 1960er-Jahren, sich durch einen Auftrag von Wacker-Chemie in Burghausen und später weiteren Auftraggebern ein neues Aufgabengebiet zu erschließen: den Oberflächenschutz von Produktionsanlagen und -bauten in der chemischen Großindustrie.

Nach der Wiedervereinigung, zu Beginn der 1990er-Jahre, erlebte die SÜD-HANSA in ihrem bis dahin vorrangigen Arbeitssektor, dem Korrosionsschutz, gewaltige Veränderungen. Während im Westen der Republik die öffentliche Auftragsvergabe weitgehend zum Erliegen kam, boomte das Geschäft im Osten. Dort aber herrschte bald ein ruinöser Wettbewerb. Die SÜD-HANSA hielt sich davon fern und steuerte in eine ganz andere Richtung. Denn schon Anfang der 1980er-Jahre war der Rückgang der deutschen Stahlindustrie nicht zu übersehen gewesen. Gleichzeitig erwies sich der Glaube an den „Jahrtausend-Baustoff" Beton als Fehleinschätzung. Beton würde schon bald in großem Maßstab saniert werden müssen.

1998: Fassadensanierung Hotel „Arabella Sheraton" (heute: „The Westin Grand München Arabellapark"), München. 2014/15: Tiefgaragensanierung – HVB-Tower Arabellapark, München. Quellen: SÜD-HANSA.

1984 traf die SÜD-HANSA die Nachricht vom Tod des Firmengründers Karl-Robert Baumgärtner. Sein Sohn Wolfgang, als Diplom-Kaufmann in der Geschäftsleitung tätig, übernahm das Ruder. Seit 1990 ist auch Dr.-Ing. Cornelia Baumgärtner eine versierte Stütze der SÜD-HANSA.

Um das neue Arbeitsfeld der Betoninstandsetzung bekannt zu machen, gründete Wolfgang Baumgärtner einen Güteverband für Betoninstandsetzung. Als dieser im Jahr 2011 viel zu früh verstarb, übernahm dessen Sohn Maximilian die Geschäftsleitung in der dritten Generation und führt den Betrieb mit den alten und neuen Aufgabenfeldern bis heute. Er wird auch über die nächste Generation hinaus innovative Lösungen für alle Anliegen in der Bauwerkserhaltung bieten.

Hungersnot und Brennstoffmangel

Nach dem Zusammenbruch des Nazi-Regimes gab es zunächst Lebensmittel nur auf Marken zu kaufen. Die Zuteilung betrug 1.500 Kalorien pro Tag und erreichte bei Weitem nicht die von einem amerikanischen ärztlichen Gutachter als notwendig angesehenen 2.600 Kalorien. Plünderungen, Diebstähle, Morde und Vergewaltigungen waren, als es noch an staatlicher Ordnung fehlte, häufig. Befreite KZ-Häftlinge, Zwangsarbeiter, Kriegsgefangene, Flüchtlinge und andere durch den Krieg entwurzelte Menschen drängten in die Stadt. Bedingt durch die Mangelsituation und das Zusammenleben auf engstem Raum traten ansteckende Krankheiten auf. Zudem gab es eine Rattenplage wegen der unzureichenden Müllbeseitigung.

Im Winter 1946/47, der wochenlang extrem kaltes Frostwetter brachte, herrschte großer Brennstoffmangel. Ein Hauptverdienst von Thomas Wimmer war die Organisation der Verteilung von Holz, Kohle und Torf. Der trockene und heiße Sommer 1947 brachte eine Missernte und verstärkte den Hunger. Zigaretten waren die stabilste Währung und Tauschhandel und Schwarzmarkt blühten. Viele Arbeiter fühlten sich hintergangen und mit ihrer Not alleingelassen. So versammelten sich am 23. Januar 1947 Zehntausende Demonstranten auf dem Königsplatz. Die Gewerkschaften mit ihren Führern Lorenz Hagen, Gustav Schiefer und Max Wönner hatten zur Großkundgebung aufgerufen. Es wurden dabei u. a. eine gerechte Verteilung der Lebensmittel und eine „Schließung aller Schlemmer- und Luxusgaststätten und Maßnahmen gegen Schwarzhändler" verlangt.

Pferde grasen vor der Ruine der Alten Pinakothek. Foto 1945

Ein wie schon im Oktober 1945 im Frühsommer 1947 erlassenes Bierbrauverbot, mit dem man die Brotversorgung verbessern wollte, brachte die Gewerkschaften noch mehr auf, da das Volksgetränk als unentbehrlich angesehen wurde. Wegen des durch den Kalorienmangel bedingten Kräfteverfalls der Arbeiter sahen sich viele Betriebe gezwungen, statt 48 Stunden in der Woche nur 40 Stunden arbeiten zu lassen. Auch im Mai 1948 kam es zu Streiks und einer Hungerdemonstration von 10.000 Frauen vor der Feldherrnhalle.

Um für Marken und Geld wirklich etwas zu bekommen, musste man an Verkaufsstellen lange Warteschlangen in Kauf nehmen. Nur Schieber und Schwarzhändler, die Zugang zu Beständen der Amerikaner hatten, lebten im Überfluss und machten gute Geschäfte. Der Schwarzhandel konzentrierte sich auf einige Plätze und Straßen wie die Gegend um den Hauptbahnhof, den Pasinger Bahnhof, das Deutsche Museum oder die Möhlstraße in Bogenhausen. Es gab auch viele Stellen, wie zum Beispiel am Rotkreuzplatz in Neuhausen, wo man Zettel aushängte, wenn man etwas anzubieten hatte oder suchte.

München im Spiegel der Zeit

ger Soldat ihnen zuwerfen mochte." Um der chronischen Unterernährung von Kindern entgegenzuwirken, richteten die Amerikaner 1946 eine Schulspeisung ein. Hilfsorganisationen in den USA sandten „Care-Pakete", die neben Nahrung auch Zigaretten und Seife enthielten und ein wichtiger Bestandteil des Lebens wurden. Für viele Münchner sicherten aber nur Beziehungen zum Land und Hamsterfahrten das Überleben. Von den 1947 bereits wieder 752.000 Einwohnern Münchens waren 472.000 erwerbstätig. Von diesen standen 90.000 im öffentlichen Dienst; rund ein Viertel der Münchner lebte von der öffentlichen Hand. Wegen der 51.000 Pensionisten (ohne Rentner) in der Stadt nannte man München scherzhaft „Pensionopolis".

Wenn der Schutt notdürftig beseitigt war, wie hier in der Neuhauser Straße, konnte trotz Mangel und Not wieder ein halbwegs normales Leben beginnen. Foto 1947

rechts: Völlig zerstört waren auch große Teile der Ludwigstraße. Studierende der Ludwig-Maximilans-Universität mussten vor dem Studium Schutt räumen. Foto 1946

Die schlechte Versorgungslage und Arbeitsmarktsituation bewirkten teilweise auch eine Stimmung, die sich gegen Ausländer und „Preißn" richtete. Gegen die Stimmen der Bayernpartei, die meinte, dass „die Ausländerei endlich in Ordnung gebracht werden" sollte, genehmigte der Stadtrat am 26. Juli 1948 die Eröffnung eines chinesischen Restaurants in der ehemaligen Gaststätte „Zum Schwanenhof" in der Nymphenburger Straße. Italienische Eisdielen gab es schon früher.

Die amerikanischen GIs schienen aus Sicht der darbenden deutschen Bevölkerung im Überfluss zu schwelgen. Der Dramatiker Carl Zuckmayer, der schon vor dem Krieg in München gelebt hatte, beobachtete: *Immer lungerten Scharen von hungrigen Kindern, auch solchen, denen die Bomben ein Bein weggerissen hatten und die auf einem Stumpf hüpften, vor den amerikanischen Hotelquartieren herum, in der Hoffnung auf etwas Schokolade, Kaugummi oder Kekse, die ein mitleidi-*

Starke Stimme des Handels

Der Handelsverband Bayern (HBE) ist seit fast 70 Jahren die Spitzenorganisation des bayerischen Einzelhandels für rund 60.000 Betriebe mit insgesamt 335.000 Beschäftigten und rund 67,5 Milliarden Euro Umsatz jährlich.

Begonnen hat alles bereits im Dezember 1945, als München noch in Trümmern lag. Damals trafen sich kurz nach Kriegsende 14 Kaufleute, um ihre Interessenvertretung zu organisieren. Sie gründeten am 26. Februar 1946 den Verein des Bayerischen Einzelhandels. Daraus entwickelte sich der Landesverband des Bayerischen Einzelhandels (LBE) und schließlich der Handelsverband Bayern (HBE).

Der HBE ist die machtvolle unternehmenspolitische Interessenvertretung des bayerischen Einzelhandels. Der Handel ist nach Industrie und Handwerk der drittgrößte Wirtschaftszweig in Bayern. Der HBE gliedert sich mit seinen 60 Mitarbeitern regional in sechs Bezirke. Sitz der Hauptgeschäftsstelle ist München. Die regionale Betreuung der Handelsunternehmen vor Ort leisten die HBE-Geschäftsstellen in Augsburg (Schwaben), Bayreuth (Oberfranken), München (Oberbayern), Nürnberg (Mittelfranken), Regensburg (Oberpfalz/ Niederbayern) und Würzburg (Unterfranken). Der HBE ist Mitglied der Spitzenorganisation des deutschen Einzelhandels, des Handelsverbands Deutschland (HDE).

Mit seinen 20.000 Mitgliedsbetrieben aus allen Branchen und Vertriebsformen vertritt der HBE als anerkannter Gesprächspartner gegenüber Politik, Wirtschaft und Verwaltung sowie Öffentlichkeit und Medien die Interessen seiner Branche. Durch die Förderung der Handels- und Warenvielfalt leistet er einen wesentlichen Beitrag zur Lebensqualität in Bayern. Zu den Kernkompetenzen und Dienstleistungen des HBE zählen u. a. Politikberatung, Tarifpolitik, die Unterstützung bei Personalangele-

oben: Marienplatz mit Blick auf das beschädigte Neue und Alte Rathaus, dazwischen Beck am Rathauseck. Foto 1945.

unten: So fasste der Einzelhandel nach dem Zweiten Weltkrieg im zerstörten München wieder Fuß. Foto 1946.

München im Spiegel der Zeit   205

Die HBE-Hauptgeschäftsstelle, das „Haus des Handels", in der Brienner Straße 45.

genheiten sowie bei Standortfragen (Verkehrsplanung, Einzelhandelsgroßprojekte, City-Marketing). Das Ansehen, das der HBE genießt, zeigt sich darin, dass Spitzenpolitiker aus Land und Kommunen stets den Dialog mit ihm suchen.

Am Anfang stand der Kampf für Gewerbefreiheit und Marktwirtschaft. Neben der Forderung „Rettet die Innenstädte!" ist die Ladenschlussdiskussion seit den 1960er-Jahren ein Dauerthema in der öffentlichen Diskussion, in die sich der Verband einbringt. Wichtig war und ist dem HBE auch, die Bedeutung des Handels für die Gesellschaft und das Funktionieren der Städte herauszustellen. Nur lebendiger, qualitätsvoller Handel, der die Bedürfnisse der Menschen befriedigt, gewährleistet ein lebenswertes Leben in Stadt und Land.

Außerdem engagiert sich der Handelsverband Bayern nachhaltig für die Ausbildung im Handel. Dafür entstand 1954 an der Ecke Brienner Straße/Augustenstraße, nahe dem Königsplatz, das „Bildungszentrum des Bayerischen Handels", die heutige Akademie Handel. 1963 wurde daneben als HBE-Hauptgeschäftsstelle das „Haus des Handels" (Brienner Straße 45) errichtet.

Der Vorstand. Quellen: Handelsverband Bayern.

Seit 70 Jahren wirbt der Handelsverband Bayern nachhaltig für die Ausbildung im Handel.

Wohnungsnot und Wiederaufbau

Die Altstadt war 1945 fast völlig zerstört, nur etwa 10 Prozent der Gebäude waren noch benutzbar. Im gesamten Stadtgebiet hatte die Mehrheit der Häuser Kriegsschäden. Die Einwohnerzahl hatte sich auf rund 470.000 verringert. Es fehlten über 100.000 Wohnungen, da die Bevölkerung trotz Zuzugssperre schnell anwuchs und die Stadt Ende des Jahres schon wieder etwa 670.000 Einwohner zählte. Evakuierte konnten jahrelang nicht in ihre Heimat zurück und Flüchtlinge aus den Ostgebieten strömten in die Stadt. Luftschutzbunker und Lager dienten als Wohnungen. Verschärft wurde die Situation noch dadurch, dass die Amerikaner für die Angehörigen der Besatzungsverwaltung zahlreiche Häuser, zum Beispiel in Harlaching, Laim und Freimann, beschlagnahmten.

Kurz nach Kriegsende wurden ernsthafte Überlegungen, zum Beispiel vom Architekten Bodo Ohly, angestellt, die Stadt als Ruine zu belassen, wie das Forum Romanum, und am Starnberger See ein neues München zu errichten. Dies wäre aber unwirtschaftlich gewesen, denn die Infrastruktur der Versorgungsleitungen und Straßen war noch weitgehend intakt. Man begann also, den Schutt beiseitezuschaffen und sich, soweit es möglich war, einzurichten.

Anfangs wohnten noch viele Menschen in Ruinen und häufig gab es Tote durch einstürzende Mauern. Da auch die Ludwig-Maximilians-Universität großenteils zerstört war, wurden die Studenten verpflichtet, vor dem Studium 100 Stunden beim Schutträumen mitzuhelfen. Als am 1. April 1946 der Lehrbetrieb wieder aufgenommen werden konnte, standen den 6.000 Studierenden nur 13 Hörsäle zur Verfügung. An der Technischen Hochschule waren 2.376 Studenten eingeschrieben. Von den rund 10.000 im Sommersemester 1947 in München Studierenden waren etwa ein Viertel Frauen.

In den Trümmern machten sich Öffentlichkeit und Politiker kaum grundsätzliche Gedanken über die Stadtgestalt. Oberbürgermeister Scharnagl war schon in der Weimarer Zeit Neuerungen gegenüber wenig aufgeschlossen gewesen; so formulierte er jetzt die Devise: „München will stark am alten Stadtbild und seiner Behaglichkeit festhalten." Es soll so wiedererstehen, wie es sich selbst und wie die Welt es gekannt hat. Man plante allerdings nicht systematisch, sondern „wurschtelte" sich von Fall zu Fall durch. Kahlschläge und Neubaukomplexe aus Beton blieben so der Innenstadt immerhin weitgehend erspart. Der Wiederaufbaureferent Münchens, Stadtrat Helmut Fischer, hielt den Wiederaufbau der Stadt 1947 für eine „Angelegenheit von 30 bis 50 Jahren".

Um den Wiederaufbauwillen der Münchner zu demonstrieren, wurde mit Unterstützung der Amerikaner am 29. Oktober 1949 vor dem Marienplatz ein großes „Rama dama" veranstaltet. Unter der tatkräftigen Anleitung von Bürgermeister Wimmer räumten an diesem Tag 7.000 Menschen 15.000 cbm Trümmer weg. Angesichts von 7,5 Millionen cbm Kriegsschutt war das Ergebnis bescheiden, aber die Aktion war ein wichtiges Signal zur Stärkung von Gemeinschaftsgeist und Zuversicht. Insgesamt ging die Räumung wesentlich schneller vonstatten, als man ursprünglich erwartet hatte. Ein Kleinbahnnetz von rund 50 km in den Straßen der Stadt erleichterte dabei den Abtransport. Nur die Schuttberge auf dem Olympiagelände, am Scheidplatz und bei Neuhofen im Süden der Stadt sind

Das Siegestor in Trümmern. Foto 1945.

München im Spiegel der Zeit 207

heute noch sichtbare Zeugen der Leiden und Zerstörungen, die die Bomben angerichtet hatten. Bereits Ende der 1950er-Jahre gab es kaum noch Lücken in den Straßenfronten.

Hauptanliegen von Stadtrat und Staatsregierung war „die Wiederherstellung der kulturellen Wahrzeichen der Stadt". Die vom Architekten Hans Döllgast vertretene Auffassung, Ruinenelemente einzuplanen, konnte nur bei einigen Bauten wie der Alten Pinakothek realisiert werden. Die meisten öffentlichen Gebäude wurden mehr oder weniger originalgetreu restauriert. Nur wenige, wie der Hauptbahnhof oder die Neue Pinakothek, wurden, da sie als künstlerisch weniger wertvoll eingestuft worden waren, abgetragen. Auch weitgehend zerstörte Kirchen wie der „Alte Peter" – ein Wahrzeichen der Stadt – wurden wiedererrichtet. Der Chor des einzigen teilweise erhaltenen romanischen Bauwerkes, der Kirche St. Jakob am Anger, wurde aber Mitte der 1950er-Jahre abgerissen und durch einen öden Neubau ersetzt.

Die meisten Adelspaläste der Stadt bzw. ihre Fassaden, die den Krieg überstanden hatten, wurden dagegen, um das auf den Grundstücken ruhende höhere Baurecht auszunützen, abgetragen und durch Betonklötze mit mehreren Stockwerken abgelöst. Dies war eine Verhöhnung des Mottos „München wird schöner", das lange auf Bautafeln zu lesen war. Wegen des Umgangs mit Baudenkmälern prägte der Architekt Erwin Schleich in seinem gleichnamigen Buch den Begriff „Die zweite Zerstörung Münchens". Damit ist gemeint, dass nach dem Beginn der „Verschönerungen" durch die Nazis und der ersten Zerstörung durch die Bomben nach dem Krieg deren Werk mit Billigung der Behörden vollendet wurde. „Zerstörung durch Bedenkenlosigkeit, durch Vorsatz, durch Skrupellosigkeit ist Dauerzustand." Andererseits hatten viele der von den Nazis errichteten Bauwerke, wie das Haus der (Deutschen) Kunst, der „Führerbau", der Verwaltungsbau der NSDAP, das Haus des deutschen Rechts oder das „Zentralministerium", den Bombenkrieg relativ gut überstanden und wurden weiterverwendet.

Am Karlstor, dessen Abbruch auch schon erwogen worden war, erinnert eine Gedenktafel an Prof. Max Jensen, den Schöpfer des Jensen-Plans. Dieser griff Ideen von Stadtbaurat Karl Meitinger wieder auf und wurde 1963 vom Stadtrat verabschiedet. Er sah vor, die Altstadt von Umbauten und Straßenverkehr möglichst zu verschonen, Ringe für den Autoverkehr um den Stadtkern anzulegen und die Stadt sonst für die Bedürfnisse von Verkehr und Wirtschaft freizugeben. Der Altstadtring wurde angelegt und man schlug Breschen in die alte Bausubstanz; besonders an der Maximilianstraße wurde das Stadtbild empfindlich gestört. In den 1960er-Jahren begann man, sich kritische Gedanken zu machen. Der Stolz, mit dem Stachus den verkehrsreichsten Platz Europas zu haben, wich der Bedrückung, von der Autolawine überrollt zu werden.

Eine entscheidende Besserung der Lage brachte die am 20. Juni 1948 durchgeführte Währungsreform. Pro Kopf wurden 40 DM ausgegeben, das übrige Altgeld und Guthaben wurden später im Verhältnis 10 : 1 umgetauscht. Die kleinen Leute büßten ihre Ersparnisse ein, Schulden waren überwiegend getilgt, Sachwerte hatten Bestand. Auf einen Schlag gab es die meisten Waren zu kaufen, die Zwangsbewirtschaftung konnte teilweise aufgehoben werden.

Mit der Verbesserung der wirtschaftlichen Situation ging das Interesse an kulturellen Darbietungen zurück. Die Zahl der Arbeitslosen nahm dafür stark zu.

Obwohl es Fleischwaren sowie andere Lebensmittel offiziell noch auf Marken gab und kein Vollbier ausgeschenkt werden durfte, wurde am 11. September 1949 auf der Theresienwiese ein Herbstfest eröffnet. Es gab wieder Hendl und Steckerlfisch und die „illegale" Maß Bier kostete 1,20 DM. Im nächsten Jahr hieß die „Wiesn" dann auch wieder „Oktoberfest".

Über 13.000 Studierende beteiligten sich am 17. Juni 1948 an einer Demonstration gegen den herrschenden Hunger.

1947 Nachkriegszeit

Während weite Bereiche der Maxvorstadt völlig zerstört wurden, blieb in der oberen Heßstraße eine Häuserzeile aus der Zeit um 1890 stehen. Foto: 2000.

Das öffentliche Verkehrssystem wurde schnell wieder aufgebaut. Bereits am 28. Mai 1945 verkehrte die erste elektrische Trambahn auf der Strecke Sendlinger-Tor-Platz–Stachus–Barer Straße–Hohenzollernstraße. Im Oktober wurden auf einem Streckennetz von 88 km 500.000 Fahrgäste befördert. Diese Zahl ging aber zurück, da viele Wagen durch den starken Gebrauch unbenutzbar wurden und kein Ersatz zu beschaffen war. Die Züge, die bald wieder in der ganzen Stadt fuhren, waren häufig so überfüllt, dass 1946, obwohl das „Mitfahren auf Trittbrettern, Pufferstangen und dergleichen" verboten war, 31 Trittbrettfahrer tödlich verunglückten. Ab Juli 1945 verkehrte die Bahn auch wieder regelmäßig zu den Vororten im weiteren Umkreis. Einen privaten Kfz-Verkehr gab es in der Stadt erst wieder ab 1946. Nur 10.000 private Kraftfahrzeuge waren 1948 in der Stadt zugelassen, 35.000 Genehmigungen wurden nicht erteilt. Es gab in diesen Jahren trotz der wenigen Autos jährlich aber an die 100 Verkehrstote und viele Schwerverletzte. Wichtige Straßen waren für den Fahrradverkehr gesperrt.

Der Schriftsteller Erich Kästner (1899–1974), der fast 20 Jahre in Berlin gelebt hatte, kam 1945 nach München, wo er bis zu seinem Lebensende blieb. Von 1945 bis 1948 leitete er das Feuilleton der „Neuen Zeitung". An dieser von den Amerikanern gegründeten Zeitung arbeiteten auch Alfred Andersch, Walter Kolbenhoff, Hans Habe, Hans Wallenberg und Hildegard Brücher mit. Die Redaktion hatte ihren Sitz im Buchgewerbehaus in der Schellingstraße 39, wo zuvor der „Völkische Beobachter" erschienen war. Es herrschte eine Aufbruchsstimmung, in der die in der Nazi-Zeit Unterdrückten glaubten, durch ihren Einsatz ein neues, besseres Deutschland schaffen zu können. Bald setzte eine gewisse Ernüchterung ein, weshalb sich das 1951 von Kästner gegründete Kabarett „Die kleine Freiheit" nannte. Für das intellektuelle Leben in Deutschland war die von Alfred Andersch und Hans Werner Richter herausgegebene Zeitschrift „Der Ruf" bedeutungsvoll. Den Herausgebern wurde aber bereits nach 17 Ausgaben von den Amerikanern die Lizenz entzogen. Aus dem Umfeld der Autoren bildete sich unter der Leitung des in München lebenden Richter dann die „Gruppe 47", die für die deutsche Nachkriegsliteratur bestimmend war.

Die wichtigste überregionale Zeitung wurde die „Süddeutsche Zeitung", die am 6. Oktober 1945 erstmals erschien, gegründet von sozial, liberal bzw. katholisch eingestellten Herausgebern. Sie entstand in den Räumen der „Münchner Neuesten Nachrichten". Für den Bleisatz der ersten Ausgabe wurden die Druckplatten von Hitlers „Mein Kampf" eingeschmolzen, der vorher von gleicher Stelle verbreitet worden war. Papiermangel ließ anfangs nur einen Umfang zwischen vier und acht Seiten zu. Als Gegengewicht erschien ab 13. November 1946 der „Münchner Mittag", seit 2. Januar 1948 der „Münchner Merkur", heute die zweitauflagenstärkste Tageszeitung der Stadt. Die „Süddeutsche" wurde am Dienstag, Donnerstag und Samstag ausgeliefert, der „Mittag" am Montag, Mittwoch und Freitag. Daneben entstanden in der Stadt seit 1948 illustrierte Zeitschriften wie die „Quick", die offenbar das Zeitgefühl traf, da sie bald eine millionenstarke Auflage erreichte.

Das Bankhaus DONNER & REUSCHEL

Wilhelm Reuschel gründete im Oktober 1947 mit Eugen Neuvians das Bankhaus Neuvians, Reuschel & Co. Ab 1972 firmierte das Bankhaus unter dem Namen Reuschel & Co.

Reuschel war die erste Privatbank, die offensive Außenwerbung betrieb. Der Slogan „Ein Münchner geht zur Reuschel-Bank" wurde 1977 als beste Plakatwerbung ausgezeichnet. Eine weitere Pioniertat war die Eröffnung von Privatbankfilialen. Die Idee, die Bank zu den Kunden zu bringen, kam gut an. In den 1980er-Jahren gab es schon mehr als 20 Zweigstellen.

Im Juli 2009 erwarb die Hamburger Traditionsbank CONRAD HINRICH DONNER das Münchner Bankhaus Reuschel & Co., das sich inzwischen zu einer der zehn größten deutschen Privatbanken entwickelt hatte. Das im Oktober 2010 vereinigte Bankhaus firmiert unter dem Namen DONNER & REUSCHEL. Ein hohes Maß an Sicherheit und Stabilität ergibt sich aus der Partnerschaft mit der SIGNAL IDUNA Gruppe. Mit ihr hat das Bankhaus einen finanzkräftigen Partner an seiner Seite.

Wilhelm Reuschel – Sammler und Stifter

Seit der Gründung des „Vereins für Kinderspielplätze und Grünanlagen" im Jahr 1961 fungierte Wilhelm Reuschel als dessen Schatzmeister. Auch selbst sammelte er mit großem Engagement und ebensolchem Erfolg in der Münchner Wirtschaft Spenden für die Einrichtung von Spielplätzen. Im Jahr 1984 konnte der Verein auf die stolze Bilanz von 111 eingerichteten Kinderspielplätzen zurückblicken.

Nach der Inflation in den 1920er-Jahren suchte Wilhelm Reuschel nach „festeren Werten". So wurde er zu einem passionierten Kunstsammler. Er konzentrierte sich auf Ölskizzen, die damals als kaum erschlossener Sammelgegenstand galten. Seit 1960 befindet sich die international renommierte Kollektion im Bayerischen Nationalmuseum. Sie besteht hauptsächlich aus Werken des süddeutschen, österreichischen und norditalienischen Raumes.

Der Münchener Stammsitz in Schwabing, Friedrichstraße 18. Quellen: Bankhaus DONNER & REUSCHEL.

Plakatwerbung aus dem Jahr 1977.

Im Laufe der Jahre entwickelte sich Wilhelm Reuschel zu einem sehr erfolgreichen Fundraiser in Sachen Kunst. Als das Bayerische Nationalmuseum seinen 100. Geburtstag feierte, gründete es ein Kuratorium für eine Jubiläumsspende und sammelte 120.000 DM.

Ein Volksbürgermeister

1948 wurde die SPD mit 15 Sitzen stärkste Fraktion, denn die Stimmen des konservativen Lagers hatten sich geteilt: Die Bayernpartei erreichte 13 Sitze, die CSU 10, die KPD 6; daneben gab es noch kleinere Parteien. So zog für die FDP die Chemikerin und Wissenschaftsredakteurin Dr. Hildegard Brücher ins Rathaus ein. Sie heiratete dann den berufsmäßigen Stadtrat Dr. Erwin Hamm (CSU). Mit 27 Jahren war sie damals das jüngste Mitglied, später wurde sie u. a. Landtags- und Bundestagsabgeordnete, Staatsministerin und schließlich Ehrenbürgerin der Stadt München.

Der 61-jährige Thomas Wimmer wurde Oberbürgermeister, der Rechtsanwalt Dr. Walther von Miller (CSU) Zweiter Bürgermeister (und Kulturreferent) und der Musikalienhändler Adolf Hieber (Bayernpartei) Dritter Bürgermeister.

Thomas Wimmer war 1887 als Sohn eines Schmieds und einer Dienstmagd in Siglfing, heute Teil der Stadt Erding, geboren worden. Die Eltern konnten anfangs wegen Armut nicht heiraten und er lebte seine ersten Jahre bei einer Pflegemutter. Weil sein Vater eine Bildhauerlehre nicht bezahlen konnte, wurde er Schreiner („Holzwurm") und arbeitete nach seiner Gesellenwanderung ab 1904 in einer Möbelfabrik in München. Im „Dramatischen Verein Thalkirchen", einer Laienbühne, erprobte Wimmer sein „Naturtalent als Volksschauspieler", das ihm später in der Politik zugutekam.

1907 trat Wimmer der Gewerkschaft „Deutscher Holzarbeiter-Verband" (DHV) bei und 1909 der SPD. Nach Fronteinsatz 1914 wurde er 1916 Rüstungsarbeiter und nahm 1918 an der Revolution teil, wo er Vorsitzender des Arbeiterrates war. 1918 wurde er Mitarbeiter beim Arbeitsamt und durch Akklamation Vorsitzender der Münchner SPD. Von 1924 bis 1933 war Wimmer dann ehrenamtlicher Stadtrat. Er bezeichnete sich als einen „ziemlich starken Widersacher der Nazis", mit denen er sich erbitterte Wortge-

„Alter Peter" und Altes Rathaus waren so stark zerstört, dass über einen Abbruch diskutiert wurde. Foto 1946.

fechte lieferte. Seine Haushaltsrede 1931 war „eine Abrechnung mit dem Links- und Rechtsextremismus in einer Schärfe und Prägnanz, die in diesem Stadtrat ganz unüblich war".

Nach der „Machtergreifung" wurde er am 10. März 1933 in „Schutzhaft" genommen und dann mehrmals von der Gestapo verhaftet. 1944 traf er im KZ Dachau seinen früheren politischen Widersacher Karl Scharnagl (Bayerische Volkspartei) als Leidensgenossen. Dieser berief, nachdem ihn die amerikanische Militärregierung am 4. Mai 1945 wieder als Oberbürgermeister eingesetzt hatte, Wimmer zum Bürgermeister.

1946 war Wimmer Mitglied der Verfassunggebenden Landesversammlung, wo er in der bayerischen Verfassung ein Mitbestimmungsrecht der Arbeitnehmer verankerte. Außerdem war er von 1946 bis 1950 Mitglied des Bayerischen Landtags. 1952 wurde er bei der neu eingeführten Direktwahl mit 60,9 Prozent im Amt bestätigt.

Worauf gründete die Popularität dieses Mannes aus dem Volke? Wimmer konnte praktische Dinge gut organisieren, aber Planungen und Theorien stand er skeptisch gegenüber und seine Taktik waren das Abwarten und Verzögern. Akademikern, besonders Juristen, misstraute er grundsätzlich. Mit seinem Namen verbanden sich besonders die „Holzaktion" zur Sicherstellung der Brennstoffversorgung in den bitteren Nachkriegswintern und der Aufruf zur allgemeinen Trümmerbeseitigung „Rama dama" 1949. Er war treibende Kraft und Symbolfigur des Wiederaufbaus, für den bis 1950 über 5 Millionen cbm Schutt beseitigt worden waren.

Ein Höhepunkt war 1951 das Richtfest für den „Alten Peter", Münchens erste Kirche, die man wegen ihrer starken Zerstörung schon aufgeben wollte, deren Wiederaufbau aber Spenden möglich machten. Es wurde als identitätsstiftendes Ereignis mit Blechmusik und dem „Lied vom alten Peter" zelebriert. Ebenfalls mithilfe von Spenden wurde die Residenz in langen Jahren wieder aufgebaut. Dies ist besonders Tilo Walz, Rudolf Esterer und Prof. Dr. Otto Meitinger, der dafür Ehrenbürger wurde, zu verdanken.

Der Wiederaufbaureferent Helmut Fischer propagierte eine freie Verkehrsführung durch die heutige Fußgängerzone mit Abriss des schwer beschädigten Alten Rathauses. Wimmer war stolz darauf, dies 1951 mit seiner Stimme verhindert zu haben. Entschlossen leistete er Widerstand gegen Pläne, wie in anderen Großstädten eine Verkehrsschneise für eine mehrspurige Autobahn mitten durch das Herz der Stadt zu schlagen.

Bereits 1954 begann man mit der Aufnahme von Städtepartnerschaften, die erst das Zusammenwachsen nach den Wunden des Zweiten Weltkriegs in Europa und dann auch die Solidarität in der Welt unterstützen sollten. Die Schwesterstädte Münchens sind mit ihren Wappen im Durchgang zum Prunkhof des Neuen Rathauses verewigt. Foto 2014.

Die Ruine der mittelalterlichen Kirche am St.-Jakobs-Platz wurde dagegen 1954 abgerissen. An ihrer Stelle sollte ein moderner Kirchenbau nach einem Entwurf von Architekt Friedrich Heindl entstehen. Die Wiederherstellung der Kirche kam nicht infrage, „weil diese räumlich den Anforderungen nicht mehr genügte", obwohl sich das Landesamt für Denkmalpflege energisch für die Erhaltung einsetzte.

Voraussicht und Geschick zeigte Wimmer bei wichtigen Entscheidungen wie der Übernahme des Flughafens, der Ansiedlung des Deutschen Patentamtes 1948 oder der Verlagerung des Hauptsitzes von Siemens nach München 1949. Dazu wurde das Messewesen wiederbelebt und die Kfz-Industrie gefördert, um Arbeitsplätze zu schaffen. Deren Zahl stieg dadurch von 420.000 im Jahr 1950 auf 635.000 im Jahr 1960. Der Gesamtumsatz der Münchner Wirtschaft wuchs in diesem Zeitraum von 6 Milliarden auf 22 Milliarden DM.

Wimmer erzählte bei der feierlichen Amtseinführung von Hans-Jochen Vogel 1960, dass ihn Besucher aus den Reihen der Besatzungsmacht öfter angesprochen hätten: „Ihr jammert immer so viel, feiert aber trotzdem immer wieder Feste." Er habe dann geantwortet: „In München gibt es einige Zeitabschnitte, in denen der arbeitende Mensch auch einmal eine Freude haben will." So erklärte er auch das Motto „München – Stadt der Lebensfreude". Diese Münchner Lebensart und Geselligkeit wollte Wimmer nach den Jahren der Entbehrungen unterstützen. Silvester 1948 verkündete der Oberbürgermeister, er begrüße und fördere alles, „was dazu angetan ist, den Münchner Fasching 1949 lebhaft und heiter zu gestalten, [...] im kommenden Jahr die alte Münchner Fröhlichkeit zu erwecken". Wimmer nahm in diesem Sinn an vielen Faschingsfesten, Maibock- und Salvatorproben, wo er sich auch als Volkssänger und Unterhalter zeigte, teil. 1950 fand in München das zweite Oktoberfest nach dem Zweiten Weltkrieg statt, bei dem Wimmer als erster Oberbürgermeister mit dem Anzapfen des ersten Fasses im Schottenhamel-Zelt mit dem Ruf „Ozapft is!" offiziell „die Wiesn" eröffnete.

Dies erklärte er später: „München hat eine Zeit gehabt, wo das Braugewerbe das zweitstärkste Gewerbe war und aus Freude und aus Dankbarkeit gegenüber dem Schicksal, dass wir wieder ein richtiges Bier kriegen und wieder ein richtiges Oktoberfest", da habe er zum Schottenhamel gesagt: „Jetzt wird einmal praktisch der erste Hirsch von mir angestochen."

1952 wurde das erste „Wohnhochhaus" Münchens in der Theresienstraße 46 fertiggestellt. Das Werk des Architekten Sep Ruf ist ein Meilenstein moderner Baukunst. Foto 1952.

Stadtteilinfos für jedermann

Ende der 1940er-Jahre erschienen in München die ersten Ausgaben von Anzeigenblättern. Damals waren die „Münchner Wochenanzeiger" zwar nicht die ersten ihrer Art, wohl aber die ersten in München und den umliegenden Gemeinden. Von Wochenzeitungen wie heute konnte man in jener Zeit allerdings noch nicht sprechen. Die lokalen Blätter wurden in kleinen Druckereien produziert, Beilagen gab es noch nicht und redaktionelle Inhalte spielten im Vergleich zu heute eine untergeordnete Rolle. Die damaligen Anzeigenblätter wurden eben wegen der Anzeigen gelesen.

Werbung bildete damals wie heute die wirtschaftliche Grundlage einer Wochenzeitung, wenn sich auch in den letzten sechs Jahrzehnten viel verändert hat.

2010 entstand im Rahmen der 60-Jahr-Feier der „Münchner Nord-Rundschau" dieses Foto mit den Verlagsmitarbeitern. Die Bronze-Lady ist allerdings mit über 160 Jahren sehr viel älter als die ersten Anzeigenblätter in München. Fotos: Münchner Wochenanzeiger.

Viele Kunden der ersten Jahre haben ihr Geschäft erweitert, neue Kunden sind hinzugekommen. Gemeinsam mit ihnen sind die Wochenzeitungen gewachsen, die den Lesern jeden Mittwoch und Samstag als neueste Stadtteilausgaben der „Münchner Wochenanzeiger" kostenlos ins Haus geliefert werden.

Auch in den 1980er- und 1990er-Jahren dominierte die Werbung in den Titeln, allerdings kam nun ein wachsender Anteil an redaktionellen Inhalten hinzu. Seither haben sich die mehr als 25 Wochenzeitungen der „Münchner Wochenanzeiger" für München und Umgebung als wichtige Informationsquelle nicht mehr nur für lokale Inhalte, sondern auch für aktuelle Nachrichten und Geschehnisse in den Bereichen Kultur, Politik und Sport etabliert. Die Haushaltsauflage von wöchentlich über 1,5 Millionen Exemplaren beweist, wie „erwachsen" die „Münchner Wochenanzeiger" geworden sind.

Mit dem Umfang der Anzeiger wuchs auch die Belegschaft. Waren in den 1970er-Jahren in den einzelnen Wochenanzeiger-Verlagen nur eine Handvoll Mitarbeiter beschäftigt, so sind bis heute solide mittelständische Familienunternehmen mit über 300 Arbeitnehmern entstanden. Auf Nachhaltigkeit, Zuverlässigkeit und Sorgfalt wird größter Wert gelegt. Sie bilden die Grundlage des Erfolgs der „Münchner Wochenanzeiger".

60 Jahre Erfahrung kann in München keine zweite Stadtteilzeitung aufweisen. Diese Beständigkeit verdanken die Münchner Wochenanzeiger auch ihrer Aufgeschlossenheit für Neues: die technischen Entwicklungen der vergangenen Jahrzehnte, die zum Einsatz innovativer, umweltschonender Druckverfahren geführt haben, ferner die Art der Herstellung und nicht zuletzt die kleinräumigen Verteilsysteme für die Beilagenkunden. Auch Layout, Art und Umfang der Inhalte sowie die Werbeformen unterliegen dem ständigen Wandel.

Den „Münchner Wochenanzeigern" verdanken die Münchner Haushalte nun schon seit über sechs Jahrzehnten, dass sie kostenlos mit lokalen Informationen versorgt werden. Seit 2001 nicht mehr nur jeden Mittwoch, sondern mit dem „Münchner Samstagsblatt" zusätzlich am Wochenende.

Steuerberatung nach dem Grundsatz „Mensch – Unternehmen – Werte"

Peter Strumberger und Melanie Echtler. Quellen: Steuerkanzlei Strumberger.

Anton Strumberger, der Gründer des Unternehmens, kam nach München mit dem festen Willen, seine Dienstleistungen jungen Unternehmen anzubieten. Mit kleinen Zetteln an Telefonmasten warb er 1949 nach und nach seine ersten Kunden. Einer dieser ersten Kontakte ist heute noch aktiver Mandant der Kanzlei.

Das Büro befand sich zuerst in einer Holzbaracke in Pasing und beschäftigte bald auch eine weitere Mitarbeiterin. Ab 1960 war das Büro im neu gebauten Einfamilienhaus der Familie untergebracht, wo zeitweise bis zu zehn Mitarbeiter beschäftigt waren. 1972 bekam die Kanzlei in einem Anbau erstmals eigene Räume. 1989 wurde das Unternehmen vom Sohn Peter Strumberger übernommen, der es bis heute führt.

Heute ist die Kanzlei mit über 600 qm in den Pasinger Hofgärten, direkt im neu gestalteten Pasinger Zentrum, angekommen und es sind 25 hoch qualifizierte Mitarbeiter beschäftigt, mit weiter steigender Tendenz.

Neben der klassischen Steuerberatung hat sich die Kanzlei auf dem Gebiet des innovativen Rechnungswesens und der Unternehmerberatung einen Namen gemacht und erhielt dafür schon unterschiedliche Auszeichnungen.

Die wachsende Komplexität und die neuen Herausforderungen, vor denen heute Unternehmer stehen, erfordern immer schnellere Anpassungen und Veränderungen. Insbesondere weil auch die steuerlichen, rechtlichen und unternehmerischen Themen zusammenwachsen und nicht mehr isoliert betrachtet werden können, muss sichergestellt sein, dass eine getroffene unternehmerische Entscheidung auch zielführend ist. Gerade hier in München als Standort vieler starker und innovativer Firmen, wo gleichzeitig ein starker Wettbewerb herrscht, ist die Notwendigkeit unternehmerischer Agilität besonders groß.

Dafür strebt die Strumberger AG mit ihren Mandanten eine ganzheitliche und strategische Partnerschaft an. Das wird unterstützt durch die Entwicklung von technischen und methodischen Innovationen, die es der Kanzlei ermöglicht, individuelle und hocheffiziente Lösungen bei Finanzbuchhaltung und Controlling anzubieten, und dadurch wesentliche Grundlagen für die erfolgreiche Unternehmensführung schafft.

Das alles erfordert die fachliche und persönliche Kompetenz und Erfahrung der Mitarbeiter. Aus dieser Erkenntnis heraus hat sich in den letzten Jahren die Begrifflichkeit „Mensch – Unternehmen – Werte" entwickelt. Das bedeutet, dass die Zusammenarbeit stark geprägt wird von einem menschlichen Miteinander, gegenseitiger Partnerschaft und Freude an der Arbeit. Darin spiegeln sich durchaus auch die typische Münchner Lebensfreude und das bayerische „Leben und leben lassen". So sieht sich das Strumberger-Team als Teil der Münchner Geschichte und ist stolz darauf.

Anton Strumberger 1952.

Sicherheit im Wandel

1949 wurde der Münchener Schlüsseldienst in der Fraunhoferstraße 1 gegründet, das Sicherheitsfachgeschäft mit dem größten Schlüsselsortiment. Der Münchener Schlüsseldienst ist mit eingetragenem Markenzeichen ein Begriff geworden. Circa 10.000 Rohlingssorten für Zylinderschlüssel sowie alle noch lieferbaren Modelle für alte Schlösser sind hier zu haben, eine Gesamtzahl von über 200.000 Stück.

Die Entwicklung in der Sicherheitsbranche geht rasant voran. Schließsysteme, die auch elektronische Komponenten haben, nehmen immer mehr zu. Digitale Systeme lassen eine sofortige Veränderung von Schlüsseln und Schlössern zu, das heißt, bei Schlüsselverlust kann die Sicherheit quasi auf Knopfdruck wiederhergestellt werden. Ob Autoschlüssel mit elektronischer Wegfahrsperre oder Schlösser für den Antiquitätenschrank, sämtliche Schloss- und Sicherheitswünsche werden erfüllt.

Zum erweiterten Sortiment gehören neben Schließanlagen auch Sicherheitseinrichtungen, Objektbeschläge, Briefkastenanlagen, Fluchtwegsicherungen u. v. m.

Für Großprojekte wie den Flughafen München, das Maximilianeum, das Europäische Patentamt oder das Klinikum Bogenhausen hat Seniorchef Willi Kilian bereits in den Anfängen die damals noch mechanischen Schließanlagen geplant bzw. geliefert. Diese wurden zwischenzeitlich teils durch digitale Anlagen ergänzt. Im Innen- und Außendienst beschäftigt der Betrieb heute 30 Mitarbeitende und wird inzwischen erfolgreich von der nächsten Generation, Marion und Martin Kilian, geführt.

Beim Gewinn des Bayerischen Qualitätspreises im Jahr 2014 hielt Tilmann Schöberl vom Bayerischen Rundfunk folgende Laudatio:

„1949 gegründet und seit 1989 von der Familie Kilian geführt, stellen Fachkompetenz, Qualität und Serviceorientierung die Erfolgsfaktoren der Münchener Schlüsseldienst Kilian GmbH dar. Zahlreiche Großkunden belegen durch eine langfristige Zusammenarbeit mit hoher Zufriedenheit die Qualität des Unternehmens aus dem Münchner Zentrum. Individuelle Beratung durch hoch qualifiziertes Fachpersonal in den Feldern Schließ- und Sicherheitstechnik bietet dem Kunden Mehrwert und höchste Qualität. Man verspricht nicht zu viel, wenn man sagt: ‚Hier sind Sie in sicheren Händen.' Der Bayerische Qualitätspreis in der Kategorie Handel geht an die Münchener Schlüsseldienst Kilian GmbH."

Bayerischer Qualitätspreis 2014.

Fassade heute.

Verkaufsraum heute. Quellen: Münchener Schlüsseldienst.

Moderner Dienstleister auf dem Gebiet der Schweißtechnik

links: SLV München heute.
rechts: Igel aus Elektrodenstummeln.

Aufgrund des zunehmenden Bedarfs an Schweißern gründete im August 1950 der Vorsitzende des Landesverbandes Bayern des DVS (Deutscher Verband für Schweißtechnik) die SLV München (Schweißtechnische Lehr- und Versuchsanstalt München) mit dem Ziel, als eigenständiges Institut gemeinnützig, neutral und wirtschaftlich unabhängig die Anwendungen der Schweißtechnik im Sinne der Anforderungen von Industrie und Handwerk zu fördern. Dafür wurde das stark beschädigte Gebäude in der Lazarettstraße 11 d, das zur Funkerkaserne gehörte, rekonstruiert. Neben den Einrichtungen zur Ausbildung von Schweißern errichtete man Labors, die Gutachtertätigkeit wurde aufgenommen und Forschungsaufträge angenommen. Die Zusammenarbeit mit der Handwerkskammer wurde vertieft und die SLV München vertraglich eine „Lehrwerkstätte der Handwerkskammer für Oberbayern".

Die Unterstützung des Bundeswirtschaftsministeriums, des Bayerischen Staatsministeriums für Wirtschaft und Verkehr, der Landeshauptstadt München, der Wirtschaft und des DVS ermöglichte 1961 den Bau einer Halle für die schweißtechnische Ausbildung im Gas- und Lichtbogenschweißen. Durch Innenausbau wurden 1964 ein Chemielabor und ein vergrößertes Metallografielabor geschaffen. 1968 wurde der SLV die Überprüfung von Stahlbaufirmen im staatlichen Auftrag zur Erteilung des kleinen Eignungsnachweises nach DIN 4100 und 1976 auch für den großen Eignungsnachweis übertragen. 1973 entstand in Zusammenarbeit mit dem TÜV die internationale Tagung „Schweißen im Anlagen- und Behälterbau", die bis heute jährlich ca. 300 Fachleute besuchen. Weitere wichtige Tagungen: „Industrialized Magnetic Pulse Welding and Crimping" und „Technologietransfer – Der ASME-Code".

2000 wurde die SLV München in die GSI Gesellschaft für Schweißtechnik International mbH integriert, eine Zusammenführung von acht Einrichtungen des Gesellschafters, des gemeinnützigen technisch-wissenschaftlichen Verbandes des „DVS – Deutscher Verband für Schweißen und verwandte Verfahren", und firmiert heute unter dem Namen GSI mbH, Niederlassung SLV München. Heute ist sie als größtes Institut für Schweißtechnik und verwandte Verfahren im Freistaat Bayern weltweit tätig. Sie bietet als gerätetechnisch modern ausgestattetes Institut mit qualifiziertem, erfahrenem und engagiertem Personal eine Vielzahl von Dienstleistungen auf ihren Gebieten an. Nachfolgend werden einige Schwerpunkte dargestellt; eine detaillierte Aufstellung ist auf der Homepage unter www.slv-muenchen.de zu finden.

Der Arbeitsbereich Aus- und Weiterbildung befasst sich mit der praktischen und theoretischen Ausbildung von schweißtechnischem Personal vom Schweißer bis hin zur Schweißaufsichtsperson. Diese wird in allen gängigen Schweißverfahren qualifiziert und es werden international anerkannte Prüfbescheinigungen ausgestellt. Neben konventionellen Verfahren sind Sonderschweißverfahren wie zum Beispiel das Plasma-, Laser-,

München im Spiegel der Zeit

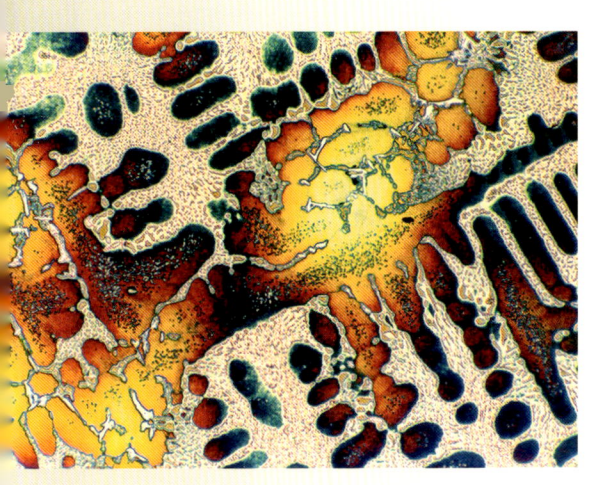

Al-Guss, farbgeätzt.

Reib- und Bolzenschweißen Bestandteile des Schulungsangebotes. Zum Ausbildungsprogramm zählen u. a. die Qualifizierung von Schweißaufsichtspersonen (SFI, ST, SFM) nach internationalen Richtlinien, von Prüfpersonal für das zerstörungsfreie Prüfen, das Schweißen von CrNi-Stählen und Al-Werkstoffen, das mechanische Fügen und das thermische Spritzen.

Das akkreditierte Prüflabor der SLV München ist Voraussetzung für die Akzeptanz von Untersuchungen, Prüfungen und Gutachten auf dem Gebiet der Werkstofftechnik. Gutachten und Prüfberichte sind neutral, unabhängig und vertraulich. Auftraggeber sind Privatpersonen, Firmen, Behörden und Gerichte. Zur täglichen Arbeit gehört das Untersuchen von Schweißnähten, Bauteilen und Werkstoffen – vom einfachen Stahl bis zum Kunststoff – mit zerstörenden, zerstörungsfreien, metallografischen, rasterelektronenmikroskopischen, chemischen und mechanisch-technologischen Verfahren. Die Untersuchungen zeigen Schadensursachen auf, wodurch Maßnahmen zur Verbesserung der schweißtechnischen Verarbeitung, der Werkstoffauswahl, der Wärmebehandlung und somit zur Schadensvermeidung abgeleitet werden können. Mit diesen Maßnahmen werden zudem eine Qualitätssteigerung von Produkten sowie eine höhere Wirtschaftlichkeit der Fertigung erreicht.

Erwähnenswert ist weiter die Entwicklung der Farbätztechnik durch die Metallografinnen der SLV. Im Unterschied zu den üblichen Standardätzverfahren werden durch die Farbätzung bei fast allen Werkstoffarten zusätzliche Informationen, zum Beispiel über Feinstausscheidungen, ermittelt. Diese können die Werkstoffeigenschaften maßgeblich beeinflussen. Seit 2002 ist die SLV auch Kompetenzzentrum für die Verarbeitung von rostfreiem Edelstahl. Hier erhalten Firmen Unterstützung von der mechanischen bis zur schweißtechnischen Verarbeitung dieser Werkstoffe.

Qualität und Wirtschaftlichkeit sind wichtige Ziele. Die SLV München leistet Hilfestellung von der Planung über die Herstellung bis zur Abnahme geschweißter Bauteile. Die SLV unterstützt auch bei der Einführung und Zertifizierung eines Qualitätsmanagementsystems in Betrieben und führt Betriebszulassungen in den Bereichen Stahlbau, Schienenfahrzeugbau und thermisches Spritzen durch. Die Überwachung der Fertigung von Stahlbauten und deren Korrosionsschutz zählen ebenso zu den Aufgaben. Beispiel für eine bauliche Überwachung ist die BMW Welt im Auftrag des Bauherrn. Eine Überwachung der Sanierung des Korrosionsschutzes erfolgte zum Beispiel beim Zeltdach des Olympiaparks.

Weitere Aktivitäten sind im Bereich der grundlegenden und anwendungsbezogenen Forschung sowie der Verfahrensentwicklung zu verzeichnen. Aufträge dazu kommen durch öffentlich geförderte Projekte oder von Firmen. Fachleute erarbeiten im Rahmen dieser Tätigkeiten Lösungsansätze zu Problemen von und für kleine und mittelständische Unternehmen (KMUs) bis hin zu Großfirmen. Auch hier bringt sich die SLV München nach den individuellen Belangen der einzelnen Kunden als Know-how-Träger und Dienstleister ein: durch Beratung, Machbarkeitsstudien, Prozessoptimierungen, Herstellung von Musterteilen und Fertigung von Nullserien sowie durch Unterstützung in der Produktion in die Wertschöpfungskette der Produktentstehung.

Die Mitarbeiter der SLV München sind aktiv in nationalen und internationalen Fachgremien, u. a. des DVS, der DIN, der ISO (International Organization for Standardization), tätig. Veröffentlichungen und Vorträge auf regionalen und internationalen Veranstaltungen zeigen die Fachkompetenz.

Bei der SLV München schlägt jedoch das Herz nicht nur für die Technik, sondern man hat auch Sinn für Kunst.

Erweiterungsbau 1961.

Erfolgreicher Kampf gegen Obdachlosigkeit

In den Nachkriegsjahren gab es in München eine wachsende Zahl Wohnungsloser. Es mussten Notbaracken eingerichtet werden. Stadtpfarrprediger Adolf Mathes gründete deswegen 1950 den Katholischen Männerfürsorgeverein München e. V. (KMFV). Bereits 1952 konnte das Haus an der Pilgersheimer Straße eröffnet werden, das als modernstes Obdachlosenheim Deutschlands galt. Hilfe musste aber umfassender organisiert werden. Eine Auffangstation für Männer in Not sollte Wege weisen und Ausgangspunkt für die Rückkehr ins Familien- und Arbeitsleben sein. 1955 eröffnete der Verein den Arbeiterhof Gut Mittenheim und die Trinkerheilanstalt Annabrunn sowie 1957 das Arbeiter- und Jugendwohnheim an der Pistorinistraße. Es folgten 1965 der Arbeiterhof Gelbersdorf, 1971 die Fachklinik Weihersmühle und 1973 das spätere Adolf Mathes Haus. Ein Motto des 1972 verstorbenen Gründers war: *„Die schönsten psychologischen und soziologischen Doktrinen nutzen gar nichts, wenn der Mensch, dem wir helfen wollen, nicht merkt, dass man ihn mag."*

In der Folgezeit wurde das Hilfeangebot ständig weiterentwickelt und den Notlagen angepasst. Mit dem Haus an der Franziskanerstraße wurde eine Langzeithilfe eingerichtet, um insbesondere ältere wohnungslose Menschen adäquat zu versorgen. 1983 wurden bei der Generalsanierung des Hauses an der Pilgersheimer Straße 18-Bett-Säle in 4-Bett-Zimmer umgewandelt und die Platzzahl von 400 auf 180 reduziert. Es entstanden 1983 die Fachklinik Hirtenstein, 1987 das Haus an der Gabelsbergerstraße, 1990 das Haus an der Kyreinstraße und 1995 das Haus an der Chiemgaustraße. 1993 übernahm der Verein die Geschäftsführung der Münchner Zentralstelle für Straffälligenhilfe und schuf Vernetzungen zur Wohnungslosenhilfe und Arbeitsförderung. 1987 startete die Arztpraxis in der Pilgersheimer Straße und 1997 die rollende Arztpraxis. 1996 wurden mit der Eröffnung des Hauses St. Benno neue Wege in der pflegerischen Versorgung älterer wohnungsloser Menschen beschritten. Insgesamt standen neue Qualitätsstandards in der Wohnungslosenhilfe und die Ausdifferenzierung der qualifizierten Hilfe (Nachtdienst, Pflegepersonal, Betreuungsassistenten) im Mittelpunkt. So wurden Umbauten und Neuerrichtungen entsprechend den neuen Anforderungen durchgeführt und Verbesserungen der personellen Ausstattung erreicht. 2004 wurde mit dem Haus an der Knorrstraße eine Einrichtung für psychisch kranke wohnungslose Menschen geschaffen und 2005 das Haus an der Waakirchner Straße als Einrichtung der Langzeithilfe eröffnet. Das Haus an der Pilgersheimer Straße wurde erweitert und bietet Doppel- und einige Einzelzimmer an. In Ausweitung der ambulanten und präventiven Arbeit fand 2008 die Gründung des Ambulanten Fachdienstes Wohnen München und 2009 die Eröffnung des Clearinghauses Leipartstraße statt.

War in den 1990er-Jahren das Ziel der Stadt München noch: *„In München soll kein Mensch auf der Straße leben"*, so hieß es ab 2005: *„In München soll kein Bürger obdachlos werden."* Dies trug der KMFV durch Verbesserung seiner Hilfeangebote mit. Die Zahl der Wohnungslosen, die auf der Straße leben, konnte von 600 (1996) auf 340 (2008) reduziert werden. Der KMFV beschäftigt heute rund 600 Mitarbeitende. In 20 Einrichtungen und in Wohnungen werden insgesamt etwa 1.200 Plätze angeboten. Ihm ist es mit zu verdanken, dass München, trotz der gravierenden Probleme auf dem Wohnungsmarkt, vergleichsweise wenige Obdachlose hat.

links: Gründer Adolf Mathes.

rechts: Unterkunftsheim an der Pilgersheimer Straße 11 in München. Quelle: 1950–2000, 50 Jahre Katholischer Männerfürsorgeverein, S. 21.

Größte Fliesenausstellung Bayerns

Im Jahr 1954 wurde die Firma Bayerischer Fliesenhandel GmbH eigenständig, als man sie aus der Mutterfirma „Friedrich Traudt oHG München Großhandel mit Baumaterialien, Schamottewaren und Platten-Spezialgeschäft" ausgliederte. Diese war bereits 1921 gegründet worden und hatte ihren Sitz in der Landsberger Straße 234. Ursprünglich war der Betrieb in der Landsberger Straße 209 in Laim angesiedelt.

Die Fünfzigerjahre des 20. Jahrhunderts waren eine Zeit des wirtschaftlichen Aufschwungs. Der Wohnungsbau boomte, ein Trend, der sich bis heute fortsetzt. Gleichzeitig legte man in zunehmendem Maße Wert auf eine qualitätsvolle Inneneinrichtung.

Bereits bei seiner Gründung war die Bayerische Fliesenhandel GmbH die größte Fliesenhandlung Münchens, die ihren Kunden das umfangreichste Angebot der Branche präsentieren konnte.

Mit ihrer Produktpalette orientierte sich die Firma an den sich wandelnden Ansprüchen der Kunden und konnte so auf Expansionskurs bleiben. Zu Beginn des neuen Jahrtausends wurden die alten Räumlichkeiten zu klein; daher erfolgte 2005 ein Umzug nach Pasing ans Westkreuz, in die Stockacher Straße 9. Das dortige Firmengelände erstreckt sich über etwa 20.000 qm, auf allein 1.800 qm wird hier Bayerns größte Fliesenausstellung präsentiert.

Das umfassende Angebot schließt auch künstlerisch hochwertige Lösungen ein. Die Kunden können sich in den Bereichen Bäder, Feinsteinzeug, Keramik, Mosaik und Glasmosaik umfassend beraten lassen, um ihre Räumlichkeiten individuell zu gestalten.

Trotz vielfacher Konkurrenz ist die Bayerische Fliesenhandel GmbH bis heute der große Münchner Traditionsbetrieb in Familienbesitz. Inhaber sind Michael Zink und Hans-Jürgen Funk, Geschäftsführer ist seit 1991 Michael Zink, der seit 1982 für die Firma tätig ist.

links oben: Alter Standort aus den Gründerjahren.

rechts oben: Herzlich Willkommen.

rechts: Aktuelle Ausstellung auf 1.800 qm.
Quellen: Bayerischer Fliesenhandel GmbH

Von der Krippe bis zum Abitur – individuelle, liebevolle Betreuung und Förderung

Neubau.

Die Münchner Schulstiftung – Ernst v. Borries – wurde am 20. Dezember 2005 gegründet. Sie ist eine gemeinnützige, rechtsfähige öffentliche Stiftung des bürgerlichen Rechts und untersteht der Aufsicht der Regierung von Oberbayern. Zur Münchner Schulstiftung gehören vier pädagogischen Einrichtungen: das bilinguale Jan-Amos-Comenius-Kinderhaus mit Krippe, Kindergarten und Hort sowie die bilinguale Jan-Amos-Comenius-Grundschule in Pasing, das 1955 gegründete Privatgymnasium Dr. Florian Überreiter in Haidhausen und das seit 1961 bestehende Obermenzinger Gymnasium. Alle Einrichtungen arbeiten nach den pädagogischen Grundsätzen der Münchner Schulstiftung. Diese ganzheitliche Bildung von der Krippe bis zum Abitur ist einmalig in München.

Der Gründer Ernst von Borries formulierte als Zweck seiner Schulstiftung: *„Das Ziel für mich war immer, Schulen zu führen, in die Kinder gerne gehen und in denen Lehrer gerne unterrichten; darüber hinaus war mein Wunsch, diese Schulen so zu sichern, dass sie über meine persönliche Arbeits- und Lebenszeit hinaus einen festen Platz in der Münchner Schullandschaft hätten. Ich bin zuversichtlich, dass dies mit der Gründung der Münchner Schulstiftung gelungen ist."*

Im Mittelpunkt stehen dabei folgende pädagogische Grundsätze:
1) Achtung der Würde des Einzelnen.
2) Freundlicher und respektvoller Umgang; Atmosphäre der Geborgenheit für angstfreies Lernen.
3) Förderung der Persönlichkeit und der Leistungsfähigkeit der Einzelnen nach ihren Möglichkeiten und Anlagen.
4) Didaktisch-methodische Vielfalt.
5) Aufbau eines europäischen Bewusstseins.
6) Kulturelle Bildung.
7) Erziehung zu einem gesunden und werteorientierten Leben mit Verantwortungsbewusstsein, Zivilcourage, Fairness und Sportlichkeit.
8) Förderung des sozialen Engagements durch soziale Projekte.

Alle Einrichtungen der Münchner Schulstiftung bieten liebevolle Betreuung, ganzheitliche Bildung sowie individuelle Förderung für jedes einzelne Kind und unterstützen berufstätige Eltern durch ganztägige Betreuung mit zusätzlichem Wahlkursangebot.

Ihr Kind – individueller gefördert! Quellen: Münchner Schulstiftung.

München im Spiegel der Zeit 221

Eltern schätzen insbesondere die guten Lernbedingungen und die Werteerziehung. Die Einrichtungen der Münchner Schulstiftung prägen zudem auch die Wärme und Geborgenheit einer „kleinen Schule". Eine Säule der pädagogischen Arbeit ist die Verwirklichung eines optimalen Betreuungsschlüssels. Im Vorschulbereich stehen für jede Gruppe vier pädagogische Kräfte zur Verfügung. In der Grundschule sind für jede Klasse je ein deutsch- und ein englischsprachiger Lehrer gemeinsam verantwortlich.

In den Gymnasien betreuen zusätzlich pädagogische Assistenten die Schüler im Fachunterricht, in den Studierzeiten und in den Freizeiten (2-Pädagogen-Prinzip). Darüber hinaus leiten sie die Schüler an, Wege zu finden, selbstständig zu arbeiten und Sozialkompetenz und Eigenverantwortung zu entwickeln. Sie haben stets ein offenes Ohr für sie und sind feste Bezugspersonen während des Schulalltags.

Die pädagogischen Einrichtungen der Münchner Schulstiftung: Obermenzinger Gymnasium
Staatlich anerkanntes Ganztagsgymnasium mit 2-Pädagogen-Prinzip, wirtschaftswissenschaftlich, sprachlich, mit paralleler Berufsausbildung ABIplus®. Bilingualer Zug für Schüler mit guten Englischkenntnissen (drei bis fünf Fächer werden auf Englisch unterrichtet), eigene Mensa mit zwei Köchen, zertifiziert nach ISO 9001, Tel. 089 891244-0, www.obermenzinger.de

Privatgymnasium Dr. Florian Überreiter, Haidhausen: staatlich genehmigtes Ganztagsgymnasium, naturwissenschaftlich-technologisch, sprachlich und wirtschaftswissenschaftlich, keine Aufnahmeprüfung, kein Probeunterricht, Lerncoaching, erfolgreiche Vorbereitung auf Quali und M10-Abschluss und Abitur, Brückenklasse zur Vorbereitung auf Q11/Q12, zertifiziert nach ISO 9001, Tel. 089 4524456-0, www.ueberreiter.de

Jan-Amos-Comenius-Grundschule mit Ganztagsbetreuung: bilingual mit 2-Pädagogen-Prinzip (deutsche und englische Lehrer sind zusammen im Unterricht), europäische Ausrichtung, Muttersprachenförderung (Französisch, Spanisch, Griechisch), Tel. 089 2032799-0, www.comenius-muenchen.de

Jan-Amos-Comenius-Kinderkrippe und -Kindergarten, Pasing: bilinguale (deutsch-englische) Kinderkrippe und Kindergarten mit europäischer Ausrichtung, hoher Betreuungsschlüssel, mindestens ein englischer Muttersprachler pro Gruppe, Immersionsmethode, Tel. 089 2032799-11, www.comenius-muenchen.de

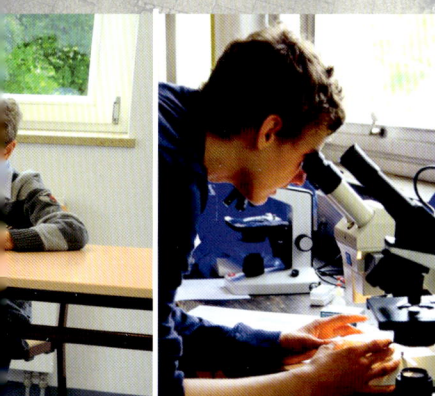

Sechs Jahrzehnte Luftfahrtunterstützung in der Bundesrepublik Deutschland

Die Flugzeug-Union Süd GmbH (FUS) mit Sitz in Ottobrunn entstand 1956 durch den Zusammenschluss der Ernst Heinkel Flugzeugbau GmbH (Raumfahrt, Elektronik, Flugkörper) und der Messerschmitt AG (Luftfahrt). Sie wurde gegründet, um den ersten Düsen-Trainer der im Aufbau befindlichen Bundesluftwaffe in Lizenz zu bauen – die Fouga Magister.

Nach diesem ersten Projekt gehörte zum Kerngeschäft der FUS mit ihrem Firmensitz in der Tölzer Straße in München neben der Nachbaubetreuung der Flugzeugbaumuster Fiat G91/R3 sowie Lockheed F104G auch die Organisation eines modernen und umfangreichen Ersatzteilbesorgungsdienstes mit Verbindungsbüros in Bonn, Koblenz, Turin und Paris.

Die Flugzeug-Union Süd GmbH bezieht 1971 Büros in der neuen Flugzeughalle am Standort der MBB. Quellen: Airbus Group Corporate Heritage.

Endmontage der Fouga Magister in München-Riem.

Im Rahmen des NATO-Starfighter-Programms übernahm die FUS auch die technische Betreuung, Bauzustandskontrolle sowie Ersatzteilbeschaffung für eines der wichtigsten Jagdflugzeuge der europäischen NATO-Staaten der 1960er-Jahre.

Als das Unternehmen 1965 durch Beteiligungskäufe zu einer vollständigen Tochtergesellschaft der Messerschmitt AG wurde, stellte die Flugzeug-Union Süd GmbH bereits einen entscheidenden Faktor in der deutschen Flugzeugindustrie dar. In dieser Zeit ging sie dann im Zuge der Gründung der MBB in diesem Firmenverbund auf.

1969 wurde im Mutterhaus, der MBB, erkannt, dass die Logistikprozesse nicht zu den Kernprozessen eines Flugzeugbauers gehören, und die FUS mit ihrem heutigen Aufgabengebiet als Logistikanbieter wurde neu gegründet.

Diese neue Flugzeug-Union Süd GmbH – immerhin 450 Mitarbeiter stark – wurde nach der Neugründung am 28. August 1969 in die Rheinstraße in München verlegt. Weitere Standorte befanden sich am Bonner Platz sowie in der Düsseldorfer Straße in München.

Das eigene Verpackungswerk für Spezialverpackung und Konservierung der FUS im Norden von München wurde 1970 erworben; zudem wurde ein Vertriebsbüro mit Norm- und Ersatzteillager für das Flugzeug-Baumuster Fouga Magister in Paris eröffnet, das 1985 wieder geschlossen wurde.

Aus strategischen Gründen zog die FUS im Herbst 1971 in die unmittelbare Nähe der Mutter, auf das heutige Airbus-Gelände, Hugo-Junkers-Straße, Gebäude 70, und blieb dort bis Mitte 1987.

Die Vertriebsaktivitäten wurden 1987 durch den Aufbau eines weiteren Geschäftsfeldes ausgebaut. Basierend auf dem Erwerb der amerikanischen Lizenz zur Herstellung von Kunststoffstrahlmittel als Ersatzmedium für das chemische Entfernen von Flugzeuglackierungen („dry stripping") baute FUS gezielt in der militärischen Flugzeuginstandsetzung das umweltfreundliche Trocken-Entlacken aus. Hierzu wurde mit einem Mitgesellschafter eine Firma zur Produktion eines europäischen Kunststoffstrahlmittels gegründet. Dieses Strahlmittel wird nun erfolgreich an nationale und internationale Kunden vermarktet.

Die Flugzeug-Union Süd GmbH erweiterte in den folgenden Jahren ihre Ge-

2014 bezieht die FUS die ehemalige MBB Halle 3 in Ottobrunn. Quelle: Flugzeug-Union Süd GmbH.

schäftsfelder und so blieb es nicht aus, dass die Firma 1991 aus Kapazitätsgründen in die Rudolf-Diesel-Straße 26 in Ottobrunn/Riemerling zog, wo sie bis Herbst 2014 ihren Firmensitz hatte.

Die Montagelinienversorgung im damaligen Eurocopter-Werk Donauwörth – heute Airbus Helicopters – wurde 1997 übernommen. Die zusätzliche Vergrößerung des Geschäftsfeldes Industrielogistik durch die Montagelinienversorgung des damaligen EADS-Werkes Manching – heute Airbus Defence and Space – hat die FUS 1999 übernommen.

Die Flugzeug-Union Süd GmbH heute

Die Flugzeug-Union Süd GmbH ist heute eine 100-prozentige Tochtergesellschaft der Airbus Defence and Space GmbH (ehemals EADS Deutschland GmbH) und sichert seit 1969 die Versorgung internationaler Luftfahrt- und Hightechunternehmen durch die wirkungsvolle Kombination von Distributions- und Lagerlogistik.

Der Umzug in die Halle 3, gelegen auf dem ehemaligen Werksgelände der MBB, kennzeichnet das weitere Wachstum aller Geschäftsfelder. Die ausgezeichnete Infrastruktur für die logistischen Aktivitäten sowie die Möglichkeiten, tiefer in die Lieferketten der Kunden durch produktionsvorbereiten-

de Tätigkeiten einzudringen, erlauben der FUS, bestehende Geschäftsfelder effizienter zu bedienen und neue Geschäftsfelder zu erschließen.

Die Flugzeug-Union Süd GmbH von morgen

Bei der Industrielogistik, den Produktionshilfsmaterialien und Produktionskits, der Ersatzteilbeschaffung und -versorgung sowie der umweltgerechten Entlackung und Reinigung von Flugzeugen und Komponenten wird die Flugzeug-Union Süd auch in Zukunft Maßstäbe an Kundenzufriedenheit und Zuverlässigkeit setzen.

In Anlehnung an die konzerninterne Vergabepolitik von Nichtkerngeschäften ist die Flugzeug-Union Süd bestrebt, in den nächsten Jahren der Hauptlogistiker für die Airbus-Werke weltweit zu werden. Hierzu bilden der ausgezeichnete Zugang zu den Beschaffungsmärkten einerseits und die Nähe zur hauseigenen Entwicklung andererseits ideale Voraussetzungen.

Um den angestrebten Aktivitäten gerecht zu werden, ist die bewusst gewählte Lage der neuen Liegenschaft der Flugzeug-Union Süd GmbH, direkt am entstehenden Technologiepark Ottobrunn und in direkter Nähe der Muttergesellschaft Airbus Defence and Space GmbH, eine hervorragende Ausgangsbasis.

Millionendorf

Der Kommunalwahl 1956 war eine öffentliche Kampagne gegen den schon seit seiner Verfolgung in der NS-Zeit gesundheitlich angeschlagenen Wimmer vorausgegangen. 1955 schrieb die „Abendzeitung": „München braucht einen Oberbürgermeister, der nicht nur anzapfen kann, der nicht nur Musikkapellen beim Münchner Oktoberfest oder am Nockherberg dirigiert, München braucht einen Bürgermeister, der die Stadt würdig vertritt und endlich Ordnung im Rathaus schafft." Trotzdem wurde er mit 58,3 Prozent gegen den „starken" CSU-Kontrahenten Otto Seemüller, der 38,1 Prozent erhielt, wiedergewählt und die SPD erreichte 28 von den jetzt 60 Stadtratssitzen. Mit 16 Mandaten war die CSU abgeschlagen. BP, FDP, KPD, Münchner Block, GB/BHE und Parteifreie teilten sich die übrigen 16 Sitze.

Die SPD schmiedete nun ein Bündnis mit Bayernpartei, FDP und GP/BHE gemäß der damaligen Viererkoalition auf Landesebene mit Ministerpräsident Wilhelm Hoegner. Adolf Hieber (BP) wurde Zweiter Bürgermeister. Für das neu geschaffene Werkreferat wurde der der FDP zugerechnete Anton Riemerschmid gewählt.

Erstmals erhielt die Stadt auch ein eigenständiges Kulturreferat, dem der Feuilletonchef des „Münchner Merkurs" Dr. Herbert Hohenemser vorstand. Von ihm gingen frische Impulse für das kulturelle Leben der Stadt aus und er blieb bis 1976 im Amt. Er galt anfangs sogar als „stürmischer Neuerer". Er förderte Experimente wie die „Kunstzone" am St.-Jakobs-Platz und es wurden erste Ansätze einer Stadtteilkulturarbeit erkennbar. Der Kulturetat war freilich bescheiden. Immerhin wurde ein flächendeckendes Netz von Stadtteilbüchereien mit kostenloser Ausleihe aufgebaut. Ein Schwerpunkt der Arbeit war auch die Erwachsenenbildung, besonders im Rahmen der Münchner Volkshochschule.

Die Toleranz kannte allerdings Grenzen. Es kam zu einem Skandal um den Dichter Oskar Maria Graf. Dieser war 1933 vor den Nazis ins Exil geflohen und lebte bis zu seinem Tod 1967

Schutträumung zum Wiederaufbau des zerstörten Nationaltheaters, der hauptsächlich mit Spenden finanziert wurde. Foto 1958.

in New York. Die Stadt München hatte ihn zu einer feierlichen Lesung im Rahmen der 800-Jahr-Feier eingeladen, bei der er im wieder aufgebauten Cuvilliéstheater in kurzer Lederhose auftrat. Er weigerte sich, dieses traditionelle Kleidungsstück, das er immer trug, zu diesem Anlass auszuziehen.

Wimmers Hauptanliegen war der Wohungsbau, für den ihm „jedes Mittel recht" war, denn er kannte die Not der Wohnungsuchenden aus seinen Sprechstunden. So gab es 1948 noch 16.000 Wohnräume in München, nicht größer als 12 bis 18 qm, in denen sechs und mehr Personen Tag und Nacht hausen mussten.

Aber noch 1960 stellte der scheidende Oberbürgermeister ein aktuelles „Manko an Wohnung von rund 175.000 bis 180.000" Menschen fest, unter Einbeziehung des schon vor dem Krieg gegebenen Fehlbestandes an 30.000 Wohnungen. Erneut forderte er deswegen von Bund und Land „raschestens eine finanzielle Sonderhilfe für den sozialen Wohnungsbau", die München aufgrund seiner „anormalen Entwicklung in seiner Einwohnerzahl" unverzüglich bräuchte. Dieser Mangel bestand, obwohl von 1948 bis 1959 schon 130.432 neue Wohneinheiten, davon über die Hälfte im Rahmen des sozialen Wohnungsbaus, errichtet worden waren.

Bis 1952 stieg die Einwohnerzahl Münchens auf 840.000 und vier Jahre später feierte München mit dem kleinen Thomas Seehaus, Sohn eines Kaminkehrermeisters aus Pasing, seinen millionsten Einwohner. Die Zeitungen zeigten am 15. Dezember 1957 den Oberbürgermeister als Taufpaten mit dem Neugeborenen im Arm. Um die Gemütlichkeit der Stadt, trotz ihrer Größe, zu propagieren, wurde sie „Millionendorf" genannt. 1958 feierte München seinen 800. Stadtgeburtstag mit vielen Veranstaltungen und Neuerscheinungen auf dem Buchmarkt.

Am Ende seiner Amtszeit sagte Wimmer: „Meine Zeit als Bürgermeister und Oberbürgermeister Münchens waren die arbeitsreichsten Jahre meines ganzen Lebens, obwohl mir auch früher, seit meinem 16. Lebensjahr, nichts geschenkt worden war." Er habe „61.800 Personen persönlich geholfen" und „342.600 Ausläufe ohne Anwendung eines Faksimiles bewältigt". Dass Wimmer immer der „einfache Mann" geblieben ist und sein Motto „I bin, was i war, und i bleib, was i bin" lebte, war Grundlage seiner Glaubwürdigkeit und Popularität. Sein Humor, der sich in kernigen Aussprüchen entlud, und seine Schlitzohrigkeit waren legendär. Die Stadt München verdankt ihm, dass sie in der bauwütigen Nachkriegszeit weitgehend ihr „altes, liebes Gesicht" und ihre Identität bewahren konnte.

Auch im Ruhestand zapfte er noch auf dem Oktoberfest an und erntete beim Salvatoranstich 1962 viel Beifall für das Couplet „Wenn ma koa' Geld net hat und is net schö', kann's oam auf dera Welt niemals guat geh", das er vortrug.

Zu seiner Abschiedsfeier auf dem Marienplatz versammelten sich 50.000 Menschen. Thomas Wimmer starb am 18. Januar 1964 an seinem Herzleiden. Als er im Ehrensaal des Rathauses aufgebahrt wurde, nahmen Zehntausende Abschied.

Oberbürgermeister Hans-Jochen Vogel überreicht in Begleitung der Bürgermeister Albert Beyerle und Georg Brauchle Altoberbürgermeister Thomas Wimmer zum 75. Geburtstag einen Glücksfisch. Foto 1963.

Von der Weltstadt mit Herz zur heimlichen Hauptstadt

Für die Nachfolge von Thomas Wimmer nominierte die SPD den jungen Rechtsreferenten der Stadt Dr. Hans-Jochen Vogel. Dieser war 1926 als Sohn eines Professors für Tierzucht in Göttingen zur Welt gekommen, aber seine Großeltern waren alteingesessene Münchner. Nach Kriegsdienst, Verwundung und Gefangenschaft studierte er Rechtswissenschaften. 1958 wurde er, nach vorheriger Tätigkeit als Regierungsrat im Bayerischen Justizministerium und in der Staatskanzlei unter Ministerpräsident Wilhelm Hoegner, Rechtsreferent (berufsmäßiger Stadtrat) der Landeshauptstadt München. Seine Leistung als Politiker ist einzigartig für Deutschland. So wurde er 1960 mit 64,3 Prozent zum Oberbürgermeister gewählt und 1966 mit 78 Prozent wiedergewählt. Anschließend berief ihn Willy Brandt 1972 als Bundesminister für Raumordnung, Bauwesen und Städtebau. Unter Bundeskanzler Helmut Schmidt wurde er 1974 Justizminister in der schwierigen Zeit der RAF mit der Flugzeugentführung, die in Mogadischu endete. 1981 wurde er zum Regierenden Bürgermeister von Berlin gewählt und 1983 war er Kanzlerkandidat der SPD. Diese wählte ihn schließlich zum Vorsitzenden der Bundestagsfraktion und der Partei – Ämter, die er bis 1991 ausfüllte. 1994 zog sich der Ehrenbürger von München freiwillig aus der Bundespolitik zurück und war anschließend ehrenamtlich engagiert.

Mit Oberbürgermeister Vogel erreichte 1960 die SPD erstmals die absolute Mehrheit der Stimmen im Stadtrat. Die CSU kam nur auf 23,9 Prozent und deren Spitzenkandidat Georg Brauchle wurde Zweiter Bürgermeister. In den zwölf Jahren von Vogels Amtszeit wurde im Stadtrat keine Entscheidung gegen seine Stimme gefällt. Sein hartnäckigster Widersacher im Rathaus war der konservative Dr. Ludwig Schmid vom Münchner Block. Die Ära Vogel war geprägt von Modernisierung und der Entwicklung zu einer modernen Großstadt. Auch umstrittene Bauprojekte wie die Untertunnelung des Prinz-Carl-Palais und der Durchbruch durch die Maximilianstraße zum Bau des Altstadtrings fallen in diese Zeit.

Die Isarmetropole nannte sich nach einem Wettbewerb 1962 „Weltstadt mit Herz" und galt bald als „heimliche Hauptstadt" Deutschlands. In einer

Der Max-Joseph-Platz vor dem Nationaltheater diente lange als Parkplatz. Foto 1962

Umfrage gaben viele Deutsche an, dass sie am liebsten hier wohnen würden. Die illustrierte Monatszeitschrift „Bayerland" widmete 1968 ein Heft dem Thema „München – auf dem Weg zur Weltstadt". Hans-Jochen Vogel erläuterte hier die Ziele seiner Stadtpolitik. Er sah die überragende Aufgabe der Stadtverwaltung darin, „durch Ordnung und Koordination der Kräfte" zu wirken: „Andernfalls müsste die fast ungestüme Lebenskraft Münchens an sich selbst zugrunde gehen." Das Ziel sei keinesfalls eine „Allerweltsstadt", eine zwar technisch perfekte, aber seelenlose „Stadtmaschine", sondern vielmehr eine sinnvolle Synthese, die die historisch gewachsene Stadt mit ihrem kulturellen Reichtum bewahrt und sie mit dem modernen München in einem gut gegliederten Organismus zu einer neuen „Einheit verflicht und verwebt".

Vogel weiter: „Das Entstehen neuer Stadtviertel führt dazu, dass mit dem Wohnungsbau der wachsende Stadtkörper klar gegliedert wird. Und der Plan, wesentliche Teile der Altstadt in reine Fußgängerbereiche zu verwandeln, beweist, dass gerade im Herzstück der Stadt der Mensch und nicht der Verkehr das ‚Maß der Dinge' sein soll. München wächst weder planlos noch nach einem vom kühl rechnenden Verstand ausgeklügelten Konzept, sondern nach einer Idee. Das entspricht seinem althergebrachten Wesen, seiner ‚Stadtpersönlichkeit', die immer Intimität, Liberalität, Überschaubarkeit, menschliches Maß und damit Spielraum für ein kräftiges, farbiges Leben zu wahren wusste."

Von 1960 bis 1972 wuchs die Bevölkerung der Stadt um 300.000 Menschen und erreichte 1972 einen Höchststand von 1.338.924, obwohl das Stadtgebiet seit 1942 – im Gegensatz zu dem der meisten anderen Großstädte – durch Eingemeindungen keinen Zuwachs mehr hatte. Der durchschnittliche Pro-Kopf-Anspruch an Wohnraum wuchs dabei ständig. Eine der größten Herausforderungen war daher weiter der Mangel an bezahlbaren Wohnungen. 1960 ließ Vogel einen Gesamtplan zur Behebung der Wohnungsnot erarbeiten, der als ehrgeizige Zielvorgaben 48.000 öffentlich geförderte und 75.000 frei finanzierte Wohnungen benannte.

Die durchschnittlichen Baukosten pro Wohneinheit im sozialen Wohnungsbau stiegen pro qm Wohnfläche von 1960 mit 602 DM bis 1972 auf 1.485 DM. Hauptsächlich durch die Neue Heimat, die städtische GWG und andere Bauträger wurden seit 1960 große Neubauviertel mit Sozialwohnungen errichtet. So entstanden Fürstenried West, die Siedlung am Hasenbergl, Blumenau, die Siedlung am Lerchenauer See oder Neuaubing. Diese Maßnahmen linderten die größte Wohnungsnot, hatten aber anfangs auch Mängel. Besonders wurde die fehlende Infrastruktur beklagt: Massenverkehrsmittel, Kindergärten, Schulen und Einkaufsmöglichkeiten. Auch die Bewohner dieser Viertel haben im Lauf der Jahre ein starkes Heimatgefühl entwickelt. Es entstand ein Geflecht von Nachbarschaften und Vereinen, das teilweise an dörfliche Strukturen erinnert. Besucher sind überrascht von den ausgedehnten Grünanlagen und der Ruhe, die den Wohnwert heben.

Die Siedlung am Lerchenauer See wurde 1967 von der Neuen Heimat errichtet. Foto 2000.

Über 50 Jahre Wohnbau mit Mut und Weitblick

1961 wird John F. Kennedy amerikanischer Präsident und Juri Gagarin fliegt als erster Mensch in den Weltraum. Auch für Gustav-Adolf Blum ist 1961 ein entscheidendes Jahr: Er gründet die Terrafinanz.

Zunächst hat die Firma nur zwei Mitarbeiter – ihn selbst und seine Sekretärin. Heute plant, baut und verkauft ein 50-köpfiges Team repräsentative Bauprojekte wie „NY. Living" am Stiglmaierplatz, die „Isar Towers" auf dem ehemaligen Siemensgelände und das elegante Ensemble „Odinshain" in Bogenhausen, aber auch große Wohnraum-Projekte wie den „Brenner Park" in Sendling, das „Pasinger Tor" und die „Giesinger Höfe".

Doch drehen wir die Uhr noch einmal zurück: Gustav-Adolf Blum und Sekretärin starten 1961 in einem Altbau in der Widenmayerstraße – mit Blick auf die Isar und den Bayerischen Landtag. Der Mitarbeiterstab wächst schnell und das junge Unternehmen konzentriert sich zunächst auf den Bau von Eigenheimen und Eigentumswohnungen. Später kommen Mietwohnungen und Bürogebäude sowie die Terraintätigkeit und die Hausverwaltung eigener und fremder Objekte hinzu.

Die Terrafinanz realisiert erste größere Bauvorhaben in München-Waldperlach, Taufkirchen, Haar und Solln. Um die Wohnungsnot in der Nachkriegszeit zu lindern, plant die Stadt München die „Entlastungsstadt Neuperlach" für 80.000 Menschen. Die noch junge Terrafinanz hat sich bereits einen so guten Ruf erarbeitet, dass sie den Auftrag für den Bau von rund 2.000 öffentlich geförderten Wohnungen erhält und 4.500.000 qm Grundstücksfläche entwickelt.

In den 1970er-Jahren platzt das Büro in der Widenmayerstraße aus allen Nähten und die Terrafinanz zieht in das von ihr erbaute Bürohaus „Am Peschelanger" in Neuperlach um. Damit ist das Unternehmen für die Expansion gerüstet: Mit dem Zuschlag für die Olympischen Spiele 1972 setzt in der Münchner Wohnungswirtschaft ein regelrechter Bauboom ein, der auch die Terrafinanz erfasst. Über 50 Angestellte stemmen Großprojekte wie den Weiterbau der „Entlastungsstadt Neuperlach".

Das nächste Großprojekt ist „Taufkirchen am Wald". Die Terrafinanz ist Terrain- und Planungsträger und errichtet gemeinsam mit einer städtischen Wohnungsbaugesellschaft öffentlich geförderte Miet- und Eigentumswohnungen inklusive Infrastruktur.

Der technische Fortschritt prägt die 1970er-Jahre – und die Terrafinanz modernisiert ihre Verwaltung: Ab 1975 werden die Gehaltsabrechnungen maschinell erstellt und 1978 die mechanischen Schreibmaschinen von modernen, elektrischen Geräten abgelöst.

In den 1980er-Jahren stagniert die Wohnungswirtschaft. Auch die Terrafinanz spürt die Auswirkungen des Rückgangs. Doch der Firmenchef bewährt sich als Krisenmanager und bringt die Firma mit einer Reihe von Maßnahmen wieder auf Kurs.

1986 zieht das Unternehmen in die Klausenburgerstraße in der Nähe des inzwischen stillgelegten Flughafens München-Riem. Nun stehen auch Projekte außerhalb Münchens auf dem Plan. In Regensburg er-

München im Spiegel der Zeit

schließt die Terrafinanz Grundstücke für 450 Wohnungen und auf eigenen Grundstücken siedelt sie u. a. Firmen wie EON, die Bundesbank, die Stadtsparkasse Regensburg sowie das Bayerische Rote Kreuz an. Auch in und um München geht die Bautätigkeit weiter, darunter in Altperlach, Waldtrudering und Dachau.

1987 werden die Weichen für die Zukunft gestellt: Die beiden Söhne des Gesellschaftsgründers Gustav-Adolf Blum, Axel und Jürgen Blum, steigen in die Terrafinanz ein. Zwei Jahre später zieht die Firma an den jetzigen Standort am Stefan-George-Ring in München-Bogenhausen – eine

links oben: Das Wohnensemble „Odinshain" in Bogenhausen.

rechts oben: Das „Pasinger Tor" im Stadtteilzentrum Pasing.

links unten: Jürgen und Axel Blum, Geschäftsführer und Gesellschafter der Terrafinanz.

rechts unten: Der imposante Wohnturm Isar Tower Süd in Obersendling. Quellen: Terrafinanz.

neue Ära beginnt. Mit der deutschen Einheit und der Öffnung des Eisernen Vorhangs erschließen sich ganz neue Märkte. Bauvorhaben in Ostdeutschland und Ungarn bringen spannende Herausforderungen und Wachstumschancen.

Parallel schreitet die Modernisierung der Verwaltung weiter voran: Die Terrafinanz schafft IBM-Schreibmaschinen mit Textverarbeitungssystem an – die wenige Jahre später durch Nixdorf-Computer ersetzt werden. Damit die Baubuchhaltung nicht länger auf Karteikarten angewiesen ist, entwickelt die Terrafinanz zusammen mit Nixdorf eine spezielle Software.

Mitte der 1990er-Jahre blüht der Wohnungsbau wieder und die Terrafinanz fährt gute Ergebnisse ein. Dazu tragen große Projekte nahe dem neuen Flughafen „Franz Josef Strauß" bei: Wartenberg, der Seidlpark in Erding sowie der Rupertihof in Freising. In vollem Gange sind auch die Bauarbeiten in der Neuen Messestadt Riem, auf dem Gelände des ehemaligen Münchner Flughafens.

Seniorchef Gustav-Adolf Blum erhält 1998 das Bundesverdienstkreuz am Bande für seine Verdienste im Wohnungsbau. Es ist die Auszeichnung für sein Lebenswerk. Tatsächlich zieht sich Gustav-Adolf Blum drei Jahre später aus dem aktiven Geschäft zurück

und übergibt die Verantwortung an seine Söhne Axel und Jürgen Blum.

Die globale Finanzkrise zu Beginn des neuen Jahrtausends bedeutet für die Branche große Veränderungen in der Zusammenarbeit mit den Banken. Von den Terrafinanz-Gesellschaftern ist höchste Anstrengung gefordert, um die Krise zu meistern. Doch das Unternehmen geht gestärkt aus der Rezession hervor und legt mit einer geschickten Firmenpolitik die Basis für eine blühende Zukunft.

Heute steht die Terrafinanz auf dem Höhepunkt ihrer erfolgreichen Firmengeschichte. Die letzten fünf Jahre waren geprägt von prestigeträchtigen Projekten an den begehrtesten Standorten Münchens: „NY. Living" am Stiglmaierplatz wurde auf dem ehemaligen Löwenbräu-Gelände in der Maxvorstadt errichtet, die „Isar Towers" stehen auf dem früheren Siemens-Areal in Sendling und in Bogenhausen entstanden mit dem „Odinshain" elegante Town Houses in bester Lage. Doch die Terrafinanz bleibt auch heute noch ihrer Tradition treu, erschwingliche Wohnungen für alle zu bauen. Mit Wohnbauprojekten wie dem „Brenner Park" in Sendling, dem „Pasinger Tor" und den „Giesinger Höfen", um nur einige zu nennen, hat die Terrafinanz mehreren tausend Menschen ihren Traum von der eigenen Wohnung erfüllt.

Schwabinger Krawalle und Demonstrationen

In München haben Unruhen und Demonstrationen Tradition. Bis zum Anfang der 1950er-Jahre gingen viele Menschen gegen Hunger und für höhere Löhne auf die Straße, was in der Zeit des Wirtschaftswunders nachließ. Im Sommer 1962 flammten in München die ersten Unruhen unter Jugendlichen seit Bestehen der Bundesrepublik auf. Sie sollten später als „Schwabinger Krawalle" in die Geschichte eingehen. Der auslösende Anlass war nichtig: In einer warmen Sommernacht am 20. Juni, vor Fronleichnam, fühlte sich ein Anlieger durch Straßenmusikanten am Wedekindplatz in Schwabing belästigt und rief die Polizei. Diese kam und nahm drei junge Männer im Streifenwagen mit. Daraufhin empörten sich die Umstehenden und wurden handgreiflich gegen die Polizei. Diese rief Verstärkung herbei, um die Straße für den Verkehr zu räumen. Schließlich kam es an mehreren Abenden zu Auseinandersetzungen in der Leopoldstraße, bei der die über 200 hierin teilweise ungeübten Polizisten hart gegen „Rabauken und Aufrührer" vorgingen. Es gab zahlreiche Verletzte, aber keine Toten. Die Presse griff die Verantwortlichen wegen der Missgriffe scharf an. Der junge Chef der Kriminalpolizei, Manfred Schreiber, der im Jahr darauf zum Polizeipräsidenten ernannt wurde und es dann später bis zum Staatssekretär in Bonn brachte, konnte sich hier erste Sporen verdienen.

Die bis 1974 noch städtische Polizei lernte aus den Krawallen und wurde psychologisch für Demonstrationseinsätze geschult. Die sogenannte „Münchner Linie" wurde entwickelt, die später Vorbild für andere Städte werden sollte und am Ende der 1960er-Jahre Schlimmeres verhüten half.

Da bei den Krawallen kaum politische Meinungen geäußert wurden, vermutete Oberbürgermeister Vogel im Rückblick auf seine Amtszeit als Grund für die Unruhen: „Wahrscheinlich war es aber – wenn man von den reinen Rowdys absieht – zumindest bei den Jüngeren doch schon ein unartikulier-

Szene der Schwabinger Krawalle in der Leopoldstraße. Die Vorgänge führten zu einer psychologischen Schulung der Polizei. Foto: 1962.

ter Protest gegen die Wohlstandsgesellschaft und das Wirtschaftswunder: das Bedürfnis, gegen irgendetwas, das allzu glatt und problemlos zu laufen schien, Widerstand zu leisten. Überspitzt könnte man es einen Aufstand der Individualität gegen die Straßenverkehrsordnung nennen, einen ersten vehementen Hinweis darauf, dass eine Stadt nicht nur für den Verkehr, sondern auch zum Flanieren, zum Musizieren, zum Tanzen da ist. Ja vielleicht wird man später einmal sagen, in Schwabing habe zum ersten Mal die humane Stadt gegen die ökonomische Stadt rebelliert."

Neben den Zügen der Gewerkschaften am 1. Mai gab es bis zur Mitte der 1960er-Jahre noch die Ostermärsche. Erst 1967 kam es zu einem Protestumzug der DGB-Jugend mit Studenten der Technischen Hochschule (TH) gegen Preiserhöhungen bei der Straßenbahn. Größere Probleme entstanden aber erst, als im selben Jahr der Schah von Persien nach Berlin auch München besuchte. Nur mit großer Mühe gelang es einem großen Polizeiaufgebot, den Gast zu schützen. Nun fanden häufiger relativ friedliche Demonstrationen statt, gegen den Vietnamkrieg, gegen die Diktaturen in Spanien und Griechenland, aber auch gegen die Missstände an den Universitäten. Als allerdings am 11. April 1968 in Berlin der Studentenführer Rudi Dutschke bei einem Attentat lebensgefährlich

Ab Ende des 1960er Jahre begannen sich Hippies und „Gammler" in Englischen Garten, besonders am Monopteros, zu versammeln. Foto: 1971.

verletzt wurde (er starb einige Jahre später an den Folgen), belagerten junge Leute das Buchgewerbehaus zwischen Schelling-, Barer- und Theresienstraße, wo Redaktion und Druckerei der „Bild"-Zeitung ihren Sitz haben. Der Fotoreporter Klaus Frings und der Student Rüdiger Schreck starben dabei unter ungeklärten Umständen. Bei einer Kundgebung mit über 10.000 Menschen auf dem Königsplatz, die am 23. April friedlich verlief, sprachen Vogel und andere Politiker und Studenten, woraufhin die Gewaltbereitschaft sank. Doch anlässlich der Verabschiedung der Notstandsgesetze gab es wieder militante Proteste.

Und auch in den folgenden Jahren fanden zahlreiche Demonstrationen zu verschiedenen Anlässen statt. So gab es im Jahr 1970 Verletzte bei der Störung einer Feier zu Ehren der griechischen Militärjunta und bei einer Demonstration gegen den Einmarsch der Amerikaner in Kambodscha.

1971 gelang es Studenten, die Wahlversammlung für das Amt des Rektors der Ludwig-Maximilians-Universität München zweimal gewaltsam zu sprengen. Der dritte Wahlversuch, diesmal in der Residenz mit einem Aufgebot von 1.200 Polizisten durchgeführt, war schließlich erfolgreich. „Teach-ins" und „Sit-ins" fanden hauptsächlich innerhalb der Universitäten statt, wo die Studenten gegen den „Muff von 1.000 Jahren unter den Talaren" vorgingen und teilweise Reformen durchsetzen konnten. Insgesamt änderte sich das politische und gesellschaftliche Klima durch das Aufbegehren vieler junger Menschen in dieser Zeit nachhaltig.

Das Warenhaus als Treffpunkt und guter Nachbar

Hertie in der Bauphase.

Seit dem Mittelalter entstanden in Schwabing herrschaftliche Anwesen. Im 18. Jahrhundert lag im Südosten der heutigen Münchner Freiheit ein Adelsschlösschen, das 1774 Graf Johann Theodor von Waldkirchen gehörte und Rittersitz Mitterschwabing genannt wurde. Ab 1812 hieß es dann Baader-Schlössl, nach dem Besitzer Franz Xaver von Baader (1768–1841), Oberstbergrat und Philosophieprofessor. Das Gebäude wurde 1877 zu einer Gaststätte der von Ludwig Petuel daneben errichteten petuelschen Brauerei umfunktioniert. Nach Abriss entstand 1890 die Schwabinger Brauerei, deren gutes Bier viele hierher lockte. Deren Saal wurde Zentrum des legendären Schwabinger Lebens, besonders im Fasching. Hier fanden wichtige Tagungen und andere Ereignisse statt. Die Zerstörung dieses Gebäudes durch die Bomben des Weltkrieges bedeutete das Ende des alten Schwabing.

Der Wiederaufbau der Ruinen zog sich hin. Erst 1964 stand dann das Hertie-Hochhaus, der „Schwarze Riese", mit dem großen Saal des neuen Schwabinger Bräu. Dieser bemerkenswerte 13-geschossige Turmbau von Karl Eckstein wertete den Platz auf, stand aber wegen seiner Auffälligkeit in der Kritik. Deswegen erfolgten

links: Leopoldstraße mit altem Hertie-Hochhaus. Mai 1990.

unten: Karstadt Schwabing.

1990 der Abriss der oberen Stockwerke und der Umbau mit Glasfassade und Erweiterung, geplant von dem Architekten Prof. Fred Angerer. Dieses Gebäude entspricht nun dem heutigen Karstadt-Warenhaus. Die Sortimente werden ständig den Bedürfnissen der Kunden angepasst. So entstand 2005 ein Perfetto-Lebensmittelbereich im Untergeschoss auf 1.150 qm mit Degustationsständen, großem Frischesortiment und exklusivem Service. Im Jahr 2014 erfolgten nochmals eine große Investition und der Umbau von zwei Etagen mit der Aufnahme eines Sportsortimentes und der Zusammenlegung verschiedener Abteilungen aus dem Home-Bereich. Diese Ausrichtung auf die Kunden in Schwabing sichert den Erfolg des Standortes. Das Warenhaus versteht sich als „guter Nachbar". In diesem Sinn bringt es sich in lokale Aktionen auf der Leopoldstraße oder mit Schulen und Kindergärten ein.

Die Münchner Freiheit ist durch die Lichtkunst im U-Bahnhof und die Trambahnhaltestelle ein optischer Anziehungspunkt geworden. Die Fassade von Karstadt wird durch Beleuchtungselemente ein weiteres Wahrzeichen.

Stachus und Fußgängerzone

Große Auseinandersetzungen brachte 1967 der Umbau am Stachus mit neuem Untergeschoss im Zuge des Baus der S-Bahn. Der Stachus galt vorher als verkehrsreichster Platz Europas. Statt der 1965 genehmigten Kostensumme von 93,5 Millionen DM sollte das unterirdische Bauwerk nun 145 Millionen DM kosten. Die Presse prangerte diese Steigerung u. a. mit der Überschrift „Stachus-Baugrube – ein Loch ohne Boden" („Süddeutsche Zeitung" vom 23. September 1967) an. Aus Reihen der CSU wurde Oberbürgermeister Vogel zum Rücktritt aufgefordert. Die vom Zweiten Bürgermeister Hans Steinkohl (CSU) geführten Ermittlungen um den „Stachus-Skandal" führten 1969 nur zu einer Missbilligung gegen den Stadtbaurat wegen Verletzung seiner Informationspflicht. Als 1970 das Stachus-Untergeschoss der Öffentlichkeit übergeben wurde, verglich Vogel es mit der Cheopspyramide und Erzbischof Julius Kardinal Döpfner setzte seine Dimensionen den berühmten biblischen Bauwerken in Babylon oder Jerusalem gleich.

Das Ausmaß, das die Verkehrsprobleme in der Altstadt in den 1960er-Jahren annahmen, kann man sich heute kaum mehr vorstellen. Zwischen Karlstor und Isartor war die Fahrt für Autos und die zahlreichen Trambahnlinien, besonders im Berufsverkehr, sehr langwierig. Das Überqueren der Straße war gefährlich.

Bereits 1961 war die Neuhauser-Kaufinger-Straße, damals Hauptverkehrsachse der Stadt, probeweise für den Autoverkehr gesperrt worden. Da keine Entlastungsmaßnahmen angeboten wurden, musste das Experiment aber bald wieder abgebrochen werden. Im Jahr darauf wurde im Stadtentwicklungsplan der Gedanke einer autofreien Zone in der Innenstadt verankert und der Stadtrat beschloss

Stachus-Umbau mit Straßenbahn auf Stelzen. Foto 1967.

1967 Stachus und Fußgängerzone

bald, die unerträgliche Situation zu ändern. Die Ziele der Maßnahme waren: Stärkung des Einzelhandels, Darstellung des historischen Stadtbildes und des Fremdenverkehrs, Belebung von Freizeitaktivitäten, Schaffung einer erlebbaren Stadtmitte, Befreiung von Verkehrsemissionen, Förderung der Wohnfunktion in der Altstadt. Nur das letzte Ziel wurde nicht erreicht, weil die anderen zu gut erfüllt wurden. Man legte dann nach einem Architekturwettbewerb, befördert durch die Olympia-Planungen, 1970 für 15 Millionen DM eine Fußgängerzone an, die im Juli 1972 eröffnet wurde. Voraussetzungen waren die Verlagerung des öffentlichen Ost-West-Verkehrs in die unterirdische S-Bahn und die Fertigstellung des Altstadtrings für den Individualverkehr. Vogel wertete die Fußgängerzone als Erfolg der Bürgerbeteiligung und der offenen Planung: Der Fußgängerbereich wurde in den 1970er-Jahren noch um den Viktualienmarkt und den Theatiner-Boulevard ausgedehnt.

Die wirtschaftliche Kehrseite der Fußgängerzone mit einer geballten öffentlichen Verkehrsanbindung war eine Konzentration auf die rentabelsten Nutzungen, durch die viele Geschäfte verdrängt wurden. Der tägliche Bedarf wird in den Wohnvierteln gedeckt, aber zum Shopping die Altstadt bevorzugt. Die hohen Ladenmieten bewirken, dass man möglichst jeden Quadratmeter als Verkaufsfläche nutzt und die Lagerflächen gering hält. Dadurch wird der Liefer- und Versorgungsverkehr erhöht.

Die Probleme, die beklagt wurden, waren die mangelnde Wartung des Passantenbereiches, die schlechte Durchlässigkeit für den Fahrradverkehr und vereinzelte Belästigung durch Straßenmusikanten sowie Bettler. Es bildete sich 1981 eine „Interessengemeinschaft Fußgängerzone e. V. München-City", ein Zusammenschluss von betroffenen Geschäftsleuten. In der eigenen Publikation „Münchner Schaufenster" wurde 1982 die Frage aufgeworfen: Fußgängerzone – Schandfleck oder „gute Stube"? Die „Zustände" wurden als „selbst für toleranteste Bürger nicht mehr tragbar" bezeichnet – ein „Musikanten- und Gammlerschlamassel". Bedauert wurde besonders die „Invasion von Achtel-Künstlern", die Münchens „gute Stube" in eine „tönende, schallende Abkoch-Arena" verwandeln. Man erließ Bestimmungen, die die Anmeldung und Begrenzung von Darbietungen regelten.

Stachus mit Fußgängerzone. Foto 2014

Smarte Haushaltshelfer

Bosch und Siemens sind heute Marken, die jedes Kind kennt. Denn mit Kühlschrank, Geschirrspüler, Kaffeemaschine und Co. sind die Produkte der BSH Bosch und Siemens Hausgeräte GmbH fester Bestandteil im Leben vieler Menschen auf der ganzen Welt geworden.

Was 1967 als Gemeinschaftsunternehmen der Robert Bosch GmbH in Stuttgart und der Siemens AG in München begann, hat sich innerhalb von fast fünf Jahrzehnten zu einer Erfolgsgeschichte ersten Ranges entwickelt. Der deutsche Exporteur mit drei Fabriken und einer halben Milliarde DM Umsatz des Jahres 1967 ist heute die Nummer 3 weltweit unter den Hausgeräteherstellern. Im Jahr 2013 erwirtschaftete die BSH mit 40 Fabriken in 13 Ländern und insgesamt etwa 50.000 Mitarbeitern in 47 Ländern 10,5 Milliarden Euro Umsatz.

Den Menschen ihr Leben zu erleichtern ist das erklärte Ziel der BSH, und so umfasst ihr Produktportfolio auch das gesamte Spektrum moderner Hausgeräte, vom Herd bis zum Haartrockner. Zu den Hauptmarken Bosch und Siemens gesellen sich acht Spezialmarken wie Gaggenau, Neff oder Junker hinzu, die individuelle Verbraucherwünsche bedienen.

Bei aller Globalisierung hat die BSH frühzeitig erkannt und berücksichtigt, dass die Lebensgewohnheiten der Menschen kulturell geprägt sind. Wie die Menschen in Spanien, der Türkei, Griechenland oder Deutschland waschen und kochen, ist stark von ihren Traditionen geprägt. Dieser Tatsache tragen eine Reihe regionaler Marken wie Pitsos in Griechenland und Balay in Spanien Rechnung.

Technische Innovation ist seit jeher ein wichtiger Erfolgsfaktor der BSH. Zu den Meilensteinen gehörten etwa 1972 der Wasch- und Trocken-Vollautomat oder 1989 die No-Frost-Technologie für Kühlschränke. Jüngster Meilenstein sind die Vernetzung der Hausgeräte und ihre mobile Steuerung mittels Smartphone oder Tablet-PC. Seit die BSH 1991 die Konzernabteilung Umweltschutz ins Leben gerufen hat, richtet sie ihre Produktpolitik konsequent auf umweltfreundliche, wasser- und energiesparende Geräte aus. So zählen heute zum BSH-Portfolio viele preisgekrönte Produkte, deren Langlebigkeit, Bedienfreundlichkeit und durchdachtes Design durch die Kauffreude ihrer Kunden belohnt werden.

oben links: Am Fertigungsstandort Traunreut produziert die BSH Herde und Kochfelder.

oben rechts: Die innovativen Hausgeräte der BSH sollen den Menschen ihren Alltag erleichtern.

unten: 1967 begründeten Bosch und Siemens die BSH Bosch und Siemens Hausgeräte GmbH. Quellen: BSH Bosch und Siemens Hausgeräte GmbH.

Theater- und Filmmetropole

München ist seit dem 19. Jahrhundert eine innovative Theaterstadt mit heute über 100 Bühnen. Die schon unter Otto Falckenberg renommierten städtischen Kammerspiele im Schauspielhaus in der Maximilianstraße wurden nach Kriegsende erst bis 1947 von Erich Engel und dann bis 1963 von Hans Schweikart als Intendant geleitet. Auf ihn folgte August Everding; Regie führte hier u. a. Fritz Kortner. Dass Ende der 1960er-Jahre Stücke „linker" Autoren wie Edward Bond, Franz Xaver Kroetz oder Harald Mueller gespielt wurden, missfiel konservativen Kritikern. 1970 wurde der Schauspieler Hans Reinhard Müller Nachfolger August Everdings, der an die Oper in Hamburg wechselte und 1977 nach München zurückkehrte, wo er zum Staatsintendanten und führenden Theaterexperten Deutschlands aufstieg. Wirbel gab es um den 1970 an die Kammerspiele verpflichteten Chefdramaturgen Heinar Kipphardt. Weil er das Stück „Der DRA-DRA" von Wolf Biermann aufführte und dazu im Programmheft missverständliche Ausführungen zur Gewalt gegen Politiker erschienen, wurde sein Vertrag nicht verlängert.

Die künstlerische Leitung der Kammerspiele ging 1983 an Dieter Dorn, bis er 2001 von Frank Baumbauer abgelöst und Staatsintendant wurde. Auch unter seinem Nachfolger Johan Simons heimste die Bühne europaweit die meisten Auszeichnungen ein. Zum Betrieb gehören auch die Otto-Falckenberg-Schauspielschule, aus der viele bedeutende Mimen hervorgingen, und das renommierte Theater der Jugend in der Schauburg am Elisabethplatz.

Das nahe der Maximilianstraße gelegene staatliche Residenztheater steht immer in fruchtbarer Konkurrenz zu dem Nachbarn.

Im Münchner Volkstheater am Stiglmaierplatz pflegte man seit 1988 unter der Intendanz der Schauspielerin Ruth Drexel neben bayerischem Repertoire auch eine kritische Münchner Tradition. Ihr Nachfolger, der Oberammergauer Passionsspielleiter Christian Stückl, konnte mit jungen Ensembles und Nachwuchsregisseuren ein neues Profil mit großer Sitzauslastung prägen.

Auch die staatliche Oper, seit 1963 im wieder aufgebauten Nationaltheater am Max-Joseph-Platz, hat Weltgeltung und prägt das kulturelle Leben Bayerns mit.

München ist auch ein fruchtbarer Boden für Kleinkunst und Kabarett. Markenzeichen war seit 1956 die „Lach- und Schießgesellschaft" in

Das Schauspielhaus der Münchner Kammerspiele in der Maximilianstraße wurde 1901 von Richard Riemerschmid gestaltet. Türgriff. Foto 2012.

München im Spiegel der Zeit

Schwabing mit Hans Jürgen Diedrich, Sammy Drechsel, Klaus Havenstein, Ursula Herking, Klaus Peter Schreiner und Dieter Hildebrandt. Letzterer wurde zum bekanntesten Mitglied der Gruppe, vor allem durch seine satirische Fernsehsendung „Scheibenwischer". Im MUH und im Fraunhofer hatten seit dem Ende der 1960er-Jahre viele Künstler(innen) ihre ersten Auftritte. Daneben entstanden weitere Spielorte, wie der Schlachthof und das Lustspielhaus.

Seit den 1960er-Jahren war die Isarmetropole Ausgangspunkt für den „neuen deutschen Film". Regisseure wie Werner Herzog, Alexander Kluge, Edgar Reitz oder Volker Schlöndorff fanden hier weltweite Beachtung. München prägte auch das Werk von Rainer Werner Fassbinder, der in den 1970er-Jahren Filmgeschichte schrieb.

Geiselgasteig im Süden der Stadt mit dem Bavaria-Filmgelände wurde wichtiges Zentrum der Filmindustrie in Deutschland. Neben Fernsehkrimis entstanden hier viele Spielfilme (z. B. „Das Boot" oder „Schtonk"). Bedeutendster Produzent wurde Bernd Eichinger.

Auch Fernsehserien haben einen direkten inhaltlichen Bezug zu München; erinnert sei hier an Helmut Dietls „Kir Royal", an die „Grandauers", die „Löwengrube", die „Wiesingers" oder schließlich an „Die zweite Heimat" von Edgar Reitz. Die wöchentliche „Lindenstraße" spielt zwar angeblich in München, wird aber nicht hier gedreht. In den 1980er-Jahren entstanden in München auch Filme von Hans-Christian Müller mit Gisela Schneeberger und dem Schauspieler und Kabarettisten Gerhard Polt. Das Team trat in mehreren Produktionen mit der „Biermösl Blasn" in den Kammerspielen und später im Residenztheater auf. München ist eine Filmstadt, in der viele Filmschaffende wie Doris Dörrie leben. 2003 erhielt die Münchner Regisseurin Caroline Link für ihren Spielfilm „Nirgendwo in Afrika" den Oscar in der Kategorie „Bester fremdsprachiger Film".

Das als Abteilung des Münchner Stadtmuseums unter Leitung von Enno Patalas aufgebaute Filmmuseum ist eine weltweit wichtige Dokumentationsstelle für dieses Medium geworden; ebenso bedeutend ist die Sammlung Fotografie im Stadtmuseum.

Das legendäre Kabarett „Lach- und Schießgesellschaft" mit Hans J. Diedrich, Barbara Noack, Dieter Hildebrandt und Jürgen Scheller schützt sich, wie damals propagiert, mit Aktentaschen gegen Atomstrahlen. Foto 1967.

Das Münchner Künstlerhaus und das Palais Bernheimer

Das Münchner Künstlerhaus am Lenbachplatz wurde damals von Prinzregent Luitpold eröffnet. Errichtet durch Gabriel von Seidl wurzelt es noch im Stilempfinden und Gesellschaftsideal des um 1900 bereits ausklingenden Historismus. Initiatoren waren Münchner Künstler um Franz von Lenbach, Wilhelm von Kaulbach und Franz von Stuck, unterstützt durch das Großbürgertum. Hier wurden rauschende Feste gefeiert und stilvoll Tagungen abgehalten.

Nach Kriegszerstörungen 1944 wurde das Haus von Erwin Schleich bis 1961 wieder aufgebaut und von Oberbürgermeister Hans-Jochen Vogel wieder eröffnet. Nach weiteren Sanierungen nimmt das 2001 in eine Stiftung umgewandelte Künstlerhaus denkmalpflegerische und kulturelle Aufgaben wahr und steht für Kunst und vielfältige Veranstaltungen offen.

Das Palais Bernheimer, heute Palais am Lenbachplatz, ließ Hoflieferant Lehmann Bernheimer durch die Architekten Friedrich von Thiersch und Martin Dülfer 1889 für 900.000 Mark im neubarocken Stil errichten. Kaiser, Könige und Industrielle gehörten zum Kundenstamm des Hauses. Nach Enteignung (Arisierung) in der Zeit des Nationalsozialismus und schweren Beschädigungen durch Bomben an Dachstuhl und Turm wurde das Gebäude ab 1945 einfach wiederhergestellt und hier ein Kunsthandel weitergeführt. 1987 wurde das Gebäude an Jürgen Schneider verkauft, der es für über 100 Millionen DM mit dem Architekten Alexander von Branca aufwendig äußerlich originalgetreu restaurierte und innen modern sanierte.

oben: Festsaal des Künstlerhauses. Foto um 1900.

oben: Künstlerhaus am Lenbachplatz, dahinter die ehemalige Hauptsynagoge. Gemalte Postkarte um 1900.

rechts: Das Palais Bernheimer. Foto um 1900.

Sauberkeit und Sicherheit rund um die Uhr

1971 gründeten die Eheleute Johann und Dagmar Schilcher mit Heinz Kissel die Personengesellschaft „Straßen- und Gehbahnreinigung Schilcher & Kissel GmbH". Daraus entstand das Unternehmen J. u. D. Schilcher GmbH & Co. Betriebs-KG als Reinigungsunternehmen für Gehwege, Fahrbahnen, Parkplätze und Fuhrbetrieb.

Seit Beginn war die Firma mit modernsten Geräten für Städte, Landkreise und Gemeinden sowie die Olympiapark München GmbH und für die private Bauwirtschaft im Einsatz.

1988 kamen weitere Geschäftszweige mit den Fachrichtungen Fuhrunternehmen, Asphaltfräsearbeiten sowie Gartengestaltung und -pflege hinzu. Hieraus entstand das bis heute angesehene Unternehmen Schilcher Transporte GmbH und Olympia Reinigungs GmbH Nord. Der Fuhrpark umfasst mehrere Lkw (mit Ladekran), Kehrmaschinen, Radlader und MH-City-Bagger sowie Hochleistungsfräsen.

Seit 1997 werden die Dienste unter einem Dach im Betriebshof in der Moosacher Straße in Milbertshofen angeboten. Eine eigene Werkstatt, Betriebstankstelle mit Waschplatz und eine groß dimensionierte Halle zur Lagerung von ausreichend trockenem Streugut sind Voraussetzungen für einen perfekt funktionierenden Winterdienst. Die Einsatzleitung, welche rund um die Uhr erreichbar ist, sorgt für Sicherheit und Sauberkeit.

Der Fuhrpark ist für alle Einsätze gerüstet.

850.000 quicklebendige Quadratmeter

Am 26. August 1972 wurde mit der Eröffnung der XX. Olympischen Sommerspiele in München eine außergewöhnliche Entwicklung eingeleitet. Der Olympiapark hat allen Grund, darauf stolz zu sein. Er ist weltweit das erfolgreichste Beispiel nachhaltiger nacholympischer Nutzung. Der Landeshauptstadt München und der Olympiapark München GmbH ist es in enger Zusammenarbeit mit zahlreichen Partnern aus Sport, Unterhaltung und Wirtschaft gelungen, diesen einzigartigen architektonischen Jahrhundertentwurf immer mit Leben zu erfüllen.

Der Olympiapark hat sich mit seiner unvergleichlichen Konzentration und Kombination von unterschiedlichen Sport- und Veranstaltungsstätten über die Jahre seinen festen Platz unter den bedeutendsten Veranstaltungszentren der Welt gesichert und von seiner Faszination und Strahlkraft bis heute nichts eingebüßt. Wie angesehen und geschätzt diese olympische Anlage immer noch ist, beweisen die zahlreichen Veranstaltungen, die Jahr für Jahr hier stattfinden. Dabei sind es nicht nur die Besucher aus aller Welt, die immer wieder gerne in den Olympiapark kommen, sondern auch die Veranstalter und Businesspartner.

33 Welt-, 12 Europa- und etwa 100 deutsche Meisterschaften sowie viele weitere bedeutende Sport-Events, Konzerte mit Stars aus Pop, Rock und

München im Spiegel der Zeit

Sommerpanorama Olympiapark. Quelle: Olympiapark München GmbH.

Klassik, Messen, Versammlungen und Ausstellungen verschiedenster Art fanden hier seit den Olympischen Spielen 1972 statt. Ebenso erfolgreich präsentieren sich die Freizeit- und Tourismusbetriebe mit ihren vielen zusätzlichen und zeitgemäßen Angeboten. In Zahlen: Bis heute waren es fast 200 Mio. Besucher (111 Mio. Zuschauer bei Veranstaltungen und etwa 86 Mio. Gäste in den Freizeit- und Tourismusbetrieben), die je im Olympiapark ein Ticket lösten, mehr als 12.000 Veranstaltungen sind in den Hallen, Stadien und im Außengelände über die Bühne gegangen. Pro Jahr kommen so etwa 4 Mio. zahlende Besucher, was heißt, dass etwa 12 Mio. Menschen tatsächlich den Park mit all seinen Möglichkeiten genutzt haben. 300 bis 350 Events gehen jedes Jahr im Olympiapark über die Bühne.

Bis heute ist der Olympiapark natürlich auch ein weltweit anerkanntes architektonisches Juwel. Das Einzigartige am Olympiapark München ist neben der herausragenden Architektur auch die Einbettung in die Landschaft. Die Architekten des Olympiaparks verfolgten drei Grundsätze bei der Planung des Geländes:

1. Es sollten Spiele der kurzen Wege werden, 2. die Spielstätten sollten in Form von offenen (Olympiastadion) und hellen Gebäuden mit großen Glasflächen (z. B. Olympiahalle) Demokratie und Freiheit symbolisieren im Gegensatz zu den Spielen von 1936 in Berlin, und 3. Olympia 1972 sollte mitten im Grünen stattfinden. Schließlich wurden die olympischen Anlagen in einen 850.000 qm großen Park mit aufgeschütteten Hügeln und einem geschwungenen künstlichen See eingebettet. Um den Natureindruck nicht zu stören, sind die Sportarenen in die Tiefe gebaut, sodass nur ein Drittel der Gebäude aus dem Boden herausragen. Damit entfaltet bis heute das charakteristische Zeltdach, das die drei Hauptgebäude verbindet, seine einzigartige Wirkung. Das Dach besteht aus einer Stahlseilkonstruktion, die an bis zu 80 m hohen Pylonen aufgehängt ist und sich wie ein Spinnennetz über die Gebäude legt und sie verbindet, und ist auf 80.000 qm mit meist quadratischen Acrylglas-Platten gedeckt. Es symbolisiert mit seiner geschwungenen Form die Alpen, die nur eine Fahrstunde von München entfernt sind. Auch nach vielen Jahren sieht diese gewagte Konstruktion so modern aus wie am ersten Tag und wird bewundert.

Olympiastadt

Das für die Entwicklung Münchens bedeutendste Ereignis in der Amtszeit von Oberbürgermeister Hans-Jochen Vogel waren die Olympischen Spiele 1972. Am 28. Oktober 1965 war der Vorsitzende des Nationalen Olympischen Komitees, Willi Daume, an den Oberbürgermeister mit dem Vorschlag herangetreten, München solle sich als Olympiastadt bewerben. Vogel gelang es, sowohl die Staatsregierung mit Ministerpräsident Alfons Goppel (CSU) als auch die Bundesregierung unter Bundeskanzler Ludwig Erhard (CDU) für das Vorhaben zu gewinnen, bevor er an die Öffentlichkeit trat. Mit Billigung des Nationalen Olympischen Komitees beschloss der Stadtrat am 20. Dezember 1965 einstimmig, sich um die Ausrichtung der Spiele zu bewerben. Am 25. April 1966 fiel bei der Sitzung des IOC in Rom im zweiten Wahlgang die Entscheidung für München gegen die Konkurrenten Detroit, Madrid und Montreal. In Anbetracht der schwierigen politischen Verhältnisse – Erinnerung an die Spiele in Berlin und Garmisch 1936, Spannungen in den Ost-West-Beziehungen, besonders mit der DDR – war das Ergebnis überraschend. Willy Brandt, 1965 noch Regierender Bürgermeister von Berlin, erhoffte sich einen positiven Einfluss auf die Normalisierung des innerdeutschen Verhältnisses.

Vogel kündigte an, seine Stadt wolle „Olympische Spiele der kurzen Wege, im Grünen und in der Einheit von Körper und Geist bieten".

Nun waren gewaltige Bau- und Organisationsaufgaben zu lösen. Neben der beschleunigten Durchführung von Maßnahmen im Verkehrsbereich, die gerade erst in der Planungsphase standen – U- und S-Bahn, Teile des Mittleren Rings, Altstadtring und Fußgängerzone – mussten alle für den Sport nötigen Bauten errichtet werden. Dies war die Chance, mithilfe von Bund, Land und anderen Geldgebern (Olympia-Lotterie) wichtige Infrastrukturmaßnahmen und Wohnungen zu erstellen, die sonst nie oder nur viel später möglich gewesen wären.

Man wählte als Standort der Olympiabauten das Oberwiesenfeld, ein etwa 300 ha großes Gelände, 4 km nordwestlich des Stadtmittelpunkts. Das ehemalige Truppenübungsgelände, auf dem vor 1939 der Flughafen der Stadt gelegen hatte, war im Besitz von Stadt, Land und Bund. Am Rand des Geländes waren bereits Fernsehturm und Eissporthalle im Bau.

Der damalige Bundesfinanzminister und CSU-Vorsitzende Franz Josef Strauß wurde Vorsitzender der neu gegründeten Olympia-Baugesellschaft. Über 60 Objekte mussten im Stadtgebiet errichtet werden, so das Stadion, eine Mehrzweckhalle, die Schwimmhalle, die Radrennbahn, das Pressezentrum, die Pressestadt und das olympische Dorf. Außerhalb des Olympiageländes entstanden Basketball- und Ringerhalle, Reit- und Schießanlage (Riem bzw. Hochbrück) sowie die Ruderregattastrecke (Feldmoching-Oberschleißheim).

Für die Planung des zentralen Bereiches wurde 1967 bundesweit ein Wettbewerb ausgeschrieben, zu dem 101 Entwürfe eingereicht wurden. Nach langen Diskussionen fiel die Wahl der Jury auf das Zeltdachprojekt der Architektengruppe Günter Behnisch mit seiner landschaftlichen Gesamtlösung. Oberbürgermeister Vogel,

Das Forum an der Münchner Freiheit in Schwabing mit Fahnenschmuck während der heiteren Olympischen Spiele 1972.

der sich für das Zeltdach besonders starkgemacht hatte, begründete im Rückblick die Entscheidung: „Eine Gesellschaft muss auch einmal die Kraft aufbringen, einen großen Geldbetrag für ein im engen Sinn zweckfreies Vorhaben, für ein architektonisches Kunstwerk, aufzuwenden. Es muss Freiräume geben, die von ökonomischen Prinzipien und den landläufigen Nützlichkeitserwägungen ausgenommen sind." Außerdem wurden diese Anlagen im Wesentlichen vom Verkauf der 10-DM-Silber-Olympiamünzen an Sammler in aller Welt finanziert, der rund 700 Millionen DM einbrachte.

Nach einem beträchtlichen Anstieg der Gesamtbaukosten von ursprünglich veranschlagten 520 Millionen auf 760 Millionen DM erklärte sich 1969 die neue sozialliberale Bundesregierung unter Willy Brandt bereit, 50 Prozent der Gesamtkosten zu übernehmen. Der Rest wurde zu gleichen Teilen auf Land und Stadt aufgeteilt. Die Stadt München hatte schließlich nur 170 Millionen DM zu zahlen und erhielt dafür u. a. zwei U-Bahn-Linien, 6.000 Wohnungen, 1.800 Studentenwohnplätze, drei Schulen, viele Sportstätten und den Olympiapark. Nach den Spielen übernahm die Olympiapark GmbH im Auftrag der Stadt die Verwaltung der Anlagen.

Die Spiele der 20. Olympiade der Neuzeit, die vom 26. August bis 11. September 1972 in München stattfanden, brachten der Stadt weltweites Aufsehen. Bei den „heiteren Spielen" waren deutsche Sportlerinnen und Sportler erfolgreich. Alles lief nach Plan – bis zum 5. September: Palästinensische Terroristen überfielen im olympischen Dorf die Mannschaft aus Israel, töteten zwei Sportler und nahmen neun Personen als Geiseln. Der Versuch, die Israelis zu befreien, endete am 6. September auf dem Militärflughafen Fürstenfeldbruck mit dem Tod der Geiseln, eines Polizisten und fünf der arabischen Terroristen. Nach einer Trauerfeier mit 80.000 Teilnehmern, die noch am selben Tag

Erinnerung an die Olympiade München 1972 mit ihrem von Otl Aicher entwickelten Gestaltungskonzept im Stadtmuseum. Foto 2013.

im Olympiastadion stattfand, wurden die Spiele zu Ende geführt.

Die meisten der für die Olympischen Spiele errichteten Bauten wurden anschließend weitergenutzt. Die Olympiahalle bot Platz für das jährlich stattfindende 6-Tage-Rennen, viele Konzerte, Tagungen und weitere Sportereignisse, wie zum Beispiel die Eishockey-Weltmeisterschaft 1993. Das Olympiagelände wurde zu einer der wichtigsten Freizeit- und Erholungsstätten. Hierzu trug anfangs auch die modellhafte Einrichtung eines „Gesundheitsparks" bei. Im benachbarten Theatron am künstlich geschaffenen Olympiasee können Freilichtaufführungen mit Tausenden von Zuschauern stattfinden. Auch der Festplatz auf der anderen Seite des Olympiaberges ist ein beliebter Veranstaltungsort. Hier etablierte sich mit dem Tollwood-Festival für 14 Tage im Sommer eine alternative kulturelle Attraktion mit buntem Musikangebot, vielen Darbietungen und kulinarischen Spezialitäten.

Das Olympiastadion wurde Schauplatz vieler wichtiger Veranstaltungen. Internationale Meisterschaften, Rock- und Pop-Open-Airs, Tagungen und Kundgebungen füllen ebenso wie große Fußballspiele das Rund. Im Gedächtnis blieb vielen Sportfans die Fußball-Weltmeisterschaft 1974. Sie endete am 7. Juli mit dem Titelgewinn der deutschen Nationalmannschaft, in der u. a. die „Münchner" Franz Beckenbauer, Paul Breitner, Uli Hoeneß, Sepp Maier, Gerd Müller und Georg Schwarzenbeck spielten. Im Endspiel wurde die niederländische Mannschaft mit 2:1 Toren geschlagen. Das Olympiastadion war auch bis zum Bau der Allianz Arena Schauplatz der Erfolge der beiden Profi-Fußballmannschaften des TSV 1860 München und des FC Bayern München. Die „Bayern" wurden hier deutscher Rekordmeister und mehrfacher Europapokalsieger. Der auch finanziell erfolgreichste deutsche Verein wurde ein Hauptwahrzeichen Münchens in der Welt.

Machtkämpfe

Nach einigem Hin und Her erreichte Hans-Jochen Vogel, dass Georg Kronawitter von der SPD als sein Nachfolger aufgestellt wurde. Dieser wurde 1928 in Oberthann in der Holledau als Sohn eines Kleinbauern geboren. Nach Besuch einer landwirtschaftlichen Berufsschule sowie einer Lehrerbildungsanstalt wurde er zum Arbeitsdienst eingezogen. Nach Studium von Wirtschaftswissenschaften und Pädagogik wurde er Diplom-Handelslehrer. Von 1966 bis 1972 und 1994 bis 1998 vertrat er dann die Bevölkerung im Bayerischen Landtag. Neben der Ehrenbürgerwürde von München erhielt er viele weitere Auszeichnungen.

1972 wurde Georg Kronawitter mit 55,9 Prozent zum Oberbürgermeister gegen Winfried Zehetmeier (CSU) gewählt und die SPD erreichte wieder die absolute Mehrheit.

Gegen eine große Mehrheit in der Partei wurden deren Mitglieder Helmut Gittel und Eckhart Müller-Heydenreich zu Bürgermeistern gewählt. Nun kam es zu ständigen, auch in der Öffentlichkeit ausgetragenen Auseinandersetzungen über Personal- und Sachfragen zwischen der SPD unter dem Vorsitz von Rudolf Schöfberger einerseits und dem Oberbürgermeister andererseits. Dabei ging es u. a. um die Nutzung von Atomkraft und Fragen der Stadtgestaltung.

Kronawitter hatte ein Gespür für Mehrheiten und populäre Entscheidungen, wobei die menschliche Stadt sein Ziel war. Schwerpunkte lagen im sozialen Bereich, wo zum Beispiel mit der Sanierung städtischer Notunterkünfte begonnen wurde. Ein weiteres Gebiet war die Ökologie mit Planung und Ausbau von Ostpark und Westpark (Internationale Gartenausstellung 1983). Auch der Nordpark nahm mit der Ausgestaltung der 3-Seen-Platte (Fasaneriesee, Feldmochinger See, Lerchenauer See) zu einer beliebten Erholungslandschaft Gestalt an. In seiner Amtszeit wurde auch der U-Bahn-Bau vorangetrieben.

Für den Neubau des Europäischen Patentamtes, das 1977 seinen Sitz in München eröffnete, mussten Wohnhäuser in der Isarvorstadt weichen, was kontrovers war.

Da die Stadt über keinen Konzertsaal für die Philharmoniker verfügte und auch zentrale Räume für Stadtbibliothek und Volkshochschule brauchte, wurde seit 1972 der Bau eines städtisches Kulturzentrums geplant. Dafür wählte man ein Grundstück am Gasteig beim ehemaligen Bürgerbräu-Keller und schrieb einen Architekturwettbewerb aus. Diesen gewann die Architektengemeinschaft Raue, Rollenhagen und Lindemann. Es gab viele kritische Stimmen gegen das „Mammut-Glashaus", dessen Kosten während der Bauzeit um 350 Prozent stiegen. Kronawitter legte 1978 den Grundstein und konnte 1985 wieder als Oberbürgermeister die Eröffnung von Carl-Orff-Saal und Philharmonie feiern.

Rudolf Kempe als Chefdirigent führte die Münchner Philharmoniker zu weltweiter Beachtung und von 1979 bis zu seinem Tod 1996 prägte Sergiu Celibidache als Generalmusikdirektor den Klangkörper.

Kronawitter ließ sich wegen unüberbrückbarer Meinungsverschiedenheiten in Personalfragen nicht mehr zur Wahl von 1978 aufstellen; Teile der Fraktion traten in der Folge 1977 aus der SPD aus und bildeten eigene Gruppen.

Am Eingang des Kulturzentrums Gasteig steht der von der benachbarten GEMA gestiftete vom Künstler Albert Hien geschaffene Brunnen, der eine Tuba und einen Konzertflügel darstellt. Foto 2014

Handwerkliche Präzision und modische Tradition

Als Vidal Sassoon 1973 seine erste deutsche Dependance am Münchner Odeonsplatz eröffnete, war das ein gesellschaftliches Ereignis ersten Ranges. Denn Sassoon, Herr über Salons in London und New York, war internationaler Starfriseur, bei dem der Jetset Schlange stand, der Filmfrisuren für Twiggy und Mia Farrow kreiert hatte und mit Modeschöpfern aus Paris, Rom und London um die Welt reiste.

„Bi-Couture" bietet das schlichte und präzise Design eines maßgeschneiderten Looks für den Alltag, der sich mit wenigen Handgriffen zu einem Avantgarde-Look umstylen lässt.

Am Anfang von Vidal Sassoons Karriere in den 1950er-Jahren stand eine kulturelle Revolution, vergleichbar mit der Abschaffung des Korsetts eine Generation zuvor. Als der junge Sassoon 1942 in London-Mayfair seine Lehre begann, musste die gepflegte Frau wöchentlich den Friseur aufsuchen, um sich ihr Haar in aufwendige Kunstwerke legen zu lassen. Die Frisur war ein Statussymbol der Bessergestellten.

Vidal Sassoon konnte diesem Stil wenig abgewinnen, und als er Mitte der 1950er-Jahre eigene Salons in der Londoner Bond Street eröffnete, verbannte er das Haarspray, verbot das Toupieren und erfand einen Haarstil, der dem jungen Typus Frau entsprach: Sie war berufstätig, modisch und selbstbewusst genug, sich einengender Konventionen zu entledigen.

Damit gehörte Vidal Sassoon bald, wie die Beatles und viele weitere kreative Köpfe, zu den Protagonisten der Swinging Sixties, die Bewegung in das gesellschaftliche Gefüge brachten.

Sassoon berücksichtigte die Textur des Haares, ließ es natürlich fallen und bezog die Geometrie des Gesichts mit ein. Der Schnitt sollte die Persönlichkeit der Frau betonen und von ihr selbst gepflegt werden können. Sein Bob, den er 1963 für die Schauspielerin Nancy Kwan kreierte, machte Sassoon über Nacht berühmt. 1964 stellte sein 5-Punkt-Schnitt alle üblichen Vorstellungen von einer Frisur auf den Kopf, und Geometrie wurde fortan zu Sassoons Markenzeichen.

Auch als Unternehmer war Vidal Sassoon erfolgreich. Gut drei Dutzend Sassoon Salons entstanden in Großbritannien, den USA, Kanada und Deutschland. In den 1970er-Jahren führte er eigene Produkte ein, und um sein Können weiterzugeben, gründete er die Sassoon Academy, die jährlich an die 6.000 Friseure aus- und weiterbildet.

Dem Konzept der pflegeleichten Trendfrisur ist man bis heute treu, wie auch der raffinierte Look „Bi-Couture" des Frühjahrs 2014, eine Symbiose aus Avantgarde und moderner Androgynität, erneut aufs Schönste beweist.

links: Der Nancy-Kwan-Bob machte Vidal Sassoon 1963 über Nacht berühmt.
rechts: Der geometrische 5-Punkt-Schnitt (1964) revolutionierte alle bis dahin üblichen Vorstellungen von einer Frisur. Quellen: Sassoon Salon.

Medizinischer Fortschritt aus Tradition

Die Universitätsmedizin der Ludwig-Maximilians-Universität (LMU) blickt in München bereits auf eine 200-jährige Geschichte zurück und ist von großen Namen internationalen Ranges wie Ferdinand Sauerbruch, Max von Pettenkofer, Alois Alzheimer oder Alfred Marchionini geprägt. Die sogenannte „Ziemssenklinik" – heute die Medizinische Klinik und Poliklinik IV in der Ziemssenstraße, 1813 als „Allgemeines Krankenhaus" eröffnet und Keimzelle des Klinikums der Universität München – ferner die Augenklinik in der Mathildenstraße, die Kinderheilkunde im Dr. von Haunerschen Kinderspital oder die Psychiatrie in der Nußbaumstraße erlangten internationale Anerkennung.

1974 wurde als weiterer Standort das Klinikum Großhadern eröffnet, das Teil des weltweit renommierten Life-Science-Campus Großhadern/Martinsried ist. Zu seinen zahlreichen Aushängeschildern zählen die Bereiche Transplantations- und Krebsmedizin, Schlaganfall- und Demenzforschung und die Behandlung von Herz-Kreislauf-Erkrankungen sowie Schwindel und Gleichgewichtsstörungen. Im Perinatalzentrum stehen Gynäkologen, Geburtshelfer, Kinderärzte, Hebammen und Therapeuten Schwangeren und ihren Kindern in der Zeit vor, während und nach der Geburt mit Kompetenz und Fürsorge zur Seite, um einen sicheren Start ins Leben zu gewährleisten. In der Palliativmedizin setzen das LMU-Klinikum und die Medizinische Fakultät Maßstäbe, ebenso bei der Erforschung seltener Krankheiten und in der Notfallmedizin – stets in dem Bestreben, dem Anspruch „Wir machen Medizin – besser" gerecht zu werden.

Die Weiterentwicklung von Diagnosen und Therapien ist bereits langjährige Tradition und nach wie vor das zentrale Anliegen der mittlerweile fast 50 Kliniken, Institute, Abteilungen sowie interdisziplinären Zentren am Klinikum der Universität München. So waren Mediziner und Forscher der LMU maßgeblich an der Entwicklung der Nierensteinzertrümmerung mit Stoßwellen beteiligt, ferner an der Anwendung der regionalen Hyperthermie zur Bekämpfung von Tumoren, an der Laserchirurgie und -therapie, an der Entwicklung der mobilen Herz-Lungen-Maschine

unten: Mediziner und Forscher der LMU waren maßgeblich an der Entwicklung der mobilen Mini-Herz-Lungen-Maschine beteiligt.

Die Augenklinik in der Mathildenstraße (oben) und die Psychiatrie in der Nußbaumstraße (unten) sind nur zwei der Kliniken der LMU, die internationale Anerkennung erlangten.

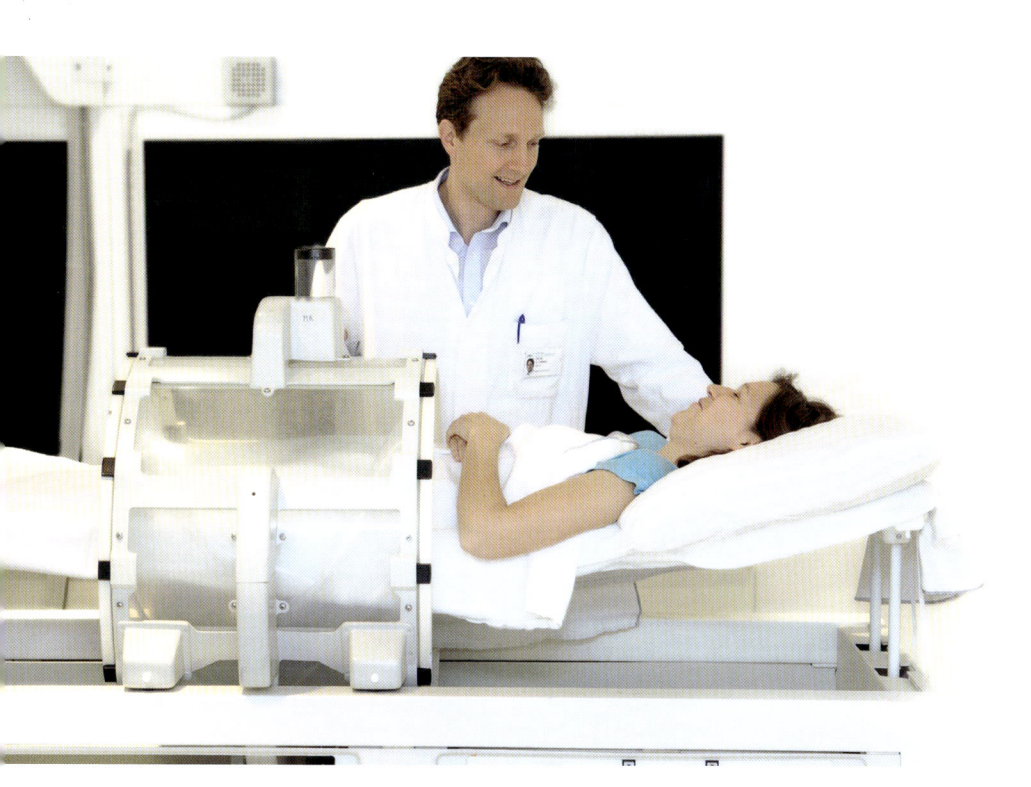

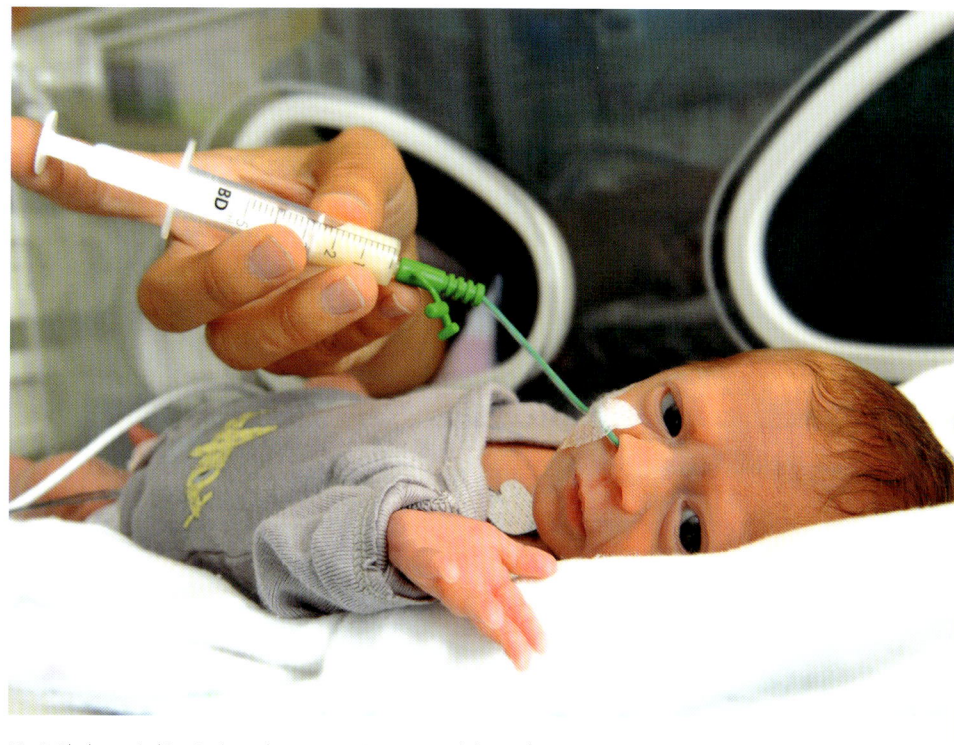

Eine innovative Behandlungsmethode am Klinikum der LMU zur Bekämpfung von Tumoren ist die regionale Hyperthermie.

Ein Frühchen wird im Perinatalzentrum mit Muttermilch ernährt.
Quellen: Klinikum der Universität München.

im Miniformat sowie an Meilensteinen der Transplantationsmedizin.

Um den Patienten heute die Chance zu bieten, möglichst rasch vom medizinischen Fortschritt zu profitieren, wurde in jüngster Zeit unter dem Schlagwort „translationale Medizin" zudem der Austausch zwischen Forschungslaboren und klinischer Praxis insbesondere in den interdisziplinären Zentren intensiviert. Eine halbe Million Patienten werden jedes Jahr am Klinikum der LMU von rund 10.000 Beschäftigten versorgt, die damit über 650 Millionen Euro jährlich erwirtschaften. Zusammen mit den Mitteln für Forschung und Lehre sowie weiteren betrieblichen Erträgen liegt die Bilanzsumme des Klinikums bei rund einer Milliarde Euro. Das LMU-Klinikum zählt zu den größten zukunftsorientierten Arbeitgebern der Stadt München.

Die neuen wissenschaftlichen und medizinischen Konzepte finden auch baulich ihren Niederschlag. Insbesondere die interdisziplinäre Zusammenarbeit über Fachgrenzen hinweg hat es erforderlich gemacht, die Ambulanzen, die Normal- und Intensivstationen, aber auch die OP-Säle und die Notaufnahme rund um die Bedürfnisse des Patienten zu strukturieren. Das hochmoderne, 2014 in Betrieb genommene Operationszentrum am Campus Großhadern trägt diesen neuen Erkenntnissen und Anforderungen Rechnung: Mit kurzen Wegen, innovativen technischen Systemen und ausgefeilten logistischen Konzepten werden Ärzte und Pflegekräfte darin unterstützt, ihre Patienten auf höchstem Niveau zu versorgen. Neben hoch qualifizierten Ärzten und Pflegekräften tragen auch Maßnahmen zur Patientensicherheit, striktes Qualitätsmanagement und fachlich bestens ausgebildete Hygienefachkräfte dazu bei, dass das Klinikum der Universität München national und international zu den renommiertesten Medizinstandorten der Welt zählt.

Beratung auf den Punkt gebracht – seit 40 Jahren HBS

Die unabhängige Wirtschaftsprüfungsgesellschaft Haas Bacher Scheuer (HBS) ist gemeinsam mit ihren Partnergesellschaften Günter Hässel Steuerberatungsgesellschaft GmbH und der Sozietät Bacher Zehetmair & Collegen in der Wirtschaftsprüfung sowie der betriebswirtschaftlichen, rechtlichen und steuerrechtlichen Beratung tätig. In der Kanzlei der kurzen Wege stellt gemäß dem Leitsatz „Beratung auf den Punkt gebracht" HBS stets den Mandanten in den Mittelpunkt.

HBS kann auf eine 40-jährige Erfolgsgeschichte zurückblicken. In den späten 1950er-Jahren ließ sich Prof. Dr. Gerhard Haas als Wirtschaftsprüfer und Steuerberater in München nieder. 1965 gründete er mit Dr. Hanns Bacher, ebenfalls Wirtschaftsprüfer und Steuerberater, eine Sozietät, in die 1969 Dr. Wolfgang Scheuer als Rechtsanwalt aufgenommen wurde – zu jener Zeit war eine Bürogemeinschaft von Wirtschaftsprüfern und Steuerberatern mit einem Rechtsanwalt als Sozius eine Novität.

Durch die Beratungstätigkeit konnten zahlreiche Prüfungsmandate akquiriert werden. Um diesen gerecht zu werden, wurde 1974 die Haas Bacher Scheuer Wirtschaftsprüfungsgesellschaft GmbH mit Sitz in München-Harlaching gegründet. Als verantwortlicher Partner entwickelte Dr. Hanns Bacher die Gesellschaft rasch zu einem innovativen Unternehmen, das die Prüfung und Beratung von vorwiegend eigentümergeführten mittelständischen Unternehmen in den Mittelpunkt stellte. Ein enger persönlicher Kontakt, verbunden mit einer qualitäts- und nicht wachstumsorientierten Zielsetzung, garantieren seither langjährige vertrauensvolle Geschäftsbeziehungen zu den Mandanten.

Nach dem frühen Tod von Prof. Dr. Gerhard Haas im Jahr 1987 wurde der Gesellschafterkreis geöffnet. Zum 1. Januar 1990 kamen drei bereits seit vielen Jahren in verantwortlicher Position tätige Mitarbeiter als Gesellschafter hinzu. Das sicherte die Nachfolge und den Fortbestand der Gesellschaft auch nach dem Ausscheiden von Dr. Hanns Bacher aus der Geschäftsführung im Jahr 1994.

Um ihr Beratungsspektrum auszuweiten und abzurunden, übernahm HBS 1996 die Anteile der renommierten Günter Hässel Steuerberatungsgesellschaft GmbH. 1997 wurde, vorwiegend für Zwecke der Rechtsberatung, die Sozietät Bacher Zehetmair & Collegen gegründet. Internationale Kontakte zu Kollegen in mehr als 50 Ländern konnten seit 2000 durch Mitgliedschaft im Netzwerk von Russell Bedford International geknüpft werden. Dies ermöglicht eine grenzüberschreitende Prüfung und Beratung.

Heute werden HBS und die Partnergesellschaften unter einem gemeinsamen Logo von sechs geschäftsführenden Gesellschaftern in der zweiten und dritten Generation geleitet. Die Partnergesellschaften beschäftigen insgesamt rund 40 Mitarbeiter.

Unabhängigkeit, Flexibilität und Schlagkraft sind die Leitmotive des Unternehmens, das als eine überschaubare Einheit seinen Mandanten – national und international tätige Unternehmen, Stiftungen, Vereine, Freiberufler und Privatpersonen – eine auf den Punkt gebrachte Beratung bieten kann.

links: Eine der Publikationen von HBS zur Steuer- und Wirtschaftspraxis.
rechts: Der Sitz von HBS am Thomas-Wimmer-Ring 3. Quellen: Haas Bacher Scheuer.

Erst seit den 1970er-Jahren wurden viele Wohnhäuser aus der Gründerzeit um 1900 restauriert und strahlen seitdem wieder in altem Glanz. Die Landeshauptstadt München unterstützt dies durch ihren seit 1970 vergebenen „Fassadenpreis". Hier Beispiele aus Schwabing-West. Fotos 2013.

Schöne digitale Welt: Data-Base- und Informationsmanagement im Dialog mit Text und Satz

Was sich die heutige Generation der „Digital Natives" wohl kaum vorstellen kann, war ein Meilenstein für die Textverarbeitung: Die Computerisierung der Satztechnik um 1976 machte dem zeitintensiven und fehleranfälligen Abschreiben von Manuskripten technisch ein Ende.

Wilhelm Schäfer kopiert mit einem Redaktron-Konverter ADAC-Campingführer-Daten. Quelle: privat.

Wilhelm Schäfer, der bereits als technischer Redakteur arbeitete, nutzte die neuen Möglichkeiten der elektronischen Textverarbeitung und gründete 1977 in München die Firma »Text und Satz«. Sein erster großer Kunde war der ADAC Verlag, dessen damaliger Leiter der Campingführer-Redaktion die enormen Vorteile der neuen Technik erkannte. Der fortschrittsorientierte Vordenker beauftragte »Text und Satz«, seine handgeschriebenen Manuskripte für den ADAC-Campingführer elektronisch zu erfassen, um so die jährlich wachsende Informationsbreite seines Campingführers fehlerfrei präsentieren zu können. Wilhelm Schäfer entwarf eine ausgeklügelte Doppelerfassung, die eine fehlerfreie Datenerfassung ermöglichte und ganz ohne die sonst üblichen Korrekturleser auskam. Das gewonnene Text-Know-how wurde nebenbei für die Erstellung von Endkunden-Mailings eingesetzt. Im Jahr 1990 firmierte Wilhelm Schäfer sein Unternehmen in die „T+S Text und Satz Verarbeitungs-GmbH" um und erweiterte die Aktivitäten auf Datenbank und Satzprogrammierung für weitere Industrie-, Großhandels- und Verlagsnachschlagewerke für Firmen wie Bürklin GmbH & Co. KG, Festo AG & Co. KG und REINZ-Dichtungs-GmbH.

Heute wird T+S von Christian Nitschke und Bernhard Nitschke als geschäftsführenden Gesellschaftern geleitet, nachdem Wilhelm Schäfer ihnen als langjährigen Mitarbeitern die GmbH übergeben hat. Sie betreuen mit dem erfahrenen Team von Softwareentwicklern, Projektmanagern und Implementierungsspezialisten unterschiedlichste Firmen aus den Branchen Verlage, Agenturen, Handel und Industrie, Finanzinstitute sowie Behörden. Das Leistungsportfolio umfasst die vier Bereiche Crossmedia-Publishing, Prepress, Direktmarketing und IT-Lösungen. Dabei zählten die Konzeption heute unverzichtbarer Tools wie kundenspezifischer Webshops, vernetzte crossmediale Publikationen und die App-Programmierung für Smartphones zum Tagesgeschäft. Das ehemalige „Nebenprodukt" Mailing, das über die Jahre konsequent ausgebaut wurde, stellt nach wie vor einen wichtigen Baustein in der Erfolgsgeschichte von T+S dar: Von der spezifischen Beratung über die Entwicklung bis zur Realisierung crossmedialer Direktmarketing-Kampagnen wie Print-Mailings oder E-Mail-Newsletter können die Dialog-Profis alles aus einer Hand anbieten. Weitere Leistungen sind etwa der Rechnungsversand im Kundenauftrag, die Adressüberarbeitung und Portooptimierung sowie der Dublettenabgleich.

Im Laufe der knapp 40 Jahre Unternehmensgeschichte ist die „T+S Text und Satz Verarbeitungs-GmbH" zu einem hochmodernen Dialogmedien-Center gewachsen, das innovative und kosteneffiziente Informationsmanagementsysteme konzipiert und seinen Auftraggebern einen erfolgreichen Dialog mit den Kunden ermöglicht.

1977 Café Guglhupf

Oase im Zentrum

Einer der gemütlichsten Orte an der Fußgängerzone ist das 1977 gegründete Café Guglhupf in der Kaufingerstraße 5. Es hat sich aufgrund seines bayerischen Ambientes den Charme aus seiner Anfangszeit bis heute bewahrt. Denn neben dem gastronomischen Angebot sollte sich auch die Gestaltung des Gastraumes auf das kulturelle Bayern und München beziehen und somit dem Gast das Gefühl für Land und Leute vermitteln. Seit September 2014 erfolgt der Zugang über die neue und zeitgemäß gestaltete Café-Guglhupf-Passage. Auf zwei Stockwerken und in einer ruhigen, blumenbepflanzten Grünoase im Innenhof ist Platz für über 600 Gäste, die sich hier von den bayerischen, aber auch internationalen Angeboten gemäß dem Slogan „Café, Speisen, Eis und mehr …" verwöhnen lassen können.

Der namensgebende Guglhupf hat eine lange Tradition. Schon die Römer verwendeten runde Kuchenformen. Das Wort Gugel kommt vom lateinischen „cucullus" und bedeutet Kapuze. Die Herstellung dieses beliebten Kuchens kennt viele Varianten. Er besteht immer aus verschiedenen Teigmassen wie Hefeteig (original), gerührt, marmoriert oder aus Biskuitmasse, und ist oft mit Rosinen verfeinert. Im deutschen Sprachraum haben sich verschiedene Namen eingebürgert. So heißt er im Elsass Kugelhopf, in Mitteldeutschland Aschkuchen, in Süddeutschland Napf- oder Topfkuchen und die Österreicher haben ihren eigenen Kaiser-Guglhupf.

Das Café Guglhupf wurde immer beliebter und bot seinen Gästen im Laufe der Jahre weitere Attraktionen. Im Advent 1993 wurde im Innenhof die Glühwein-Oase eingerichtet, die hauptsächlich am Abend mit weihnachtlicher Gemütlichkeit lockt. Im Jahr 1997 kam an der Kaufingerstraße eine Freischankfläche hinzu und seit 2006 gibt es das Guglhupf-Drehkarussell auf dem Oktoberfest. Es bietet Platz für 60 Gäste mit einem Rundblick auf das Wiesn-Treiben.

Im Oktober 2014 wurde der Alm-Guglhupf nach dem Motto „griabig schick" im Nahversorgungszentrum MONA neben dem Olympiaeinkaufszentrum eröffnet. Hier verbindet sich Traditionelles gleichermaßen mit Neuem.

Eingang des Cafés.

Freifläche des Cafés. Fotos: 2014.

Wechsel im Rathaus

Nach einem sehr harten Wahlkampf wurde 1978 Staatssekretär Erich Kiesl mit 51,4 Prozent Oberbürgermeister gegen den Kämmerer Max von Heckel (SPD) und seine CSU errang mit 42 Sitzen im 80-köpfigen Stadtrat die absolute Mehrheit. Kiesl war 1930 in Pfarrkirchen im Rottal als Sohn eines Postsekretärs geboren worden. Nach dem Studium der Philosophie, Rechts- und Staatswissenschaften war er in der Finanzverwaltung tätig und wurde 1969 Vorsitzender der Münchner CSU. Abgeordneter im Bayerischen Landtag war er von 1970 bis 1978 und von 1986 bis 1994. Von 1970 bis 1978 war er auch Staatssekretär im Bayerischen Innenministerium.

Zum Zweiten Bürgermeister wurde vom Stadtrat Winfried Zehetmeier (CSU) gewählt, zum Dritten Bürgermeister Helmut Gittel. Dieser war auf einer Liste (Sozialer Rathaus-Block) wieder ins Rathaus gekommen und schloss sich dann der CSU an.

In der Zeit der CSU-Mehrheit herrschte eine gemäßigt konservative Grundstimmung. Die Beteiligung der Landeshauptstadt München am Atomkraftwerk Ohu II nördlich von Landshut sollte die Energieversorgung langfristig gewährleisten. Um ökologische Probleme besser erkennen zu können, wurde als „bundesweit beachtetes Signal für aktive Umweltpolitik" 1982 ein eigenes Umweltreferat eingerichtet und mit Rüdiger Schweikl besetzt. 1982 wurde Peter Gauweiler in Nachfolge von Klaus Hahnzog zum Kreisverwaltungsreferenten gewählt. Dieser setzte eine erhebliche Ausweitung des Sperrbezirks durch, womit die Prostitution weitestgehend in die Stadtrandbereiche verbannt wurde, und kümmerte sich zum Beispiel auch um Ordnung auf dem Oktoberfest.

Als weitere Neuerung wurde die Stelle eines Volkskulturpflegers geschaffen, die Volker D. Laturell ausfüllte.

Das Wort von Oberbürgermeister Kiesl machte die Runde, dass München nicht „Hinterpfuideifi" sei – das heißt, Repräsentation und Stolz auf die Stadt

Im Biergarten am Chinesischen Turm im Englischen Garten trifft sich Jung und Alt. Foto 1981.

erhielten einen hohen Stellenwert. Zeichen der „Repräsentationssucht" wie die Anschaffung eines teuren „Kronleuchters" für das Amtszimmer des Oberbürgermeisters, die Anstellung einer Mitarbeiterin für die Oberbürgermeister-Gattin oder der scheiternde Plan für internationale Filmwochen schadeten aber seinem Image. Die Kostensteigerungen für das 1982 wiedereröffnete Deutsche Theater an der Schwanthalerstraße als Stätte für die leichte Muse oder das umstrittene „Baulandgeschenk" an den Unternehmer Josef Schörghuber waren Tagesgespräch, auch wegen des höchsten Schuldenstandes von 1,4 Milliarden DM.

München hat mit dem staatlichen Englischen Garten eine der weltweit größten innerstädtischen Grünanlagen. Für viele macht dieses Stück Natur die Stadt besonders lebenswert. Einige verbringen im Sommer jeden regenfreien Nachmittag im Biergarten unter dem Chinesischen Turm. Dort haben schon viele Kinder das Laufen gelernt – oder zumindest das Karussellfahren.

Im Englischen Garten war ein Beispiel für den Wandel der Sitten in der Stadt zu beobachten. Mitte der 1960er-Jahre wurde man von der Polizei angehalten und verwarnt, wenn man hier ein Fahrrad auf einem Gehweg schob (selbst das war gemäß der überall angeschlagenen Anlagenverordnung verboten). Seit den 1970er-Jahren fuhren die Pedalritter dann auf allen Wegen und Wiesen, ob erlaubt oder nicht, ohne dass die Polizei dies kümmerte. Dann begannen Einzelne sich die Freiheit zu nehmen, sich hier hüllenlos zu bewegen. Der Romancier Uwe Timm schildert eine Szene, wie Münchner Polizisten um 1980 gegen „Nackerte" im Englischen Garten vorgingen: „Sie forderten alle auf, sich anzuziehen. Jemand habe sich beschwert. Die beiden blieben bei den Mädchen stehen und kontrollierten, ob sie auch alles gut verpackten. Bis jemand von der anderen Seite die Polizisten nass spritzte. Und da immer mehr Nackte aufstanden und auf sie zukamen und lachten, lachten sie schließlich zögernd mit und sagten, sie könnten zu zweit ja nicht alle zwingen, die Höschen anzuziehen. So zogen sie ab." Da das Sonnenbaden ohne Kleidung immer mehr um sich griff und die Beschwerden sich häuften, regelte man die Sache durch Verordnung. „Toleranzzonen" wurden ausgewiesen, in denen keine Kleidung getragen werden musste.

Die Polizei hatte auch Wichtigeres zu tun. Am 26. September 1980 wurden auf dem Oktoberfest 13 Menschen bei einem Sprengstoffattentat getötet, darunter auch der rechtsextreme Täter, 219 Personen wurden verletzt. Zu Beginn des Jahres war die neonazistische „Wehrsportgruppe Hoffmann" verboten worden, zu deren Mitgliedern der Wiesn-Attentäter gehörte. Weitere Umstände sind bis heute ungeklärt.

Sommer am Schwabinger Bach im Englischen Garten. Foto 1981.

Steuerlich stets gut beraten

Sechs Partner betreuen als Rechtsnachfolger der Steuerkanzlei Klaus Steinbach Mandanten national und international auf allen Gebieten der Betriebs-, Unternehmens-, Rechts- und Steuerberatung.

„Wer die Pflicht hat, Steuern zu zahlen, hat auch das Recht, Steuern zu sparen." Diese Aussage eines ehemaligen Bundeskanzlers war Motivation für Klaus Steinbach, Gründer und Seniorpartner der Steuerkanzlei Steinbach und Partner GmbH, sich nach dem erfolgreichen Berufseintritt selbstständig zu machen und am 1. Juli 1978 eine Ein-Mann-Steuerkanzlei in München-Schwabing, zunächst als Untermieter bei einem befreundeten Architekten, zu eröffnen.

Obwohl der Konkurrenzkampf in den freien Berufen in der lebenswerten Metropole München schon immer hart war, gelang es dem gebürtigen Schwaben Klaus Steinbach aus dem Großraum Stuttgart in relativ kurzer Zeit, seine Steuerkanzlei zu etablieren und durch qualifizierte Kollegen und Mitarbeiter aufzustocken. Ein steter Expansionskurs machte mehrere Umzüge in jeweils größere Räumlichkeiten erforderlich: Im Oktober 1980 zog die Kanzlei nach Sendling, von dort 1982 in das Waldfriedhofsviertel und im November 1985 nach München-Westend. Dieser neue Standort war mit über 600 qm Bürofläche für die nächsten Jahrzehnte ausreichend dimensioniert. Nach weiteren 25 Jahren mit inzwischen 26 Mitarbeitern wurden 2010 verkehrsgünstig in City-Nähe die heutigen repräsentativen Kanzleiräume in der Elsenheimerstraße 65 in München angemietet.

Die Steuerkanzlei Steinbach und Partner GmbH, überregional mit Schwerpunkt in Bayern und Baden-Württemberg tätig, hat sich auf die Betreuung kleiner und mittlerer Unternehmen sowie anspruchsvoller Privatpersonen spezialisiert. Da das deutsche Steuerrecht sehr kompliziert ist, hat Kanzleigründer Klaus Steinbach größten Wert auf qualifizierte Mitarbeiter gelegt, die sich kontinuierlich fortbilden. So ist es gelungen, in den 36 Jahren des Bestehens der Kanzlei ein motiviertes Team aus langjährigen Mitarbeitern zu schmieden, das den Mandanten Kontinuität in der Beratung bietet. Dass regelmäßig Auszubildende neu für den Beruf des Steuerfachangestellten begeistert werden, zeigt, dass man auch die Zukunft stets im Blick hat.

Heute betreuen sechs Partner als Rechtsnachfolger der Steuerkanzlei Klaus Steinbach Mandanten national und international auf allen Gebieten der Betriebs-, Unternehmens-, Rechts- und Steuerberatung. Aus der Ein-Mann-Steuerkanzlei in München-Schwabing hat sich ein Münchner Vorzeigeunternehmen entwickelt.

Seit 2010 berät die Steuerkanzlei Steinbach und Partner GmbH ihre Mandanten in ihren repräsentativen Kanzleiräumen in der Elsenheimerstraße 65 in 80687 München. Quellen: Steuerkanzlei Steinbach und Partner GmbH.

Von der Klassik zur Moderne

Die Münchner Gesellschaft für Stadterneuerung mbH (MGS) wurde 1979 von der Landeshauptstadt München gegründet, um treuhänderisch Sanierungen vorzubereiten und durchzuführen.

Bereits 1976 waren die Planungen für die Stadtteilsanierung Haidhausen begonnen worden, geprägt vom Vorrang der erhaltenden Erneuerung gegenüber einer Flächensanierung. Rechtzeitig wurden die Weichen in diese Richtung gestellt, sodass viel Historisches erhalten werden konnte, ebenso ein Nebeneinander von Wohnen und Gewerbe. So konnte die MGS ein Viertel prägen, in dem sich Menschen wohlfühlen und bleiben.

Einen wichtigen Wandel erlebte die MGS 2007 im Konzernschluss mit der GWG München. Seitdem Projektgesellschaft der GWG München.

Die Schwerpunkte der MGS verlagerten sich von der klassischen Sanierung hin zum modernen Dienstleistungsanbieter im Bereich Stadterneuerung und Städtebauförderung.

Heute ist die Bautätigkeit nur ein Standbein der MGS. Die Leistungsbereiche als Sanierungstreuhänderin der LHM reichen von der Vorbereitung und Durchführung von Untersuchungen, Projektentwicklung und Steuerung, Öffentlichkeitsarbeit, Durchführung, Sanierung, energetischer Stadterneuerung, Quartiers- und Geschäftsstraßenmanagement bis hin zu Leerstands- und Flächenmanagement. Im Konzern GWG München übernimmt die MGS Projektmanagement- und Baubetreuungsleistungen. Die Betreuungsmaßnahmen umfassen dabei jeweils die wirtschaftliche und technische Baubetreuung.

Ein besonderes Augenmerk liegt auf dem Bereich „E" – Energie. Hinter dem geheimnisvoll leuchtenden Buchstaben „E" verbirgt sich ein vielfältiges Angebot von Bürgerinformation und Energieberatung, diversen Aktionen wie zum Beispiel einer „Energiewoche" bis hin zu einer Reihe von Fach- und Informationsvorträgen. Ziel ist es, das Thema Energieeffizienz im Stadtteil zu verorten, das Interesse bei den Bürgerinnen und Bürgern zu stärken und sie mit Tatkraft und Fachwissen dabei zu unterstützen, Energieverbrauch und -kosten möglichst gering zu halten und damit den CO_2-Ausstoß aktiv zu verringern.

Heute umfasst der Tätigkeitsbereich sieben förmlich festgelegte Sanierungsgebiete gemäß § 142 BauGB: Westend, Petuelring, Soziale Stadt Innsbrucker Ring/Baumkirchner Straße, Soziale Stadt Tegernseer Landstraße/Chiemgaustraße, Aktive Zentren Pasing, Aktive Zentren Trudering, Aktive Zentren Neuaubing-Westkreuz.

Dialog, Abstimmung und Konsensbildung sind wesentliche Aspekte einer nachhaltigen Stadtentwicklung. Unterschiedliche Interessen müssen hierbei sinnvoll zu einer langfristig tragfähigen Strategie zusammengeführt werden. Die MGS will durch Handeln dazu beitragen, dass das München der Zukunft ein Ort für Menschen als Standort für Wirtschaft, Kultur, Wohnen, Arbeiten und Leben mit umweltbewusstem Umgang mit Energie bleibt.

München-Westend, Wohn- und Geschäftshaus in der Landsberger/Holzapfelstraße (Innenbereich).

Informationsbüro Aktive Zentren, Limesstraße, Neuaubing. Quellen: MGS.

Neue Museen

1981 fand die (Wieder-)Eröffnung der von Alexander von Branca im postmodernen Stil entworfenen, neu erbauten Neuen Pinakothek durch Ministerpräsident Franz Josef Strauß statt. Das beeindruckende Gebäude zeigt Malerei des 19. und 20. Jahrhunderts.

Es folgte als Neubau auf diesem Kunstareal 2002 die Pinakothek der Moderne (mit der Sammlung Moderne Kunst, dem Staatlichen Museum für angewandte Kunst, dem Architekturmuseum der TU und der Staatlichen Graphischen Sammlung) in einem Gebäude von Stephan Braunfels.

2009 wurde daneben die Sammlung Brandhorst für Kunst der Gegenwart nach Plänen von Sauerbruch Hutton errichtet. Auffällig ist die bunte, in insgesamt 23 verschiedenen Farben gestaltete Fassade, die aus drei unterschiedlichen Farbfamilien besteht. Insgesamt 36.000 vierkantige, vertikal angebrachte Keramikstäbe sind mit etwas Abstand voneinander vor den Betonwänden angebracht. Je nach Betrachtungswinkel und Entfernung ergeben sich für den Betrachter unterschiedliche optische Eindrücke.

Schrittweise erfolgten umfangreiche Renovierungen und Umgestaltungen (Nationalmuseum, Lenbachhaus, Stadtmuseum) und sogar Neubauten (Ägyptisches Museum, Jüdisches Museum, NS-Dokumentationszentrum) auch von anderen staatlichen und städtischen Museen.

Das Thema Kunst fand besonders im Zusammenhang mit Geld öffentliches Interesse. Großen Wirbel gab es 1979 um den Ankauf der Installation „Zeige Deine Wunde" von Joseph Beuys für die Städtische Galerie im Lenbachhaus. Der Sammler Christof Engelhorn hatte das Objekt für 270.000 DM erworben und überließ es der Galerie für 135.000 DM. Die Rechtsaufsicht entschied, dass die Landeshauptstadt „ihren freien Ermessensspielraum nicht überschritten hat." Das bedeutungsschwangere Spätwerk des Künstlers ist seitdem eines der zentralen Exponate des Museums.

Seit den 1980er-Jahren veranstalten auch private Träger wie die „Hypo-Kunsthalle" viel beachtete Ausstellungen. Auch das Haus der Kunst, Galerien und die große Kunstakademie bieten einen Nährboden für moderne Kunst in der Stadt.

Die bemerkenswerte Fassade des Gebäudes der Sammlung Brandhorst. Foto 2014.

Die Pinakothek der Moderne. Foto 2014.

Die Grünen kommen

Demonstration auf dem Marienplatz. Foto um 1984.

Nach einigen Jahren aktiver Arbeit an der Basis seiner Partei kandidierte Georg Kronawitter bei der Oberbürgermeisterwahl 1984 wieder für die SPD und wurde in einer Stichwahl mit 58,1 Prozent gegen Erich Kiesl erneut Oberbürgermeister. Die CSU und die SPD erhielten je 35 Stadtratsmandate, die (erstmals angetretenen) Grünen 6 und die FDP 4. In einer Art großer Koalition, „Allianz der Vernunft", wurden Winfried Zehetmeier (CSU) Zweiter und der bisherige Kreisverwaltungsreferent Klaus Hahnzog (SPD) Dritter Bürgermeister. Mit den schwierigen Mehrheitsverhältnissen bemühte man sich, eine Politik der Konsolidierung zu betreiben. Bei der Wahl der Referenten und bei Sachentscheidungen gelang es dem CSU-Fraktionsvorsitzenden Walter Zöller zeitweise mithilfe eines 1987 aus der SPD ausgetretenen Paares, der sogenannten „Sofafraktion", eine Mehrheit zu bilden. So wurde Hans-Peter Uhl (CSU) gegen Christian Ude (SPD) zum Kreisverwaltungsreferenten gewählt.

Wegen des Wohnungsmangels war mit der Sanierung und Weiterverwertung von Altbauten viel Geld zu verdienen. Dazu gab es vielfältige Demonstrationen von Betroffenen. Ein Beispiel von Mietervertreibung schilderte Thomas Münster in einem Artikel der SZ am 29. Dezember 1984. Für ein Mietshaus in der Isarvorstadt hatte ein neuer Eigentümer eine Hausbesitzergesellschaft gegründet und versuchte mit der Begründung, zwischen dieser und den hier noch wohnenden Mietern bestehe kein Vertragsverhältnis, diesen binnen eines Monats zu kündigen. Dies hielt vor Gericht nicht stand und der Vermieter suchte nach anderen Wegen, um Entmietung, Totalsanierung und Aufteilung in Eigentumswohnungen zu erreichen. Um die Mieter zu vertreiben, ließ er ins Erdgeschoss Obdachlose einziehen und in den ersten Stock einen Freund, der viermal Feuer legte und dann als Hausmeister eingesetzt wurde. Der Besitzer terrorisierte die Mieter und erteilte einer Firma den Auftrag, für die Entmietung zu sorgen. Dieser inserierte in der Zeitung Wohnungen im Haus als „preisgünstige Übungsräume für Musiker" und vermietete sie unter der Bedingung, „Hauptsache, dass es zu jeder Stunde und aus jeder Ecke heraus und mit voller Lautstärke tönt – und zu Weihnachten sowieso". Rechtsanwalt der Mieter war Christian Ude. Um über die Weihnachtsferien die Ruhe im Haus zu sichern, ließ er Freunde und Kollegen für eine angebliche Jazzgruppe „Lodgers' friend" (Mieterfreunde) und eine ebenso fiktive Hardrockgruppe „Eternal repose" (Ewige Ruhe) Wohnungen anmieten und wartete gespannt auf eine Kündigung wegen „unterlassener Ruhestörung".

1990 wurde Georg Kronawitter mit 61,2 Prozent gegen den Pressesprecher der Bundesregierung Hans Klein (CSU) als Oberbürgermeister wiedergewählt und die SPD erhielt die meisten Stimmen bei der Stadtratswahl. Eine „Koalition" von SPD (36), Grünen (7) und dem Oberbürgermeister gestaltete nun die Stadtpolitik. Die CSU erhielt 26 Sitze, die Republikaner 6 und die FDP 4, einen Stadtrat stellte die Umweltschutzliste „David gegen Goliath". Zweiter Bürgermeister wurde der Rechtsanwalt Christian Ude (SPD), Dritter Bürgermeisterin mit Sabine Csampai von den Grünen erstmals eine Frau. Wie schon in den Amtsperioden zuvor war der Münchner Stadtrat das Gremium einer deutschen Großstadt mit dem höchsten Anteil an weiblichen Mitgliedern. Mit Christiane Thalgott als Stadtbaurätin wurde 1992 auf die Referentenbank erstmals eine Frau gewählt, der bald weitere folgten.

Die neue Mehrheit bemühte sich um andere Akzente im sozialen, ökologischen und kulturellen Bereich. Die Finanzmisere, die sich im Zuge von Einheit und Solidarpakt verschärfte, ließ hier allerdings wenig Spielräume zu. Der Versuch einer Stärkung der Rechte der Bezirksausschüsse auf Stadtviertelebene, der eine Neueinteilung der Stadtbezirke vorausging, scheiterte 1992 am Bayerischen Landtag.

Familienunternehmen im Fokus

Standort Schönfeldstraße (1986–1996).

Standort Königinstraße (1996–2007).

Aktueller Standort Nymphenburger Straße 21.

Nicht die Großindustrie bildet den Wachstumsmotor der deutschen Wirtschaft, es sind die zahlreichen Familienunternehmen im Mittelstand, denen diese wichtige Rolle zukommt. Sie sind nicht nur die größten Steuerzahler, sondern schaffen auch überproportional viele Arbeits- und Ausbildungsplätze und treiben Innovationen voran – eine wichtige Voraussetzung für ihre Wettbewerbsfähigkeit. Nicht von ungefähr stammen die meisten Patentanmeldungen von Familienunternehmen.

Mit diesen Unternehmen zu arbeiten hat sich die Dr. Wieselhuber & Partner GmbH (W&P) mit ihrer Gründung im Jahr 1986, vor nunmehr über 25 Jahren, zur Aufgabe gemacht – mit dem Anspruch, deren Wettbewerbsfähigkeit, Ertragskraft und Unternehmenswert nachhaltig und dauerhaft zu steigern.

Die vielschichtige Erfüllung dieser Aufgabe hat W&P in Deutschland zu einer der bedeutendsten Beratungen für inhabergeführte Familienunternehmen gemacht. Neben der Unterstützung auf den Gebieten der Strategie und Innovation, Führung und Organisation, Marketing und Vertrieb sowie Operations eröffnet W&P Unternehmen durch Restrukturierung und gegebenenfalls Finanzierung auch neue Perspektiven aus der Krise heraus. Die Nachfrage ist groß – mehr als 500 Unternehmen haben W&P in den vergangenen Jahrzehnten zurate gezogen.

Mit Veranstaltungen wie der Branchenwerkstatt, dem Unternehmer-Salon oder Unternehmer-Forum bietet W&P den Anliegen der Unternehmer ein Podium. Des Weiteren gibt W&P seine Erfahrungen in Veröffentlichungen weiter, stellt Referenten bei Management-Veranstaltungen zum Themenfeld „Familienunternehmen und Mittelstand" und vertritt die Unternehmerschaft des Mittelstandes gegenüber der Politik.

Der Gründer des Beratungsunternehmens, Prof. Dr. Norbert Wieselhuber, hat sich parallel zu seiner Beratungstätigkeit auch stets in Wissenschaft und Lehre engagiert. Nach einer Lehre zum Industriekaufmann und dem Erwerb des Diplom-Betriebswirts (FH) an der FH München und des Dipl.-Kfm an der Ludwig-Maximilians-Universität (LMU) München promovierte er an der LMU zum Dr. rer. pol. Nach Lehraufträgen u. a. an diesen beiden Hochschulen wurde er 2005 zum Honorarprofessor

München im Spiegel der Zeit 259

für Unternehmensberatung und Unternehmensführung an die FH München berufen. Für seine Verdienste um den deutschen Mittelstand erhielt er 2010 das Bundesverdienstkreuz.

Parallel zu seiner akademischen Karriere behielt er auch stets das Wachstum seines Beratungsunternehmens im Auge. Drei Jahre nach dessen Gründung rief er 1989 das Unternehmer-Forum als Diskussionsplattform für Familienunternehmen ins Leben. 1992 erschien die erste Ausgabe der W&P-Kundenzeitschrift, bis heute eine wichtige Publikation zu aktuellen betriebswirtschaftlichen und branchenseitigen Herausforderungen. Nach dem Fall des Eisernen Vorhanges engagierte Prof. Wieselhuber sich in Osteuropa und gründete mehrere Gesellschaften mit dem Ziel des Transfers von unternehmerischem Know-how.

In seinem Beratungsunternehmen kamen neue Partner hinzu, die neue Leistungsfelder erschlossen. Ausgerichtet auf die Bedürfnisse ihrer Zeit, lässt sich an deren Themen ein Stück Wirtschaftsgeschichte des späten 20. Jahrhunderts ablesen: 1994 war es die Sanierung, 1995 die Begleitung von Börsengängen und im Jahr 2000 die Markenbewertung. In jüngerer Zeit folgten das Gesellschaftermanagement, 2011 das Patent- und 2012 das Interimsmanagement.

Stets ist W&P auch in wichtigen gesellschaftlichen Belangen sozial engagiert, u. a. als Sponsor des Dr. von Haunerschen Kinderspitals München, des Vereins „Lichtblick Hasenbergl" oder der Kindertafel München. Im Rahmen des Fördervereins der Stiftung der Deutschen Wirtschaft werden Jugendliche und junge Erwachsene beim Start ins Berufsleben unterstützt. W&P trat auch als Initialinvestor des Bildungsfonds Career Concepts auf, der besonders guten Studenten studienbezogene Kosten sowie Auslandsaufenthalte und Praktika finanziert. Dass das Engagement von W&P nicht bei wirtschaftlichen Themen aufhört, zeigt sich bei seinem Einsatz als Kosponsor des Toleranzpreises der Evangelischen Akademie Tutzing und als Kuratoriumsmitglied der Eugen-Biser-Stiftung e. V., die sich für den Dialog aus christlichem Ursprung mit anderen Religionen einsetzt.

Standardwerk für Unternehmer.

Das Kursbuch von W&P.

Unternehmer unter sich auf dem „W&P-Unternehmer-Forum Spitzenleistungen".

Prof. Dr. Wieselhuber (Mitte) mit W&P-Geschäftsführern Dr. Emmrich (links) und Dr. Stadlbauer (rechts). Quellen: Dr. Wieselhuber & Partner GmbH.

Die Welle des Eisbachs am Eingang des Englischen Gartens an der Prinzregentenstraße entwickelt sich immer mehr zum Publikumsmagneten. Hier stehen die Surfer(innen) Schlange und begeistern dann mit ihrem Können die Zusehenden. Fotos 2014.

1989 Gründung der Wipper Buero-Design GmbH

Büromöbel für München

Über 20 Jahre war Josef Wipper bei führenden Herstellern für Büro- und Objektmöbel erfolgreich tätig, bis er zusammen mit seiner Ehefrau Michaela im Jahr 1989 die „Wipper Buero-Design Bürogestaltung und Objekteinrichtungen" in München gründete.

Von der Analyse über die Planung bis hin zur Realisation, und das mit dem höchsten Anspruch an Qualität und Leistung, das sind die Garanten der erfolgreichen Arbeit der Wipper Buero-Design am Markt.

Optimale Kostenstruktur, gepaart mit Ästhetik und Funktionalität, ist das Erfolgsrezept für jahrelang zufriedene Kunden.

Mit 25 Mitarbeitern, von denen einige bereits seit mehr als 20 Jahren bei Wipper Buero-Design beschäftigt sind, gestaltet die Firma den Lebensraum Büro nach den Wünschen und der Individualität unserer Kunden.

Seit 1989 hat sich die Wipper Buero-Design zu einem der führenden Büro- und Objekteinrichter in München, Bayern und auch im europäischen Raum entwickelt.

Unter anderem zählen zum großen Kundenstamm von Wipper Buero-Design renommierte Institutionen und Unternehmen wie das Europäische Patentamt, die Landeshauptstadt München, mehrere bayerische Landesministerien, die bayerische Landesvertretung in Brüssel, die TÜV Süd AG, Rodenstock, HypoVereinsbank, EADS, Eurofighter um nur einige zu nennen.

Mit dem umfangreichen und vielfältigen Produktportfolio der führenden europäischen Büro- und Sitzmöbelhersteller, präsentiert auf 1.000 qm Ausstellungsfläche und mit einer angeschlossenen Großschreinerei, gestaltet Wipper Buero-Design den Lebensraum Büro nach den individuellen Wünschen seiner Kunden.

Im neu gestalteten Ergonomie-Center findet sich für jeden nach neusten medizinischen und ergonomischen Erkenntnissen der richtige Drehstuhl, gepaart mit fundierter ausführlicher Beratung durch geschultes Fachpersonal.

Sorgsam gestaltete Büroräume sind Teil der Unternehmenskultur. Quellen: Wipper Buero-Design GmbH.

Michaela Wipper-Burckhardt.

Josef Wipper.

BIP – Ihr zuverlässiger Projektpartner

Das Unternehmen „BIP GmbH – Ingenieurgesellschaft für das Bauwesen" wurde 1989 in München gegründet und hat sich von Anbeginn an kontinuierlich weiterentwickelt. So wuchs die Bürostruktur von 1989 bis 2014 beständig auf derzeit 40 Mitarbeiter, die von den beiden Hauptstandorten München und Berlin aus mit ihrem fachübergreifenden Wissen bundesweit tätig sind.

Auch das angebotene Leistungsspektrum von BIP konnte stetig erweitert werden. Heute zählen zu

oben: Das erste Projekt von BIP: Die Hauptverwaltung der Munich Re in der Leopoldstraße mit dem „Walking Man" von Jonathan Borofsky. Quelle: BIP.

rechts: Neubau eines Büro- und Verwaltungsgebäudes mit Tiefgarage MK 2, Arnulfpark, München. Quelle: TIEDTKE MENZEL GMBH.

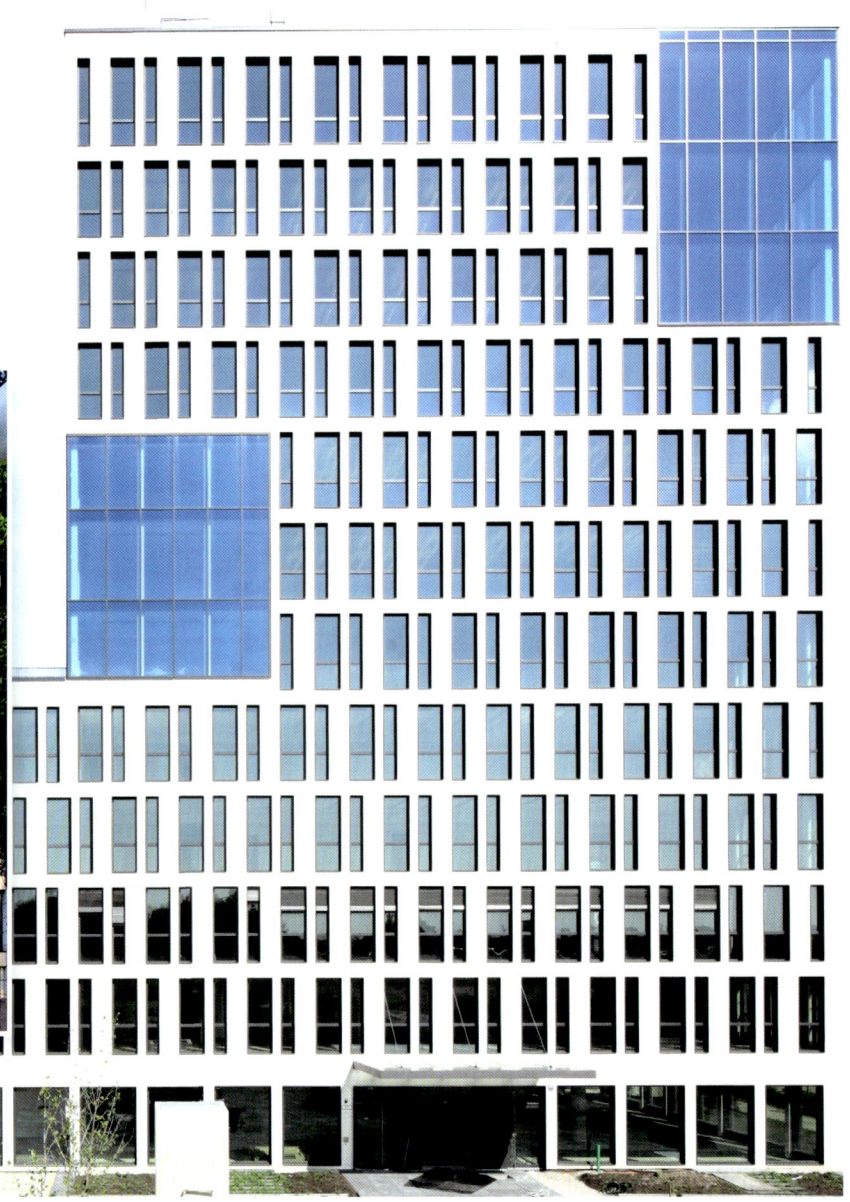

München im Spiegel der Zeit 263

Zwei Münchner Bauten, an deren Renovierung bzw. Entstehung BIP mitgewirkt hat: das Deutsche Theater (links) und das Berufsbildungszentrum Simon-Knoll-Platz (rechts). Quellen: BIP.

den Kernkompetenzen Leistungen wie Baumanagement, Projektsteuerung, Logistikplanung, Leistungen zum vorbeugenden Brandschutz, Bauunterhaltsleistungen oder auch Generalplanerleistungen.

Die zahlreichen erfolgreich abgeschlossenen Projekte bilden den soliden Grundstein der Tätigkeiten von BIP. Dabei profitieren Geschäftspartner und Kunden von den langjährigen Erfahrungen, die BIP in den verschiedensten Bereichen aufbieten kann.

Das erste Projekt der BIP war die Hauptverwaltung der Munich Re in der Leopoldstraße, bekannt durch den „Walking Man" von Jonathan Borofsky. Seitdem hat BIP das Erscheinungsbild Münchens und anderer Städte aktiv mitgeprägt. Beispiele sind die Baustellenlogistik für den Neubau Satellitenterminal am Flughafen München oder die Objektüberwachung Nutzungsänderung Leopoldstraße 208. Ab 2013 übernahm die BIP die Bauleitung des Deutschen Theaters München unter dpa und im Weiteren unter der direkten Beauftragung des Bauherrn. Darüber hinaus war BIP auch in Berlin mit der Objektüberwachung Neu- und Umbau BIKINI Berlin und Zoopalast befasst.

Die BIP versteht sich sowohl als zuverlässiger Projektteampartner, der in allen Bauphasen problemlösungsorientiert agiert, als auch als Treuhänder des Auftraggebers, der mit einem hochqualifizierten Team dessen Zielvorstellungen verwirklicht.

Die Entstehung eines Gebäudes ist keine Leistung Einzelner. Vielmehr ist die Realisierung eines Objektes ein komplexes Zusammenspiel verschiedenster Projektteampartner, ähnlich dem Zusammenspiel in einem Orchester. Nur wenn die Leistung des Einzelnen stimmig ist, wird das Gesamtergebnis von optimalem Erfolg gekrönt.

Die BIP zeichnet sich durch eine flache Hierarchie aus. Hierdurch kann sich die Geschäftsleitung aktiv in alle Projekte einbringen. Dies gilt besonders in der Startphase zur Aufsetzung und Strukturierung der Projekte. Alle Aufgaben werden innerhalb der BIP im Sinne des Vieraugenprinzips auf mehrere Personen verteilt, sodass eine redundante Abwicklung gegeben ist.

Die BIP-Gesellschafter Bruno Büttgen, Ellen Wagner-Porsche und Georg Plank. Quelle: BIP.

1989

München besteht aus vielen ehemals eigenständigen Orten. Postkarten um 1900-1930

Kompetenz zählt – Individualität gewinnt

BEITEN BURKHARDT wurde 1990 mit 25 Anwälten in München gegründet. Heute arbeiten weltweit 271 Anwälte, Steuerberater und Wirtschaftsprüfer in der Kanzlei. Die im deutschen und internationalen Wirtschaftsrecht tätige unabhängige Kanzlei berät börsennotierte Aktiengesellschaften und große mittelständische Unternehmen ebenso wie multinationale Konzerne, Stiftungen sowie die öffentliche Hand in allen rechtlichen Fragen, die sich aus unternehmerischer Tätigkeit ergeben.

Der Name BEITEN BURKHARDT steht für qualitativ hochwertige Resultate, die in enger Abstimmung mit dem Mandanten entstehen. Die partnergeführten Teams beraten und begleiten ihre Mandanten individuell und vertrauensvoll und entwickeln gemeinsam mit ihnen maßgeschneiderte Lösungen. Damit garantiert BEITEN BURKHARDT exzellente Rechtsberatung und Service auf höchstem Niveau. Schnelligkeit, Zuverlässigkeit und ständige persönliche Betreuung durch den verantwortlichen Anwalt sind dabei selbstverständlich.

Die Kanzlei berät, begleitet und vertritt ihre Mandanten an fünf Standorten in Deutschland, jeweils zwei Standorten in Russland und China sowie einem Standort in Brüssel, mit Kompetenzzentren für italienisch-deutsche, spanisch-deutsche sowie niederländisch-deutsche Wirtschaftsbeziehungen – und mit einem weltumspannenden Netzwerk erstklassiger Vor-Ort-Kanzleien.

Das Münchner Büro von BEITEN BURKHARDT mit nahezu 90 Berufsträgern besitzt nicht nur internationales Renommee, sondern verfügt ebenfalls über einen exzellenten Ruf. Das Münchner Büro berät umfassend in allen Fragen des individuellen und kollektiven Arbeitsrechts, im Bereich Marken und Patente, bei Vergabeverfahren, bei Gründung, Kauf, Verkauf und Strukturierung von Unternehmen und Beteiligungen, im Kartellrecht und bei Fragen zu Fusionskontrollen, bei Kapitalbeschaffung, bei der Beratung (kritischer) Hauptversammlungen, im Bereich Insolvenz und Sanierung, beim Erwerb, Verkauf und der Nutzung von Immobilien, bei der Gestaltung von Handels- und Lieferverträgen, bei Auseinandersetzungen über Gesellschaftsverträge sowie bei internationalen Schiedsverfahren, zum Beispiel zu Handelsverträgen und Haftungsfragen, bei allen Fragen des Bank-, Finanz- und Versicherungsrechts, bei allen Fragen im Bereich des Energierechts und im Wirtschaftsstrafrecht.

Seit 1990 in München. Quelle: BEITEN BURKHARDT.

Lebensqualität für Mieter

Die Wohnungs- und Siedlungsbau Bayern GmbH & Co OHG (WSB Bayern) ist mit 19.324 eigenen Wohnungen, davon 14.609 in München, 101 gewerblichen Einheiten und 10.202 Stellplätzen und Garagen eines der größten Wohnungsunternehmen. Von diesen Wohnungen sind annähernd 30 Prozent preisgebunden.

Die regionalen Schwerpunkte des Bestandes verteilen sich auf die Standorte München, Haar, Augsburg, Nürnberg, Bayreuth und Fürth.

Die WSB Bayern versteht sich als kundenorientiertes Dienstleistungsunternehmen mit dem Kerngeschäftsfeld der erfolgreichen Vermietung und Bewirtschaftung des eigenen Immobilienbestandes.

Höchstes Ziel der WSB Bayern ist, die Lebensqualität der Menschen durch anspruchsvolle Leistungen für Haus, Wohnung und Wohnumfeld zu verbessern und dadurch eine hohe Wohnqualität zu angemessenen Mietpreisen anbieten zu können. Durch gezielte Maßnahmen soll dem Mieter ermöglicht werden, ein Leben lang in seiner Wohnung zu bleiben.

Das Motto der WSB Bayern ist „Wir vermieten Heimat". Dies haben sich die annähernd 200 fachlich kompetenten Mitarbeiter der Bereiche Be-

Sozialwohnungen am Hasenbergl (Blodigstr./Wellenkampstr.) Foto um 1962. Quelle: Archiv WSB Bayern.

Luftbild Neuperlach um 1970. Quelle: Luftbildverlag Hans Bertram GmbH.

München im Spiegel der Zeit 267

standsverwaltung, Hausverwaltung, Technik und Wirtschaft auf die Fahne geschrieben und leben dies täglich an ihren Wohnanlagen oder im Hauptsitz in der Hansastraße.

Die WSB Bayern hat in den Stadtteilen Giesing, Hasenbergl, Moosach und Perlach Hausverwaltungen mit kundenfreundlichen Sprechzeiten.

Über 90 Hausmeister, die meist auch in ihren Beständen wohnen, sorgen für die technische Überwachung sowie für Ordnung und Sauberkeit der Anlagen. Die Wohnungen sind eingebettet in großzügige Grünanlagen. In den angrenzenden Ladenlokalen erhalten die Bewohner alles für den täglichen Bedarf.

Wir sehen unser Verständnis von Wohnen in mehr als der Vermietung von Wohnraum. Es ist uns wichtig, die unterschiedlichen Bedürfnisse und Kulturen zu erkennen und ein gutes Miteinander zu unterstützen.

So wurde in Perlach ein Nachbarschaftstreff für Jung und Alt eingerichtet und in Moosach sorgt eine außerordentliche Kinderbetreuung für die Integration der Generationen.

Die WSB Bayern hat sich zur Aufgabe gemacht, bezahlbaren Wohnraum in guten Lagen anzubieten.

oben: Gelungene Nachverdichtung in der Blodigstraße.
Quelle: Archiv WSB Bayern.

links: Neuperlach Süd Therese-Giehse-Allee 1/Ecke Helmut-Käutner-Straße.
Quelle: Foto Reiprich.

Eine Erfolgsgeschichte

Begonnen hatte die dynamische Entwicklung des Münchner Flughafens am 17. Mai 1992 mit dem reibungslosen fliegenden Wechsel vom alten Riemer Standort zum neuen Airport, der von der Presse als „Weltklasseleistung" gefeiert wurde. Fast 700 Lkw waren in der Vollmondnacht im Einsatz, um das „Mobiliar" des Flughafens über die rund 30 km lange Fahrstrecke zu befördern.

Zwei Jahre nach Inbetriebnahme des Flughafens wurde das Kempinski Hotel Airport München in unmittelbarer Nähe zum Terminal 1 eröffnet. Mit dem Beginn des Sommerflugplans 1995 stationierte die Deutsche Lufthansa erstmals zwei Großraumflugzeuge vom Typ Airbus A 340 in München, um das Flugangebot nach Asien und über den Nordatlantik auszuweiten. Damit begann der Ausbau des Münchner Airports zur zweiten deutschen Luftverkehrsdrehscheibe, der in den folgenden Jahren kontinuierlich fortgesetzt wurde.

Ein wichtiger Mosaikstein in der Infrastrukturentwicklung war im September 1999 die Eröffnung des München Airport Centers. Das vom Architekten Helmut Jahn entworfene multifunktionale Dienstleistungszentrum besteht aus zwei L-förmigen Gebäudeflügeln mit schrägen Fassaden, die eine 10.000 qm große Forumsfläche umsäumen, über die sich in der Höhe von 41 m ein riesiges Glasmembrandach wölbt. Hier finden regelmäßig Freiluftveranstaltungen wie zum Beispiel Surf-Events, Wintermärkte, Public Viewings etc. statt.

Mit der Inbetriebnahme von Terminal 2 im Juni 2003 nahm die Drehkreuzfunktion des Münchner Flughafens Gestalt an. Das neu konzipierte Abfertigungsgebäude wurde als erstes Joint Venture dieser Art von einem Flughafenbetreiber und einer Airline gemeinsam gebaut, finanziert und betrieben. Die beiden Wachstumspartner, Flughafen München GmbH (FMG) und Deutsche Lufthansa, haben das Gebäude dabei passgenau auf die Anforderungen des Umsteigerverkehrs zugeschnitten.

Der Erfolg des Airports schlug sich in den Folgejahren in der Aufnahme zahlreicher attraktiver neuer Langstre-

Pulsierender Drehkreuzverkehr am Terminal 2 des Münchner Flughafens …

ckenverbindungen ab München nieder. So nahmen allein in der Sommerflugplanperiode 2010 drei renommierte internationale Fluggesellschaften neue Langstreckenverbindungen auf: Singapore Airlines bediente die Strecke Manchester–München–Singapur, All Nippon Airways flog Tokio an und die amerikanische Continental Airlines steuerte Newark bei New York an. Heute werden bereits rund 50 Ziele im Interkontinentalverkehr regelmäßig angeboten.

38,7 Millionen Fluggäste sorgten im Jahr 2013 für einen neuen Rekord. Diese Passagierzahlen korrespondieren mit dem wirtschaftlichen Erfolg. Die FMG erzielte 2013 bei einem Umsatz von knapp 1,2 Milliarden Euro erneut ein positives Jahresergebnis von rund 100 Millionen Euro.

Aufgrund der hohen Passagierzuwächse im Terminal 2 – in zehn Jahren wurden hier rund 250 Millionen Reisende abgefertigt – baut die FMG derzeit gemeinsam mit der Lufthansa einen Satelliten mit 27 Flugzeug-Abstellpositionen, der 2015 fertig sein soll. Die Passagierkapazität steigt dadurch um elf Millionen. Daneben soll auch Terminal 1 modernisiert und um Flächen für Gastronomie und Einzelhandel erweitert werden.

Beim Start- und Landebahnsystem benötigt der Flughafen eine Kapazitätserweiterung, um den steigenden Mobilitätsbedarf auch künftig befriedigen zu können. Eine Entscheidung über den Bau der dritten Start- und Landebahn ist erst zu erwarten, wenn das Bundesverwaltungsgericht über laufende Einsprüche der Kläger entschieden hat.

Der Flughafen München wurde 2014 bei der weltweiten Befragung von 13 Millionen Passagieren durch das unabhängige Luftfahrtforschungsinstitut Skytrax, den „World Airport Awards", bereits zum siebten Mal zum besten Flughafen Europas gekürt. Im weltweiten Ranking erreichte der Airport einen hervorragenden dritten Platz. Eine besondere Auszeichnung gab es für die Mitarbeiter als beste Airport-Crew Europas. Darüber hinaus belegte das bayerische Drehkreuz in den Einzelkategorien „Flughafenrestaurants", „Aufenthaltsqualität und Erlebniswert" sowie „VIP-Terminals" im globalen Vergleich zweite Plätze. Der Studie „Arbeitsplatz Flughafen München" zufolge ist die Anzahl der Beschäftigten am Airport mittlerweile auf weit über 32.000 angewachsen. Statistisch betrachtet entstehen hier täglich zweieinhalb neue Arbeitsplätze.

Die Landeshauptstadt München wird daher auch in den kommenden Jahren in vielerlei Hinsicht von ihrem Airport profitieren.

… im Gegensatz zur Ruhe vor dem ersten Ansturm bei der Eröffnung 1992. Quellen: FMG.

Image und Toleranz

Das Bayerische Armeemuseum, errichtet 1905 im Stil des monumentalen Historismus der italienischen Hochrenaissance von Ludwig Mellinger. Postkarte um 1910.

Nach der 1990 durch die Bürgerbewegung und Wahlen in der DDR erreichten Einheit Deutschlands und dem Beschluss des Bundestages 1991, Berlin wieder zur Hauptstadt Deutschlands zu machen, wurde viel über die neue Stellung Münchens diskutiert. Man befürchtete nicht nur, dass Unternehmen wie Siemens, die nach dem Krieg ihre Hauptverwaltung in die Isarmetropole verlegt hatten, nach Berlin zurückkehren würden. Man sah auch einen drohenden kulturellen Abstieg. In der „Süddeutsche Zeitung" wurde unter der Überschrift „Berlin das Zentrum – München ähnelt einem Bierbauch" ein Artikel aus der schwedischen Zeitung „Dagens Nyheter" aufgegriffen. Hier wurde ein Infarkt Münchens wegen der explodierenden Boden- und Mietpreise vorausgesagt.

Der Freistaat Bayern war um eine sichtbare Repräsentation in seiner Landeshauptstadt München bemüht. Offizieller Sitz des Ministerpräsidenten war das kleine Prinz-Carl-Palais. Von 1984 bis zur Fertigstellung des umstrittenen Bauwerkes im Jahr 1993 gab es Diskussionen über den Neubau der Bayerischen Staatskanzlei am Ostrand des Hofgartens. Den Kritikern erschien die Planung des „Straußoleums" um die Kuppel des 1905 errichteten ehemaligen Armeemuseums, deren Abriss früher diskutiert worden war, herum zu wuchtig. Nach dem Tod von Ministerpräsident Franz Josef Strauß wurde der Umfang des Baus zwar reduziert, fand aber trotzdem keine allgemeine Zustimmung. Die „Süddeutsche Zeitung" titelte zur Eröffnung: „Walhall der Gartenzwerge. Eine Architektur der falschen Gesten".

München im Spiegel der Zeit   271

Ministerpräsident Max Streibl konnte das Gebäude zwar noch einweihen, musste aber wenige Tage darauf zurücktreten, um Edmund Stoiber als seinen Nachfolger einziehen zu lassen.

Im Sommer 1992 kam München auf die Bildschirme in aller Welt. Die Bundesregierung hatte die bayerische Metropole zum repräsentativen Tagungsort des Weltwirtschaftsgipfels der G7 (Regierungschefs und Finanzminister der sieben wichtigsten Industriestaaten der Welt) erkoren. Die Stadt glich über zwei Wochen einem Heerlager. Polizisten aus ganz Deutschland hatten einen schwierigen Einsatz. Seither findet jährlich die internationale „Wehrkundetagung", jetzt „Münchner Sicherheitskonferenz", mit den Mächtigen der Welt im Hotel „Bayerischer Hof" statt. Demonstranten, die 1992 Kritik äußern wollten, wurden eingekesselt und inhaftiert. Sie mussten allerdings noch am selben Tag wieder freigelassen werden, da sie keine strafbaren Handlungen begangen hatten. Das von Innenminister Edmund Stoiber angeordnete Vorgehen wurde von Ministerpräsident Max Streibl mit dem legendären Hinweis auf die „bayerische Art" gerechtfertigt.

Ein deutschland-, ja weltweit positives Aufsehen erregte München am 6. Dezember 1992. Geschockt durch ausländerfeindliche Ausschreitungen in Deutschland organisierten viele Freiwillige auf Initiative von Gil Bachrach, Giovanni di Lorenzo, Christoph Fisser und Chris Häberlein eine Lichterkette. Unter dem Motto „München – eine Stadt sagt nein" gingen in der Stadt etwa 400.000 Menschen mit Lichtern auf die Straße, um ihre Solidarität mit ausländischen Mitbürgern zu zeigen. In vielen anderen Städten in Europa folgten Menschen in den nächsten Wochen diesem Beispiel. Das politische Klima verbesserte sich durch diese Geste der sonst schweigenden Mehrheit zusehends.

Die Bayerische Staatskanzlei vom Hofgarten aus, errichtet 1993 um die Kuppel des alten Armeemuseums von den Architekten Diethard J. Siegert und Reto Gansser. Foto 2014.

Überall Spitze

Nachdem Georg Kronawitter im Alter von 65 Jahren in der Mitte der Wahlperiode als Oberbürgermeister zurückgetreten war, wurde 1993 der Sozialdemokrat Christian Ude, seit 1990 bereits Zweiter Bürgermeister, zu seinem Nachfolger gewählt. Er erhielt 52,4 Prozent der Stimmen, Peter Gauweiler (CSU) 43,7 Prozent. Als Zweite Bürgermeisterin wählte anschließend die Stadtratsmehrheit die Philologin Gertraud Burkert, die 2013 von der Stadt die Ehrenbürgerwürde verliehen bekam.

Christian Ude wurde in München als Sohn des Kulturjournalisten Karl Ude geboren.

Nach dem Abitur am Oskar-von-Miller-Gymnasium war er als Journalist bei der „Süddeutschen Zeitung" tätig und ehrenamtlicher Pressesprecher der Münchner SPD. Einem Jurastudium folgte 1978 eine Tätigkeit als Rechtsanwalt mit dem Spezialgebiet Mieterschutz, bevor er 1990 Zweiter Bürgermeister wurde.

Bei der nächsten turnusmäßigen Kommunalwahl 1996 wurde der Oberbürgermeister mit 60,3 Prozent gegen Aribert Wolf (CSU) mit 30,5 Prozent im Amt bestätigt und auch die SPD erhielt wieder die meisten Stimmen. Das Bündnis mit den Grünen wurde fortgesetzt und Hep Monatzeder (Bündnis 90/Die Grünen) zum Dritten Bürgermeister gewählt.

Bei den folgenden Wahlen konnte „Bürgerkönig" Ude seine Prozente gegen wechselnde Gegenkandidaten noch steigern. Er wurde 1999 mit 61,2 Prozent, 2002 mit 64,5 Prozent und 2008 mit 66,7 Prozent wiedergewählt. Udes Amtszeit sollte die bisher längste und erfolgreichste eines demokratisch gewählten Oberbürgermeisters von München werden. Die Stadt wurde Spitzenreiter in allen Erfolgsstatistiken. Schwerpunkt der Rathausarbeit waren Wirtschaftsförderung, Umweltpolitik, Gleichstellung und Aufarbeitung der Vergangenheit als „Hauptstadt der Bewegung".

Bei der Kommunalwahl 2002 erhielt die SPD 35 Stadtratssitze, die CSU 30, Bündnis 90/Die Grünen zusammen mit der Rosa Liste 9, die FDP 3 und kleine Gruppierungen (ÖDP, PDS, REP) je 1. Die konservativ ausgerichtete Münchner CSU war zerstritten und hatte nacheinander mehrere Bewerber um den Chefsessel im Rathaus demontiert. Auch nach der Kommunalwahl gingen die Zwistigkeiten weiter, bis vor Gerichte.

2004 wurde Christian Ude auch Präsident des Deutschen Städtetages, eine einflussreiche Position, die auch München zugutekam. Zur Nachfolgerin der aus Gesundheitsgründen zurückgetretenen Zweiten Bürgermeisterin Gertraud Burkert wurde 2005 Christine Strobl (SPD) gewählt.

Der frisch gewählte Oberbürgermeister Christian Ude überreicht Ministerpräsident Edmund Stoiber nach seinem ersten Anzapfen auf dem Oktoberfest den ersten Maßkrug. Foto 1993.

Verbindung von Tradition und Zeitgeist

Bereits auf den Beginn des 19. Jahrhunderts geht der Gasthof Waldwirtschaft mit Biergarten in Großhesselohe an der Isar zurück, den Sepp Krätz mit seinem Motto „Leben und leben lassen!" 1981 übernahm und zu einem beliebten Treffpunkt bayerischer Lebensart für alle Generationen weiterentwickelte. Ein wichtiger kultureller Beitrag ist die tägliche Jazz-Livemusik. Die Waldwirtschaft wurde 1995 der Ausgangspunkt der Münchner Biergartenrevolution, die die Staatsregierung veranlasste, die Bayerische Biergartenverordnung zu erlassen. Diese regelt, dass für Biergärten, in denen die Erlaubnis nach althergebrachter Tradition, seine Speisen selbst mitzubringen und nur die Getränke beim Wirt zu erwerben, besteht, die Sperrstunde erst um 23 Uhr beginnt.

Die Gaststätte „Andechser am Dom" verbindet seit der Übernahme durch Sepp Krätz 1994 gemütliche altbayerische Tradition mit dem Zeitgeist der Postmoderne. Urige Kellergewölbe mit dezenten Anspielungen auf die Beziehung zum Kloster und alte Sollnhofer Bodenplatten des Münchner Armeemuseums werden hier mit Deckengemälden des zeitgenössischen Künstlers Rainer Maria Latzke kombiniert. Der typisch bayerische Spagat zwischen Tradition und Moderne wird souverän gemeistert. Diese besondere Atmosphäre prägt der Gründer.

Das renommierte Fachblatt „Feinschmecker" kürte den Andechser zu einem der 200 besten Restaurants Deutschlands. Die Speisen der Gaststätte, die im Inneren für 100 Personen Sitzplätze bietet (70 im Erdgeschoss und 30 in der Domherrenstube im Keller), sind gut bayerisch mit einer gewissen pfiffigen, frischen Note, was miteinander kombiniert die Einzigartigkeit der Küche erklärt. Von den Suppen über die Brotzeiten mit Würsten und Schmankerln bis zu den Nachspeisen ist alles vom Feinsten, um die Gäste zufrieden zu stimmen.

Das ausgeschenkte Bier stammt hier ausschließlich aus der Brauerei des Klosters Andechs, welches – 1455 gegründet – auf eine lange Tradition zurückblicken kann. Da das Andechser Bier nur aus heimischen Zutaten hergestellt wird (bayerische Malze und der überall hochgeschätzte Hallertauer Aromahopfen), ist es ein Originalprodukt von höchster Qualität. Alle hier erhältlichen Biere, Andechser Hell, Spezial Hell, Doppelbock Dunkel, Weißbier Hell und Dunkel, sind frisch aus dem Fass. Alle Sorten in der Flasche stehen auch zum Verkauf in der Geschenkverpackung bereit.

Waldwirtschaft.

Stefanie Krätz (die Wirtin) als Münchner Kindl.

Innenansicht des Andechser mit Deckengemälde. Quellen: Andechser.

Stadtviertel, Bezirksausschüsse und Lokalbewusstsein

Nach einem Volksentscheid auf Landesebene und einer Neueinteilung der schließlich 25 Stadtbezirke konnten die Bezirksausschüsse 1996 nach dem bayerischen Wahlrecht direkt gewählt werden. Diesen seit 1946 bestehenden Stadtbezirksparlamenten wurden nun verstärkt Aufgaben übertragen, die vor Ort zu lösen waren. Dadurch wurden die Dezentralität und das Lokalbewusstsein in der Stadt gefördert.

Wie alle großen deutschen Städte besteht auch München aus ehemaligen Gemeinden, die heute Stadtteile sind. Diese haben teilweise noch ein kräftiges Eigenleben und die Identität innerhalb der Stadt orientiert sich an ihnen als engerer Heimat. Bis 1854 bestand die königliche Landeshaupt- und Residenzstadt München nur aus dem vom Burgfrieden umschlossenen Gebiet links der Isar von 1.600 ha, das etwa den heutigen Stadtbezirken 1 (Altstadt-Lehel), 2 (Ludwigsvorstadt-Isarvorstadt) und 3 (Maxvorstadt) entspricht. Ursprünglich lagen auf dem restlichen Areal der Stadt über 29 verschiedene Städte und Gemeinden. Die Eingemeindungen geschahen kontinuierlich ab 1854, als Au, Haidhausen und Giesing zu München geschlagen wurden. Es folgten Ramersdorf (1864), Sendling (1877), Neuhausen und Schwabing (1890), Bogenhausen (1892), Nymphenburg mit Gern (1899), Laim und Thalkirchen (1900), Forstenried (1912), Milbertshofen, Moosach, Berg am Laim und Oberföhring (1913), Daglfing und Perlach (1930), Freimann (1931), Trudering (1932), Riem (1937), Allach, Feldmoching, Großhadern, Ludwigsfeld, Obermenzing, Pasing, Solln und Untermenzing (1938) sowie schließlich Aubing, Langwied und Lochhausen (1942).

Diese Eingemeindungen wurden vollzogen, weil die durch Industrialisierung wachsende Hauptstadt Platz benötigte. Anfangs waren diese Einverleibungen mehr oder weniger freiwillig, da die Umlandgemeinden mit ihren Aufgaben, besonders bei Infrastruktureinrichtungen (Schulen, Verkehrsverbindungen, Kanalisation), überfordert waren und sich durch die hervorragende Münchner Stadtverwaltung eine Lösung ihrer Probleme erhofften. In der NS-Zeit fanden Zwangseingemeindungen statt (z. B. der Industriestadt Pasing), die lange Zeit nicht von allen Betroffenen akzeptiert wurden.

Der Pasinger Marienplatz. Postkarte um 1900.

München im Spiegel der Zeit   275

Seit 1945 gab es in München keine Eingemeindungen mehr. Umlandgemeinden wollen nicht Teil der Landeshauptstadt werden, da sie dann weniger Bürgernähe, Verlust an Identität und eine schlechtere Versorgung befürchten. Den Gemeinden im „Speckgürtel" geht es meist finanziell besser als der Stadt, da sie manche Lasten auf diese abschieben und gleichzeitig deren Vorteile wahrnehmen können.

Der bekannteste Stadtteil Münchens ist Schwabing. Das einstige kleine Dorf im Norden der Stadt wurde seit dem Ende des 16. Jahrhunderts Sitz von Schlössern. Dann begann hier am Anfang des 19. Jahrhunderts mit der Lokomotivfabrik Maffei im Englischen Garten die Industrialisierung Bayerns. Schwabing wurde die erste Arbeitersiedlung. Durch die Errichtung von Universität und Kunstakademie beim Siegestor kam der Wandel zum legendären „Wahnmoching", dem Künstlerdorf, das Genies aus aller Welt anzog. Zwischen der Eingemeindung nach München im Jahr 1890 und dem Ausbruch des Ersten Weltkrieges 1914 erlebte Schwabing einen rasanten Bauboom und wurde zum kulturellen Zentrum Deutschlands.

Da der Name Schwabing gut klingt, reicht sein Geltungsbereich, besonders für die Wohnungsbranche, vom Hauptbahnhof bis zur nördlichen Stadtgrenze. Traditionell glauben so die meisten Bewohner der angrenzenden Maxvorstadt, sie würden in Schwabing leben. Dabei ist die ab 1808 (nach dem weltweit ersten städtebaulichen Wettbewerb) errichtete erste planmäßige Vorstadt das eigentliche kulturelle und politische Zentrum Bayerns, in dem die meisten Ministerien, Hochschulen, Museen, Bibliotheken und Buchläden liegen.

Auf dem Wohnungsmarkt ist der gute Ruf Schwabings besonders gut zu erkennen, da die Immobilienmakler das Gebiet von der Innenstadt bis zur nördlichen Stadtgrenze gerne als Schwabing bezeichnen.

Die meisten Münchner(innen) fühlen sich mit dem Stadtteil, in dem sie leben – gerade in einer Zeit der Entwurzelung und Vereinsamung –, sehr verbunden, daher haben sich in den letzten Jahren zahlreiche örtliche Heimat- und Geschichtsvereine gebildet.

Die Bezirksausschüsse spielen eine immer wichtigere Rolle für das Stadtteilbewusstsein. Sie repräsentieren die Bürgerschaft ihres Viertels und tragen Wünsche aus der Bevölkerung an die Stadtverwaltung weiter. Die Direktwahl und die rechtliche Aufwertung der „Stadtteilparlamente" 1996 förderten die Eigenständigkeit der Stadtbezirke.

Weitere demokratische Elemente in der Stadt sind die in unterschiedlicher Weise gewählten Beiräte mit eigenen Aufgabengebieten: Seniorenbeirat, Ausländerbeirat, Behindertenbeirat, Mieterbeirat.

Die 1906 von Architekt Emmanuel Seidl im Jugendstil errichtete Seidlvilla. Einer Bürgerinitiative gelang es, den geplanten Abriss zu verhindern und eine bürgerschaftliche Nutzung durchzusetzen. Seit 1991 dient das Gebäude als Stadtteilkulturzentrum, wo auch der Bezirksausschuss Schwabing-Freimann tagt. Foto 2003

Gastfreundlich und nachhaltig

Das Ibis München Messe wurde 2002 als erstes Hotel einer Kette in Feldkirchen bei München eröffnet. Es gehört zur Accor Hospitality Germany GmbH und ist ein Tochterunternehmen des französischen Konzerns Accor S.A. mit Hauptsitz in Paris. Accor, mit über 160.000 Mitarbeitenden und 3.500 Hotels in 100 Ländern präsent, ist europäischer Marktführer und weltweit der größte Hotelbetreiber.

Auf dem deutschen Markt ist Accor mit über 300 Hotels der Marken Sofitel, Pullman, MGallery, Novotel, Mercure, SuiteNovotel, Ibis Styles, Ibis und Ibis Budget vertreten. In München befinden sich über 25 Hotels des Konzerns.

Das Ibis München Messe ist Premiumanbieter in der Budgethotellerie und verfügt über 100 Gästezimmer mit kostenfreiem WLAN, einem Restaurant, einer Bar sowie einem Biergarten. Durch den 24-h-Service können rund um die Uhr Speisen und Getränke bestellt werden. Das WLAN kann sowohl im Zimmer als auch im Restaurant kostenlos genutzt werden. Das Hotel befindet sich in einer grünen Umgebung und ist dennoch verkehrsgünstig und zentral gelegen. Die Neue Messe München ist in nur wenigen Minuten mit dem Auto erreichbar.

Das Thema „Nachhaltige Entwicklung" ist für Accor und das Ibis München Messe ein wichtiges Anliegen. Accor setzt sich weltweit schon seit Jahren für die Erhaltung der Natur ein. Seit Juli 2014 hat Accor eine Partnerschaft mit dem Bergwaldprojekt e. V., das heimische Wälder wieder aufforstet. Einmal im Jahr wird gemeinsam mit den Münchner Kolleginnen und Kollegen aus den Hotels und der Hauptverwaltung in Riem der Englische Garten gereinigt.

Das Hotel ist zertifiziert nach ISO 14001 Umweltmanagementnorm und hat sich verpflichtet, besonders nachhaltig zu wirtschaften. Das heißt: Es trennt den Müll, spart Wasser und reduziert den Energieverbrauch.

Das Hotel Ibis Messe München. Quelle: Ibis-Hotel.

Rund um die Uhr können Speisen und Getränke bestellt werden. Quelle: Ibis-Hotel.

Messe München. Quelle: Messe München International.

Effizient und klimaneutral

2004 gründeten die BayernLB und die Flughafen München GmbH gemeinsam eine Facility-Management-Tochter. Der FM-Anbietermarkt war seinerzeit turbulent und geprägt von Übernahmen und Insolvenzen. Mit knapp 120 Mitarbeiterinnen und Mitarbeitern und einem Jahresumsatz von nicht einmal 15 Millionen Euro bestanden die Kernaufgaben in der Übernahme der Bewirtschaftung sämtlicher Liegenschaften der BayernLB, der Erbringung von Facility-Management-Leistungen am Standort Flughafen sowie dem Aufbau des Drittmarktgeschäfts. Diese Mission wurde erfüllt und das Unternehmen erbringt heute mit rund 290 Mitarbeitenden qualifizierte Dienstleistungen in den Geschäftsfeldern Bewirtschaften, Bauen, Beraten und Benchmarking. Ergänzt wird das Leistungsportfolio durch operative und konzeptionelle Sicherheitsdienstleistungen des Tochterunternehmens Bayern Corporate Services GmbH.

Heute zählt das mittelständische Unternehmen zum Kreis der etablierten Komplettdienstleister und behauptet sich mit Erfolg im hart umkämpften Markt. Insgesamt bewirtschaftet der Münchner FM-Anbieter mehr als 3,5 Millionen qm Bruttogeschossfläche und konnte seit Gründung den Umsatz auf 45,9 Millionen Euro verdreifachen. 2011 wurde von der BayernLB die Bayern Corporate Services GmbH (BayernCS) als 100-prozentige Tochtergesellschaft übernommen. Die wohl bedeutendste Beauftragung erfolgte im Jahr 2011 durch die BMW Group für das Gebäudemanagement am gesamten Standort München.

Die in Firmenfarben lackierte BMW Isetta machte sich die BayernFM zum zehnjährigen Bestehen selbst zum Geschenk. Quelle: Stefan Kohlhepp.

Das Thema „Nachhaltigkeit bei Immobilien" ist bei der Bayern Facility Management GmbH sowohl im Leitbild als auch in der Unternehmensstrategie verankert. Entsprechend bietet der FM-Komplettdienstleister ein breites Produktportfolio, das auf die Einsparung von Energiekosten bei gleichzeitiger Reduzierung der Umweltbelastung abzielt. Das Umweltmanagementsystem der BayernFM steht für zeitgemäßen Umweltschutz auf höchstem Niveau. Bereits seit 2005 ist dieses nach EMAS zertifiziert. Dies ermöglicht, verantwortungsvoll mit der Umwelt umzugehen, ohne dabei wirtschaftliche Aspekte zu vernachlässigen. Die BayernFM war erster „klimaneutraler Facility-Management-Dienstleister in Deutschland". Seit 2008 wird der CO_2-Ausstoß in vollem Umfang kompensiert. Anlässlich des Firmenjubiläums beschenkte sich die BayernFM selbst mit einer in Firmenfarben lackierten BMW Isetta. *„Frei nach dem Motto ‚Klein, aber oho' verkörpert die Knutschkugel, wie sie im Volksmund auch gerne genannt wird, gleichzeitig die Werte der BayernFM, nämlich Wendigkeit und Flexibilität, Sympathie, Zuverlässigkeit und Innovation"*, so der Sprecher der Geschäftsführung Stefan Kohlhepp.

Die BayernFM sieht sich dem Allgemeinwohl verpflichtet und unterstützt zahlreiche gesellschaftliche und soziale Projekte. Als Zeichen der sozialen Verantwortung engagiert sie sich u. a. als sogenannter „Mikrokreditsponsor" über die Mittlerplattform KIVA für die Förderung von mehr Selbstständigkeit und Eigenverantwortung in der Dritten Welt.

Keine Hochhäuser, aber spektakuläre Bauten

Hochhäuser gibt es in München, im Vergleich zu anderen Großstädten, nur wenige.

Die Stadtplanung war hier traditionell bei Genehmigungen sehr zurückhaltend. 2003 wurde das Richtfest für das Büro-Hochhaus Uptown München am Georg-Brauchle-Ring in Moosach gefeiert, mit 146 m Höhe das höchste in München. Dieser Bau missfiel vielen Menschen, weil er ihrer Ansicht nach nicht zur Stadt passte. Daher bildete sich eine Initiative, die unter Führung von Alt-OB Georg Kronawitter einen Bürgerentscheid gegen weitere Hochhäuser durchsetzte. Bei einer Wahlbeteiligung von 21,9 Prozent entschieden sich mit 102.000 Stimmberechtigten 50,8 Prozent gegen weitere Hochhäuser über 99 m. Obwohl ein solcher Entscheid nur ein Jahr Bindungskraft hat, war dieser Bürgerwille für den Stadtrat Richtschnur für weitere Entscheidungen.

Bereits 1960 hatte ein Flugzeugabsturz auf das Wiesn-Viertel, bei dem 53 Menschen starben, die Bevölkerung aufgeschreckt. Man beschloss, den Flughafen von Riem wegzuverlegen. Es begann eine lange Standortsuche, die schließlich zum Bau des Großflughafens München „Franz Josef Strauß" zwischen Erding und Freising führte, 40 km vom Stadtzentrum entfernt. Erst 1992 konnte die neue Anlage in Betrieb gehen, die große Teile der Stadt von Fluglärm und Gefahr entlastete.

Da die Anbindung des Flughafens im Erdinger Moos an das öffentliche Verkehrssystem mangelhaft war und auch die erweiterten S-Bahn-Anschlüsse nicht ausreichten, verfolgte die bayerische Staatsregierung den Plan, eine schnelle Verbindung (zehn Minuten) vom Münchner Hauptbahnhof mit einer Magnetschwebebahn, dem Transrapid, zu erreichen. Dagegen gab es starken Widerstand von der Stadt und den durch die geplante Trasse Betroffenen. Bevor ein Bürgerentscheid zur Abstimmung kommen konnte, wurde das Vorhaben 2008 aus wirtschaftlichen Gründen zurückgezogen.

1996 erlebte München einen ersten Bürgerentscheid auf einer neu geschaffenen gesetzlichen Grundlage. Eine Mehrheit von 50,3 Prozent forderte den kreuzungsfreien Ausbau des Mittleren Rings mit Untertunnelungen. Der Stadtrat setzt seitdem dieses Vorhaben schrittweise um.

Am Eingang zum Richard-Strauss-Tunnel am Effnerplatz wurde 2011 als „Kunst am Bau" die nach der Tänzerin Mae West benannte Großskulptur der amerikanischen Künstlerin Rita McBride aufgestellt. Das Kunstwerk ist 52 m hoch und besteht aus 32 ineinander verdrehten Karbonrohren. Foto 2014.

Um München als Messeplatz attraktiv zu halten, wurde 1998 die Neue Messe München auf dem Gelände des ehemaligen Flughafens in Riem eröffnet. Bald wurden Rekordzahlen erreicht. Besonders jährliche Fachmessen (z. B. BAUMA, ELECTRONICA, HEIM + HANDWERK, ISPO, MODE-WOCHE oder VISODATA) ziehen Millionen Besucher nach München. Auf dem Gelände neben den Messehallen wurde 2005 eine groß angelegte Bundesgartenschau veranstaltet, die wegen ihres modernen Designs auch Kritik hervorrief. Weiter entstand hier ein großes Neubauviertel. Auf dem alten, seit 1904 bestehenden Ausstellungsgelände über der Theresienwiese konnte 2003 ein Verkehrsmuseum als Teil des Deutschen Museums errichtet werden. Andere Teile des Areals wurden zum Neubau eines Stadtquartiers genutzt.

Ein Bürgerentscheid wurde 2001 für den Bau eines neuen Fußballstadions durchgeführt. Den Vereinen FC Bayern München (mit Aufsichtsratsvorsitzendem Franz Beckenbauer) und TSV 1860 München genügte das Olympiastadion von 1972 für ihre Ansprüche nicht mehr. Versuche von Umbauplanungen und Überlegungen zu Neubauten auf dem Olympiagelände scheiterten. Die Stadt bot den Vereinen daher ein Gelände in Fröttmaning zur Verwirklichung ihrer Pläne an. Hiergegen gab es Widerstände, besonders weil die Stadt hohe Summen in die Verkehrsinfrastruktur investieren musste. Die Wähler(innen) votierten zu 70 Prozent für diese Investitionen und die Vereine bauten mithilfe von Sponsoren die Allianz Arena. Das von de Meuron entworfene Gebäude, das 2005 eröffnet wurde, ist ein bemerkenswerter Publikumsmagnet und war Rahmen für die Fußballweltmeisterschaft 2006, deren Eröffnungsspiel hier stattfand, sowie zahlreiche weitere sportliche Höhepunkte.

Die israelitische Kultusgemeinde in München nahm in den 1990er-Jahren, besonders durch Zuzug von Kontingentsflüchtlingen aus den Staaten der ehemaligen Sowjetunion, stark zu. Präsidentin Charlotte Knobloch, Ehrenbürgerin von München, bemühte sich um den Bau einer neuen Synagoge als Ersatz für die 1938 von den Nazis zerstörte. Mithilfe des Oberbürgermeisters gelang es, am St.-Jakobs-Platz, im Herzen der Stadt, ein neues jüdisches Zentrum zu errichten. Am symbolträchtigen 9. November 2006 wurden die Hauptsynagoge Ohel Jakob (Zelt Jakobs) und das Gemeindezentrum mit Saal, Kindergarten und Schule eröffnet. Es folgte das daneben liegende städtische Jüdische Museum.

Einen Höhepunkt in der architektonischen Entwicklung Münchens war die 2007 eröffnete BMW Welt am Olympiazentrum. In aufwendiger Bauweise wurden hier mit den 4.000 t Stahl der riesigen Dachkonstruktion auf elf Stützen 25.000 qm Ausstellungsfläche geschaffen. In diesem futuristischen Bau der Wiener Architekten Coop Himmelb(l)au sind 15.000 qm Glasfassaden sichtbar. Von den 55.000 cbm Beton und 73.000 qm Geschossfläche mit 100 Räumen befinden sich 60 Prozent bis zu 14 m unter der Erde. 13 m tiefe Anker verhindern, dass das Gebäude aufschwimmt. Oben liegen die frei zugängliche Präsentation der BMW-Markenwelt und die nur für Fahrzeugabholer vorgesehene Auslieferungszone. Vier öffentliche Restaurants ergänzen einen Konferenztrakt mit bis zu 700 Plätzen. Mit dem BMW-Areal wird die BMW Welt durch Bayerns längste Fußgängerbrücke verbunden.

Die Synagoge am St.-Jakobs-Platz, erbaut nach Plänen von Architekturbüro Wandel, Hofer und Lorch. Foto 2014.

Exzellenter Hochschul- und Wissenschaftsstandort

Die Ludwig-Maximilians-Universität mit Brunnen. Postkarte um 1900.

Die Landeshauptstadt München beherbergt zahlreiche Universitäten und Hochschulen. Im Jahr 2006 erwiesen sich die beiden Universitäten Münchens (LMU und TU) erwartungsgemäß als so herausragend, dass sie zu den drei Universitäten in Deutschland gehören, die im Rahmen der Exzellenzinitiative in die Förderlinie „Zukunftskonzept" aufgenommen wurden. Dies wurde 2012 bestätigt.

Die Ludwig-Maximilians-Universität (Universität München oder LMU) wurde bereits 1472 mit päpstlicher Genehmigung in Ingolstadt gegründet, 1800 nach Landshut verlegt und 1826 von Ludwig I. nach München geholt. Sie erlebte einen großen Aufschwung, hatte in ihren Reihen 34 Nobelpreisträger und ist heute mit über 50.000 Studierenden die größte Universität Deutschlands.

Die Technische Universität München (TU München oder TUM seit 1970) wurde 1868 am heutigen Standort als Polytechnische Schule gegründet und 1867 Königlich Bayerische Technische Hochschule (TH). Sie brachte viele bedeutende Forscher und Nobelpreisträger hervor. Kernbereiche sind die Natur- und Ingenieurwissenschaften sowie die Medizin-/Lebenswissenschaften. Sie werden ergänzt durch die Wirtschaftswissenschaften, die Mathematik- und Informatikwissenschaften, die Sport- und Gesundheitswissenschaften und die TUM School of Education (Lehrerbildung/Bildungsforschung). Es werden 154 Studiengänge angeboten. Sie ist mit fast 36.000 Studenten eine der größten und bedeutendsten Technischen Hochschulen der Welt.

Die Hochschule für angewandte Wissenschaften München (FH München oder HM) wurde 1823 von Gustav Vorherr als die Königliche Baugewerkeschule gegründet, die 1909 in die spätere Staatsbauschule München überging. 1924 wurde dann die Höhere Technische Lehranstalt, das spätere Oskar-von-Miller-Polytechnikum, eröffnet. Die Fachhochschule München entstand 1971 durch Zusammenschluss mehrerer Ingenieurschulen und höherer Fachschulen. Seit 2011 führt sie den heutigen Namen. Sie hat etwa 17.000 Studierende an 14 Fakultäten mit über 60 Studiengängen in den Bereichen Natur-/Ingenieurwissenschaften, Wirtschaft, Sozialwesen und Design.

Darüber hinaus befinden sich in München über 20 Hochschulen wie Freie Ukrainische Universität, Universität der Bundeswehr, Akademie der Bildenden Künste, Hochschule für Musik und Theater, Hochschule für Film und Fernsehen, Hochschule für Philosophie, Hochschule für Politik, Katholische Stiftungsfachhochschule, Macromedia Hochschule für Medien und Kommunikation, Mediadesign Hochschule für Design und Informatik, Munich Business School, International School of Management, IUBH Duales Studium, Hessische Berufsakademie, Internationale Berufsakademie der F+U Unternehmensgruppe, H:G Hochschule für Gesundheit & Sport, Technik & Kunst, FOM Hochschule für Oekonomie & Management, AMD Akademie Mode & Design, Campus M21, Hochschule Fresenius, SDI München, Globe Business College Munich, Fachhochschule für öffentliche Verwaltung und Rechtspflege in Bayern.

Zudem ist München ein Wissenschaftsstandort mit zahlreichen Archiven, Bibliotheken und anderen Forschungseinrichtungen, die hier ihren Sitz haben, wie die Bayerische Akademie der Wissenschaften, Max-Planck-Institute, die Fraunhofer-Gesellschaft zur Förderung der angewandten Forschung e. V., das Helmholtz-Zentrum, das Deutsche Museum, das ifo Institut und das Deutsche Jugendinstitut.

Wichtig sind auch Deutsches und Europäisches Patentamt, Bundespatentgericht und Bundesfinanzhof.

Der vom Architekten Friedrich von Thiersch 1916 errichtete Turm an der Gabelsbergerstraße ist ein Wahrzeichen der TU München. Foto 2014.

Blühende Wirtschaft mit Weltunternehmen

2008 wurde Christian Ude mit 68,1 Prozent zum letzten Mal als Oberbürgermeister wiedergewählt. Die SPD kam auf 33 Sitze, die CSU auf 25, die Grünen auf 12, die FDP auf 4 und die Linke auf 3 Sitze. Ude setzte die Zusammenarbeit mit den Grünen fort. Christine Strobl (SPD) wurde wieder Zweite Bürgermeisterin, Hep Monatzeder Dritter Bürgermeister. Auch die Referenten wurden, meist mit großer Mehrheit, wiedergewählt. Neu kam Dieter Reiter als Referent für Arbeit und Wirtschaft als Nachfolger des aus Altersgründen ausscheidenden Dr. Reinhard Wieczorek hinzu. Es war eine Amtszeit der finanziellen Konsolidierung und wirtschaftlichen Prosperität.

2008 wurde die Hauptverwaltung der Linde AG (The Linde Group) nach München verlegt; neuer Firmensitz dieses Weltunternehmens ist der Angerhof beim St.-Jakobs-Platz. Dies zeigt die noch bestehende und sogar wachsende Anziehungskraft für die Wirtschaft. Mit sechs DAX-Unternehmen ist München die deutsche Stadt mit den meisten der 30 größten und umsatzstärksten börsennotierten Unternehmen. DAX-Unternehmen mit Hauptsitz in München sind derzeit Allianz, BMW, Linde, Munich Re und Siemens. Hinzu kommt Infineon Technologies mit Hauptsitz in Neubiberg. Die Münchner Mischung sorgt dafür, dass hier nicht nur viele große, sondern auch die meisten mittleren börsennotierten Unternehmen zu finden sind: Sieben Münchner Firmen sind unter den insgesamt 50 Werten, die im Index der mittleren Unternehmen MDAX auftauchen. Im TecDAX befinden sich derzeit sechs Unternehmen am Hightechstandort München, dies ist hier ebenso die höchste Konzentration von bundesweit insgesamt 30. Auch internationale Unternehmen sind hier stark präsent: Von der Liste Forbes Global 2000 unterhalten 112 der weltweit größten Konzerne Niederlassungen in München.

Es sind fast alle Branchen, in denen der Standort München eine führende Stellung einnimmt: Handwerk, Informations- und Kommunikationstechnologie, Automobile, Luft- und Raumfahrt, Chemie, Energie, Querschnittstechnologien,

Der U-Bahnhof Münchner Freiheit wurde 2009 mit einem Licht- und Farbkonzept des weltweit renommierten Schwabinger Lichtdesigners Ingo Maurer neu gestaltet. Foto 2013.

Biowissenschaften, Medien/Kreativwirtschaft und Finanzwirtschaft.

Traditionell stark sind auch Handel, Bauwesen und Gesundheitswesen.

Grundlage ist eine hervorragende städtische Infrastruktur mit großem, großenteils gut gepflegtem Straßennetz und einem ausgezeichneten öffentlichen Personennahverkehr. Dieser steht mit einem Streckennetz von über 1.000 km am ersten Platz der Großstädte in Europa. Täglich werden 1,7 Millionen Fahrgäste befördert.

München ist die Kommune mit der höchsten Kaufkraft seiner Einwohner unter allen deutschen Großstädten, der geringsten Arbeitslosigkeit, einer guten Verteilung seiner Arbeitsplätze über viele Branchen hinweg und mit überdurchschnittlich vielen zukunftsorientierten Einrichtungen. Bei einem Vergleich von Wirtschaftsindikatoren und hinsichtlich Leistungskraft und Potenzial steht es unter 50 deutschen Städten auf Platz 1. Auch in der Lebensqualität hält es beständig den ersten Platz.

Im Tourismus arbeiten im Großraum München 68.000 Menschen. Jährlich verzeichnet man rund 10 Millionen Übernachtungen. Immer mehr Gäste kommen aus arabischen Staaten, China oder Russland, oft auch, um sich hier medizinisch behandeln zu lassen.

Diese Anziehungskraft hat einen Anstieg von Grundstücks- und Mietpreisen zur Folge. Im Krisenjahr 2009, das die Stadt wegen ihrer gesunden und ausgeglichenen Struktur relativ gut überstand, bildete sich das Bündnis „München sozial – wir halten die Stadt zusammen". Unter dem Grundsatz „Einigkeit macht stark" vereinigten sich viele im Sozialbereich der Landeshauptstadt München tätige Organisationen. Ziel war, „dass die Auswirkungen der globalen Finanz- und Wirtschaftskrise nicht auf den Rücken der Schwächsten der Stadtgesellschaft abgewälzt werden dürfen". Es wurde ein Kriterienkatalog verabschiedet und der Stadt für ihr Engagement und ihre Erfolge im Sozialbereich ein „Qualitätssiegel Soziale Stadt München" verliehen. Damit wurde auch gewürdigt, dass hier keine Einsparungen bei den freiwilligen Leistungen vorgenommen und der Spielraum zur Unterstützung Bedürftiger ausgeschöpft wurde.

In den Jahren davor war ein flächendeckendes Netz von Sozialbürgerhäusern (SBHs), in denen allen Berechtigten vor Ort Rat und Hilfe zuteilwird, und von Alten-Service-Zentren (ASZs) für die ältere Generation entstanden. Daneben wurde auch die lückenlose Kinderbetreuung durch Baumaßnahmen in der ganzen Stadt vorangetrieben.

Der immer wieder festgestellte soziale Zusammenhalt in München ist aber nicht allein durch die öffentliche Hand und von ihnen teilweise unterstützte Sozialverbände zu erreichen. Die große Spenden- und Hilfsbereitschaft von vielen Menschen, die zum Beispiel bei der Münchner Tafel oder der Hausaufgabenbetreuung helfen, ermöglicht erst dieses gute Zusammenleben in der reichen Stadt.

links: Die von der Stadt mit dem Referat für Arbeit und Wirtschaft dreimal im Jahr veranstaltete „Auer Dult" geht in ihren Wurzeln bis ins Mittelalter zurück. Auch heute noch ist sie ein Anziehungspunkt für Alt und Jung aus nah und fern, auch wenn die Gebrauchtwarenhändler, die den Charme der Veranstaltung ausmachen, seltener werden. Foto 2014.

rechts: Die Zeitschrift BISS („Bürger in sozialen Schwierigkeiten") hilft vielen hilfsbedürftigen Menschen, ein selbstbestimmtes Leben zu führen. Foto 2013.

Dieter Reiter wird Oberbürgermeister

Bei der Kommunalwahl im März 2014 wurde in einer Stichwahl Dieter Reiter (SPD), ein Verwaltungsfachmann, der zuvor erfolgreich als Referent für Arbeit und Wirtschaft tätig gewesen war, gegen den Rechtsanwalt Josef Schmid (CSU) mit 54 Prozent zum Oberbürgermeister gewählt. Die CSU wurde mit 26 Sitzen stärkste Fraktion vor der SPD mit 25. Die Grünen erhielten 13 Sitze, die restlichen 16 verteilen sich, bedingt auch durch ein geändertes Wahlrecht, auf zehn Parteien und Gruppierungen.

Aufgrund dieses Wahlergebnisses schloss der Oberbürgermeister nach Verhandlungen und Gesprächen mit allen Fraktionen mit der SPD und der CSU einen Kooperationsvertrag über eine Zusammenarbeit für die sechsjährige Amtszeit bis 2020, in der die wesentlichen Probleme gelöst werden sollen. Zum Zweiten Bürgermeister wurde vom Stadtrat Josef Schmid (CSU) gewählt, der auch das Amt des Wirtschaftsreferenten übernahm, zur Dritten Bürgermeisterin Christine Strobl (SPD).

Beim Armbrustschießen auf dem Oktoberfest. Foto 2013.

Eine der gelungensten Neubausiedlungen ist der Ackermannbogen am Olympiapark in Schwabing-West. Hier finden sich frei finanzierte Eigentumswohnungen und Sozialwohnungen. Foto 2013.

Schwerpunkt der Politik muss es sein, Münchner Lebensgefühl und die Lebensqualität in einer Stadt für alle zu bewahren. Dringend sind die notwendige Weiterentwicklung des öffentlich geförderten Wohnungsbaus, die Realisierung von Verkehrsprojekten (öffentlicher Personennahverkehr und Straßen- und Radwegebau), die bedarfsgerechte Bereitstellung von Schulbauten und die wirtschaftliche Sanierung der städtischen Krankenhäuser.

Eine besonders wichtige Aufgabe ist die Bewahrung von Toleranz und Ausgleich zwischen Bevölkerungsgruppen. München hat mit einem Viertel der Bevölkerung einen vergleichsweise sehr hohen Ausländeranteil. Die Integration ist bisher besser gelungen als in anderen Städten, bleibt aber, besonders in Anbetracht der demografischen Entwicklung, eine Notwendigkeit.

Kulturreferent Dr. Hans-Georg Küppers: Kultur in München – Standbein Tradition, Spielbein Innovation

Bier und Kunst. Das sind die beiden Pfeiler, auf denen das München-Bild nicht nur der auswärtigen Besucher der Bayernmetropole fußt. Genauso wie in München der Gerstensaft und damit verbundene Feierlichkeiten und Aktivitäten nicht nur im Spätsommer allgegenwärtig sind, bestimmt auch die Kunst mit ihren vielen Facetten die Landeshauptstadt. Ihre stete Präsenz, immerwährende Lebendigkeit und unvergleichliche Vielfalt ist nicht zuletzt der Tatsache geschuldet, dass sie sich im Wesentlichen auf zwei unterschiedliche Traditionen der Kunstpflege berufen kann. Einerseits hat die jahrhundertelange und durch Herzog Franz von Bayern bis heute anhaltende Sammelleidenschaft der Wittelsbacher einen schier unglaublichen Grundstock an Kunstwerken erhalten, der vor allem in den Pinakotheken auch immer gern gezeigt wurde. Diese Linie versucht heute der Freistaat zu erhalten. Andererseits bekennt sich ein selbstbewusstes Bürgertum seit Mitte des 19. Jahrhunderts auch deutlich zur lebendigen Pflege von Kunst und Kultur. Das Kulturreferat der Landeshauptstadt München ist der Verwalter dieses bis heute vielfältig wirkenden aktiven Kulturbewusstseins, das im Folgenden nur skizziert werden kann.

Münchens Hauptanziehungspunkte sind mehr als in jeder anderen Stadt Kunst und Kultur. Nicht nur diverse Rankings internationaler Publikationen, die dem „coolen" und „kulturgeschwängerten" München immer wieder erste Plätze im weltweiten Vergleich zuweisen, belegen dies. Ob in „Liveable City Rankings" oder in den Top 50 der „Top Travel Destinations", ob im internationalen Immobilienranking oder in internationalen Wertungen der Wirtschaftskraft und deren Entwicklungsperspektiven – München findet sich weltweit auf den vordersten Plätzen. Das Kulturangebot trägt dazu wesentlich bei – das Angebot der Stadt ebenso wie das vom Land oder jenes privater Anbieter. Und Kunst und Kultur, das große kulturelle Erbe ebenso wie die lebendige Vielfalt zeitgenössischen Kunstschaffens und kultureller Angebote machen München nicht nur für Millionen Gäste attraktiv, sondern tragen auch wesentlich dazu bei, dass Münchnerinnen und Münchner sich in ihrer Stadt wohlfühlen.

Münchens mehr als 60 Museen, Ausstellungshäuser und Schlösser bewahren das kulturelle, künstlerische, technische, wissenschaftliche und historische Erbe der Stadt. Damit verfügt die Isarmetropole über eine in ihrer Vielfalt und Qualität einmalige Museumslandschaft, die im gesamten Stadtgebiet zu außergewöhnlichen Entdeckungen einlädt. Der zentrale Ort, die Stadtgeschichte Münchens in ihren vielerlei Facetten zu entdecken, ist das Münchner Stadtmuseum mit seinen Sammlungen für Fotografie, Grafik, Plakat, für Gemälde, Volkskunde, angewandte Kunst, Film, Musik, Puppentheater und Schaustellerei, für Mode und Textilien, die immer wieder in attraktiven Ausstellungen Werke aus ihrem Bestand und aus der Zusammenarbeit mit anderen Sammlungen und Museen präsentieren. Zudem lohnt vor allem ein Be-

Der Monopteros, ein Rundtempel in griechischem Stil, wurde im Auftrag von König Ludwig I. 1836 nach einem Entwurf von Leo von Klenze im Englischen Garten errichtet. Der künstliche Hügel, auf dem er steht, ist ein beliebter Erholungsort. Foto 2014.

such der Dauerausstellung „Typisch München", die einen Rundgang durch die kulturelle Gegenwart und Historie der Stadt bietet. Über 400 Exponate illustrieren Geschichte und Geschicke der Stadt. Die im Jahr 1480 von Erasmus Grasser geschnitzten Moriskentänzer gehören zu den wertvollsten Kunstwerken der Landeshauptstadt München und sind ein Highlight dieser Dauerausstellung. Die bildnerisch virtuos ausgeformten Statuetten wurden für die Decke des neuen „Tanzhauses" (Altes Rathaus) geschaffen, mit dem die Stadt einen großen Festsaal für die Repräsentation des Herzogs und obersten Stadtherrn errichtet hatte. Dargestellt wird auch die späte Selbstfindung Münchens als bürgerliche Stadt im Zusammenhang mit dem Stadtjubiläum 1858; Reizworte wie Bier- und Kunststadt werden sichtbar, die kulturelle Aufbruchstimmung um 1900, schließlich die „Hauptstadt der Bewegung" und das Wiedererstehen in der Zeit des Wirtschaftswunders. All dies sind herausragende Stationen dieser Schau, die Zustimmung und Widerspruch herausfordert.

Dass sich München auch den dunklen Facetten seiner wechselvollen Geschichte nicht verschließt, unterstreicht die Dauerausstellung „Nationalsozialismus in München". 1919/20 war München der Gründungsort der NSDAP und bis 1945 Sitz ihrer Reichsleitung. Hier starteten Adolf Hitler und andere maßgebliche Akteure des NS-Regimes ihre politische Laufbahn. Seit 1933 trug München den Titel „Hauptstadt der deutschen Kunst" und seit 1935 „Hauptstadt der Bewegung". Hier wurden rassistische und militärische Angriffsprogramme entworfen, wurde die Ausschaltung der politischen Opposition und unliebsamer Kunstrichtungen betrieben, mit Dachau eines der ersten Konzentrationslager errichtet und die systematische Verfolgung des Judentums in Gang gesetzt.

Die Ausstellung zeigt München als Ausgangsort der Entstehung des Nationalsozialismus und als Parteizentrum. Münchens Verflechtung als Kunst- und Feststadt bei der ästhetischen Programmierung und Verharmlosung des NS-Regimes wird ebenso thematisiert wie die Bedeutung der Stadt als Medien- und Rüstungsstandort. Ein weiterer Akzent ist auf München als Ausgangs- und Aktionsort von Verfolgung und Widerstand gesetzt. Die Ausstellung versteht sich als Teil einer Erinnerungslandschaft, zu der andere Informationsstätten wie das Jüdische Museum und das NS-Dokumentationszentrum am Königsplatz gehören.

Das Depot für die städtischen Museen in Freimann ist eines der modernsten und besten der Welt. Foto 2013.

Mit dem NS-Dokumentationszentrum stellt sich die Landeshauptstadt München gemeinsam mit dem Freistaat Bayern und dem Bund der Verantwortung, einen Lernort für die Zukunft zu gestalten. Er wird als Erinnerungsort topografisch in der Stadt verankert und zugleich Raum bieten für Diskussionen und neue Erkenntnisse über die Bedeutung und Funktion Münchens als ehemalige „Hauptstadt der Bewegung".

Dem Stadtmuseum gegenüber situiert ist als wichtiger Teil der wiedererstandenen jüdischen Kultur in München das Jüdische Museum. Auf 900 qm wird hier u. a. die Geschichte der jüdischen Gemeinden in der bayerischen Landeshauptstadt erzählt. Wechselausstellungen behandeln unterschiedliche Aspekte jüdischen Lebens, wie zum Beispiel das Leben und Schicksal jüdischer Künstler oder die Orte des Exils. Einblicke in die jüdische Geschichte und Kultur als integraler Bestandteil der Stadtgeschichte werden eröffnet und zur Diskussion gestellt.

Eines der kleinsten und ungewöhnlichsten Museen Münchens ist das Valentin Karlstadt Musäum im Münchner Isartor. Es ist eine Hommage an den bayerischen Volkssänger, an das Universalgenie Karl Valentin, der Komiker, Stückeschreiber, Wortakrobat, Schauspieler, Filmemacher, Handwerker,

München im Spiegel der Zeit

Die neue Eingangshalle der Städtischen Galerie im Lenbachhaus mit dem Wirbelwerk des dänischen Künstlers Olafur Eliasson. Foto 2013.

Sammler, Philosoph, Volkssänger und Avantgardist in Personalunion war.

Münchens Stadtgeschichte kann aber nicht nur im Museum, sondern auch im öffentlichen Raum erlebt werden. Etwa entlang der Publikationen „KulturGeschichtsPfade", der Rundgänge entlang historisch bedeutsamer Orte und Ereignisse im städtischen Raum.

Die Städtische Galerie im Lenbachhaus, die in der Künstlervilla Franz von Lenbachs beheimatet ist, gründet ihren Ruf als international bedeutendes Museum auf eine der weltweit größten Sammlungen von Werken des »Blauen Reiters«, mit Werken von Paul Klee, Wassily Kandinsky, Franz Marc, August Macke, Gabriele Münter und Alexej Jawlensky. Ein weiterer Sammlungsschwerpunkt ist die Münchner Malerei des 19. Jahrhunderts und mit dem Erwerb von Joseph Beuys' Arbeiten »Zeige Deine Wunde« und »Vor dem Aufbruch aus Lager 1« entwickelte sich ein dritter Sammlungsschwerpunkt: die internationale Gegenwartskunst, die repräsentative Werke und Werkgruppen u. a. von Gerhard Richter, Sigmar Polke, Anselm Kiefer, Andy Warhol, Dan Flavin, Richard Serra, Ellsworth Kelly, Jenny Holzer, James Turrell, Jeff Wall, Rupprecht Geiger, Günter Fruhtrunk, Christian Boltanski, Lucio Fontana, Thomas Demand oder Olafur Eliasson umfasst. Mit der Wiedereröffnung der Villa und des Anbaus im Mai 2013 erstrahlt die Städtische Galerie im Lenbachhaus buchstäblich in neuem Licht, da eine für den Museumsbereich wegweisende Ausstellungsbeleuchtung entwickelt wurde. Neben der Villa aus dem 19. Jahrhundert, dem Kernstück des Museums, entstand Anfang der 1990er-Jahre der unterirdische Kunstbau, eine moderne Ausstellungshalle im Zwischengeschoss des U-Bahnhofes Königsplatz, in der Ausstellungen von der klassischen Moderne bis hin zu aktuell diskutierten Künstlern stattfinden.

Ein weiteres Beispiel dafür, wie eine frühere Künstlervilla sowohl dem historischen Vermächtnis als auch der Kunst der Gegenwart gerecht werden kann, ist die Villa Stuck. Sie beherbergt heute neben den historischen Wohn- und Atelierräumen Franz von Stucks auch Räume für Sonderausstellungen. Die Sammlung von Werken Franz von Stucks wird ergänzt durch Objekte aus dem Bereich der angewandten Kunst der Jahrhundertwende, insbesondere des Jugendstils. Sonderausstellungen zu Themen aus dem historischen und künstlerischen Kontext Franz von Stucks sowie aus dem Bereich der bildenden und angewandten Kunst des 20. und 21. Jahrhunderts vervollständigen das attraktive Programm des Museums.

Rund um den Königsplatz und die Pinakotheken sind im Kunstareal München nicht weniger als 5.000 Jahre europäischer Kulturgeschichte zu erleben. National und international bedeutende Sammlungen für Kunst, Architektur, Design, Grafik, antike Plastiken und naturwissenschaftliche Sammlungen sind hier benachbart und interessierten Besuchern wie Wissenschaftlern gleichermaßen zugänglich. Die Wiedereröffnung des Lenbachhauses im Mai 2013 und die Neueröffnung des Staatlichen Museums für Ägyptische Kunst im Juni 2013 setzten neue Impulse. Mit der Eröffnung des NS-Dokumentationszentrums München wird die Bandbreite des Kunstareals um einen bedeutenden inhaltlichen Schwerpunkt erweitert. Die Vielfalt und Dichte der Museen und Ausstellungshäuser und ihre unmittelbare Nähe zu sechs international renommierten Münchner Hochschulen und Kulturinstitutionen ermöglichen vielfältige Vernetzungen. Dazu kommen rund 30 Galerien, eingebettet in die Maxvorstadt. Weitläufige Freiflächen und attraktive Grünanlagen rund um die Pinakotheken und den Königsplatz bilden den rekreativen Raum für Münchner und die Besucher des Kunstareals.

Mehr als eine Million Besucher zählen die drei Pinakotheken und die Sammlung Brandhorst jährlich. In der Alten Pinakothek sind aus der beträchtlichen Kunstsammlung der Wittelsbacher Meisterwerke von Peter Paul Rubens, Alfred Dürer, Leonardo da Vinci, Rembrandt und Frans Hals zu finden. Die Neue Pinakothek erweiterte die Sammlung, sodass heute Gemälde aller wichtigen Epochen vom späten 18. Jahrhundert bis zum Beginn des 20. Jahrhunderts im Besitz des Museums sind. Werke Caspar David Friedrichs und Karl Friedrich Schinkels, also der deutschen Romantik, zählen zu den herausragenden Kunstwerken, das Leben und die Landschaft in England um 1800 repräsentieren Künstler wie Thomas Gainsborough und George Stubbs; Pierre-Auguste Renoir und Édouard Manet führen den Betrachter in die Zeit des Impressionismus. Die Pinakothek der Moderne gehört mit Werken von Beckmann, Kandinsky, Marc, Macke, Klee, Magritte und Picasso, aber auch mit einem umfangreichen Beuys-Konvolut und aktuellen Arbeiten namhafter Künstlerinnen und Künstler der Gegenwart zu den größten und wichtigsten Museen moderner Kunst weltweit. Wechselnde Ausstellungen ergänzen die umfangreiche Sammlung. Das Gebäude vereint die Sammlung Moderne Kunst, die Staatliche Graphische Sammlung, die dem Design gewidmete Neue Sammlung und das Architekturmuseum der Technischen Universität unter einem Dach. Eine großzügige Schenkung bildet den Grundstock des auch architektonisch eindrucksvollen Museums der Sammlung Brandhorst. Die Fassade des Museumsbaus zieren mehrere Tausend Keramikstäbe in vielerlei Farben. 700 Werke aus der Sammlung von Udo und Anette Brandhorst sind in dem vom bayerischen Staat errichteten Museumsneubau erstmals vollständig ausgestellt. Die Besucher können sich u. a. auf wertvolle Arbeiten von Andy Warhol, Damien Hirst, Pablo Picasso, Sigmar Polke und Cy Twombly freuen.

Aber auch an vielen anderen Orten beeindruckt München als Kunst- und Kulturstadt. Etwa in der Sammlung Goetz im Norden Münchens, die beispielhaft für das private Engagement steht, herausragende zeitgenössische Kunst der Öffentlichkeit zugänglich zu machen. Die im privaten Besitz befindliche Sammlung umfasst Werke aus den Bereichen Malerei, Grafik, Fotografie und Installation. Das Haus der Kunst am Englischen Garten gehört zu den wichtigen Ausstellungshäusern weltweit. In der Nachfolge von Chris Dercon, dem nicht nur sensationelle Präsentationen wie die des Chinesen Ai Weiwei, die

Das 1914 gemeinsam von Stadt, Land und Bund errichtete NS-Dokumentationszentrum an der Stelle des „Braunen Hauses" in der Brienner Straße neben dem „Führerbau". Foto 2014.

Öffnung für ein neues Publikum und die historische Aufarbeitung der Geschichte des 1937 als „Haus der Deutschen Kunst" eröffneten Bauwerks gelungen sind, setzt seit 2011 Okwui Enwezor, international bekannt geworden als Kurator der Kasseler „documenta", mit eigener Handschrift die Ausstellungsarbeit, aber auch die historische Aufarbeitung fort. Seit 2001 zeigt die Hypo-Kulturstiftung mitten im Stadtzentrum, in den Fünf Höfen, ihre Kunstausstellungen. Das vielseitige Programm der Kunsthalle umfasst verschiedene Epochen und Kunststile.

Eine wenngleich nur selektive Beschreibung der attraktiven Orte für Kunst und Kultur wäre unvollständig, würde sie nicht auch einige der Orte umfassen, in denen junge Kunst aus München in den Dialog mit den internationalen Szenen tritt. Etwa die „Lothringer 13 Halle" für internationale Gegenwartskunst. Sie ist Aktionsraum, Ausstellungsort und ein Archiv für Kunst und Neue Medien. Neben den Ausstellungen, von denen es jährlich etwa sechs bis sieben gibt, bietet die Lothringer 13 vor allem neuen, unerprobten, unkonventionellen Künstlern einen Aktionsraum. Auch im MaximiliansForum werden innovative Ausstellungs- und Veranstaltungsprojekte realisiert. Interdisziplinär arbeitende Vertreter der zeitgenössischen Münchner Kulturlandschaft entwickeln für den großzügigen, in einer Fußgängerunterführung gelegenen, öffentlich zugänglichen Raum neue Konzepte für temporäre Projekte, die verschiedene Gattungen und Medien einbeziehen. Nur wenige Schritte weiter zeigt die Galerie der Künstler des BBK in Räumen am Völkerkundemuseum in wechselnden Ausstellungen die Werke junger Nachwuchskünstler, die auf dem Markt noch weitgehend unbekannt sind. Die Rathausgalerie in der ehemaligen Kassenhalle des neugotischen Rathauses ist ein charaktervoller Ort für die zeitgenössische Kunst und die Vermittlung von gesellschaftsrelevanten Themen und Projekten im Spiegel der Kunst. Neben den Museen und den großen Ausstellungshäusern kann München auch auf eine rege Galerienlandschaft verweisen: 65 professionelle Galerien zeitgenössischer Kunst in München haben sich zu einer Initiative zusammengeschlossen und veranstalten seit mehr als zwei Jahrzehnten im Herbst das Galerienwochenende „Open Art".

Mit dem breit gefächerten Programm „Freie Kunst im öffentlichen Raum" überträgt München den interdisziplinären Ansatz der zeitgenössischen Kunstdiskussion auf den öffentlichen Raum. Die von dem Künstlerduo Elmgren und Dragset kuratierte Projektreihe „A space called public – hoffentlich öffentlich" sorgte mit einigen Arbeiten im so unaufgeregten München für den „Aufreger" des Jahres 2013.

Kunst braucht Orte zum Entstehen. Künstlerförderung heißt immer auch, Möglichkeiten, Räume und Öffentlichkeit für Kunst und Kultur zu schaffen. Rund 300 Ateliers kann die Stadt derzeit anbieten oder fördern. Und auch die Zukunft verspricht Positives: Auf 20,2 ha an der Dachauer Straße soll ein Kreativquartier entstehen, sollen in Zukunft Wohnen und Arbeiten mit Kunst, Kultur und Wissen verbunden werden. Entstehen soll ein Zentrum des interdisziplinären Diskurses an der Schnittstelle von Kunstschaffen und Kreativwirtschaft, das neben der Produktion auch der Präsentation adäquaten Raum schafft und so in einem neu entstehenden Stadtquartier zu einer attraktiven Adresse zeitgenössischer Kunst und Kultur wird. Das verdeutlicht einmal mehr, wie zentral

Auch private Institutionen und Personen gestalten den öffentlichen Raum mit Kunst. Diese silberglänzende Skulptur aus Edelstahl des amerikanischen Künstlers Roxy Paine steht im Eingangsbereich der Munich Re in der Mandlstraße in Schwabing. Foto 2014.

Kultur in München für die Stadtentwicklung ist.

Eindrucksvoll präsentiert sich auch die Theaterlandschaft Münchens. So zählen die Münchner Kammerspiele zu den bedeutendsten deutschen Sprechtheatern. Intendanten wie Otto Falckenberg, Hans Schweikart, August Everding, Dieter Dorn, Frank Baumbauer und aktuell Johan Simons haben das künstlerische Profil des Hauses maßgebend geprägt. Traditionell konkurriert das einzige erhaltene Jugendstiltheater mit dem Staatsschauspiel, dem Residenztheater, das aktuell mit Martin Kušej als Intendanten arbeitet. Ein lustvoller Wettbewerb, der Münchner Theaterhungrigen sehr zugutekommt. Das Münchner Volkstheater steht mit seinem jungen Ensemble und dem Intendanten Christian Stückl für radikal junges Theater – nicht nur während des gleichnamigen Theaterfestivals. Mit bayerischen Klassikern wie „Der Brandner Kaspar", „Die Geierwally" oder „Der Räuber Kneißl", aber auch mit neuen Stücken, jungen Autoren und Regisseuren wird ein breites Publikum quer durch alle Altersgruppen angezogen. Die Schauburg, das städtische Kinder- und Jugendtheater, zählt seit vielen Jahren europaweit zu den herausragenden Bühnen dieses Genres. Münchens Musicalbühne, das Deutsche Theater, steht für die Lust auf Unterhaltung. Sie bietet Showbusiness auf hohem Niveau mit internationalen Musicals, Tanztheater und Musikerlebnissen und präsentiert in der Faschingszeit ein traditionelles Ballprogramm mit Glanz und Glamour. Freunde der leichten Muse werden auch an den Produktionen der Komödie im Bayerischen Hof viel Gefallen finden. Boulevardtheater wird hier in all seinen Facetten zum Genuss.

Zudem gibt es eine rege Off-Theaterszene. Mehr als 60 freie Theater- und Tanzensembles und Privattheater stellen unter Beweis, dass es auch abseits der großen Bühnen lohnt, Theaterentdeckungen zu machen. Im zweijährigen Turnus findet DANCE statt, das Münchner Festival für performative Künste. Das ebenfalls biennale Theaterfestival „SpielArt" zeigt seit 20 Jahren aktuelle Inszenierungen und neue Theaterformen aus aller Welt auf den verschiedenen Bühnen der Stadt.

Freunde des Kabaretts werden in München mehr als in jeder anderen Stadt auf ihre Kosten kommen. Ob die legendäre „Lach- und Schießgesellschaft", Gerhard Polt und die Well-Brüder, Bruno Jonas, Monika Gruber, Christian Springer, Helmut Schleich, Georg Ringsgwandl oder die Wortakrobaten von „Faltsch Wagoni" – um nur einige der Arrivierteren zu nennen –, sie alle halten mit Aktualität und beißendem Spott in Spielstätten wie dem Lustspielhaus, der „Lach- und Schießgesellschaft", dem Vereinsheim, dem Milla, dem Theater im Fraunhofer, der Drehleier und anderen Kleinkunstbühnen tagtäglich die Kabaretthochburg lebendig.

München ist eine Musikmetropole von Weltrang, deren Qualität und Vielfalt ihresgleichen sucht. Die Stadt kann auf drei große Symphonieorchester von internationalem Renommee verweisen: die Münchner Philharmoniker als das städtische Orchester, das Symphonieorchester des Bayerischen Rundfunks auf Augenhöhe sowie das Bayerische Staatsorchester als Garant nicht nur für Operngenuss ersten Ranges. Hochkarätige Konzertreihen mit erstklassigen Solisten und Gastdirigenten in der Philharmonie oder im Herkulessaal und die Bayerische Staatsoper mit ihren weltberühmten Opernfestspielen und einer Opernbühne, die den Spagat zwischen klassischem Repertoire und neuer Musik meistert, locken Musikfreunde und Musikfreundinnen aus aller Welt nach München. Zudem setzt das Nationaltheater mit den Ballettwochen attraktive Highlights.

Das Staatstheater am Gärtnerplatz, das Prinzregententheater, die Veranstaltungen privater und öffentlicher Anbieter im städtischen Kulturzentrum Gasteig, der Muffathalle, von internationalen Stars in der Olympiahalle, in Münchens kleinstem Opernhaus in der „Pasinger Fabrik" und vieles andere mehr runden das Angebot auf hohem Niveau ab.

Im Sommer erobern Münchens musikalische Highlights auch den öffentlichen Raum, begeistern Open-Air-Events wie „Klassik am Odeonsplatz", die Solisten von Weltrang präsentiert, oder die „umsonst und draußen" zum Publikumsrenner und Fest gewordene „Oper für alle" der Opernfestspiele. Kultur und Lebenslust finden da in München aufs Beste zusammen.

Das von Hans Werner Henze 1988 begründete internationale „Festival für neues Musiktheater", die „Münchner Biennale", ist weltweit einzigartig, hat ein Stück Musikgeschichte geschrieben und eine ganze Generation von Komponisten und Künstlern geprägt. Über 80 Uraufführungen von Komponisten und Komponistinnen aus aller Welt sind bisher entstanden. Die meisten dieser Werke wurden mit Festivals und Opernhäusern im In- und Ausland koproduziert, und viele haben anschließend ihren Weg in die Spielpläne der großen Musiktheater gefunden.

Zur Musikmetropole München zählen jedoch nicht nur die drei großen Orchester und Musiktheaterbühnen, sondern etwa auch das Münchner Kammerorchester, ein auf den Spagat zwischen Klassik und Moderne

München im Spiegel der Zeit   291

setzendes Ensemble von hohem Renommee. In seinen hoch gelobten Konzertprogrammen stellen sie zeitgenössische Musik klassischen Werken gegenüber. Nicht vergessen werden dürfen die Münchner Symphoniker sowie Ensembles für Barockmusik wie die Neue Hofkapelle und eine Vielzahl von Laienorchestern, zudem die außerordentlich lebendige Chorszene im Spannungsfeld zwischen Laien und Profis.

Mit der von dem Komponisten Karl Amadeus Hartmann 1945 gegründeten und bis heute bestehenden „musica viva" pflegt der Bayerische Rundfunk eine der bedeutendsten Reihen zeitgenössischer Musik. Neben den großen Institutionen sorgt zudem eine Vielzahl von Initiativen, Ensembles, Interpreten und Interpretinnen für ein vielfältiges, lebendiges Musikangebot. Etwa die Münchner Gesellschaft für Neue Musik, das biennale A•DEvantgarde-Festival, das zu einem der wichtigsten und kontinuierlichsten Präsentationsforen für junge Komponisten und Komponistinnen geworden ist, oder auch das Ensemble „piano possibile", eine Gruppe von Individualisten, die ständig auf der Suche nach neuen Komponisten, anderen Musikschaffenden sind und an der Initiierung von neuen Werken, Klängen und Aufführungsformen sowie der Perfektionierung des Ensemblespiels arbeiten.

In keiner anderen europäischen Stadt sind so viele renommierte mittelständische Tonträgerfirmen und Independent-Labels ansässig. Im Klangfest, das jährlich zu Pfingsten im Gasteig stattfindet, werden die Aktivitäten vieler dieser Labels in Konzerten gebündelt und allen Musikfreunden bei kostenfreiem Eintritt präsentiert.

In einem Festzelt auf der Wiesn. Foto 2013.

Im Bereich Jazzveranstaltungen sind es der Jazzclub Unterfahrt, seit vielen Jahren von den Fachzeitschriften als einer der besten Jazzclubs der Welt bezeichnet, die Jazz-Highlights im Hotel „Bayerischer Hof", das Programm des „Vogler" sowie der alljährlich vergebene „BMW Welt Jazz Award", die das internationale Renommee der Stadt prägen. Die Staatliche Hochschule für Musik und Theater ist eines der renommiertesten europäischen Ausbildungsinstitute und mit dem Internationalen ARD-Wettbewerb ist zudem eine der wichtigsten Initiativen zur musikalischen Nachwuchsförderung hier ansässig.

Auch die Subkultur boomt wieder und nutzt auch temporär alle denkbaren Locations: ehemalige Kinos, Kantinen und Stammcafés der Großelterngeneration wandeln sich zu In-Clubs auf Zeit. Die Münchner Clubszene hat sich weitgehend von der kommerziellen Hallenkultur der 1990er-Jahre verabschiedet. Viele Clubs sind nun wieder zentrumsnah angesiedelt und suchen über gemeinsame Projekte wie „Classic Next Level" teilweise auch den Kontakt zur Hochkultur. Spannende kulturelle Zwischennutzungen von Innenstadtgebäuden wie das Import-Export oder das Art Babel bieten der jungen Kulturszene Experimentierfelder, geben Impulse für die Entwicklung von Szenevierteln und lösen damit auch urbane Lebendigkeit aus.

Nicht zu übersehen ist die Medienstadt München, deren internationale Bedeutung nicht nur auf den renommierten Bavaria Filmstudios, dem Traditionsunternehmen Arri oder der Hochschule für Fernsehen und Film fußt. Das internationale Festival der Filmhochschulen findet ebenso regelmäßig statt wie das sowohl als attraktives Publikumsfestival wie auch als beliebter Branchentreff fungierende Filmfest München, bei dem Nachwuchsstars auf Branchengrößen treffen. Im Programm des Dok. Fest werden nicht nur internationale Dokumentarfilme gezeigt. Und im Filmmuseum des Münchner Stadtmuseums sowie im Werkstattkino sind ganzjährig Raritäten und Reihen abseits des Mainstreams zu sehen. Das Archiv des Filmmuseums im Münchner Stadtmuseum umfasst ca. 5.000 Kopien, darunter wichtige Stummfilmklassiker wie „Metropolis" und „Der Golem". Schwerpunkte der Sammlung sind neben deutschen und sowjetischen Stummfilmen frühe Tonfilme und Mehrsprachenversionen, Klassiker des Avantgardefilms sowie Filme von Münchner Regisseuren wie Herbert Achternbusch. Auch bei den elektronischen Medien, dem Fernsehen und Hörfunk gelten München und sein Umland im bundesweiten Vergleich als besonders attraktiv.

Mit rund 130 Verlagen ist München zudem die größte Verlagsstadt Europas.

Seit 1997 manifestiert sich die Rolle der Literatur innerhalb der Stadt auch im räumlichen Sinne im Literaturhaus am Salvatorplatz, das zu einem lebendigen Treffpunkt für Schriftsteller, Verleger, Buchhändler und Journalisten – und natürlich für Leser und Zuhörer – geworden ist. Seit 2010 findet das Literaturfest München statt, mit vielen Autorinnen und Autoren aus Deutschland und aller Welt, mit Lesungen, Diskussionen, Buchausstellungen. Es bündelt und verklammert bestehende literarische Ereignisse in München wie zum Beispiel. die seit über einem halben Jahrhundert stattfindende Münchner Bücherschau.

München ist zudem ein europäisches Zentrum für zeitgenössisches Design und weltweit eines der wichtigsten Zentren für Schmuck – eine Entwicklung mit historischen Wurzeln. 1897 wurden hier die Vereinigten Werkstätten für Kunst im Handwerk und 1907 der Deutsche Werkbund gegründet. Die Munich Creative Business Week hat die Qualität und Vielfalt des Genres unterstrichen. Mit stilprägenden Designern wie Konstantin Grcic, Stefan und Saskia Diez, Ayzit Bostan, Mirko Borsche oder Ingo Maurer gibt München den Ton an. Kultur bestimmt in München nicht nur das Lebensgefühl, es ist auch ein Eisbrecher für die Kommunikation und die Wirtschaft im Wandel von der Dienstleistungs- zur Kreativgesellschaft. Urbanität in Kombination mit Kunst und Kultur ergibt die Lebensqualität, die allen Menschen in München offen steht. Bayerische Tradition liegt im Trend. Nebeneinander existieren in München Trachtenvereine und Volkstanzkreise, kulturinteressierte Wirte, Institutionen, junge Musikveranstalter, die unverfälschte Volkskultur sichtbar machen: Der „Kocherl-Ball", die „Oide Wiesn", die „Fraunhofer Volksmusiktage" oder das Volkskulturprogramm im Hofbräuhaus lassen sie für alle Einwohner und Gäste aufleben.

München ist eine Stadt zwischen scheinbar selbstgenügsamer Unbekümmertheit und weltoffener Neugier, deren Standbein in der Tradition und deren Spielbein in der Innovation zu finden ist, wo Brauchtumspflege und DAX-Unternehmen nicht gegeneinanderstehen, sondern sich harmonisch ergänzen. In ihr herrscht eine Mischung aus einerseits mediterraner Lässigkeit und Aufgeschlossenheit und andererseits „altbayerisch übellaunigem Grant, den man dann bayerische Ruhe nennt" (Herbert Rosendorfer). Für München typisch ist ein ganz entschiedenes „Sowohl-als-auch". Von manchen wird München, das lange Zeit als heimliche Hauptstadt und noch länger, seit dem 19. Jahrhundert, als bedeutendste deutsche Kulturstadt galt, immer wieder in Konkurrenz zu Berlin gesetzt – eine These, die in München zumeist auf lächelndes Achselzucken stößt.

Kämmerer Dr. Ernst Wolowicz: Stadtfinanzen – kein Grund zum Jammern!

München verdankt bekanntlich seine Gründung einer finanzpolitischen Überlegung: Herzog Heinrich der Löwe ließ eine Brücke und eine Zollstätte bei Föhring zerstören, deren Zolleinnahmen nicht ihm, sondern dem Bischof von Freising zugutekamen. 1158 genehmigte Kaiser Friedrich Barbarossa mit Urkunde vom 14. Juni, das Zoll-, Markt- und Münzrecht von Föhring an einen Isarübergang bei der kleinen Siedlung zu übertragen. Allerdings musste bis 1803 (!) ein Drittel der aus diesen Rechten erzielten Einnahmen an das Bistum Freising überwiesen werden. Stadtentwicklung und Finanzlage Münchens waren also von Beginn an eng mit den jeweiligen Herrschern verknüpft. 1294 bekam die Stadt vom Herzog das Recht, eigene Steuern zu erlassen. Für 1318 ist die erste Rechnung der Münchner Stadtkämmerei belegt, die früheste aller deutschen Städte. Die Verwaltung der Residenzstadt wurde von wohlhabenden Patriziern gesteuert. Ein Teil der Einnahmen musste an die Landesherren abgegeben werden. Die Abgabe an den Herzog betrug unverändert 144.000 Pfennig. Hinzu kamen zunächst freiwillig gegebene Kredite.

Bereits im 13. Jahrhundert übertraf München an Wirtschaftskraft alle anderen oberbayerischen Städte. Für angemessene Finanzausstattung und Haushaltsführung hatten in der Stadtverwaltung vom Rat der Stadt gewählte zwei (ab 1398 drei) Kämmerer zu sorgen, die ehrenamtlich wirkten und bis 1398 aus den reichen Kaufmannsfamilien stammten, später auch aus wohlhabenden Handwerkerfamilien. Erst ab 1540 erhielten die drei Kämmerer eine Besoldung.

Die wichtigsten Ausgabearten der Stadt waren im späten Mittelalter (1450) die Abgaben an Herzog und Bischof, der Zinsendienst für aufgenommene Kredite, Personalausgaben und Bauinvestitionen. Die Einnahmen der Stadt stammten im Jahr 1450 vorwiegend aus der Bürgersteuer, aus „Ungeldern" aus dem Warenumschlag auf den Märkten (Vorläufer der Umsatzsteuer), aus Marktabgaben der Händler und aus Mieteinnahmen.

Mit der Entwicklung zum Absolutismus nahm die Macht der Münchner Bürger immer mehr ab, und die Finanzlage der Stadt verschlechterte sich zunehmend. Die Herzöge forderten für ihre Prachtbauten und Mili-

Heute ist das seit 1810 stattfindende Oktoberfest eine bedeutende Einnahmequelle für die Stadt. Blick vom Riesenrad nach Norden. Foto 2013.

täraugaben (Stadtbefestigungen) immer mehr Abgaben. 1560 musste deswegen die Bürgersteuer verdoppelt werden. 1586 beschwerte sich der Rat der Stadt beim Herzog, seine Bauten brächten die Stadt „ins Verderben". Bereits 1570 hatte der Rat sich beklagt, dass seit Jahren kein vermögender Handelsmann mehr um das Bürgerrecht Münchens nachgesucht habe. Am Ende des 16. Jahrhunderts wanderten Reiche nach Augsburg, Nürnberg und Regensburg ab. Die städtische Verwaltung wurde immer mehr unter die Kuratel der Herzöge gestellt. Die Spitze der Verwaltung wurde ab 1605 vom Herzog ernannt. Zunehmend musste München zwangsweise Darlehen an den Herzog geben und gelegentlich auch auf Zinszahlungen dafür verzichten.

Der wachsende Hofstaat und das Militär zahlten keine Steuern und Abgaben an die Stadt. Zur Zeit des Kurfürsten Karl Theodor fielen darunter 40 Prozent der Einwohner. Auch die Betriebe des Herrschers zahlten keine Steuern. Die Finanzlage wurde daher immer prekärer. 1675/76 konnte die Stadt beispielsweise eineinhalb Jahre lang ihren Bediensteten und Handwerkern nichts zahlen und 1781 selbst die Zinsen für ihre aufgenommenen Kredite nicht mehr aufbringen.

1817 wurde in Bayern, nachdem 1811 die kommunale Selbstverwaltung völlig abgeschafft worden war, von König Maximilian I. ein Gemeindeedikt erlassen. Für München bedeutete dies die Bildung eines hauptberuflichen Magistrats mit zwei Bürgermeistern und zwölf Magistratsräten (davon einem Kämmerer) sowie einem Kollegium von 36 ehrenamtlichen Gemeindebevollmächtigten.

Diese beiden Gremien wurden 1818 gebildet. Der Schuldenstand der Stadt betrug damals 460.000 Gulden bei einem Aktivvermögensstand von 324.000 Gulden.

Wegen der Verpflichtung zur Mitfinanzierung der teuren Prachtbauten von Ludwig I. stieg die Schuldenlast Münchens in 20 Jahren bis auf 2 Millionen Gulden. Folge war ein Schuldentilgungsplan mit Steuererhöhungen und Ausgabensenkungen. 1869 erhielten die Kommunen ein weitgehendes Selbstverwaltungsrecht. Mit München ging es nunmehr wegen der Industrialisierung einwohnermäßig (1800: 30.000, 1850: 100.000, 1895: 413.255 Einwohner), wirtschaftlich und finanziell steil aufwärts.

1875 betrug das Vermögen der Stadt 3.484.328 Gulden. Haupteinnahmequellen waren Gebühren und Mieten, direkte Steuern (Umsatzsteuern auf Lebensmittel) und Beteiligungen an direkten Steuern (Grund-, Haus-, Gewerbe-, Kapitalrenten- und Einkommenssteuern). Die Hauptausgaben erfolgten für das Personal, für den Bauunterhalt und andere Sachkosten und für investive Ausgaben (Trinkwasser, Kanalisation). Die Sozialausgaben lagen damals unter 5 Prozent. Um 1900 wurden kommunale Unternehmen zur Gas-, Wasser- und Stromversorgung und zum Trambahnbetrieb gegründet.

Nach der Revolution 1918 änderte sich das Gemeinderecht in Bayern. München wurde ab 1919 von 50 ehrenamtlichen und von zehn berufsmäßigen Stadträten regiert. Wegen der labilen wirtschaftlichen und sozialen Lage betrug nun der Anteil der Ausgaben für Soziales 33 Prozent und der für Bildung 15 Prozent. Da die Gemeinden keinen Anteil an der Einkommens- und der Kapitalertragssteuer mehr erhielten, war die Finanzlage prekär. Daran änderten auch Steuererhöhungen (Lustbarkeitsabgabe, Abgabe für Reit- und Zugtiere, Wohnungs-Luxussteuer, Personenaufzugssteuer, Warenhausfilialsteuer) und Gebührenerhöhungen nichts.

Für Investitionen der Stadt und ihrer Unternehmen wurden 1926 zwei Auslandsanleihen in den USA und 1927 eine Anleihe in Großbritannien aufgenommen. Der Schuldenberg der Stadt stieg bis 1929 auf 230 Millionen Reichsmark an (bei einem Jahreshaushalt

Der Magistrat der königlichen Haupt- und Residenzstadt finanzierte seine Ausgaben auch mit Anleihen.

von 237 Millionen Reichsmark). Als Folge der Auswirkungen der Weltwirtschaftskrise war ein ausgeglichener Haushalt nicht möglich. 1930 betrug der Fehlbetrag 16 Millionen Reichsmark, 1931 schon 20 Millionen und 1932 wieder 16 Millionen. Die Rechtsaufsicht sah sich veranlasst, den Stadthaushalt zwangsweise abzugleichen. Dies bedeutete das faktische Ende der kommunalen Selbstverwaltung.

Politisch wurden nach der „Machtergreifung" der NSDAP 1933 Stadtrat und Stadtverwaltung auch in München gleichgeschaltet. Der Haushaltsplan wurde vom Finanzreferenten (der ab 1934 Stadtkämmerer hieß) zuerst in die Stadtratsfraktion der NSDAP eingebracht und dann vom Stadtrat ohne Aussprache beschlossen. Der Stadthaushalt diente auch der Finanzierung von Bauvorhaben der NSDAP in München als „Hauptstadt der Bewegung". Erst mit der Rüstungskonjunktur ab 1936 verbesserte sich die Finanzlage der Stadt. Wie die gesamte deutsche Verwaltung spielten auch die Münchner Stadtverwaltung und Stadtkämmerei eine unrühmliche Rolle bei der Diskriminierung und beim Raub des Vermögens der jüdischen Bürgerinnen und Bürger.

Mit der Wiedereinführung demokratischer Verhältnisse durch die Alliierten wurde auch in München die kommunale Selbstverwaltung 1946 wiederhergestellt. Der Stadtkämmerer wird heute vom ehrenamtlichen Stadtrat für die Dauer von sechs Jahren gewählt. Als Folge der Kriegsschäden und des großen Investitionsbedarfes war die Finanzlage zunächst sehr schwierig. Mit dem Wirtschaftswunder der 1950er-Jahre verbesserte sich trotz der gigantischen Investitionsaufwendungen und der dafür erforderlichen Aufnahme von Krediten die Haushaltslage der Stadt. 1958 war der Stadthaushalt mit Einnahmen und Ausgaben von 417,8 Millionen DM ausgeglichen. Schwerpunkte bei den Ausgaben waren neben den Investitionen die Personalausgaben, die Sachausgaben und dabei wiederum die Schwerpunkte Sozial- und Bildungspolitik. Das hat sich bis heute nicht grundlegend geändert.

Haupteinnahmequellen waren die Gewerbesteuer, der kommunale Anteil an der Einkommensteuer, die Grundsteuer, Gebühren und Zuweisungen des Landes und des Bundes.

Wegen der guten Wirtschaftsstruktur der Stadt und solider Haushaltsführung gehört München zu den deutschen Großstädten, denen es relativ gut geht. In den Jahren von 2006 bis 2013 konnte der Schuldenstand im Hoheitshaushalt von 3,4 Milliarden auf 0,98 Milliarden Euro reduziert werden. Die Stadt hat freiwillige Finanzreserven von etwa 1 Mio. Euro. Die Zinsaufwandsquote (Anteil der Zins-Aufwendungen an den Gesamtaufwendungen) liegt bei nur noch 1,2 Prozent. Der Stadthaushalt hat inzwischen ein Volumen von 5,8 Milliarden Euro erreicht. Die Stadt hat eine Bilanzsumme von fast 21 Milliarden Euro. Die Bilanz ist positiv, da die Stadt ein rechnerisches Eigenkapital von über 11 Milliarden Euro hat.

Die Stadt München stieg 2009 von der Kameralistik, die nur Geldflüsse erfasst, auf die kaufmännische Buchführung (Doppik) um. Diese kaufmännische Buchführung erfasst die gesamten Wertbildungs- und Wertverzehrprozesse. 2009 schloss die Ergebnisrechnung der Stadt (wenn man einen Sondereffekt bei der Finanzbeziehung zwischen Stadt und Stadtwerken herausrechnet) mit einem Negativsaldo und seitdem immer mit einem Positivsaldo ab, also einem Überschuss, der das rechnerische Eigenkapital erhöht. Ein Überschuss ist in der Doppik schwerer zu erreichen, da die Kameralistik keine Abschreibungen auf Anlagegüter und keine Rückstellungen für Zukunftslasten (z. B. für die Pensionszahlungen an Beamte) kennt.

Trotzdem ist München finanzpolitisch keine „Insel der Seligen" und nicht alles, was notwendig wäre, kann auch finanziert werden.

Das größte Vermögen der Stadt, die Kunstschätze in der Galerie im Lenbachhaus, ist unveräußerlich.

Literatur und Quellen

Aufbauzeit. Planen und Bauen München 1945–1950. Hg. v. Winfried Nerdinger. München 1984

Reinhard Bauer: Münchens Altstadt. Das Stadtteilbuch. München 1994

Reinhard Bauer: Maxvorstadt. Das Stadtteilbuch. München 1995

Reinhard Bauer: Eine Stadt vor 100 Jahren. München. Bilder und Berichte. München 1995

Reinhard Bauer: Schwabing. Das Stadtteilbuch. 2. Aufl. München 1998

Reinhard Bauer: Die Flurnamen der Gemeinde Andechs. München 2004.

Reinhard Bauer/Renate Mayer-Zaky: Pasing. Das Stadtteilbuch. München 1996

Reinhard Bauer/Ernst Piper: München. Kleine Geschichte Münchens. München 2008

Richard Bauer: Fliegeralarm. Luftangriffe auf München 1940–1945. München 1987

Chronik der Stadt München 1945–1948. Hg. v. Wolfram Seelig u. a. München 1980

Denk ich an München. Ein Buch der Erinnerungen. Hg. v. Hermann Proebst/Karl Ude. München 1966

Klaus Drobisch (Hg.): Wir schweigen nicht! Berlin 1969 [Briefe von Sophie Scholl]

Kajetan Dürr: Historische Entwicklung der Münchner Stadtbezirke (Münchner Forum Berichte 103) München 1991

Eduard Fentsch: Land und Leute im 19. Jahrhundert. Die Kgl. Haupt- und Residenzstadt München. Hg. v. Paul Ernst Rattelmüller. München 1989

Marta Feuchtwanger: Nur eine Frau. Jahre, Tage, Stunden. München 1983

Gerd Fischer: Architektur in München seit 1900. Ein Wegweiser. Braunschweig/Wiesbaden 1990

Friedrichstraße 18 – Ein Haus in Schwabing. Hg. v. Bankhaus Reuschel & Co. München 1990

Günther Gerstenberg: Liebe, Hiebe und Proteste. München 1968. München 1991

Günther Gerstenberg: Freiheit! Sozialdemokratischer Selbstschutz im München der zwanziger und frühen dreißiger Jahre. 2 Bde. Andechs 1997

Oskar Maria Graf: Wir sind Gefangene. Ein Bekenntnis aus diesem Jahrzehnt. München 1927

August Hahn: Der Maximilianstil in München. München 1982

Hans-Joachim Nösselt: Ein ältest Orchester. 1530–1980. München 1980

Wilhelm Hausenstein: Liebe zu München. München 1959

Armin Hausladen: Köstlichkeiten aus dem Münchener Residenzmuseum. München 1922

Rudolf Herz/Dirk Halfbrodt: Revolution und Fotografie. München 1918/19. Berlin 1988

Friedrich A. Hettler/Achim Sing (Hg.): Die Münchner Oberbürgermeister. 200 Jahre gelebte Stadtgeschichte. München 2008

Lida Gustava Heymann/Anita Augspurg: Erlebtes – Erschautes. Deutsche Frauen kämpfen für Freiheit, Recht und Frieden 1850–1940. Meisenheim am Glan 1977

Brigitte Huber: Das Neue Rathaus in München. Georg von Hauberisser (1841–1922) und sein Hauptwerk. München 2006

100 Jahre Bäckerinnung München. München 1984

Im Dunst aus Bier, Rauch und Volk. Arbeit und Leben in München von 1840 bis 1945. Ein Lesebuch. Hg. v. Reinhard Bauer/Günther Gerstenberg/Wolfgang Peschel. München 1989

Die Isar. Ein Lebenslauf. Hg. v. Marie-Louise Plessen. München 1983

Jugend. Münchner illustrierte Wochenschrift für Kunst und Leben. München 1896 ff.

Kandinsky und München. Begegnungen und Wandlungen 1896–1914. Hg. v. Armin Zweite. München 1982

Beth ha-Knesseth – Ort der Zusammenkunft. Zur Geschichte der Münchner Synagogen, ihrer Rabbiner und Kantoren. Hg. v. Stadtarchiv München. München 1999

Herbert Kapfer/Carl-Ludwig Reichert: Umsturz in München. München 1988

Armin Rudi Kitzmann: Das offene Tor. Aus der Geschichte der Protestanten in München. München 1990

Paul Klee: Tagebücher von 1898 bis 1918. Köln 1957

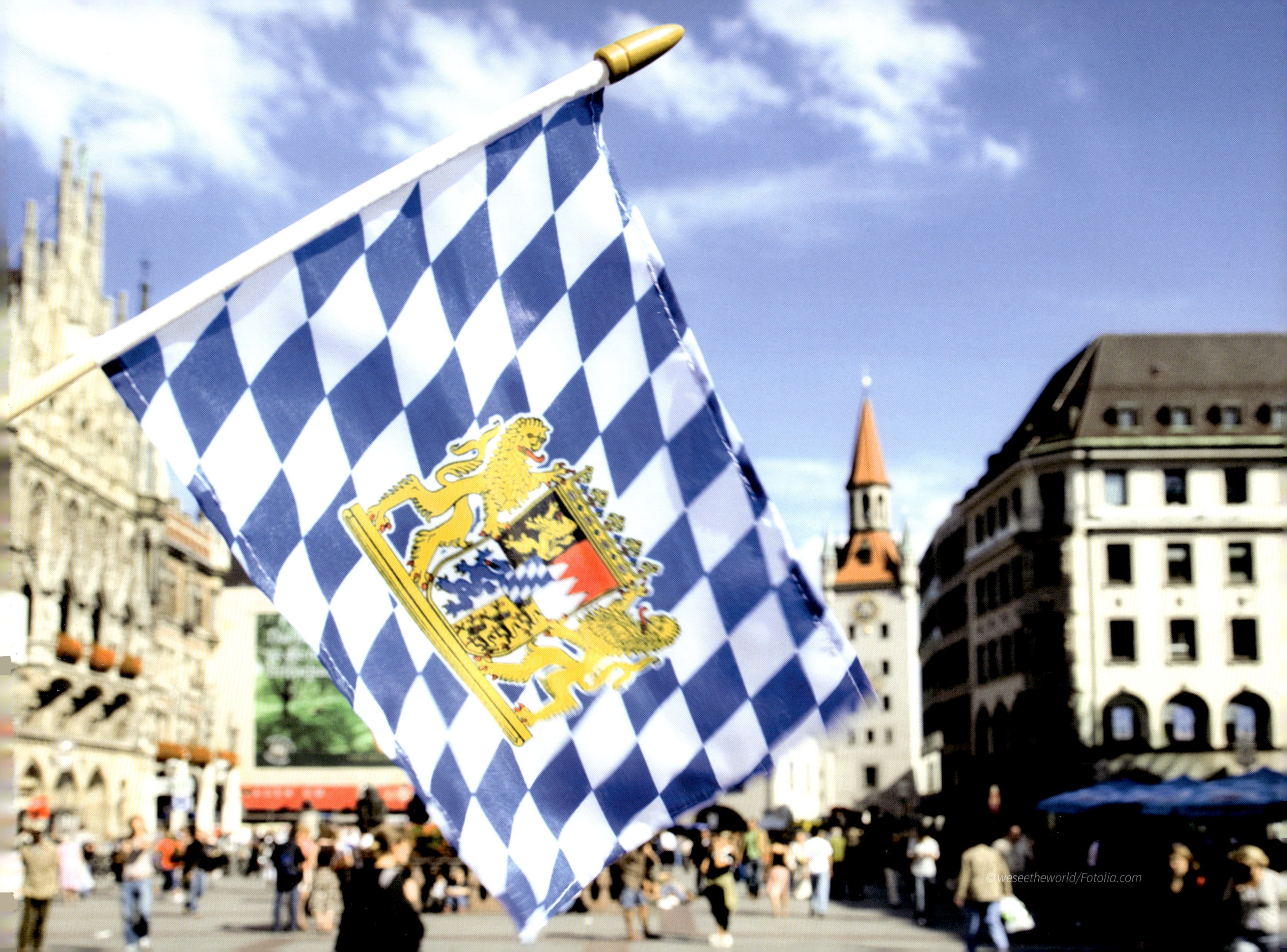

Dieter Klein: Stadtplanung und Architektur in München seit der Mitte des 19. Jahrhunderts. In: Schönere Heimat 73 (1984)

Karl Köhler: Der Mittwochskreis beim „Ochsensepp": Die Union wird geboren. In: Michael Schröder(Hg.) Bayern 1945: Demokratischer Neubeginn. Interviews mit Augenzeugen. München 1985, 67–87

Helmut Koenig: München im Wiederaufbau. Ein Querschnitt durch den Wiederaufbau Münchens. Hg. v. Wiederaufbaureferta der Landeshauptstadt München. München 1953

Jürgen Kolbe: Heller Zauber. Thomas Mann in München 1894–1933. Berlin 1987

Krauss-Maffei. Lebenslauf einer Münchner Fabrik und ihrer Belegschaft. Hg. v. Alois Auer (Schriftenreihe des Archivs der Münchner Arbeiterbewegung 1). Kösching 1988

Ferdinand Kronegg: Illustrierte Geschichte der Stadt München. München 1902

Landeshauptstadt München. Ensembles, Baudenkmäler, Archäologische Geländedenkmäler. Hg. v. Heinrich Habel u. a. (Denkmäler in Bayern I/1). München 1991

Volker D. Laturell/Georg Mooseder: Moosach. Entstehungs- und Entwicklungsgeschichte eines Münchner Stadtteils. 3 Bde. München 1980–85

C. Lebschée: Malerische Topographie des Königreichs Bayern. München 1830

Max Megele: Baugeschichtlicher Atlas der Landeshauptstadt München. München 1951

München. Ein Lesebuch. Hg. v. Reinhard Bauer/Ernst Piper. Frankfurt am Main 1986

München. Musenstadt mit Hinterhöfen. Die Prinzregentenzeit 1886–1912. Hg. v. Friedrich Prinz u. a. München 1988

München – Stadt der Frauen. Kampf für Frieden und Gleichberechtigung 1800–1945. Hg. v. Eva Maria Volland/Reinhard Bauer. München 1991

München und seine Bauten. Hg. v. Bayerischen Architekten- und Ingenieur-Verein. München 1912

München und seine Bauten nach 1912. Hg. v. Bayerischen Architekten- und Ingenieur-Verband. München 1984

Münchener Bürgerliche Baukunst der Gegenwart. Eine Auswahl von charakteristischen öffentlichen und privaten Bauten. München 1898–1909

Münchner Perspektiven. Wohin treibt die Weltstadt mit Herz? Hg. v. Christian Ude. München 1990

Münchner Projekte. Die Zukunft einer Stadt. Hg. v. Christian Ude. München 1993

Persönlichkeiten im alten Schwabing. München 2000

C. A. Regnet: München in guter alter Zeit. München 1879

Johann Andreas Schmeller: „Lauter gemähte Wiesen für die Reaktion". Die erste Hälfte des 19. Jahrhunderts in den Tagebüchern Johann Andreas Schmellers. Hg. v. Reinhard Bauer/ Ursula Münchhoff. München 1990

Wolfgang Schwarze: Alte Münchener Stadtansichten. Wuppertal 1978

Kurt Seeberger/Gerhard Rauchwetter: München. 1945 bis heute. Chronik eines Aufstiegs. München 1970

Simplicissimus. Illustrierte Wochenschrift. München 1896 ff.

Fridolin Solleder: München im Mittelalter. München 1938

Helmuth Stahleder: Chronik der Stadt München.
1. Die Herzogs- und Bürgerstadt (1157–1505) München 1995
2. Belastungen und Bedrückungen (1506–1705) München 2005
3. Erzwungener Glanz (1706–1801) München 2005

Helmuth Stahleder: Von Allach bis Zamilapark. Namen und historische Grunddaten zur Geschichte Münchens und seiner eingemeindeten Vororte. München 2001

Karl Stankiewitz: Die befreite Muse. Münchner Kunstszenen ab 1945. München 1913

1.000 Jahre Aubing. Vom mittelalterlichen Dorf zum Teil einer Großstadt. München 2010

Trümmerzeit in München. Kultur und Gesellschaft einer deutschen Großstadt im Aufbruch 1945–1949. Hg. v. Friedrich Prinz. München 1984

Hans-Jochen Vogel: Die Amtskette. Meine 12 Münchner Jahre. Ein Erlebnisbericht. München 1972

Thomas Weidner: Rumford. Rezepte für ein besseres Leben. Katalog des Münchner Stadtmuseums. München 2014

Thomas Wimmer und sein München. Eine Stadt im Aufbau 1948–1960. Hg. v. Elisabeth Angermair. München 1989

Die zwanziger Jahre in München (Ausstellungskatalog Stadtmuseum München). Hg. v. Christoph Stölzl. München 1989

200 Jahre Englischer Garten München 1789–1989. Offizielle Festschrift. Hg. v. Pankraz Frhr. von Freyberg.

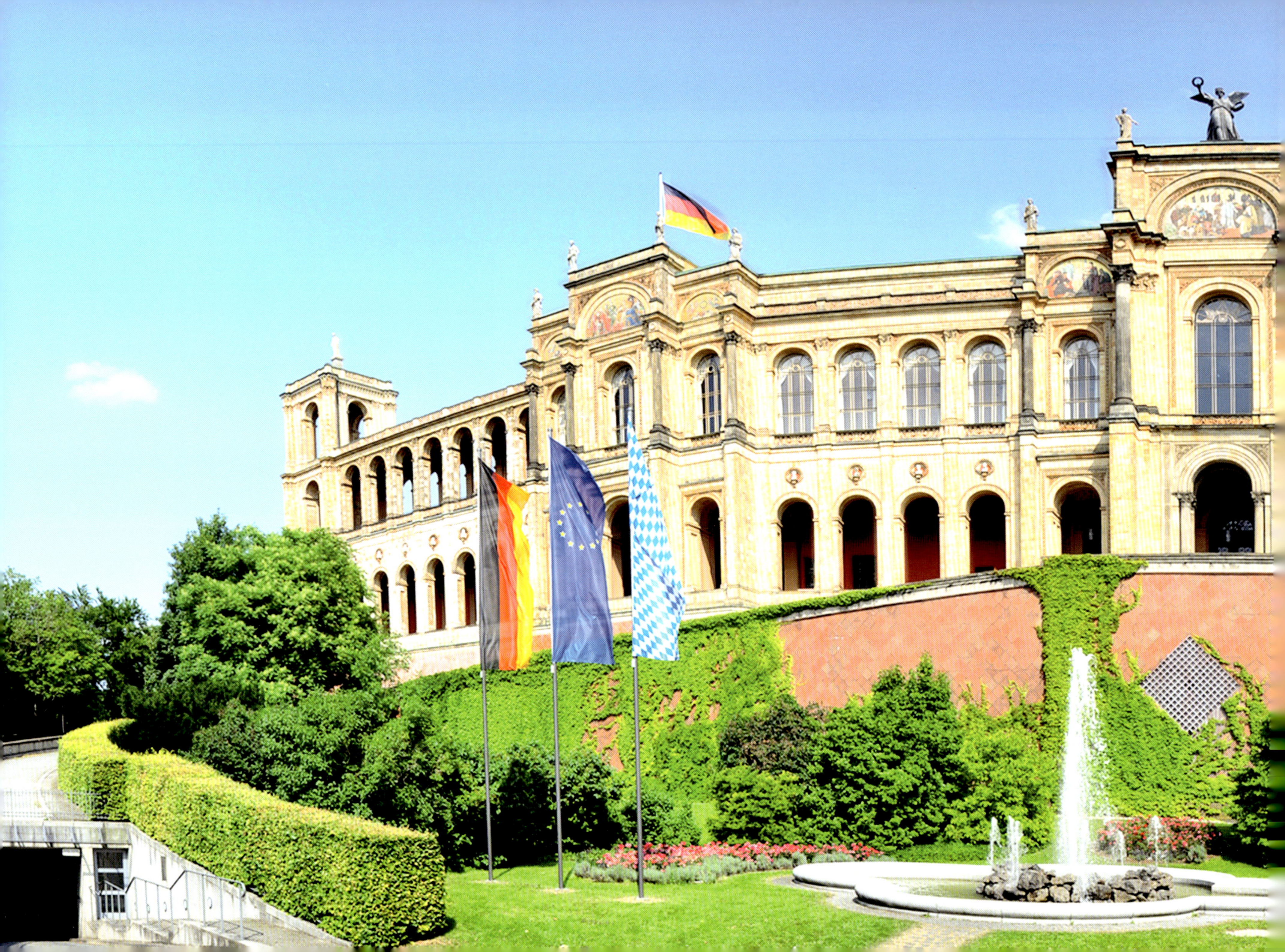

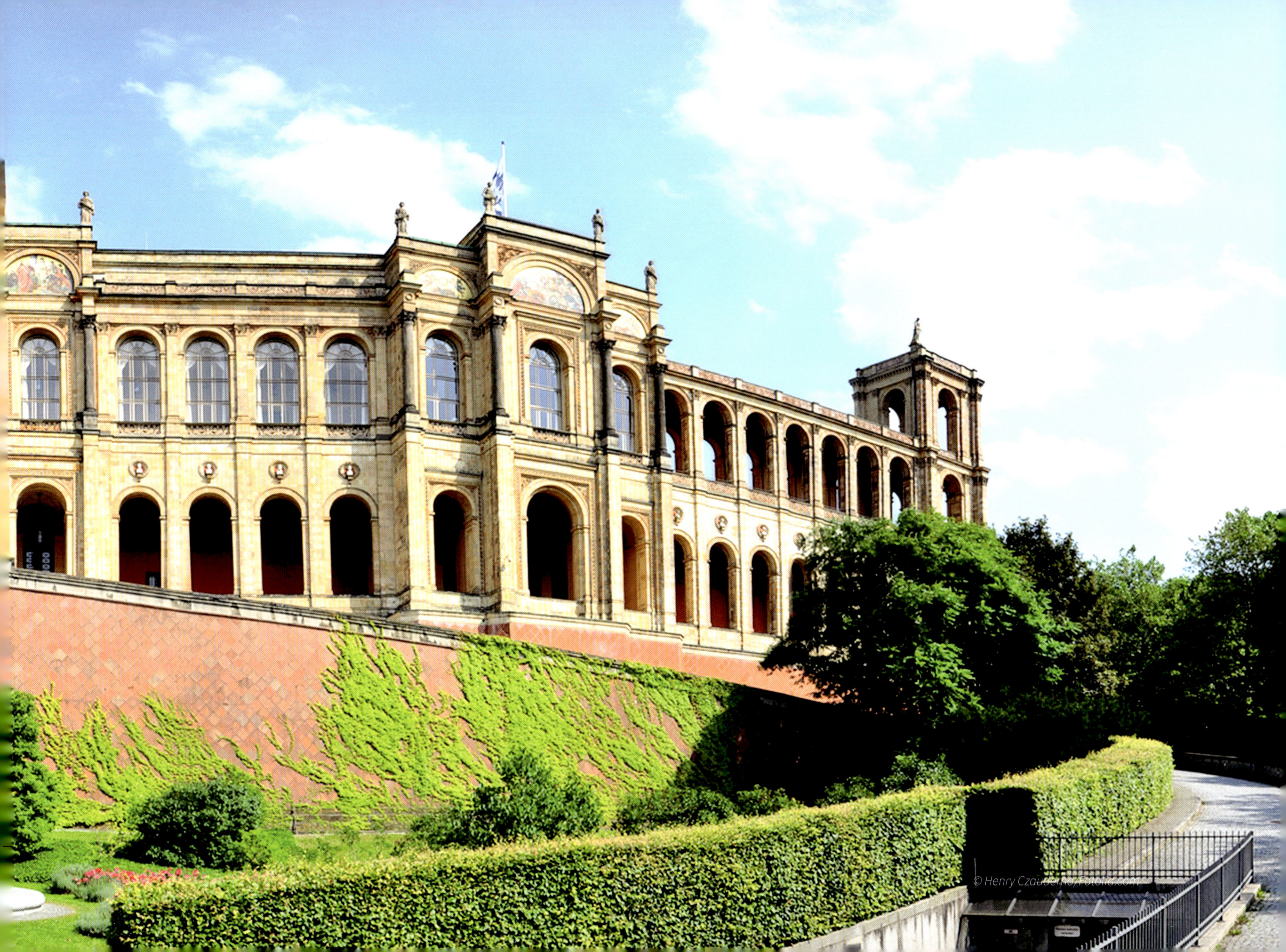

© Henry Czauderna/Fotolia.com

Abbildungsnachweis

Ansichten von München. München ohne Jahr (S. 89 unten)

Bayerische Staatsbibliothek (S. 26 rechts)

Beth ha-Knesseth (S. 77)

Bayerischer Einzelhandel. 40 Jahre Landesverband des Bayerischen Einzelhandels. München 1986 (S. 198 oben und unten)

Fotos aus den Jahren 2012 bis 2014 (auch S. 34 oben, 76, 245), wenn nicht anders vermerkt, von Natalia Kaplan, München

Fotos S. 61, 202, 220, 221, 225, 226 Mitte, 246, 251, 254 (Collage), 266, 269 von Reinhard Bauer, München

Foto S. 236 von Bernd Raebel, Berlin

Hauptstaatsarchiv München (S. 21)

Hausladen (S. 42, 55)

Kronegg (S. 29 links)

Das Künstlerhaus in München. München 1900 (S. 232)

Hahn (S. 89 oben, 91 rechts)

Koenig (S. 189, 197, 204, 206)

München. Vom Wesen einer deutschen Stadt. München 1939 (S. 179, 182)

München-Maxvorstadt. St. Markus vor 50 Jahren. Bilder aus der Nachkriegszeit von Johann Vorzellner. München 2000 (S. 188)

Münchener Bürgerliche Baukunst (S. 128, 134)

Münchener Bunte Mappe. München 1885 (S. 118)

Münchens Stadtanleihen. München 2004 (S. 288, 289)

Nösselt (S. 37)

Postkarten, bei denen keine andere Herkunft vermerkt ist, sind aus der Sammlung Wolfram Schiefer, München

Regnet (S. 27 unten, 69)

Schwarze (S. 9, 72 links)

Seeberger/Rauchwetter (S. 201, 219, 224, 227, 231)

Solleder (S. 23 rechts, 33, 34 rechts)

Stadtarchiv München (S. 26 oben, 28 rechts)

Zwanziger Jahre (S. 163, 165, 168 rechts, 171)

Die Rechte der Bilder bei den Porträts liegen, wenn nicht anders vermerkt, bei den jeweiligen Institutionen.

Alle übrigen Abbildungen befinden sich in der Sammlung Dr. Reinhard Bauer, München.

Nachwort des Autors

Bei dem Festakt zur Verleihung der Ehrenbürgerwürde an Altoberbürgermeister Christian Ude am 15. September 2014 sagte dieser u. a.: *„Ich habe es jedenfalls immer als besonderes Glück empfunden, dieses Amt zu bekommen und über zwei Jahrzehnte lang ausüben zu dürfen. Dabei habe ich bei der Eröffnung eines Klassik-Open-Air-Konzertes am Odeonsplatz im Angesicht der Theatinerkirche auf der einen und der Residenz auf der anderen Seite, der Ludwigstraße und ganz hinten des Schwabinger Siegestors gesagt, in so einem Augenblick sei man schon seinem Herrgott dankbar, dass man in München zur Welt gekommen ist und nicht sonst irgendwo."*

Spät, manche sagen: viel zu spät, habe ich als Städtetagspräsident den diplomatischen Schliff bekommen, bei solchen Vergleichen keine anderen Städtenamen zu nennen. Eigentümlicherweise glauben ja Bürgermeister aller Städte, in der schönsten Stadt der Welt das Sagen zu haben. Das ist keine Münchner Besonderheit. Das Besondere an München ist nur, dass es stimmt. In so einer Stadt leben zu dürfen und Verantwortung für ihre Geschicke übertragen zu bekommen, ist einfach ein Lebensglück, für das man nur dankbar sein kann. Es ist weder ein Zufall noch ein Irrtum, dass mindestens ein Drittel der Bundesbürger in München leben möchte. Wir alle, die wir dies tun, sind Privilegierte, auch wenn wir uns nicht immer so fühlen. Eugen Roth hat dieses Privileg so beschrieben: „Vom Ernst des Lebens halb verschont, ist der schon, der in München wohnt." Dann verschwieg er in seiner Rede aber auch nicht die historischen und aktuellen Schattenseiten der Stadt.

Der Autor dieses Buches hatte das Glück, 1960 aus dem beschaulichen Garmisch-Partenkirchen nach München ziehen zu dürfen, das ihm schon wegen der kostenlosen Stadtbibliothek wie ein Paradies vorkam. Er hatte weiter das Glück, im Maxgymnasium interessante Freunde und Schwabing kennenzulernen. Seit 1972 kam die Verantwortung hinzu, in Bezirksausschuss, Bezirkstag und Stadtrat, besonders einen ländlich und großstädtisch strukturierten Stadtbezirk vertreten zu dürfen. Ein weiteres großes Glück war es, dass er seine Interessen zum Beruf machen konnte. Er wurde Historiker und Namensforscher und konnte die Vorträge und Führungen halten sowie die Bücher veröffentlichen, die ihm wichtig waren.

Das vorliegende Werk ist keine übliche Stadtgeschichte und keine Werbung. Es ist vielmehr eine farbige Chronik Münchens von der Steinzeit bis heute mit Darstellungen von Institutionen dieser faszinierenden Stadt, die diese mitgeprägt haben.

Der Dank für das Zustandekommen des Werkes gebührt vielen. Die Oberbürgermeister Christian Ude und Dieter Reiter haben das Vorhaben begrüßt und unterstützt. Ein Grußwort haben Erzbischof Dr. Reinhard Kardinal Marx und Regionalbischöfin Susanne Breit-Keßler geschrieben. Die Referenten Dr. Hans-Georg Küppers und Dr. Ernst Wolowicz haben ihre wichtigen Bereiche Kultur bzw. Finanzen plastisch dargestellt. Mitarbeitende von beteiligten Institutionen und Firmen haben mit großem Engagement bei der Erarbeitung von deren Geschichte und Gegenwart geholfen.

Die Initiative ging vom mediaprint infoverlag aus, der in dieser Reihe Chroniken für Städte, meist mit deren offizieller Beteiligung, herausgibt. Beim Verlag haben sich hier eingesetzt Peter F. Schneider, Jochen Müller, Thomas Ebeling, Barbara Scheuer-Arlt, Julia Winter und Anke Wellner-Kempf.

Dank auch denen, die für das Buch fotografiert haben, besonders Natalia Kaplan, und denen, die Bilder zur Verfügung gestellt haben.

Dr. Reinhard Bauer

DEM BAYERISCHEN HEERE